ADMINISTRAÇÃO ESTRATÉGICA DE MERCADO

O autor

David A. Aaker é vice-presidente da Prophet, empresa de consultoria de marcas, professor emérito na Haas School of Business, University of California, Berkeley, além de conselheiro da Dentsu Inc. Autoridade reconhecida em estratégia de marca e de negócios, Aaker recebeu o MIT Buck Weaver Award pelas contribuições para o avanço da teoria e prática da ciência de marketing e foi nomeado um dos cinco mais importantes gurus de marketing/negócios em uma pesquisa entre executivos de marketing. Autor de mais de cem artigos, Aaker recebeu prêmios pelo melhor artigo no *California Management Review* e (duas vezes) no *Journal of Marketing*. Seus 14 livros foram traduzidos para 18 idiomas e já venderam cerca de 1 milhão de cópias.

A111a Aaker, David A.
        Administração estratégica de mercado / David A. Aaker ; tradução: Aline Evers ; revisão técnica: Alziro Rodrigues. – 9. ed. – Porto Alegre : Bookman, 2012.
        xiv, 402 p. : il. ; 25 cm.

        ISBN 978-85-407-0157-1

        1. Administração de empresas – Marketing. I. Título.

        CDU 658.8

Catalogação na publicação: Fernanda B. Handke dos Santos – CRB 10/2107

DAVID A. AAKER

ADMINISTRAÇÃO ESTRATÉGICA DE MERCADO

NONA EDIÇÃO

Tradução:
Aline Evers

Consultoria, supervisão e revisão técnica desta edição:
Alziro Rodrigues
Docteur ès Sciences de Gestion – HEC (França)
Professor da PUCRS

2012

Obra originalmente publicada sob o título *Strategic Market Management, 9th Edition*
ISBN 9780470317242 / 0470317248

Copyright © 2011, John Wiley & Sons, Inc.
All rights reserved. This translation published under license.

Capa: *Flavia Hocevar*

Leitura final: *Igor Campos Dutra*

Gerente editorial – CESA: *Arysinha Jacques Affonso*

Editora responsável por esta obra: *Verônica de Abreu Amaral*

Projeto e editoração: *Techbooks*

Tradução da 7ª edição: *Luciana de Oliveira da Rocha*

Reservados todos os direitos de publicação, em língua portuguesa, à
BOOKMAN COMPANHIA EDITORA LTDA., uma empresa do GRUPO A EDUCAÇÃO S.A.
Av. Jerônimo de Ornelas, 670 – Santana
90040-340 – Porto Alegre – RS
Fone: (51) 3027-7000   Fax: (51) 3027-7070

É proibida a duplicação ou reprodução deste volume, no todo ou em parte, sob quaisquer formas ou por quaisquer meios (eletrônico, mecânico, gravação, fotocópia, distribuição na Web e outros), sem permissão expressa da Editora.

Unidade São Paulo
Av. Embaixador Macedo Soares, 10.735 – Pavilhão 5 – Cond. Espace Center
Vila Anastácio – 05095-035 – São Paulo – SP
Fone: (11) 3665-1100   Fax: (11) 3667-1333

SAC 0800 703-3444 – www.grupoa.com.br

IMPRESSO NO BRASIL
PRINTED IN BRAZIL

Prefácio

Atualmente, desenvolver e implementar estratégias é muito diferente do que era há poucas décadas, quando os ambientes de negócios eram mais estáveis e mais simples. Hoje, todos os mercados podem ser descritos como dinâmicos. Como resultado, as empresas precisam se adaptar às estratégias a fim de permanecerem relevantes. É um momento desafiador, mas emocionante, cheio de oportunidades e de ameaças.

A nona edição de *Administração Estratégica de Mercado* é motivada pelos desafios estratégicos e pelas oportunidades criadas pela natureza dinâmica dos mercados. A premissa é que nem todas as ferramentas tradicionais de administração estratégica se aplicam ou precisam ser adaptadas a um contexto mais dinâmico.

Esta edição traz os seguintes assuntos:

- Uma definição de estratégia empresarial, que inclui o escopo do produto/mercado, a proposição de valor, ativos e competências, e estratégias funcionais. Muitas vezes o conceito de estratégia empresarial é vago e mal definido, levando a um foco difuso e a uma comunicação fraca.
- Uma análise estratégica estruturada, incluindo uma análise detalhada do cliente, da concorrência, do mercado, do ambiente e interna, levando à compreensão das dinâmicas do mercado, que é apoiada por um resumo

do diagrama de fluxo, um conjunto de pautas para ajudar a iniciar o processo e um conjunto de formulários de planejamento.
- Conceitos de comprometimento estratégico, oportunismo e adaptabilidade, e como eles podem e devem ser misturados.
- Crescimento do negócio pela renovação dos negócios, alavancagem do negócio, criação de novos negócios e estratégias globais. Cada opção tem riscos e recompensas próprios e todos devem ser postos à mesa.
- Bases para uma proposição de valor e de marcas fortes. A estratégia sem uma proposição de valor não será orientada pelo mercado ou bem-sucedida. Os ativos da marca que dão suporte a uma estratégia de negócios precisam ser desenvolvidos.
- A criação da sinergia do marketing com as organizações de silo são definidas por produtos ou países. Todas as organizações possuem múltiplos produtos e mercados, e criar a cooperação e a comunicação em vez da competição e do isolamento está se tornando uma necessidade.

Lidar com um mercado dinâmico exige estratégias voltadas ao cliente e à criatividade. O livro dá ênfase à perspectiva do cliente e ao fato de que cada estratégia deve ter uma proposição de valor significativa para os clientes. Também mostra caminhos detalhados para o aproveitamento de energias do passado para a criação de estratégias criativas e de ofertas.

Sobre a nona edição

A nona edição, que se mantém compacta, permanece com a mesma estrutura de capítulos da edição anterior. Há uma série de materiais atualizados e exemplos recentes. Em termos de conteúdo, o leitor notará que dois capítulos foram reformulados:

O Capítulo 10, "Energizando os negócios", agora possui três seções. A primeira é sobre inovar a oferta a partir da melhora do produto ou da experiência do cliente, fazendo o *branding* dessa melhoria e utilizando diferenciadores de marca. A segunda abrange a energização da marca por meio do envolvimento do cliente, das promoções e do uso de energizadores da marca. A terceira trata do aumento da utilização de clientes existentes.

O Capítulo 15, "Dos silos à sinergia – explorando a organização", foi completamente reformulado. Nele apresentamos as alavancas organizacionais básicas de estrutura, sistemas, pessoas e cultura. Entretanto, o contexto agora envolve a questão da superação de barreiras que poderosos silos organizacionais criam para inibir a cooperação e a comunicação dentro da empresa. Os problemas dos silos são analisados, e discute-se como as quatro alavancas da organização podem ser empregadas para promover a cooperação e a comunicação no contexto de uma equipe do *Chief Marketing Officer* (CMO), tentando criar grandes marcas e marketing.

Há também dois novos casos. O primeiro explora a razão de a Sony ter deixado a Apple vencê-la no mercado musical com o lançamento do iPod, e se os silos organizacionais da Sony foram uma possível razão para isso. O segundo traz duas perguntas: como artistas contemporâneos conseguem tanto dinheiro pelo seu trabalho? O que outras empresas, com ofertas igualmente difíceis de avaliar, podem aprender com esses artistas?

O leitor também vai observar mudanças e acréscimos com relação aos seguintes tópicos:

- Responsabilidade social corporativa (RSC) e o potencial de programas sociais, especialmente programas sociais de marca, para fornecer uma proposição de valor.
- O problema da criação da estratégia em tempos econômicos difíceis.
- A utilização da Internet para atrair clientes e obter ideias.
- As três filosofias estratégicas foram mantidas, mas uma filosofia mesclada foi acrescentada.
- O estudo de caso da Nintendo, no Capítulo 3 (p. 58), ilustra o poder da análise competitiva para formular estratégias.
- Como valorizar a comunicação sem prejudicar a marca.
- Dimensões de adaptação para extensões.
- Uma discussão estendida dos contextos em que a personalização da estratégia é necessária em cada país.
- Avaliação da inovação transformacional e da manutenção do limite após a introdução da novidade e do surgimento de concorrentes.
- O marketing na China.

Uma visão geral

Este livro começa com uma introdução que define uma estratégia empresarial, seguido de uma visão geral do livro e de uma discussão sobre o CMO e a estratégia. A Parte I do livro, do Capítulo 2 ao 6, aborda a análise estratégica, com capítulos individuais sobre clientes, concorrentes, mercado, análise ambiental e análise interna. A Parte II do livro, do Capítulo 7 ao 15, aborda o desenvolvimento e a implementação da estratégia. O Capítulo 7 discute o conceito de vantagem competitiva sustentável (VCS) e apresenta três estilos estratégicos – comprometimento estratégico, oportunismo estratégico e adaptabilidade estratégica. O Capítulo 8 traz uma visão geral do escopo de escolhas estratégicas, descrevendo diversas proposições de valor. O Capítulo 9 mostra como o valor da marca pode ser criado e alavancado. Os quatro capítulos seguintes discutem as opções de crescimento: o Capítulo 10 apresenta formas de se energizar o negócio, o Capítulo 11 mostra como alavancar o negócio, o Capítulo 12 mostra como criar novos negócios e o Capítulo 13 aborda estratégias globais. O Capítulo 14 discute a definição de prioridades e a opção de desinvestimento. Por fim, o Capítulo 15 introduz as dimensões organizacionais e seu papel no apoio à estratégia, trazendo a questão dos silos organizacionais, tratando da cooperação e da comunicação.

Público-alvo

Administração estratégica de marketing é adequado para todas as faculdades de Administração ou de Negócios que tenham por foco a administração estratégica. Este livro é dirigido especificamente a:

- Cursos de marketing estratégico, que podem ser intitulados de administração estratégica de mercado, planejamento estratégico de mercado, marketing estratégico ou estratégia de marketing.
- Cursos de política de negócios ou empreendedorismo, que podem ser intitulados de gestão estratégica, planejamento estratégico, política de negócios, empreendedorismo ou política administrativa.

O livro também pode ser utilizado por gestores que precisem desenvolver estratégias em mercados dinâmicos – aqueles que recentemente foram transferidos para cargos de administração geral ou que dirigem um pequeno negócio e desejam melhorar a sua estratégia de desenvolvimento e planejamento de processos. Outros possíveis leitores são os gerentes gerais, os principais executivos e especialistas de planejamento que gostariam de ter uma visão geral dos problemas recentes e dos métodos de administração estratégica de mercado.

Material de apoio

Esta edição é acompanhada por manual do professor em inglês, repleto de recursos de autoria de David Aaker e Jim Prost, que está disponível no *site* da Bookman Editora, www.bookman.com.br. O guia de recursos tem uma apresentação em PowerPoint em português organizada por capítulos. Além disso, você encontrará um conjunto de sugestões de aula para cada capítulo, um banco de testes, diversos perfis de curso, notas sobre casos e três casos extras: Xerox, Samsung e Intel, todos em inglês.

Agradecimentos

Este livro não existiria sem a ajuda de meus amigos, alunos e colegas da Haas School of Business e da Prophet. Agradeço por seu apoio. Agradeço também aos perspicazes revisores que me ajudaram a fazer algumas modificações importantes nesta edição: Gilbert Frisbie, da Indiana University, e Jeffrey Stoltman, da Wayne State University.

Tenho o prazer de estar associado à editora John Wiley, uma organização de classe, e aos seus maravilhosos editores – Rich Esposito (que ajudou a dar vida à primeira edição), John Woods, Tim Kent, Ellen Ford, Jeff Marshall, Judith Joseph, Jayme Heffer e Franny Kelly (que coordenou esta edição). É um prazer ter o apoio e estar rodeado de profissionais tão competentes e solícitos. Martha Beyerlein foi a responsável pelo processo de produção do manuscrito e trabalhou com extrema competência e bom humor; Sarah Vernon, de forma muito prática, coordenou o processo editorial e de produção final.

Tenho uma dívida com algumas pessoas da Nestlé que me ajudaram com o exemplo sobre os alimentos de animais utilizado nos formulários de planejamento.

Leah Porter, John Carmichael e Mark Brodeur ajudaram a desenvolver o estudo de caso e a atualizar as diversas edições.

Meus agradecimentos ao amigo e colega Jim Prost, um extraordinário professor de estratégia, por suas numerosas sugestões às edições anteriores do livro e pela ajuda na criação do recurso didático global.

Este livro é dedicado às mulheres da minha vida – minha esposa, Kay, e minhas três filhas, Jennifer, Jan e Jolyn, que me apoiam e estimulam sempre.

David A. Aaker

Sumário

Capítulo 1
Estratégia empresarial: Introdução e visão geral 1
   O que é uma estratégia empresarial? 4
   Administração estratégica de mercado 11
   O papel do marketing na estratégia 17

Parte I   Análise Estratégica 23

Capítulo 2
Análise externa e análise de cliente 25
   Análise externa 25
   O escopo da análise do cliente 31
   Segmentação 31
   Motivações do cliente 37
   Necessidades não atendidas 41

Capítulo 3
Análise da concorrência — 47
Identificando concorrentes – abordagens baseadas no cliente — 48
Identificando concorrentes – grupos estratégicos — 51
Concorrentes potenciais — 53
Análise da concorrência – entendendo os concorrentes — 54
Pontos fortes e pontos fracos do concorrente — 59
Obtendo informações sobre os concorrentes — 66

Capítulo 4
Análise de mercado e submercados — 69
Dimensões de uma análise de mercado/submercados — 70
Submercados emergentes — 70
Tamanho real e potencial do mercado ou submercado — 73
Crescimento de mercado e submercado — 74
Análise de lucratividade de mercado e submercado — 77
Estrutura de custo — 80
Sistemas de distribuição — 81
Tendências de mercado — 82
Fatores-chave de sucesso — 83
Riscos em mercados de alto crescimento — 84

Capítulo 5
Análise ambiental e incerteza estratégica — 91
Tendências tecnológicas — 93
Tendências do cliente — 96
Tendências do governo/economia — 101
Lidando com a incerteza estratégica — 106
Análise de impacto – avaliando o impacto das incertezas estratégicas — 106
Análise de cenários — 109

Capítulo 6
Análise interna — 115
Desempenho financeiro – vendas e lucratividade — 116
Indicadores de desempenho – além da lucratividade — 119
Pontos fortes e pontos fracos — 125
Ameaças e oportunidades — 126
Da análise à estratégia — 127

Casos desafiadores da Parte I — ***131***
Tendências no varejo — 131
A indústria de barras energéticas — 134
Inovações transformacionais — 138

Parte II   Criando, adaptando e implementando estratégia   141

Capítulo 7
**Criando vantagem: sinergia e comprometimento *versus*
oportunismo *versus* adaptabilidade**   143
   A vantagem competitiva sustentável   144
   O papel da sinergia   150
   Compromisso, oportunismo e adaptabilidade estratégica   153

Capítulo 8
Proposições alternativas de valor   165
   Desafios da estratégia empresarial   166
   Proposições de valor alternativas   168
   Qualidade superior   176
   Valor   182

Capítulo 9
Construindo e administrando o valor da marca   191
   Consciência da marca   192
   Lealdade à marca   194
   Associações à marca   195
   Identidade da marca   205

Capítulo 10
Energizando os negócios   213
   Inovando a oferta   214
   Energizar a marca e o marketing   220
   Aumentando o uso pelos clientes preexistentes   230

Capítulo 11
Alavancando os negócios   237
   Quais ativos e competências podem ser alavancados?   238
   Extensões da marca   240
   Expandindo o escopo de oferta   245
   Novos mercados   246
   Avaliando opções de alavancagem do negócio   248
   A miragem da sinergia   250

Capítulo 12
Criando novos negócios   255
   O novo negócio   256
   A vantagem do inovador   259

    Administrando as percepções da categoria 262
    Criando novas áreas de negócios 263
    Das ideias ao mercado 269

Capítulo 13
Estratégias globais 275
    Motivações subjacentes às estratégias globais 277
    Padronização versus customização 281
    Expandindo a área de atuação global 286
    Alianças estratégicas 289
    Gestão do marketing global 293

Capítulo 14
Estabelecendo prioridades para negócios e marcas – as opções de saída, exploração e consolidação 297
    O portfólio de negócios 298
    Desinvestimento ou liquidação 300
    A estratégia de exploração 305
    Priorizando e refinando o portfólio da marca 309

Capítulo 15
Dos silos à sinergia – explorando a organização 319
    Problemas decorrentes dos silos – o caso do marketing 320
    Abordando os problemas do marketing de silos – desafios e soluções 322
    Alavancas organizacionais e a sua ligação com a estratégia 323
    Estrutura 325
    Sistemas 327
    Pessoas 330
    Cultura 334
    Uma recapitulação da administração estratégica de mercado 338

    Casos desafiadores da Parte II ***343***
    Hobart Corporation 343
    Dove 346
    Competindo com o Walmart 350
    Arte contemporânea 356
    Sony versus iPod 359

Apêndice 363

Índice 379

CAPÍTULO 1

Estratégia empresarial: Introdução e visão geral

"Um plano não serve de nada, mas o planejamento é tudo."
— **Dwight D. Eisenhower**

"Mesmo que você esteja na pista certa, será ultrapassado se apenas permanecer lá."
— **Will Rodgers**

"Se você não sabe onde está indo, pode acabar em outro lugar."
— **Casey Stengel**

Hoje, todos os mercados são dinâmicos. A mudança está no ar em todos os lugares, e mudanças afetam a estratégia. Uma estratégia vencedora hoje pode prevalecer amanhã. Pode ser até mesmo irrelevante amanhã.

Houve um tempo, não muitas décadas atrás, em que o mundo esperava tempo demais para colocar estratégias em prática e refiná-las com paciência e disciplina. O plano estratégico anual guiava a empresa. Hoje, as coisas não são mais assim. Novos produtos, modificações de produtos, subcategorias, tecnologias, aplicações, nichos de mercado, segmentos, mídias, canais de distribuição e assim por diante, estão surgindo mais rápido do que nunca em quase todas as indústrias – de salgadinhos a *fast-food*, de automóveis e de serviços financeiros a *software*. Forças múltiplas alimentam essas mudanças, incluindo as tecnologias da *Internet*, o crescimento da China e da Índia, as tendências para uma vida mais saudável, as crises de energia, a instabilidade política e tantas outras. O resultado disso são mercados que não são somente dinâmicos, mas arriscados, complexos e desordenados.

Tais mercados confusos tornam a criação de estratégias e sua implementação muito mais desafiadoras. A estratégia tem que vencer não somente no mercado de hoje, mas no mercado de amanhã, em que o consumidor, o cenário competitivo e o contexto do mercado podem ser todos diferentes. Em ambientes moldados por essa nova realidade, algumas empresas estão direcionando mudanças. Outras estão se adaptando a ela. Outras ainda, estão desaparecendo gradualmente frente às mudanças. Como desenvolver estratégias de sucesso em mercados dinâmicos? Como manter-se à frente na competição? Como manter-se relevante?

A tarefa é desafiadora. Estrategistas precisam de perspectivas, de ferramentas e de conceitos novos e refinados. Especificamente, eles precisam desenvolver competências em torno de cinco tarefas de gestão – análise estratégica, inovação, controle de múltiplas unidades de negócios, desenvolvimento de vantagens competitivas sustentáveis (VCS) e desenvolvimento de plataformas de crescimento.

Análise estratégica. A necessidade de obter informações sobre clientes, concorrentes e tendências está mais forte do que nunca. Além disso, a informação precisa ser contínua, não estar presa a um ciclo de planejamento, porque uma identificação adequada de ameaças, oportunidades, problemas estratégicos e potenciais pontos fracos pode ser crucial para obter a resposta correta. Há um prêmio compensador sobre a habilidade de predizer tendências, projetar seus impactos e distingui-las de meras modas passageiras. Assim, recursos precisam ser investidos e competências precisam ser criadas para obter a informação, filtrá-la e convertê-la em uma análise acionável.

Inovação. A capacidade de inovar é a chave para vencer com sucesso em mercados dinâmicos, conforme diversos estudos empíricos demonstraram. A inovação, entretanto, acaba tendo várias dimensões. Há o desafio organizacional de criar um contexto que dê suporte à inovação. Há o desafio do portfólio de marcas para ter-se certeza de que a inovação é dominada e não somente um momento de curta duração do mercado. Há o desafio estratégico de desenvolver a combinação correta de inovações que se estenda desde o incremental ao transformacional. Há o desafio da execução: é necessário transformar inovações em ofertas no mercado. Existem muitos exemplos de empresas que possuíam uma inovação e permitiram que outras empresas a levassem ao mercado.

Negócios variados. É rara a empresa, agora, que não opera em unidades múltiplas de negócio definidas por canais e países junto com categorias e subcategorias de produtos. A descentralização é uma forma de estruturação organizacional de mais de um século que proporciona um entendimento profundo do produto e do serviço, proximidade do consumidor e respostas rápidas. Entretanto, em sua forma mais extrema, as unidades de negócios autônomas podem levar à má alocação de recursos, a redundâncias, à falha no aproveitamento de sinergias potenciais em negócios cruzados e à confusão de marcas. Um desafio, explorado no Capítulo 15, é adaptar esse modelo descentralizado de forma a não inibir a estratégia de adaptação em mercados dinâmicos.

Criação de vantagens competitivas sustentáveis (VCSs). A criação de vantagens estratégicas que sejam verdadeiramente sustentáveis em um contexto de mercados dinâmicos e unidades de negócios dispersas é um desafio. Os concorrentes copiam rapidamente melhorias de um produto ou serviço que são valorizadas pelos clientes. O que leva a VCSs em mercados dinâmicos? Uma base possível para isso é o desenvolvimento de ativos como marcas, canais de distribuição ou uma base de clientes ou competências, como habilidades de tecnologia social ou especialização em patrocínios. Outra é a sinergia da alavancagem organizacional, criada por múltiplas unidades de negócios, que são muito mais difíceis de serem copiadas do que um novo produto ou serviço.

Desenvolvimento de plataformas de crescimento. O crescimento é imperativo para a vitalidade e a saúde de qualquer organização. Em um ambiente dinâmico, expandir a organização de forma criativa torna-se um elemento essencial para aproveitar as oportunidades e para adaptar-se às circunstâncias em mudança. O crescimento pode vir da revitalização de um negócio principal, tornando-o uma plataforma de crescimento ou criando plataformas de novos negócios.

Este livro preocupa-se em ajudar administradores a identificar, selecionar, implementar e adaptar estratégias empresariais direcionadas ao mercado que desfrutarão de uma vantagem sustentável em mercados dinâmicos, assim como criar sinergia e estabelecer prioridades entre unidades de negócio. A intenção é fornecer conceitos, métodos e procedimentos que levarão a competências nessas cinco tarefas da administração e, finalmente, a uma tomada de decisão estratégica de alta qualidade e crescimento rentável. O livro dá ênfase ao cliente porque, em um mercado dinâmico, a orientação ao cliente parece ser a estratégia mais bem-sucedida. As motivações atuais, emergentes e latentes, assim como as necessidades não satisfeitas dos clientes devem influenciar as estratégias. Por causa disso, qualquer estratégia precisa ter uma proposição de valor que seja significativa e relevante para os clientes.

Este primeiro capítulo começa com um conceito muito básico, porém central nesta discussão, que é a estratégia empresarial. O objetivo é oferecer estrutura e clareza a um termo que é muito aplicado, mas raramente definido. O capítulo continua oferecendo uma visão panorâmica do livro, introduzindo e posicionando diversos assuntos, conceitos e ferramentas que serão abordados. Por fim, o capítulo fala do papel do marketing na estratégia empresarial. Existe uma tendência significativa de conceder ao marketing espaço na discussão estratégica e de ver o Diretor de Marketing como a pessoa capaz de criar iniciativas de crescimento.

O que é uma estratégia empresarial?

Antes de discutir o processo de desenvolvimento de estratégias empresariais, é importante responder a duas questões. O que é uma empresa? O que é uma estratégia empresarial? Fazer grupos de gestores responderem a essas questões básicas mostrará que existe pouco consenso sobre o que esses termos básicos querem dizer. Esclarecer esses conceitos é um ponto de partida necessário para obter-se uma estratégia adaptável e vencedora.

A empresa

Uma empresa geralmente é uma unidade organizacional que tem (ou que deveria ter) uma estratégia definida e um gestor responsável pelas vendas e pelos lucros. As empresas podem ser definidas em muitas dimensões, incluindo a linha de produtos, o país, os canais ou segmentos do mercado. Uma organização pode ter muitas unidades de negócios que se relacionam horizontal e verticalmente. A HP, por exemplo, precisa estabelecer direcionamentos estratégicos para os vários mercados nos quais compete. E cada mercado de produto geralmente tem sua própria estratégia empresarial. Assim, pode haver uma estratégia empresarial para as variadas linhas de produtos da HP, tais como os produtos LaserJet, mas, dentro dessa linha, também pode haver estratégias empresariais separadas para os produtos, como os da área de suprimentos para impressoras LaserJet, para segmentos, como grandes empresas nos Estados Unidos ou para regiões geográficas, como a América Latina.

Há uma escolha organizacional e estratégica ao decidir quantos negócios devem ser operados. De um lado, pode ser obrigatório ter muitos negócios, pois assim cada um estará perto do seu mercado e será potencialmente capaz de desenvolver uma estratégia que seja ideal para aquele mercado. Assim, uma estratégia para cada país, ou para cada região, ou para cada segmento importante, pode trazer alguns benefícios. Dispor de muitas unidades de negócios, no entanto, pode resultar em ineficiência em programas que não têm economias de escala e que deixam de alavancar as habilidades estratégicas dos melhores gestores. Como resultado disso, existe muita pressão para agregar negócios em entidades maiores. Unidades de negócios podem ser reunidas para criar uma massa crítica, para reconhecer similaridades entre mercados e estratégias e para obter sinergias. Negócios que são muito pequenos para justificar uma estratégia precisarão ser fundidos de modo que a estrutura de gestão seja suportável (é claro que duas unidades de negócios podem compartilhar alguns elementos operacionais, tais como força de vendas e uma instalação, para ganhar economias sem a necessidade de uma fusão). Negócios que possuem mercados com contextos e estratégias de negócio semelhantes serão candidatos à fusão para alavancar o conhecimento compartilhado. Outra motivação para a fusão é incentivar sinergias entre unidades de negócios quando a combinação oferece maior probabilidade de economia em custo ou investimento, ou maior probabilidade de criação de uma proposição de valor superior.

Houve um tempo em que as estratégias empresariais desenvolvidas para descentralizar as unidades de negócios eram definidas por produtos, países ou segmentos de mercado. Essas estratégias de negócios eram, então, agrupadas ou agregadas para a criação de uma estratégia empresarial. Esse tempo já passou. Agora, existe a necessidade de uma estratégia empresarial que identifique macro tendências e respostas estratégicas a essas tendências na forma de uma empresa, alocando recursos entre unidades de negócios e reconhecendo potenciais sinergias. Dessa forma, talvez seja necessário existir uma estratégia para a Ford e talvez para o segmento de utilitários, como o Ford Explorer.

A estratégia empresarial

Quatro dimensões definem uma estratégia empresarial: a estratégia de investimento no produto-mercado, a proposição de valor ao cliente, os ativos e competências e as estratégias e programas funcionais. A primeira dimensão especifica onde competir e as três restantes indicam como competir para ter êxito, conforme sugerido na Figura 1.1.

A estratégia de investimento no produto-mercado – onde competir

O escopo da empresa e as dinâmicas dentro desse escopo representam uma dimensão estratégica muito básica. Quais setores deveriam receber recursos e atenção de gestão? Quais deveriam ter seus recursos retirados ou mantidos? Mesmo em uma organização pequena, a decisão da distribuição de recursos é uma parte fundamental da estratégia.

O escopo de uma empresa é definido pelos produtos que ela oferece e escolhe não oferecer, pelos mercados que ela pretende ou não pretende atuar, pelos concorrentes com quem ela escolhe competir ou evitar e pelo nível de integração vertical. Às vezes, a decisão mais importante no escopo de uma empresa é a que define quais produtos ou segmentos evitar. Essa decisão, quando seguida rigorosamente, pode conservar recursos necessários para competir de forma bem-sucedida em outros lugares. Peter Drucker, um guru da administração, desafiou executivos a especificar "O que é o nosso negócio e o que ele deveria ser? O que não é o nosso negócio e o que ele não deveria ser?". Tal julgamento pode, algumas vezes, envolver tomadas de decisão difíceis, como o abandono ou liquidação de um negócio, ou evitar uma oportunidade aparentemente atraente.

O Capítulo 14 discute os julgamentos de desinvestimentos e o porquê de serem tão difíceis de fazer e fáceis de evitar.

Muitas organizações têm demonstrado as vantagens de ter um escopo de negócios bem definido. A Williams-Sonoma oferece produtos para o lar e para a cozinha. A IBM mudou sua posição sob a direção de Lou Gerstner, em parte, marcando seus componentes de serviço e, mais recentemente, expandindo a

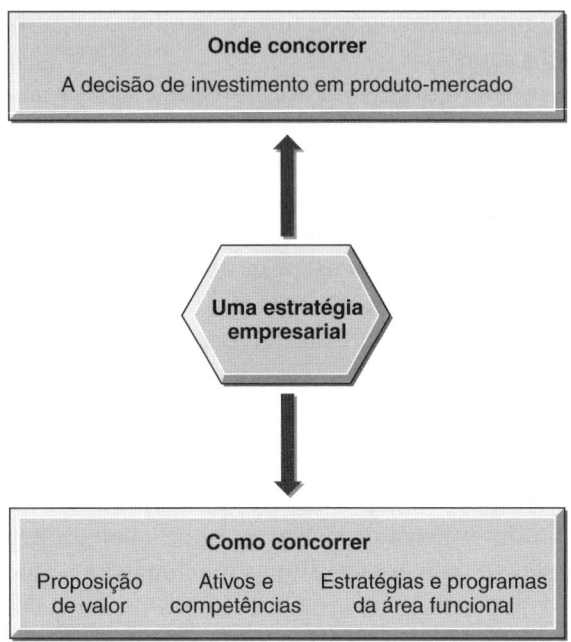

Figura 1.1 Uma estratégia empresarial.

marca de seus *software*. A P&G se concentra no amplo espectro de bens de consumo não alimentares. O Walmart e a Amazon têm um escopo abrangente que gera economias de escala e uma única proposta de valor comercial.

Mais importante do que o escopo é a dinâmica do escopo. Quais produtos serão lançados ou retirados do mercado nos próximos anos? Conforme sugerido na Figura 1.2, o crescimento pode ser gerado ao trazer produtos já existentes a novos mercados (expansão do mercado), ao trazer novos produtos a mercados existentes (expansão do produto) ou por ingressar em novos produtos e mercados (diversificação).

Expandir o escopo do negócio pode ajudar a organização a atingir um crescimento e uma vitalidade e pode ser uma alavanca para lidar com as mudanças no mercado, aproveitando as oportunidades conforme elas vão aparecendo. Durante os primeiros cinco anos da era Jeff Immelt, a GE mudou o seu foco e características investindo em saúde, energia, tratamento de água, hipotecas de casas e entretenimento (comprando a Universal), saindo do mercado de seguros, diamantes industriais, negócios terceirizados na Índia e uma divisão de motores. Além disso, a porcentagem de fontes de ganhos fora dos Estados Unidos cresceu de 40% para quase 50%.

Entretanto, expandir o escopo dos negócios também pode trazer riscos. Como a expansão do escopo ultrapassa o âmbito do negócio principal, poderá haver aumento de riscos já que a oferta da empresa não será distintiva, e po-

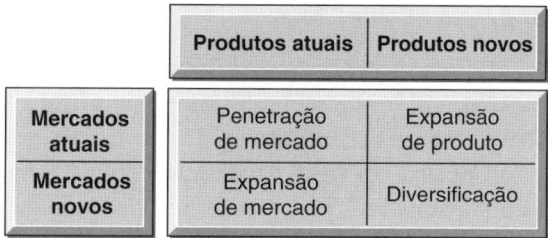

Figura 1.2 Direções do crescimento de produto-mercado.

derá haver problemas operacionais ou as marcas da empresa não suportarão a expansão. Apesar das semelhanças de fabricação e distribuição, a Bausch & Lomb's tentou migrar do segmento de cuidado com os olhos para o segmento de enxaguantes bucais, o que foi um fracasso para a marca e para o produto. O esforço de uma empresa de fabricação de equipamentos no ramo dos robôs fracassou quando não foi capaz de criar ou de adquirir a tecnologia necessária. A atenção e os recursos não podem ser desviados do negócio principal, o que pode causar seu enfraquecimento.

O padrão de investimento determinará os rumos da empresa. Embora haja variações óbvias e refinamentos, é útil conceituar as seguintes alternativas:

- Investir para crescer (ou ingressar no produto-mercado)
- Investir para manter a posição existente
- Explorar o negócio minimizando investimentos
- Recuperar o maior número de ativos possível liquidando ou abandonando o negócio

A P&G perdeu metade do seu valor de mercado em seis meses antes que A.G. Lafley assumisse como CEO em 2000. Isso ocorreu, em parte, porque a empresa investiu recursos consideráveis em novas iniciativas de negócios (como a Olay Cosmetics e a Fit Wash) que decepcionaram ou foram um fracasso.[1] Dois anos depois, a empresa recuperou a maior parte das perdas, mesmo que o valor total das ações de mercado tenha caído 1/3 durante esse tempo. Um ponto-chave para a reviravolta foi a estratégia que focou marcas maiores, cada uma contribuindo com mais de um bilhão de dólares em vendas – Tide/Arial, Always/Whisper, Crest, Folgers, Iams, Pampers, Charmin, Bounty, Pantene, Downy/Lenor e Pringles – e reduzindo investimentos em outras 80 ou mais marcas. Por exemplo, sem o desvio de recursos, o grupo de cuidados do cabelo pôde focar a revitalização da Pantene. Marcas menores receberam menor atenção, e aquelas como a Jif e a Crisco, que não possuíam estratégia adequada, foram descartadas. O crescimento tem sido obtido desde então pela expansão da lista de marcas de um bilhão de dólares, a partir do crescimento interno e da aquisição da Gillette.

A proposição de valor para o cliente

No final, a oferta precisa atrair clientes novos e os já existentes. É preciso haver uma proposição de valor que seja relevante e significativa para o cliente e que reflita o posicionamento do produto ou do serviço. Para adotar uma estratégia de sucesso, a proposição deve ser sustentável com o passar do tempo e se diferenciar da concorrência. A proposição de valor para o cliente pode envolver elementos, tais como garantir:

- Um bom valor (Walmart)
- Excelência em um atributo importante do produto ou do serviço, como garantir roupas limpas (Tide)
- A melhor qualidade (Lexus)
- Amplitude da linha de produtos (Amazon)
- Ofertas inovadoras (3M)
- Uma paixão compartilhada por uma atividade ou um produto (Harley-Davidson)
- Conexões globais e prestígio (CitiGroup)

A Home Depot e a Lowe's são varejistas que focam em melhorias do lar com proposições de valor muito diferentes. A Home Depot tem lojas muito sóbrias e funcionais que são planejadas para atrair o contratante ou os proprietários da casa com base na função e no preço. Desde 1994, a estratégia da Lowe's é mostrar um lado mais suave, um olhar mais confortável para as mulheres. Assim, suas lojas são bem iluminadas, com sinais coloridos e claros, pisos impecáveis e atendentes amigáveis e prestativos. Anos mais tarde, a estratégia da Lowe's ganhou força, e a Home Depot, por causa de um programa de redução de custos, está tentando ajustar sua própria proposição de valor.

Ativos e competências

Os ativos ou competências que sustentam a estratégia frequentemente garantem uma vantagem competitiva sustentável (VCS). Uma *competência estratégica* é o que uma unidade de negócios faz excepcionalmente bem – como o programa de relacionamento com o cliente, as tecnologias sociais, a fabricação ou a promoção – que tem importância estratégica para a empresa. Geralmente, ela é baseada no conhecimento ou em um processo. Já um *ativo estratégico* é um recurso, tal como o nome de uma marca ou uma base existente de clientes, que é forte em relação aos concorrentes. A formulação da estratégia deve considerar o custo e a viabilidade de gerar ou manter ativos ou competências que garantam a base para uma vantagem competitiva sustentável.

Ativos e competências podem envolver um amplo espectro, desde *sites* à experiência em P&D, ou um símbolo, como o boneco da Michelin. Para a P&G isso representa compreender o cliente, construir a marca, inovar, ter capacidade de levar o produto ao mercado e ter uma escala global.[2] Embora um ativo ou competência forte seja frequentemente difícil de construir, eles podem resultar em uma vantagem significativa e duradoura.

As sinergias obtidas da operação de uma empresa que amplia seus mercados pode ser um ativo importante e uma fonte de VCS. As sinergias, que são significativas porque são baseadas em características organizacionais que não são facilmente copiadas, pode se dar em diversas formas. Dois negócios podem reduzir custos compartilhando o sistema de distribuição, a força de vendas ou o sistema logístico, conforme ocorreu quando a Gillette adquiriu a Duracell (e, mais tarde, quando a mesma foi adquirida pela P&G). As sinergias também podem basear-se no compartilhamento de um mesmo ativo, como com a marca HP que compartilhou dezenas de unidades de negócios, ou a competência como a da Toyota de gerir fábricas em diferentes marcas e países. Outra fonte de sinergia é o compartilhamento de estratégias da área funcional entre unidades de negócios. A Ford foi capaz de patrocinar a Copa do Mundo, por exemplo, enquanto a Ford utilitários no Reino Unido não o fez. Outra fonte de sinergia é o compartilhamento da pesquisa e desenvolvimento (P&D). A P&G agrega marcas como Head & Shoulders, Aussie, infusion e Pantene na categoria de cuidados com o cabelo, não apenas para oferecer orientação de espaço de prateleiras para varejistas e para criar promoções com mais facilidade, mas também para gerenciar o uso de inovações do produto. Finalmente, uma combinação de produtos pode resultar em uma proposição de valor. Algumas empresas de *software* têm agregado produtos para oferecer um sistema de solução aos consumidores; Microsoft Office é um exemplo disso.

A capacidade de ativos e competências para apoiar a estratégia irá depender, parcialmente, do seu poder com relação aos concorrentes. Até que ponto os ativos e competências são fortes e estão no lugar certo? Até que ponto eles existem por causa do símbolo de uma marca ou de um investimento de longo prazo em uma competência? Até que ponto eles são baseados em uma sinergia organizacional que não pode ser copiada?

Ativos e competências podem ser, também, pontos de paridade. Em dimensões como qualidade percebida, força de distribuição ou custos de fabricação, o objetivo pode não ser o de criar uma vantagem, mas sim o de evitar uma desvantagem. Quando um ativo ou competência está próximo o suficiente ao de um concorrente para neutralizar este último, então, um ponto de paridade foi alcançado. Tal paridade pode ser a chave para o sucesso; se a qualidade percebida em uma oferta do Walmart é considerada adequada, então a percepção de preço irá ganhar o dia.

Estratégias e programas funcionais

O objetivo da proposição de valor ou de um conjunto de ativos e competências é elencar alguns imperativos estratégicos por meio de um conjunto de estratégias funcionais ou programas de apoio. Tais estratégias e programas, por outro lado, serão implementados com um conjunto de táticas de curto prazo.

Estratégias funcionais ou programas que poderiam orientar a estratégia empresarial podem incluir:

- Programa de relacionamento com o cliente
- Estratégia de construção da marca
- Estratégia de tecnologia social
- Estratégia de comunicação
- Estratégia de tecnologia de informação
- Estratégia de distribuição
- Estratégia global
- Programa de qualidade
- Estratégia de terceirização
- Estratégia logística
- Estratégia de manufatura

A necessidade de estratégias e programas funcionais pode ser determinada por meio de poucas perguntas. O que precisa acontecer para que a empresa consiga cumprir sua proposição de valor? Existem ativos e competências necessários? Eles precisam ser criados, fortalecidos ou apoiados? Como?

Critérios para selecionar estratégias empresariais

Os principais critérios úteis para escolher entre as alternativas podem ser agrupados em cinco questões:

- *O retorno sobre o investimento (RSI) é atrativo?* Criar uma proposição de valor que seja atrativa para os clientes pode não valer a pena se o investimento ou os custos operacionais forem excessivos. A Starbucks abriu no Japão em 1996 no distrito de Ginza e se expandiu em mais de 400 unidades, muitas delas em áreas de renda mais alta. O resultado foi virar uma marca da moda, mas que era vulnerável a concorrentes, que igualaram ou superaram a oferta de produto da Starbucks e não ficaram em desvantagem com custos gerais elevados porque desenvolveram unidades de menor custo.
- *Existe uma vantagem competitiva sustentável?* A menos que a unidade de negócios tenha ou possa desenvolver uma vantagem competitiva real que seja sustentável ao longo do tempo frente à reação da concorrência, um retorno atrativo de longo prazo será improvável. Para atingir uma vantagem competitiva sustentável, uma estratégia deve explorar ativos e competências organizacionais e neutralizar fraquezas.
- *A estratégia terá sucesso no futuro?* A estratégia precisa sobreviver às dinâmicas do mercado, com suas ameaças e oportunidades emergentes. Cada componente da estratégia deve ter uma vida longa, ou a estratégia deve poder adaptar-se a condições de mudança. Nesse contexto, os cenários futuros (descritos no Capítulo 5) podem ser utilizados para testar a robustez da estratégia com relação a incertezas futuras.

> **Expandindo o escopo dos negócios**
>
> No clássico artigo "Miopia em Marketing", Theodore Levitt explica como as empresas que definem seus negócios de forma míope em termos de produto podem ficar estagnadas, muito embora as necessidades básicas do cliente ao qual sirvam tenham um crescimento saudável.³ Por causa de um foco míope no produto, outros ganham os benefícios do crescimento. De outro lado, empresas que se consideram no ramo de transportes e não no ramo de empresas ferroviárias, no ramo de energia em vez do ramo do petróleo, ou no ramo da comunicação em vez do ramo de negócios de telefonia, têm maior probabilidade de explorar oportunidades.
>
> O conceito é simples: definir o negócio em termos das necessidades básicas do cliente em vez do produto. A Visa se definiu dentro do ramo que permite ao cliente um valor de troca (qualquer ativo, incluindo dinheiro depositado, valor do dinheiro em seguros de vida ou proprietário de uma casa) para praticamente qualquer coisa em qualquer lugar do mundo. Conforme o negócio é redefinido, tanto o conjunto de concorrentes quanto a gama de oportunidades são ampliadas, muitas vezes, radicalmente. Após redefinir seus negócios, a Visa estimava ter atingido apenas 5% do seu potencial, levando em conta a nova definição.
>
> Definir um negócio em termos de necessidades genéricas pode ser extremamente útil para incentivar a criatividade, para gerar opções estratégicas e para evitar foco interno orientado ao produto.

- *A estratégia é viável?* A estratégia deve estar prevista nos recursos humanos e financeiros da organização. Ela também deve ser internamente consistente com outras características organizacionais, tais como a estrutura da empresa, os sistemas, as pessoas e a cultura. Essas considerações organizacionais serão abordadas no Capítulo 15.
- *A estratégia se adapta a outras estratégias da empresa?* As fontes e os usos do fluxo de caixa estão em equilíbrio? A flexibilidade organizacional é reduzida com o investimento em recursos humanos ou financeiros? Uma potencial sinergia é capturada pela estratégia?

Administração estratégica de mercado

A administração estratégica de mercado é um sistema desenvolvido para ajudar a administração a criar, modificar ou manter uma estratégia de negócios, além de criar visões estratégicas. Uma visão estratégica é a projeção de uma estratégia futura ou de conjuntos de estratégias. A realização de uma estratégia excelente pode envolver um atraso, porque a empresa não está pronta ou por causa de condições emergentes que não estão ainda no lugar certo. Uma visão estratégica irá mostrar a direção e o propósito de estratégias e atividades temporárias e pode inspirar a organização, mostrando um propósito que vale a pena e que é nobre.

A administração estratégica do mercado envolve decisões com impacto significativo e de longo prazo na organização. As estratégias de negócio resultantes podem ser dispendiosas em termos de tempo e de recursos ao reverter ou mudar um negócio. Na verdade, decisões estratégicas emergentes podem fazer toda a diferença entre o sucesso, a mediocridade, o fracasso e até mesmo a sobrevivência.

Desenvolver estratégias de negócios apropriadas é um objetivo básico, mas pode não ser o final da história. Com uma estratégia de negócios em mãos, a tarefa será:

- Desafiar constantemente a estratégia para se certificar de que ela ainda é relevante para o mercado em mudança e que responda às oportunidades emergentes.
- Garantir que a organização desenvolva e retenha as habilidades necessárias e as competências para fazer a estratégia ter sucesso.
- Implementar a estratégia com energia e foco; a melhor estratégia, se implementada de forma errada, será um fracasso (ou pior, irá comprometer a empresa).

A Figura 1.3 mostra a estrutura de uma administração estratégica de mercado. Uma breve descrição de seus elementos principais e a introdução aos conceitos-chave serão apresentadas neste capítulo.

Análise externa

A análise externa, resumida na Figura 1.3, envolve o exame de elementos externos relevantes a uma organização – clientes, concorrentes, mercados e submercados e o ambiente ou contexto externo ao mercado. A análise de clientes, o primeiro passo da análise externa que ganha atenção no Capítulo 2, envolve identificar os segmentos de clientes da organização e cada motivação dos segmentos e necessidades não satisfeitas. A análise de concorrência, abordada no Capítulo 3, tenta identificar os concorrentes (atuais e potenciais) e descrever seu desempenho, sua imagem, estratégia e pontos fortes e fracos. A análise de mercado, assunto trazido no Capítulo 4, pretende determinar a atratividade do mercado e de submercados e compreender a dinâmica do mercado de forma que ameaças e oportunidades possam ser detectadas e estratégias possam ser adaptadas. A análise do ambiente, assunto do Capítulo 5, é o processo de identificar e compreender as oportunidades e ameaças emergentes criadas por forças no contexto do negócio.

A análise externa deve ser proposital, com foco em resultados-chave: identificação de oportunidades atuais e potenciais, ameaças, tendências, incertezas estratégicas e escolhas estratégicas. Existe um perigo ao ser excessivamente descritivo. Porque não existe literalmente um limite ao escopo de um estudo descritivo, o resultado pode ser um considerável gasto de recursos com pequeno impacto na estratégia.

A estrutura de referência para uma análise externa geralmente é uma unidade estratégica de negócios (UEN) definida, mas é útil conduzir a análise em diferentes níveis. A análise externa de submercados de vez em quando oferece *insights* cruciais; por exemplo, a análise externa de uma madura indústria

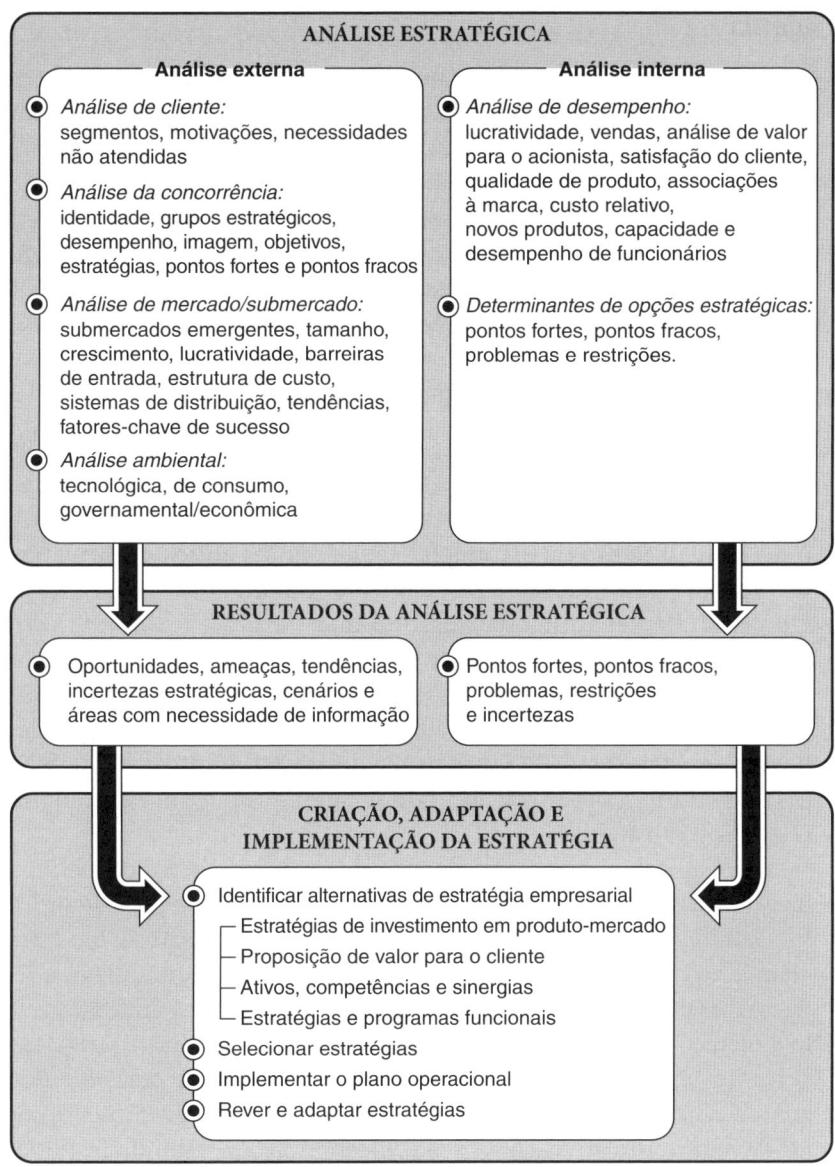

Figura 1.3 Visão geral da administração estratégica.

de cerveja contém análise de submercados de cervejas não alcoólicas e importadas, que estão crescendo e têm diferenças importantes. Também é possível conduzir uma análise externa para grupos de UENs, como divisões, que têm características em comum. Por exemplo, uma companhia de produtos alimentícios considera a análise do segmento de vida saudável e tendências na alimentação que podem expandir unidades operacionais dentro da empresa.

Análise interna

A análise interna, apresentada no Capítulo 6 e também resumida na Figura 1.3, pretende oferecer um conhecimento detalhado de aspectos estrategicamente importantes da organização. A análise do desempenho observa não somente as vendas, mas também a satisfação/lealdade do cliente, qualidade, imagem da marca, custos e atividade do novo produto.

A identificação e a avaliação de pontos organizacionais fortes e fracos guiarão as prioridades estratégicas, incluindo tanto o desenvolvimento de novas estratégias quanto a adaptação das existentes.

Criando, adaptando e implementando uma estratégia

Depois de descrever a análise estratégica, o livro volta-se para a criação, adaptação e implementação da estratégia. Como decidir o escopo do negócio? Quais são as proposições alternativas de valor e como elas guiarão o desenvolvimento da estratégia? Quais são os ativos e competências que oferecerão pontos de vantagem e quais apontarão para pontos de paridade? Quais estratégias funcionais e programas levarão ao sucesso estratégico? Quais opções de crescimento receberão investimento? O negócio principal será a fonte de crescimento ou existe a necessidade de ir além do negócio principal? Qual deve ser a estratégia global? Como as unidades de negócio devem ser priorizadas? Deve haver desinvestimento no portfólio de negócios? Como a organização pode se adaptar de forma que suporte e não restrinja a estratégia?

O Capítulo 7 discute o conceito de uma vantagem competitiva sustentável (VCS) e o conceito movediço de sinergia antes de introduzir três filosofias estratégicas – comprometimento estratégico, oportunismo estratégico e adaptação estratégica. Esses estilos estratégicos oferecem uma boa visão geral de formas de administrar a estratégia frente a mercados dinâmicos. O Capítulo 8 oferece uma visão geral do escopo das escolhas estratégicas descrevendo cerca de 12 possíveis proposições de valor, cada uma delas oferecendo um guarda-chuva sobre a estratégia de negócios. O Capítulo 9 mostra como o valor da marca, um ativo-chave e alavancador da adaptabilidade, pode ser criado e usado. Os quatro capítulos seguintes discutem as opções de crescimento: o Capítulo 10 aborda a forma de energizar o negócio, o Capítulo 11 como alavancar o negócio, o Capítulo 12 como criar novos negócios e o Capítulo 13, estratégias globais. O Capítulo 14 discute a opção de desinvestimento, uma importante e frequentemente negligenciada dimensão da decisão de investimento. Finalmente, o Capítulo 15 introduz as dimensões organizacionais e seu papel na escolha e na implementação da estratégia e discute os problemas gerados por produtos autônomos e por unidades organizacionais autônomas em outro país, e como substituir competição e isolamento por cooperação e a comunicação.

> **Gallo: um estudo de caso**
>
> A Gallo, apesar de produzir cerca de uma em cada quatro garrafas de vinho comercializadas nos Estados Unidos (principalmente na forma de vinhos baratos vendidos sob o nome Gallo), sentiu que precisava se adaptar à forte tendência do mercado de varietais *premium*.
>
> Um meio para essa adaptação foi o lançamento da marca *premium* Gallo de Sonoma, que teve diversas e significativas vantagens competitivas sustentáveis. As uvas disponíveis para a Gallo no condado de Sonoma, ao norte da Califórnia (cujo clima, alguns dizem, é superior ao da famosa região de Napa), juntamente com a disposição e a habilidade da empresa para fazer grandes vinhos, resultou em um produto que ganhou algumas importantes competições internacionais de vinhos. Além disso, a marca ganhou sinergias com a influência da distribuição substancial da Gallo e as eficiências de operação em escala.
>
> A decisão de colocar o nome Gallo na nova linha criou de forma indubitável uma grande responsabilidade, mas também teve algumas vantagens compensadoras. Em primeiro lugar, permitiu que os negócios alavancassem a credibilidade e a personalidade de uma enóloga da terceira geração da família, Gina Gallo. Em segundo lugar, impulsionou o orgulho da organização e de seus parceiros em um aspecto do negócio (vinificação) que está no centro de seus valores. Por fim, a incongruência aparente da Gallo fazendo um vinho fino poderia apelar aos provadores de vinho do mundo dando-lhes a chance de provar que eles estão acima de rótulos.
>
> O sucesso da Gallo de Sonoma encorajou a Gallo a mudar radicalmente a estratégia de negócios e de marca. Gallo de Sonoma tornou-se Família Gallo Vineyards Sonoma, uma das quatro marcas da família Gallo. O valor das marcas Gallo foi absorvido e outras marcas no portfólio desempenharam o papel de valor.

Administração estratégica de mercado – os objetivos

A administração estratégica de mercado pretende:

- *Antecipar a consideração de escolhas estratégicas*. Quais eventos externos estão criando oportunidades e ameaças para que uma reação oportuna e apropriada possa ser gerada? Quais questões estratégicas enfrenta a empresa? Quais opções estratégicas devem ser consideradas? A alternativa à administração estratégica de mercado normalmente é movida estrategicamente, sendo absorvida no dia a dia dos problemas. Nada é mais trágico do que uma organização que fracassa porque a decisão estratégica não foi abordada antes que fosse tarde demais.
- *Ajudar um negócio a lidar com a mudança*. Se um ambiente específico é extremamente estável e os padrões de venda forem satisfatórios, pode haver pouca necessidade para uma mudança estratégica significativa – quer em direcionamento ou em intensidade. Nesse caso, a administração estratégica do mercado é muito menos crucial. Entretanto, a maioria das organizações existe em ambientes que estão mudando de forma crescente e imprevisível e, portanto, precisam de abordagens para lidar estrategicamente.
- *Forçar uma visão de longo alcance*. As pressões para administrar com foco em prazos curtos são fortes, mas elas frequentemente levam a erros estratégicos.

- *Dar visibilidade à decisão de alocação de recursos*. Permitir que a alocação de recursos seja ditada por forças políticas ou pela inércia (por exemplo, a mesma estratégia do ano passado) é muito fácil. Um resultado desta abordagem é que um pequeno, mas promissor e sem problemas negócio ou negócios que ainda não foram desenvolvidos podem sofrer com a falta de recursos, enquanto áreas de negócios maiores podem absorver uma quantidade excessiva.
- *Ajudar a análise estratégica e a tomada de decisão*. Conceitos, modelos e metodologias estão disponíveis para ajudar um negócio a coletar e analisar informação e direcionar decisões estratégicas difíceis.
- *Oferecer uma administração estratégica e um sistema de controle*. O foco em ativos e competências e o desenvolvimento de objetivos e programas associados a impulsos estratégicos oferecem as bases para administrar um negócio estrategicamente.
- *Oferecer comunicação vertical e horizontal e sistemas de coordenação*. A administração estratégica de mercado oferece uma forma de comunicar problemas e estratégias propostas em uma organização de produto ou de unidades de negócios no país; especialmente, seu vocabulário confere precisão e seus processos ajudam a coordenar e encorajar a sinergia.

O ciclo de planejamento

Frequentemente, um exercício de planejamento anual é compreendido como desenvolvimento estratégico quando o resultado não é estratégia, mas um orçamento operacional e de recursos que especifique objetivos financeiros, planos de contratação e autorizações de investimento. Uma pesquisa na McKinsey envolvendo uma pesquisa de opinião de mais de 700 executivos sugere formas de tornar o processo de desenvolvimento da estratégia mais eficaz.[4] Especialmente, o processo estratégico deve:

- *Começar pelas questões*. CEOs dizem que o planejamento deve antecipar grandes desafios e apontar ou detectar tendências importantes. A escolha estratégica será bem servida se identificar questões estratégicas fundamentais associadas. Um CEO indaga líderes de negócios na sua empresa a imaginarem como colocar um conjunto específico de tendências afetaria seus negócios. Outro cria uma lista de três a seis prioridades para cada negócio para formar uma base para discussão.
- *Reunir as pessoas certas*. Não basta ter uma equipe de pessoas envolvidas, mas também pessoas que irão implementar a estratégia, os tomadores de decisão. Além disso, de forma a promover sinergias e estratégias que abranjam produtos ou estruturas organizacionais no país, é importante ter relevantes equipes de negócios representadas.
- *Adaptar os ciclos de planejamento aos negócios*. Não é realista dizer que todos os negócios precisam ter um exercício de planejamento a cada ano.

Alguns podem precisar disso a cada dois ou três anos. Além disso, tendências, eventos ou questões devem engatilhar uma revisão estratégica mesmo que isso não esteja no ciclo anual.
- **Implementar um sistema de desempenho estratégico.** Muitos negócios falham ao acompanhar o desenvolvimento da estratégia. Como resultado, isso torna-se um exercício bastante vazio. As principais iniciativas estratégicas devem ter metas de progresso mensuráveis assim como os objetivos finais esperados. O que será uma barreira ao sucesso? O que precisa acontecer para a estratégia se manter no caminho?

O papel do marketing na estratégia

O marketing tem visto seu papel estratégico crescer ao longo dos anos. A questão para cada organização é se o CMO (*chief marketing officer*) e sua equipe tem assento na mesa da estratégia ou são relegados a ser implementadores táticos de tarefas como administrar o programa de propaganda. A visão de que o marketing é tático está mudando; agora é mais e mais frequentemente aceito como parte da administração estratégica da organização. Dada a definição de uma estratégia de negócio e a estrutura da administração estratégica de mercado, os papéis que o marketing pode e deve desempenhar tornam-se ainda mais claros.

Um papel do marketing é ser o orientador primário da análise estratégica. O grupo de marketing está na melhor posição para compreender os clientes, concorrentes, o mercado e os submercados e as forças ambientais e tendências. Por meio da gestão de pesquisas de marketing e de dados do mercado, ele controla grande parte da informação necessária na análise externa. O marketing deveria também assumir a frente na análise interna, no que diz respeito a ativos selecionados (tais como o portfólio de marcas e o canal de distribuição) e as competências (tais como a introdução de um novo produto e a administração de patrocínios).

Um segundo papel do marketing é direcionar a estratégia de crescimento da empresa. As opções de crescimento estão baseadas ou são dependentes dos *insights* de clientes ou do mercado, e o marketing, portanto, deveria ser um elemento-chave. Na verdade, um estudo conduzido por Booz Allen e Hamilton com cerca de 2 mil executivos identificou que um pequeno, mas crescente número de empresas (9%) descreve o CMO como um campeão do crescimento envolvido com todos os alavancadores estratégicos relacionados ao crescimento.[5]

Um terceiro papel é o de lidar com as disfunções do produto e de mercados geográficos. Embora todos os grupos funcionais precisem lidar com esse problema, o marketing frequentemente está na linha de frente. A marca corporativa e as marcas principais normalmente abrangem mercados, e um fracasso ao exercer um controle central resultará em ineficiências e inconsistências que podem ser prejudiciais a uma ou mais estratégias de negócios. Programas de marketing para expansão dos negócios tais como patrocínios ou canais de distribuição precisam ser ativamente gerenciados para aproveitar oportunidades e evitar desperdício e ineficiência.

Um quarto papel do marketing é participar do desenvolvimento de estratégias de negócios. Esse papel é melhor compreendido por meio do detalhamento da relação entre marketing e estratégias de negócios.

Marketing *versus* estratégias de negócios

Uma estratégia de marketing é um subconjunto de estratégias de negócios e envolve os mesmos quatro componentes, embora o escopo seja restrito ao marketing. Isso inclui a alocação do orçamento de marketing em produtos e mercados, a proposição de valor ao cliente por segmento, ativos e competências de marketing e estratégias de áreas funcionais do marketing. A decisão de alocação do orçamento de marketing deve seguir o exemplo das prioridades estratégicas, mas também deve considerar a efetividade dos programas de marketing. Se existem duas unidades de negócio com importância estratégica equivalente e uma tem programas de marketing muito mais eficientes do que a outra, a alocação do orçamento de marketing deve ser afetada. Isso implica que há um processo para projetar a efetividade de programas de marketing que é comum entre os departamentos, um desafio para a maioria das empresas.

Existem contextos em que a estratégia de marketing se adapta à estratégia de negócio e outros contextos em que influencia ou até mesmo direciona a estratégia de negócio.

A decisão de investimento em produto-mercado pode ser influenciada por julgamentos que o marketing pode oferecer sobre a saúde e a vitalidade de um competidor de produtos e mercados. Além disso, a pesquisa com clientes baseada em estratégias de segmentação que tanto identificam quanto priorizam os segmentos de clientes será relevante à decisão de investimento do negócio.

A proposição de valor, na maioria dos casos, será direcionada por uma estratégia de marketing porque será informada pelos *insights* dos clientes e da equipe de marketing e seus parceiros que estão próximos dos clientes. A equipe de marketing deve se encarregar de desenvolver a proposição de valor e adaptá-la às várias combinações de produtos e mercado, assim como aos contextos de mercado em mutação, ao contrário de ser uma unidade organizacional que simplesmente implementa a proposição de valor ditada pela estratégia de negócios. O marketing deve ser a voz do cliente na discussão da estratégia, certificando-se que a proposição de valor é baseada em substância e que é significativa para o cliente.

Uma vez que os ativos e competências do marketing são sempre importantes subconjuntos que fundamentam uma estratégia de negócios, o marketing terá um papel em sua identificação, criação e priorização. A estratégia de marketing envolverá ativos de marketing como a marca (Unilever) ou a distribuição (Frito-Lay), e competências como a expertise em patrocínios (Nike) ou a capacidade de introdução de novos produtos (P&G). Em contraste, uma estratégia de negócios irá incluir ativos como plantas (HP), tecnologia (Oracle) e parceiros de terceirização (GAP) e competências como a capacidade da P&D (TI), expertise em fabricação (Toyota) e logística (Walmart).

Por fim, a habilidade da equipe de marketing para desenvolver e implementar estratégias funcionais eficazes serão cruciais para o sucesso de uma estratégia de negócios. Estratégias de marketing empregarão estratégias funcionais de marketing como publicidade da marca, propaganda, tecnologias sociais, mídia, *call-centers*, treinamento de pessoal de contato com o cliente, etc. Uma estratégia de negócios, é claro, envolverá uma ampla gama de estratégias funcionais referentes à fabricação, locais das fábricas, contratação de executivos fora do marketing, planos de compensação amplos da empresa, etc. Dessa forma, o marketing é um parceiro, normalmente um parceiro chave, no desenvolvimento e implementação de uma estratégia de negócios. A concepção de um negócio e de uma estratégia de marketing como tendo quatro dimensões ajuda a esclarecer a natureza dessa relação. As empresas que são capazes de atingir o sucesso ao longo do tempo são aquelas que entendem que o marketing deve ser uma voz forte na estratégia de negócios.

Pontos-chave

- A estratégia precisa ser desenvolvida e executada em um contexto de mercado dinâmico. Para lidar com isso, é importante desenvolver competências em análise estratégica, inovação e administrar muitos negócios, além de desenvolver VCSs e plataformas de crescimento.
- Uma estratégia de negócio inclui a determinação da estratégia de investimento em produto-mercado, a proposição de valor para o cliente, ativos e competências e a estratégia funcional da área. Uma estratégia de marketing envolve a alocação do orçamento de marketing além da decisão produtos-mercado, a proposição de valor para o cliente por segmento, os ativos e competências de marketing e as estratégias de áreas funcionais de marketing.
- Administração estratégica de marketing, um sistema projetado para ajudar a administração a criar, mudar ou reter estratégias de negócios e criar visões estratégicas, incluir a análise estratégica do negócio para identificar oportunidades existentes ou emergentes, ameaças, tendências, incertezas estratégicas, informações necessárias para as áreas, cenários e alternativas estratégicas. Isso deve precipitar as escolhas estratégicas, ajudar o negócio a lidar com a mudança, forçar uma visão de longo prazo, tornar visível a alocação de recursos, ajudar as análises e as decisões

estratégicas, oferecer sistemas de administração e de controle e reforçar comunicação e a coordenação.
- O papel do CMO (*chief marketing officer* – responsável pelo marketing de uma empresa) cresceu ao longo dos anos e agora é frequentemente encarregado por ser um parceiro no desenvolvimento de estratégias e um veículo para lidar com disfunções das áreas de produto-mercado.

Para discussão

1. O que é uma estratégia empresarial? Você concorda com a definição proposta neste capítulo? Ilustre sua resposta com exemplos. Considere uma das empresas da lista a seguir. Leia a descrição de estratégia empresarial no texto. Vá ao *site* da empresa e utilize-o para entender a estratégia empresarial. Procure elementos como produtos e serviços oferecidos, a história da empresa e seus valores. Qual é a estratégia empresarial? Qual é a combinação de produtos-mercados da empresa? Quais são suas proposições de valor? Como as proposições de valor são entregues? Quais são os ativos e competências da empresa? Quais são suas opções estratégicas? Considere a questão do escopo levantada por Levitt. O que seria uma especificação de escopo ampla ou limitada?
    a. Dell
    b. P&G (Tide, Pampers)
    c. Citicorp (Citibank)
    d. Uma empresa de sua escolha
2. Na questão 1, identifique o marketing em oposição à estratégia de negócios.
3. Considere a decisão estratégica da Gallo. Descreva como você avaliaria sua decisão.
4. Aplique o conceito de miopia em marketing para a mídia impressa, revistas e jornais. Qual é a implicação?
5. Quais critérios para escolher uma estratégia você consideraria mais importante? Por quê? Como o contexto afetaria sua resposta?
6. Qual citação do primeiro capítulo você achou mais perspicaz? Por quê? Sob quais circunstâncias suas implicações não se manteriam?

Notas

1. Katrina Brooker, "The Un-CEO", *Fortune*, September 16, 2002, pp. 68–78.
2. A. G. Lafley, "What Only the CEO Can Do", *Harvard Business Review*, May 2009, p. 58.

3. Theodore Levitt, "Marketing Myopia", *Harvard Business Review*, July–August 1960, pp. 45–56.
4. Renee Dye and Olivier Sibony, "How to Improve Strategic Planning", *McKinsey Quarterly*, Number 3, 2007, pp. 41–49.
5. Constantine von Hoffman, "Armed with Intelligence", *BrandWeek*, May 29, 2006, pp. 17–20.

PARTE I

Análise estratégica

CAPÍTULO 2

Análise externa e análise de cliente

"O propósito de uma empresa é criar e manter um cliente."
— **Theodore Levitt**

"Consumidores são estatísticas. Clientes são pessoas."
— **Stanley Marcus**

"Antes de construir uma ratoeira melhor, ajuda saber se existem ratos lá fora."
— **Mortimer B. Zuckerman**

Desenvolver ou adaptar a estratégia em um mercado dinâmico começa logicamente com a análise externa, uma análise dos fatores externos a uma empresa que podem afetar sua estratégia. Os primeiros quatro capítulos da Parte I apresentam conceitos e métodos úteis para conduzir uma análise externa. O capítulo final da Parte I é direcionado à análise interna: a análise do desempenho, dos pontos fortes e pontos fracos, dos problemas, dos passivos e das restrições da empresa.

Análise externa

Uma análise externa bem-sucedida precisa ser dirigida e com propósitos. Sempre há o perigo de que ela se torne um processo sem fim, resultando em um relatório excessivamente descritivo. Em qualquer empresa, o material que parece ser potencialmente relevante não tem fim. Sem disciplina e direção, podem-se gerar grandes volumes de material descritivo inútil.

Afetando as decisões estratégicas

O processo de análise externa não deve ser um fim em si mesmo. Ao contrário, deve ser totalmente motivado por um desejo de afetar a estratégia. Como mostra a Figura 2.1, uma análise externa pode impactar a estratégia direta-

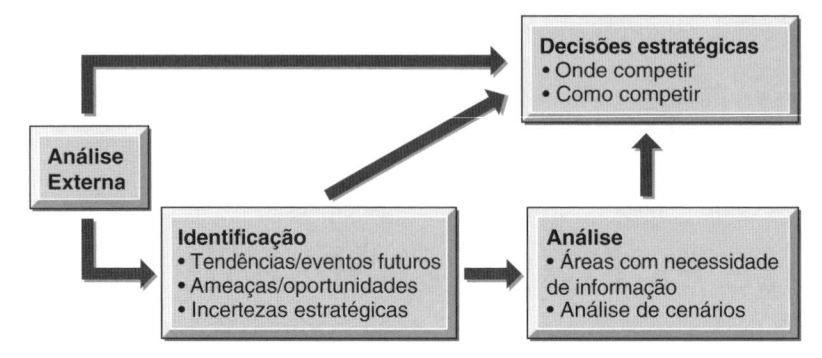

Figura 2.1 O papel da análise externa.

mente sugerindo alternativas de decisão estratégica ou influenciando uma escolha entre elas. Mais especificamente, ela deve abordar questões como:

- As áreas de negócios existentes devem ser liquidadas, exploradas, mantidas ou consideradas um alvo para investimento?
- Deve-se entrar em novas áreas de negócios?
- Quais são as proposições de valor? Quais deveriam ser?
- Que ativos e competências devem ser criados, realçados ou mantidos?
- Que estratégias e programas devem ser implementados em áreas funcionais?
- Qual deve ser a estratégia de posicionamento, a estratégia de segmentação, a estratégia de distribuição, a estratégia de construção da marca, a estratégia de produção, etc.?

Objetivos adicionais da análise

A Figura 2.1 também sugere que uma análise externa pode contribuir indiretamente com a estratégia ao identificar:

- Tendências significativas e eventos futuros
- Ameaças e oportunidades
- Incertezas estratégicas que possam afetar os resultados da estratégia

Uma tendência ou um fato importante, como a preocupação com a gordura saturada ou o surgimento de um novo concorrente, podem afetar drasticamente a avaliação das opções estratégicas. Uma nova tecnologia, que pode representar tanto uma ameaça a uma empresa estabelecida como uma oportunidade para um potencial concorrente, pode sinalizar novas arenas de negócios.

Incertezas estratégicas

Incerteza estratégica é um conceito particularmente útil para conduzir uma análise externa. Se você soubesse a resposta para uma pergunta antes de assumir um compromisso estratégico, que pergunta seria essa? Se uma companhia de seguros estivesse considerando a possibilidade de adicionar seguro contra terremotos à sua linha, incertezas estratégicas importantes poderiam ser incluídas, tais como:

- Quais serão as perdas potenciais causadas por um grande terremoto?
- Qual será o impacto na base de clientes ao falhar na oferta de cobertura?
- A cobertura poderia ser fornecida em parcerias?

As incertezas estratégicas concentram-se em elementos desconhecidos específicos que irão afetar o resultado das decisões estratégicas. "Cobertura contra terremotos deveria ser adicionada?" é uma decisão estratégica, enquanto "Quais são as perdas potenciais causadas por um grande terremoto?" é uma incerteza estratégica. A maioria das decisões estratégicas é conduzida por um conjunto dessas incertezas.

Adiante estão alguns exemplos de incertezas estratégicas e as decisões estratégicas com as quais eles podem estar relacionados. Uma única incerteza estratégica sempre pode conduzir a fontes adicionais de incerteza estratégica. Uma incerteza estratégica comum, como mostrado na Figura 2.2 nesta página, é saber qual será a demanda futura de um produto (como equipamentos de diagnóstico por ultrassom). A pergunta: "De que isso depende?" normalmente gera incertezas estratégicas adicionais. Uma incerteza pode abordar melhorias tecnológicas, enquanto outra pode considerar o desenvolvimento tecnológico e os níveis de custo/benefício atingidos por tecnologias concorrentes. Outra pode ainda considerar a capacidade financeira da indústria de

Incertezas estratégicas	Decisões estratégicas
• Uma grande empresa irá entrar? • Uma sobremesa à base de tofu será aceita? • Uma tecnologia será substituída? • O dólar se fortalecerá em relação a uma moeda estrangeira? • As operações baseadas em computador serão viáveis com a tecnologia atual? • O quanto o mercado é sensível ao preço?	• Investimento em um produto-mercado • Investimento em um produto à base de tofu • Investimento em uma tecnologia • Comprometimento com um fabricante estrangeiro • Investimento em um novo sistema • Uma estratégia para manter a paridade de preço

Incertezas estratégicas	Incertezas estratégicas de segundo nível
• Qual será a demanda futura de um ultrassom?	• Melhorias no desempenho? • Desenvolvimentos tecnológicos competitivos? • Capacidade financeira do setor de assistência à saúde?

Figura 2.2 Incertezas estratégicas.

cuidados médicos para continuar as melhorias de capital. Cada uma dessas incertezas estratégicas pode, por sua vez, gerar ainda outro nível de incertezas estratégicas.

Análise

Há três modos de lidar com a incerteza, como sugerido pela Figura 2.1. Primeiro, uma decisão estratégica pode ser precipitada porque a lógica da decisão é obrigatória e/ou porque um atraso seria custoso ou arriscado. Segundo, pode valer a pena tentar reduzir a incerteza por meio da aquisição de informações e análise em uma área que necessita de informações. O esforço pode variar desde uma força-tarefa de alta prioridade até um esforço de monitoramento de baixa importância. O nível de recursos gastos dependerá do impacto potencial na estratégia e de sua urgência. Terceiro, a incerteza pode ser modelada por uma análise de cenário.

Um cenário é uma visão alternativa do ambiente futuro, geralmente sugerida por uma possível resposta alternativa a uma incerteza estratégica ou por um evento prospectivo futuro ou tendência. A popularidade atual das águas saborizadas é uma moda passageira ou indica uma área de crescimento sólido? Tal questão pode ser a base para um cenário positivo ou negativo. Cada qual pode ser associado a diferentes perfis ambientais e recomendações de estratégia. No Capítulo 5, as áreas com necessidade de informação e análise de cenário serão abordadas com mais detalhes.

Um conjunto de conceitos e métodos é apresentado neste e nos próximos três capítulos. Evidentemente, seria incomum empregar todos eles em qualquer contexto determinado, de modo que o estrategista deve resistir à compulsão de fazê-lo. Devemos selecionar aqueles que são mais relevantes para a situação que se tem em mãos. Além disso, algumas áreas de análise serão mais férteis do que outras e merecerão mais esforços.

Análise externa como exercício criativo

Em parte, a análise externa é um exercício de pensamento criativo. Na verdade, sempre se dedica muito pouco esforço ao desenvolvimento de novas opções estratégicas e muito esforço à solução dos problemas operacionais do dia. A essência do pensamento criativo é considerar diferentes perspectivas, e isso é exatamente o que uma análise externa faz. O estrategista é desafiado a olhar para a estratégia desde as perspectivas de cliente, concorrente, mercado e ambiente, além de uma perspectiva interna. Dentro de cada uma delas há diversas subdimensões; na Figura 1.3 são identificadas mais de 20. A esperança é que, ao examinar a estratégia a partir de diferentes pontos de vista, sejam geradas opções que, de outra forma, não apareceriam.

O nível de análise – definindo o mercado

Uma análise externa do quê? Para conduzir uma análise externa, as fronteiras do mercado ou submercado precisam ser especificadas. O escopo da análise externa pode envolver uma indústria amplamente definida (artigos esportivos), restritamente definida (esquis de alto desempenho) ou usando um escopo de definição que fique entre os seguintes:

- Roupas e equipamentos para esqui
- Esquis e pranchas para neve
- Esquis para descida livre

O nível de análise dependerá da unidade organizacional e das decisões estratégicas envolvidas. Uma empresa de artigos esportivos, como a Wilson, terá de tomar decisões de recursos entre os esportes e por isso precisa se preocupar com a indústria como um todo. Um fabricante de equipamentos para esqui pode se preocupar apenas com elementos de produtos esportivos relacionados a esquis, botas e roupas. Um fabricante de esquis de alto desempenho pode estar interessado apenas em um subsegmento do setor de esquis. Uma técnica para definir o mercado é especificar o escopo do negócio. O escopo pode ser identificado em termos de produto e mercado e concorrentes. São relevantes, evidentemente, futuros produtos e mercados e concorrentes, além dos atuais.

Sempre há um *trade-off*, uma escolha a ser feita. Um escopo restrito impedirá a empresa de identificar tendências e oportunidades que poderiam conduzir a algumas opções e direções atraentes. Assim, um fabricante de esquis para descida livre pode incluir pranchas para neve e esquis para cross-country porque eles representam opções de negócios ou porque irão impactar no negócio de equipamentos para esqui. Por outro lado, a profundidade da análise pode ser sacrificada quando o escopo é excessivamente amplo. Uma análise mais focada pode gerar mais *insights* e contribuições.

A análise geralmente precisa ser conduzida em vários níveis. Os setores de esquis para descida livre e pranchas para neve podem ser o foco principal dela. Porém, uma análise de produtos esportivos pode sugerir e lançar luz sobre algumas pressões por produtos substitutos e tendências de mercado. Além disso, pode ser necessário fazer uma análise no nível do segmento (p. ex.: esquis de alto desempenho) porque as decisões de entrada, investimento e estratégia são sempre tomadas nesse nível. Além disso, os fatores cruciais de sucesso podem variar para diferentes mercados de produto dentro de um mercado ou segmento. Uma técnica é a análise em camadas, com o nível primário recebendo a análise mais profunda. Outra técnica poderia ser a análise múltipla, talvez conduzida consecutivamente. A primeira análise pode estimular uma oportunidade que justifique uma segunda análise de um submercado.

Quando uma análise externa deve ser conduzida?

Há sempre uma tendência a relegar a análise externa a um exercício anual. A cada ano, evidentemente, ela pode não exigir a mesma profundidade do esforço inicial. Pode ser mais produtivo concentrar-se em uma parte da análise nos anos imediatamente posteriores ao esforço principal.

O ciclo de planejamento anual pode ser um estímulo saudável para rever e mudar as estratégias. Porém, há um risco substancial em manter a análise externa como um evento anual. A necessidade de revisão e mudança estratégica é sempre contínua. O entendimento e a análise de informações, portanto, também precisam ser contínuos. A estrutura e os conceitos da análise externa ainda podem desempenhar um papel importante para garantir uma estrutura, mesmo quando a análise é contínua e aborda apenas uma parte do todo.

A análise externa começa deliberadamente com a análise de clientes e concorrentes, pois eles podem ajudar a definir o segmento ou os segmentos relevantes. Um segmento pode ser definido quanto às necessidades de um grupo específico de clientes – aqueles que compram biscoitos frescos na Costa Oeste, por exemplo. Tal definição de segmento é a base para a identificação de concorrentes e o equilíbrio da análise externa. Um segmento como o de biscoitos também pode ser definido com referência a todos os seus concorrentes. Como os clientes têm uma relação direta com a operação da empresa, eles são geralmente uma rica fonte de importantes oportunidades, ameaças e incertezas operacionais.

Segmentação
- Quem são os maiores clientes? Os mais lucrativos? Os potenciais clientes mais atrativos? Os clientes se encaixam em algum grupo lógico baseado em necessidades, motivações ou características?
- Como o mercado pode ser segmentado em grupos que exijam uma única estratégia empresarial?

Motivações do cliente
- Que elementos do produto/serviço os clientes valorizam mais?
- Quais são os objetivos dos clientes? O que eles realmente estão comprando?
- Como os segmentos diferem em suas prioridades de motivação?
- Que mudanças estão ocorrendo na motivação do cliente? Nas prioridades do cliente?

Necessidades não atendidas
- Por que alguns clientes não estão satisfeitos? Por que alguns mudam de marca ou de fornecedores?
- Quais são a gravidade e a incidência dos problemas dos clientes?
- Quais são as necessidades não atendidas que os clientes podem identificar? Existe alguma das quais os clientes não estejam a par?
- Essas necessidades não atendidas representam pontos de alavancagem para os concorrentes ou para um novo modelo de negócios?

Figura 2.3 Análise de cliente.

O escopo da análise do cliente

Na maioria dos contextos de planejamento estratégico de mercado, o primeiro passo lógico é analisar os clientes. A análise de cliente pode ser utilmente dividida em um entendimento sobre como o mercado se segmenta, uma análise das motivações do cliente e uma exploração de necessidades não atendidas. A Figura 2.3 apresenta um conjunto básico de questões para cada área de investigação.

Segmentação

A segmentação é sempre a chave para desenvolver vantagens competitivas sustentáveis. Em um contexto estratégico, segmentação significa a identificação de grupos de clientes que respondem diferentemente de outros grupos às ofertas competitivas. Uma estratégia de segmentação associa os segmentos identificados a um programa para gerar uma oferta a esses segmentos. Assim, o desenvolvimento de uma estratégia de segmentação bem-sucedida exige concepção, desenvolvimento e avaliação de uma oferta competitiva direcionada.

Uma estratégia de segmentação deve ser julgada em três dimensões. Primeiro, é possível desenvolver e implementar uma oferta competitiva que apele ao segmento-alvo? Segundo, o apelo da oferta e a subsequente relação com o segmento-alvo podem ser mantidos com o tempo, apesar das respostas competitivas? Terceiro, os negócios resultantes com o segmento-alvo valem a pena, considerando o investimento exigido para desenvolver e comercializar uma oferta sob medida para ele? O conceito por trás de uma estratégia de segmentação bem-sucedida é que, dentro de um mercado reduzido, é possível criar uma posição dominante que os concorrentes não vão querer ou poder atacar de forma exitosa.

Como os segmentos devem ser definidos?

A tarefa de identificar segmentos é difícil, em parte porque em qualquer contexto há literalmente centenas de maneiras de dividir o mercado. Geralmente, a análise irá considerar cinco, dez ou mais variáveis de segmentação. Para não perder uma maneira útil de definir segmentos, é importante considerar um vasto leque de variáveis. Essas variáveis precisam ser avaliadas com base em sua capacidade de identificar segmentos para os quais as diferentes estratégias são (ou devem ser) adotadas.

As variáveis mais úteis na definição de um segmento para uma oferta raramente são óbvias. Entre as variáveis frequentemente usadas estão as mostradas na Figura 2.4.

O primeiro conjunto de variáveis descreve os segmentos quanto a características gerais não relacionadas ao produto envolvido. Assim, uma padaria pode estar preocupada em definir geograficamente os segmentos relacionados com as comunidades ou mesmo com as vizinhanças. Uma empresa de consultoria pode se especializar no segmento de hospitalidade. Uma empresa de

Características dos clientes

- Geográfica
- Tipo de organização

- Tamanho da empresa
- Estilo de vida

- Sexo
- Idade
- Ocupação

- Pequenas comunidades do sul como mercados para lojas de desconto
- Restaurantes que precisam de computadores *versus* empresas de fabricação *versus* bancos *versus* varejistas
- Hospital grande *versus* médio *versus* pequeno
- Compradores de Jaguar tendem a ser mais aventureiros, menos conservadores do que compradores de Mercedes-Benz e BMW
- Mães de crianças pequenas
- Cereais para crianças *versus* cereais para adultos
- As necessidades de copiadoras de advogados *versus* banqueiros *versus* dentistas

Abordagens relacionadas a produtos

- Tipo de usuário
- Uso
- Benefícios procurados

- Sensibilidade ao preço
- Concorrência
- Aplicação
- Lealdade à marca

- Comprador do produto – construtor, reformador, proprietário de casa
- Concerto – portador do bilhete da temporada, clientes ocasionais e não clientes
- Comedores de sobremesa – aqueles que estão conscientes das calorias *versus* aqueles que estão mais preocupados com a conveniência
- Comprador sensível ao preço de Honda Civic *versus* comprador de luxuosos Mercedes-Benz
- Consumidores de produtos concorrentes
- Usuários profissionais de motosserras *versus* proprietários de casa
- Comprometidos com o ketchup Heinz *versus* compradores de preço

Figura 2.4 Exemplos de abordagens para definição de segmentos.

alimentação rápida nos Estados Unidos pode enfocar os hispânicos porque esse segmento deve atingir uma taxa de crescimento significativa, podendo triplicar de tamanho até 2050.

A demografia é particularmente poderosa para definir segmentos, em parte porque o estágio de vida de uma pessoa afeta suas atividades, interesses e lealdade à marca. Outra razão é que as tendências demográficas são previsíveis. Espera-se que a população dos Estados Unidos com mais de 65 anos cresça para 50 milhões em 2020, quando mais de 5 milhões de pessoas terão 85 anos ou mais. A Gold Violin, reconhecendo essa tendência, estabeleceu-se como fonte de produtos para a terceira idade ativa. Itens especializados, como um relógio falante, um despertador que vibra a cama, um virador de maçaneta e uma lente de aumento que não precisa ser segurada com as mãos (todos com *design* de bom gosto e atraentes) são apenas alguns dos produtos da Gold Violin que apelam a esse segmento demográfico, há muito tempo ignorado.

Outro papel demográfico é representado pelo Toyota Scion, um pequeno carro com um projeto estranho (alto, angular e quadrado), voltado para a geração Y, os chamados ecoboomers. A idade média do comprador de Toyota é 48 anos, os lançamentos baratos da companhia são considerados pouco atraentes, e o Scion é um esforço para tornar-se relevante e interessante a um segmento-alvo importante. Para criar um interesse em torno do Scion de forma que ele apele à próxima geração de motoristas, a Toyota foca os 15% do mercado-alvo de ecoboomers vistos como "líderes e influenciadores" – aqueles que encorajam seus pares a gravitar para um novo estilo, seja em música, esportes ou carros.[1]

A segunda categoria de variáveis de segmentação inclui aquelas relacionadas ao produto. Uma das mais frequentemente empregadas é o uso. Uma padaria pode seguir uma estratégia muito diferente para atender a restaurantes que usam muitos produtos de panificação daquela usada para atender aos que usam menos esses produtos. Um fabricante de equipamento para grama pode criar uma linha especial para grandes clientes como o Walmart, mas vender por intermédio de distribuidores, usando uma marca diferente, para outras lojas. Quatro outras variáveis úteis de segmento são benefícios, sensibilidade ao preço, lealdade e aplicações.

Benefícios

Se existisse uma variável de segmentação mais útil, ela estaria relacionada aos benefícios buscados em um produto, pois a seleção de benefícios pode determinar uma estratégia empresarial total. No segmento de comidas congeladas, por exemplo, o mercado pode ser dividido entre compradores conscientes das calorias, aqueles com foco em nutrição e saúde, aqueles interessados em sabor e os compradores conscientes do preço. Cada segmento implica uma estratégia muito diferente.

Os segmentos de calçados esportivos dividem-se em atletas sérios (pequeno em número, mas influente), os guerreiros de fim de semana e aqueles que se vestem casualmente, usando calçados esportivos para andar na rua. Reconhecendo que os usuários de roupas casuais representam 80% do mercado e não necessariamente precisam de desempenho, diversas empresas de calçado empregaram uma estratégia focada em estilo como alternativa à estratégia de desempenho adotada por empresas como a Nike.

Sensibilidade ao preço

A dimensão de benefício que representa uma escolha entre preço baixo e alta qualidade é útil e aplicável; por isso, deve ser considerada separadamente. Em muitas classes de produto há uma divisão bem definida entre clientes que se

O cliente masculino[2]

O cliente masculino tem sido ignorado há bastante tempo. Um esquema de segmentação oferece *insights* sobre como clientes homens são diferentes e sugere estratégias para atingir segmentos muito diferentes.

O Metrossexual. Um sofisticado rico urbano, idade entre 20 e 40 anos, que adora comprar e procurar produtos da moda, prestigiados e de alta qualidade. Para a vaidade masculina, cortes de cabelo caros. Pensa em Polo Ralph Lauren, Beiersdorf e Banana Republic.

O Retrossexual. Comportamento masculino tradicional, gosta de futebol e de NASCAR, rejeita o feminismo, nostálgico com o jeito que as coisas eram, prefere roupas casuais e não usa hidratantes para homens. Pensa em Levi's, Nike, Old Spice, Burger King e Target.

O Homem Moderno. Entre o "metro" e o "retro", este cliente compartilha seus interesses, mas não exagera. Um consumidor sofisticado com 20 ou 30 anos, confortável com as mulheres, mas não compra com elas. Pensa em Gap, Macy's e restaurantes casuais rápidos.

O Pai. Bom salário. Envolvido nas compras da família. Comprador eficiente. Usa roupa mais funcional. Pensa em Nordstrom's, McDonald's e Amazon.

O Jovem Maduro. Mais experiente, responsável e pragmático do que as gerações anteriores de adolescentes. Um mestre da tecnologia adepto a pesquisas e compras *on-line*. Sony, Adidas, Old Navy, Circuit City e *sites* na Internet de todos os tipos servem.

preocupam primeiramente com o preço e outros que estão dispostos a pagar mais por melhor qualidade e melhores características. Lojas que comercializam produtos gerais, por exemplo, formam uma hierarquia bem definida desde as lojas de desconto até as prestigiadas lojas de departamentos. Os automóveis aumentam o espectro de Honda Civic ao Buick Lucerne ao Lexus 460. Serviços de transporte aéreo são divididos em primeira classe, classe executiva e classe econômica. Em cada caso, o segmento determina a estratégia.

Lealdade

A lealdade à marca, uma consideração importante no momento de alocar recursos, pode ser estruturada utilizando uma matriz de lealdade, conforme mostrado na Figura 2.5. Cada célula representa uma prioridade estratégica

	Baixa lealdade	Lealdade moderada	Leal
Cliente	Média	Alta	Mais alta
Não cliente	Baixa à média	Alta	Zero

Figura 2.5 Matriz da lealdade à marca: prioridades.

muito diferente e pode justificar um programa muito diferente. Geralmente, é muito fácil presumir um cliente leal. Entretanto, tomar uma perspectiva de lucros totais sobre o cliente torna o valor do aumento da lealdade mais significativo. Portanto, a maior prioridade é reter a base existente de clientes leais e, se possível, aumentar a intensidade do seu comprometimento e, talvez, encorajá-lo a convencer outras pessoas.

A chave é sempre recompensar o cliente leal, avivando suas expectativas consistentemente, reforçando uma relação contínua e oferecendo extras que surpreendam e agradem.

A matriz de lealdade sugere que os clientes mais leais, incluindo os dos concorrentes, também devem ter alta prioridade porque representam um caminho para aumentar o tamanho do segmento leal. O uso da matriz envolve estimar o tamanho de cada uma das seis células, identificar os clientes em cada grupo e criar programas que influenciem sua escolha de marca e nível de lealdade. Um cliente não leal à marca é considerado de baixa prioridade porque o custo para atrai-lo normalmente é muito alto, a menos que o concorrente dê um passo em falso e ofereça uma oportunidade. O grupo de clientes não leais terá um valor reduzido a longo prazo porque será facilmente seduzido pelo preço mais baixo.

Aplicações

Alguns produtos e serviços, particularmente produtos industriais, podem ser melhor segmentados por uso ou aplicação. Um computador portátil pode ser necessário a alguns para uso em viagens, enquanto outros podem utilizá-lo no escritório. Um segmento pode usar o computador principalmente para acessar a Internet enquanto outros podem usá-lo para editar documentos ou para o processamento de dados. Alguns podem usar um veículo com tração nas quatro rodas para transporte industrial leve e outros podem comprar principalmente para recreação.

Christiansen et al. afirmam que o foco de uma aplicação é mais provável de conduzir ao sucesso novos produtos e programas de marketing do que outros esquemas de segmentação.[3] Eles ilustram contando a história de um vendedor de *milk-shake* que descobriu que muitos clientes compravam o produto de manhã para passar o tempo enquanto dirigiam para o trabalho e dar energia para mantê-los até o almoço. Dessa forma, poder ser consumido com apenas uma mão e ser fácil de comprar era fundamental. Essa visão leva a ideias como fazer um *shake* mais espesso (assim, precisa-se de mais tempo para consumi-lo), tornar a compra ainda mais eficiente com cartões de compra e adicionar frutas para torná-lo mais interessante no contexto de uma viagem chata. O conceito básico é que ideias para produtos e programas de marketing são mais prováveis de envolver conhecimentos profundos sobre como o produto é utilizado do que sobre como é o cliente. O sucesso da Arm & Hammer ao ampliar seus negócios pode ser creditado ao foco dado a aplicações envolvendo desodorizantes (carpetes, areia para gato, roupas, axilas e refrigeradores).

Segmentos múltiplos *versus* estratégia de foco

Duas estratégias distintas de segmentação são possíveis. A primeira concentra-se em um único segmento, que pode ser muito menor do que o mercado como um todo. O Walmart, hoje o maior grupo varejista nos Estados Unidos, começou concentrando-se em cidades com população inferior a 25 mil habitantes em 11 estados do centro-sul – um segmento totalmente negligenciado por seus concorrentes, as grandes cadeias de desconto. Essa estratégia de foco geográfico rural foi diretamente responsável por várias VCSs, incluindo um sistema de armazenagem eficiente e receptivo, uma mão de obra motivada e de baixo custo, espaço de varejo relativamente barato e um estilo gerencial enxuto e moderado. O Union Bank, quinto maior banco da Califórnia, não faz qualquer esforço para atender a pessoas físicas, oferecendo serviços sob medida para empresas, com mais qualidade e abrangência do que os concorrentes. Uma alternativa para uma estratégia de foco é envolver segmentos múltiplos.

A General Motors é um exemplo clássico. Nos anos 20, a empresa posicionou o Chevrolet para compradores conscientes de preço, o Cadillac para os de alto nível e o Oldsmobile, o Pontiac e o Buick para segmentos bem definidos entre os dois extremos. Um fabricante de batata-palha desenvolveu estratégias diferentes para alcançar cadeias de *fast-food*, hospitais e clínicas, além de escolas e universidades.

Em muitos segmentos, as empresas agressivas estão mudando para estratégias de segmentos múltiplos. A Campbell Soup, por exemplo, faz sopas mais apimentadas para clientes no Texas e na Califórnia e oferece sopa Creole para mercados sulistas e sopa de feijão vermelho para mercados hispânicos. Em Nova York, a Campbell usa promoções associando a comida congelada Swanson ao time de futebol New York Giants, e em Sierra Nevada os esquiadores recebem amostras de sopa quente. Desenvolver estratégias múltiplas custa caro e sempre deve ser justificado pelo aumento no impacto agregado.

Pode haver sinergias importantes entre as ofertas de segmento. Por exemplo, no segmento de esqui alpino, a imagem desenvolvida por esquis de alto desempenho é importante para as vendas no setor de lazer. Assim, um fabricante que é fraco nos produtos mais caros terá dificuldades nos produtos mais baratos. Inversamente, uma empresa bem-sucedida com produtos mais caros desejará explorar esse sucesso entrando em outros segmentos. Um fator de sucesso importante no setor de aviação é uma linha de produtos ampla, variando desde aeronave com câmbio fixo e um motor a pistão até aviões com propulsão por turbina, pois os clientes tendem a negociar e mudar para uma empresa diferente se a linha de produtos apresenta grandes falhas.

Motivações do cliente

Depois de identificar segmentos de clientes, o próximo passo é considerar suas motivações: o que está por trás de suas decisões de compra? E como isso difere por segmento? É importante listar os segmentos e as prioridades de motivação de cada um, como mostrado na Figura 2.6 para passageiros de companhias aéreas.

Os varejistas de Internet aprenderam que há segmentos distintos de compradores, e cada um tem um conjunto de motivações muito diferente.[4]

- *Compradores novatos* – precisam de uma interface simples e também de muita ajuda e reafirmação.
- *Compradores relutantes* – precisam de informações, reafirmação e acesso a atendimento presencial ao cliente.
- *Compradores frugais* – precisam ser convencidos de que o preço é bom e de que não precisam mais procurar em outros locais.
- *Compradores estratégicos* – precisam ter acesso às opiniões dos pares ou de especialistas e ter escolhas para configurar os produtos que compram.
- *Compradores entusiasmados* – precisam de meios da comunidade para compartilhar suas experiências, além de instrumentos de engajamento para ver a mercadoria e as recomendações personalizadas.
- *Compradores de conveniência* – (o maior grupo) querem navegação eficiente, muita informação de clientes e especialistas e serviço superior ao cliente.

Algumas motivações ajudarão a definir uma estratégia. Um caminhão, por exemplo, pode ser projetado e posicionado em relação à potência. Antes de realizar um comprometimento estratégico, é crucial saber onde a potência se encaixa no conjunto de motivações. Outras motivações podem não definir uma estratégia ou diferenciar uma empresa, mas representam uma dimensão para a qual se deve obter desempenho adequado, ou a batalha estará perdida. Se a principal motivação dos compradores de comida congelada for sabor, uma empresa viável deverá conseguir produzir um sabor no mínimo aceitável.

Determinando motivações

Como sugere a Figura 2.7, a análise da motivação do consumidor começa com a tarefa de identificar motivações para um determinado segmento. Embora

Segmento	Motivação
A trabalho	Serviço confiável, horários convenientes, aeroportos de fácil acesso, programas de milhagem e serviço confortável
Em férias	Preço, horários viáveis

Figura 2.6 Grade de motivação de clientes de companhias aéreas.

um grupo de gerentes possa identificar motivações, uma lista mais válida é geralmente obtida quando se leva os clientes a discutir o produto ou serviço de maneira sistemática. Por que ele é usado? Qual é o objetivo? O que está associado a uma boa ou má experiência de uso? Para uma motivação como segurança de veículo, pode-se perguntar aos respondentes por que a segurança é importante. Tais provas devem resultar na identificação de motivos mais básicos, como o desejo de sentir-se calmo e seguro, em vez de ansioso.

Os clientes podem ser ouvidos com entrevistas em grupo ou individuais. Griffin e Hauser, do programa Quality Function Deployment (QFD) do MIT, compararam as duas técnicas em um estudo sobre sistemas de transporte de comida.[5] Eles descobriram que as entrevistas individuais eram mais eficientes em termos de custo e que os processos em grupo não geravam informações extras suficientes para justificar a despesa adicional. Eles também exploraram o número de entrevistas necessário para obter uma lista completa de motivações e concluíram que de 20 a 30 abarcariam de 90 a 95% das motivações.

O número de motivações pode chegar a centenas, de forma que a próxima tarefa é reuni-las em grupos e subgrupos. Gráficos de afinidades desenvolvidos por uma equipe gerencial são comumente usados. Cada membro da equipe recebe um conjunto de motivos em cartões. Um membro põe um motivo na mesa ou o prega em uma parede, e os outros acrescentam cartões similares à pilha até que haja consenso de que as pilhas representam agrupamentos razoáveis. Uma alternativa é usar clientes ou grupos de clientes para classificar os motivos em pilhas. Solicita-se então aos clientes que selecionem um cartão em cada pilha que melhor represente seus motivos.

Embora os gerentes obtenham informações sobre compra e aprendizado passando pelo processo, Griffin e Hauser relatam que, em 20 aplicações em uma empresa, os gerentes consideraram as técnicas baseadas em clientes uma representação melhor do que aquelas baseadas neles mesmos.

Outra tarefa da análise da motivação dos clientes é determinar a importância relativa das motivações. Novamente, a equipe gerencial pode abordar a questão. Ou, pode-se solicitar aos clientes que avaliem diretamente a importância das motivações, ou talvez por meio de perguntas de escolhas. Se um engenheiro tivesse de sacrificar tempo de resposta ou precisão em um osciloscópio, por que ele faria isso? Ou será que um passageiro de companhia aérea trocaria um horário de partida conveniente por preço? As questões de escolha pedem aos clientes para fazer julgamentos difíceis sobre atributos. Outra téc-

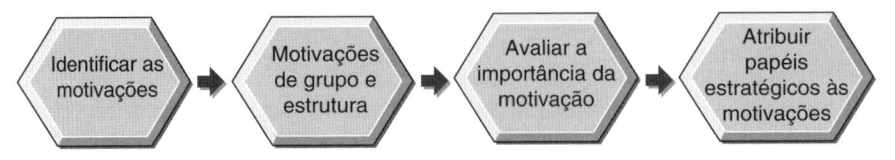

Figura 2.7 Análise de motivação do cliente.

Elementos de decisão dos clientes

As motivações podem ser categorizadas como importantes ou desimportantes, embora as dinâmicas do mercado possam ser mais bem captadas ao identificarem-se os elementos de decisão dos clientes. Tais elementos são motivações cuja saliência e impacto nos mercados são significativos e crescentes. Sobre o que os compradores estão falando? O que estimula mudanças nas decisões de compra e nos padrões de uso? Nos produtos de consumo de varejo, por exemplo, os elementos de decisão incluem o seguinte:

- Frescor e naturalidade. Os supermercados responderam com lanchonetes que servem saladas, vegetais embalados pré-cortados e esforços para melhorar a qualidade e a seleção de seus produtos frescos.
- Comida saudável. Baixas calorias, especialmente gorduras saturadas e trans, é o condutor primário, mas a preocupação com sódio, açúcar e alimentos processados também está crescendo e afetando as ofertas de produtos na maioria das categorias de alimentos.
- Comida étnica. Um interesse crescente por sabores e comidas étnicos, como as cozinhas asiática, mediterrânea e caribenha, levou a uma explosão de novas ofertas. As marcas geralmente começam em bairros étnicos, passando a lojas de comida natural e gourmet, e finalmente alcançam os principais mercados.
- Alimentação gourmet. O sucesso da Williams-Sonoma e de varejistas parecidos reflete o crescimento da cozinha gourmet, levando ao lançamento de um leque mais amplo de aparelhos interessantes para cozinha.
- Soluções para refeições. O desejo de encontrar soluções para refeições levou grupos de produtos a ser reunidos para formar uma refeição e a diversas refeições preparadas para viagem oferecidas por supermercados e restaurantes.
- Alimentos com baixo nível de carboidrato. A influência de dietas à base de poucos carboidratos gerou uma demanda por alimentos com índice reduzido de carboidratos em supermercados e restaurantes.

nica é ver que julgamentos são associados às decisões reais de compra. Tal técnica revelou que as mães sempre selecionavam lanches baseadas no que "a criança gosta" e no que era "saboroso", e não nas qualidades que elas haviam dito que eram importantes (nutrientes e facilidade de comer).

Uma quarta tarefa é identificar as motivações que irão desempenhar um papel na definição da proposição de valor da empresa. A seleção de motivações centrais para a estratégia dependerá não apenas das motivações dos clientes, mas também de outros fatores, como estratégias dos concorrentes que emergem da análise da concorrência. Outro fator está na viabilidade e na praticidade da estratégia para a empresa. Uma análise interna estará envolvida nessa determinação, além de uma análise de implementação da estratégia.

Pesquisa qualitativa

A pesquisa qualitativa é uma ferramenta poderosa para entender a motivação do cliente. Ela pode envolver sessões de grupos focais, entrevistas de profundidade, estudos de caso de clientes ou pesquisa etnográfica (que será descrita brevemente). O conceito é procurar as motivações reais que não aparecem em listas estruturadas. Por exemplo, compradores de veículos esportivos podem estar realmente expressando sua juventude ou uma atitude jovem. A percepção de que um produto é muito caro pode de fato refletir uma lacuna financeira. Entender a mente do cliente pode garantir informações estratégicas que, de outra forma, não apareceriam.

Embora sempre se busque uma análise cruzada representativa dos clientes, deve-se dedicar especial atenção a alguns deles. Clientes muito leais sempre conseguem articular melhor os laços que a empresa é capaz de estabelecer. Clientes perdidos (aqueles que desistiram da marca) são bons em comunicar graficamente os problemas com o produto ou serviço. Novos clientes ou clientes que recentemente aumentaram o uso do produto podem sugerir novas aplicações. Compradores organizacionais que usam fornecedores múltiplos podem ter uma boa perspectiva da empresa em relação à concorrência.

Mudando as prioridades do cliente

É particularmente importante obter informações sobre as mudanças nas prioridades dos clientes. Na área de alta tecnologia, as prioridades dos clientes sempre vão da necessidade de ajuda para selecionar e instalar o equipamento correto até a necessidade de desempenho ou busca do menor custo. Na área de café, os gostos e hábitos do cliente passaram de comprar café no supermercado a tomar café em *coffee-shops* ou comprar seu próprio café em grãos. Assumir que as prioridades do cliente não mudam pode ser arriscado. É essencial perguntar se um segmento importante e crescente desenvolveu prioridades diferentes daquelas do modelo básico da empresa.

O cliente como um parceiro ativo

Os clientes estão cada vez mais se tornando parceiros ativos nas relações com as empresas e marcas em vez de alvos passivos do desenvolvimento do produto e da propaganda. A tendência é ilustrada por pacientes assumindo controle em questões médicas, o controle da mídia, que muda à medida que o público passa do DVR (gravador digital de vídeo) para o TiVo (um equipamento que permite pré-programar os programas por nome e até por gênero), e pelo maior poder de acesso à informação e a outros clientes fornecidos pela Internet. Para captar essa mudança, os gerentes devem:[6]

- *Estimular o diálogo ativo*. O contato com clientes agora deve ser considerado um diálogo entre iguais. A interação da Schwab com sua clientela (tanto *on-line* como *off-line*) mostra que diálogos ativos podem criar uma relação forte.
- *Mobilizar as comunidades de clientes*. A Internet facilita a criação de comunidades de clientes mais fortes e amplas. O desafio é organizar e criar o contexto para essas comunidades de forma que elas se tornem uma

extensão da experiência com a marca e uma fonte de informações para o cliente em relação ao produto e à sua utilização.
- *Administrar a diversidade do cliente.* Especialmente com produtos tecnológicos, haverá um amplo leque de sofisticação entre os clientes, e o desafio é lidar com níveis múltiplos. O grupo mais sofisticado será o parceiro mais ativo.
- *Cocriar experiências personalizadas.* Uma floricultura *on-line* pode deixar o cliente criar seu próprio arranjo de flores e vasos, em vez de simplesmente oferecer um menu de escolhas. As experiências de cocriação vão além da padronização, atendendo, sob medida, às necessidades das pessoas.

Interagir com o cliente na Internet exige habilidades como saber ouvir, envolver e liderar. Cada uma das habilidades oferece desafios. Muitas vezes, há excesso de informação. Existe uma menção ao McDonald's na Internet a cada cinco segundos ou menos. Programas para resumir o conteúdo podem ser importantes quando integrados a um sistema de informação. Envolver pode ser difícil porque depende de até onde a empresa possui permissão para entrar no espaço e pode haver riscos de distorção ou desencadear um problema se estiver envolvida. Entretanto, porta-vozes da empresa claramente identificados podem ser eficazes. Liderar, normalmente, requer ficar à frente de uma discussão na Internet envolvendo produtos ou programas.

Necessidades não atendidas

Uma necessidade não atendida é uma necessidade do cliente que não está sendo atendida pelas ofertas de produtos existentes. A OfficeMax, por exemplo, descobriu que pessoas, especialmente mulheres profissionais, queriam uma estação de trabalho colorida, com padrões e texturas. O resultado foi quatro linhas de produto que prometiam animar e personalizar os ambientes cubiculares por meio do slogan "Life is beautiful, work can be too" (a vida é bela, o trabalho também pode ser). Uma necessidade não atendida ofereceu não somente um caminho para uma oferta de sucesso como também uma forma de enriquecer o relacionamento dos clientes com a marca.

Necessidades não atendidas são estrategicamente importantes porque representam oportunidades para as empresas aumentarem sua participação de mercado, entrarem em um mercado ou criarem e possuírem novos mercados. Elas também podem representar ameaças a empresas estabelecidas, no sentido de que podem atuar como uma alavanca, permitindo aos concorrentes derrubar uma posição estabelecida. Ariat, por exemplo, entrou no mercado de calçados para equitação fornecendo calçados de alto desempenho para cavaleiros que não eram bem atendidos pelas tradicionais botas de montaria. Guiada pela crença de que cavaleiros são atletas, a Ariat desenvolveu uma marca e uma linha de produtos que respondiam a uma necessidade não atendida.

Algumas vezes, os clientes podem não estar conscientes de suas necessidades não atendidas porque estão muito acostumados às limitações implícitas do equipamento existente. Quem poderia imaginar a necessidade de uma lâmpada elétrica ou de um trator antes de a tecnologia torná-los realidade? Necessidades não atendidas que não são óbvias podem ser mais difíceis de identificar, mas também podem representar uma grande oportunidade para uma empresa agressiva, pois haverá pouca pressão de reação sobre as empresas estabelecidas. O segredo é estender a tecnologia ou aplicar novas tecnologias para expor as necessidades não atendidas.

Usando clientes para identificar necessidades não atendidas

Os clientes são a fonte primária de necessidades não atendidas. O truque é acessá-los, fazendo-os detectar e comunicar as necessidades não atendidas. Quais problemas a experiência de uso do produto revelou? O que é frustrante em relação ao produto? Como se compara essa experiência com outras experiências de produto? Há problemas com o sistema de uso total no qual o produto está embutido? Como o produto pode ser melhorado? Esse tipo de pesquisa ajudou a Dow a produzir a Spiffits, uma linha de toalhas de limpeza descartáveis, pré-umedecidas, que atendeu à necessidade de uma toalha que já fosse umedecida com um componente de limpeza.

Uma técnica estruturada, chamada pesquisa de problema, desenvolve uma lista de potenciais problemas com o produto ou serviço. Os problemas são então priorizados pedindo-se a um grupo de 100 a 200 respondentes que

---

Produtos desenvolvidos pelo usuário

Para uma aplicação interna, a IBM projetou e construiu a primeira máquina de inserção de cartão com circuito interno impresso de um determinado tipo a ser usado em produção comercial.[7] Depois de construir e testar o projeto internamente, a IBM enviou desenhos de engenharia de seu projeto a um fabricante local de máquinas, juntamente com um pedido para oito unidades. O fabricante de máquinas atendeu a esses pedidos e aos subsequentes e solicitou permissão à IBM para fabricar essencialmente a mesma máquina para venda no mercado. A IBM concordou e, como resultado, o fabricante de máquinas tornou-se uma grande força na área de equipamentos de inserção de componentes.

No início dos anos 70, donos de lojas e o pessoal de vendas no sul da Califórnia começaram a perceber que os jovens estavam equipando suas bicicletas para que elas se parecessem com motocicletas completas, com imitação de escapamento e guidão cortado. Com capacetes de proteção esportivos e camisetas da motocicleta Honda, os jovens corriam em trilhas imaginárias de terra. Obviamente vendo uma boa oportunidade, os fabricantes lançaram uma linha totalmente nova de modelos para motocross. Os usuários da Califórnia refinaram esse conceito para *mountain bike*. Os fabricantes foram guiados pelos clientes da Califórnia para desenvolver novas melhorias, incluindo o câmbio de 21 marchas, que não exige a retirada das mãos do guidão. As empresas de *mountain bike* estão tendo um grande crescimento e continuam observando seus clientes da Costa Oeste.

classifique cada problema como (1) problema importante, (2) problema que ocorre com frequência e (3) problema para o qual existe solução. Obtém-se uma pontuação dos problemas ao se combinar essas classificações. Um estudo de pesquisa para um problema com ração para cachorro descobriu que os compradores achavam que a ração canina cheirava mal, custava muito caro e não estava disponível em diferentes tamanhos para diferentes cachorros. Surgiram produtos em resposta a essas críticas. Outro estudo levou uma companhia aérea a modificar suas cabines para garantir mais espaço para as pernas.

Eric Von Hippel, um pesquisador do MIT que estuda clientes como fontes de inovações de serviços, sugere que os usuários líderes representam um terreno particularmente fértil para descobrir necessidades não atendidas e conceitos de novos produtos.[8] Usuários líderes são aqueles que:

- Encaram necessidades que serão gerais no mercado, mas as enfrentam meses ou mesmo anos antes de o mercado como um todo. Uma pessoa que está muito envolvida com alimentação e nutrição saudável seria um usuário líder em relação a alimentos saudáveis, se assumirmos que há uma tendência em direção a alimentos saudáveis.
- Estão posicionados para se beneficiar significativamente ao obter uma solução para essas necessidades. Os usuários líderes de automação de escritório seriam empresas que hoje se beneficiam significativamente com avanços tecnológicos.

Uma maneira eficaz e eficiente de acessar os clientes é usando a Internet para envolvê-los em um diálogo. A Dell, por exemplo, tem um *site* chamado de Ideastorm em que clientes podem postar ideias e observá-las, além de votar nas ideias de outros. Eles também podem ver a reação da Dell, o que inclui respostas como "em revisão" ou "parcialmente implementado". Entre as sugestões estão ter um teclado iluminado, oferecer suporte a *software* livre como o Linux e desenvolver computadores mais silenciosos. A Starbucks, com o *site* MyStarbucksidea, está entre as muitas empresas que tentam fazer algo semelhante. Um risco é que podem surgir ideias que são impraticáveis ou desaconselháveis e a empresa passaria então a se defender. Mas ele tem o potencial de alavancar muitas perspectivas e gerar ideias que podem resultar em energia real e inovação.

Uma forma menos direta é criar comunidades de clientes e deixá-los conversar uns com os outros. A conversa irá esclarecer problemas e necessidades não atendidas. A P&G, por exemplo, possui uma plataforma de comprometimento, BeingGirl, onde pré-adolescentes e adolescentes podem discutir questões da idade umas com as outras. É um fórum eficaz para disseminar a consciência e o conhecimento sobre os produtos de higiene feminina da P&G e outros programas. O *site* da Intuit, desenvolvido para permitir que contadores possam responder às respostas uns dos outros, oferece *insights* sobre os tipos de questões sendo postadas, que por sua vez informa os esforços de refinamento do TurboTax da Intuit.

Pesquisa etnográfica

A pesquisa etnográfica ou antropológica envolve a observação direta dos clientes em todos os contextos possíveis. Observando com precisão não apenas o que é feito envolvendo o alvo ou o serviço, mas o porquê de isso estar sendo feito, as empresas podem alcançar um nível de compreensão das necessidades dos clientes e suas motivações e gerar *insights* aplicáveis. Por exemplo, a empresa de dados financeiros Thomson Corporation estuda com regularidade de 25 a 50 clientes, examinando seu comportamento a partir de três minutos antes de usar seus dados e de três minutos depois de usá-los.[9] Tal estudo, que descobriu que analistas estavam introduzindo dados em uma planilha, levou a um novo serviço. Embora a abordagem dessa pesquisa tenha sido em torno de um século, ela ganhou vida nova nos últimos anos não só em empresas de bens de consumo, como a P&G, como também em empresas *business-to-business* (B2B), como a Intel e a GE.

A pesquisa etnográfica é boa, especialmente ao identificar inovações importantes. Os clientes normalmente não conseguem verbalizar essas inovações porque estão acostumados às ofertas atuais. Conforme a observação célebre de Henry Ford, se ele tivesse perguntado aos seus clientes o que eles queriam, eles diriam que queriam cavalos mais rápidos. Observando as pessoas comprarem e usarem no contexto de suas vidas e negócios, no entanto, antropologistas experientes e talentosos (ou executivos, como no caso da P&G) podem gerar *insights* que vão além do que o cliente pode falar.

A pesquisa etnográfica funciona.[10] Depois que um estudo observou a dificuldade que as pessoas tinham em limpar um banheiro, a P&G desenvolveu o Magic Reach, um dispositivo com cabo longo e cabeça giratória. Visitas a aplicadores de papel de parede e renovadores resultou no desenvolvimento do martelo OXO (com um núcleo de fibra de vidro para cortar a vibração e uma espécie de para-choque de borracha na parte de cima para não deixar marcas ao remover as lâminas) como parte de uma linha de ferramentas profissional. A Sirius acompanhou 45 pessoas por uma semana, estudando a música que elas ouviam, as revistas que liam e os programas de TV que assistiam e então desenvolveu um rádio satélite portátil capaz de carregar mais de 50 horas de música para reprodução. A observação da Black & Decker de que usuários de uma furadeira elétrica ficavam sem energia levou-os a criar uma bateria portátil. A pesquisa da Intel no Terceiro Mundo levou ao desenvolvimento de um PC barato capaz de funcionar com baterias de caminhão a 100 graus de temperatura. A GE descobriu por meio da pesquisa etnográfica que os compradores de fibra plástica para jaquetas antifogo estavam mais preocupados com o desempenho do que com o preço. Isso levou a um modelo de negócio completamente diferente nos esforços da GE, para entrar no mercado.

A pesquisa etnográfica também pode ser usada para melhorar os produtos e serviços existentes. A Marriott tinha uma equipe multifuncional de sete pessoas (incluindo um designer e um arquiteto) que passaram seis semanas visitando 12 cidades, encontrando-se com convidados nos lobbies de hotel, cafés e bares.[11] Eles aprenderam que hotéis não estão prestando um bom serviço a pequenos grupos de viajantes a negócios. Como resultado, os lobbies e áreas adjacentes foram replanejadas para serem mais adequadas a transações de negócios, com luzes mais claras e zonas sociais com uma mistura de mesas pequenas, mais largas e espaços semiprivativos.

A experiência ideal

A conceitualização de uma experiência ideal também pode ajudar a identificar necessidades não atendidas. Uma grande editora de listas telefônicas pesquisou seus clientes, pedindo a cada um para descrever a experiência ideal com a empresa. O editor descobriu que seus maiores clientes (os 4% que geravam 45% de seus negócios) queriam um único ponto de contato para resolver problemas, produtos customizados, consulta no uso do serviço e ajuda no acompanhamento de resultados. Já os clientes menores queriam um processo de pedido simples e ser deixados em paz. Essas respostas forneceram informações para melhorar os serviços e reduzir os custos.[12]

Pontos-chave

- A análise externa deve influenciar a estratégia ao identificar oportunidades, ameaças, tendências e incertezas estratégicas. O objetivo final é melhorar as escolhas estratégicas – decisões sobre onde e como competir.
- A segmentação (identificar grupos de clientes que possam apoiar diferentes estratégias competitivas) pode ser baseada em diversas características do cliente, como benefícios procurados, fidelidade do cliente e aplicações.
- A análise da motivação do cliente pode garantir informações sobre que ativos e competências são necessários para competir e também indicar possíveis vantagens competitivas sustentáveis (VCSs).
- Necessidades não atendidas que representam oportunidades (ou ameaças) podem ser identificadas por meio de perguntas aos clientes, acessando os clientes líderes pela pesquisa etnográfica ou interagindo com os clientes.

Para discussão

1. Por que fazer uma análise estratégica? Quais são os objetivos? Por que, em sua opinião, existem três pontos importantes para tornar uma análise estratégica útil e importante? Há um lado negativo em conduzir uma análise estratégica completa?
2. Considere os elementos de decisão do comprador discutidos na página 39. Quais são as implicações para a Betty Crocker? Que novas áreas de

negócios podem ser consideradas, levando em conta cada elemento de decisão? Responda às mesmas perguntas para uma cadeia de supermercados como a Safeway.

3. Considere os segmentos sobre o comprador masculino inseridos na página 34. Descreva cada um de forma completa. Que carro eles dirigiriam? Que tipo de férias eles tirariam? Que marca de camisa eles comprariam?
4. O que um cliente compra na Nordstrom? Na Banana Republic? Na Zara?
5. Escolha uma companhia ou uma marca/empresa na qual se concentrar, como cereais. Quais são os principais segmentos? Quais são as motivações do cliente por segmento? Quais são as necessidades não atendidas?

Notas

1. Andrew Tilim, "Will the Kids Buy It?", *Business 2.0*, May 2003, pp. 95–99.
2. Este trecho foi inspirado em Nanette Byrnes, "Secrets of the Male Shopper", *Business Week*, September 4, 2006, pp. 45–53.
3. Clayton M. Christiansen, Scott Cook, and Taddy Hall, "Marketing Malpractice: The Cause and the Cure", *Harvard Business Review*, December 2005, pp. 74–83.
4. Melinda Cuthbert, "All Buyers Not Alike", *Business 2.0*, December 26, 2000.
5. Abbie Griffin and John R. Hauser, "The Voice of the Customer", *Marketing Science*, Winter 1993, pp. 1–27.
6. C. K. Prahalad and Venkatram Ramaswamy, "Co-opting Customer Competence", *Harvard Business Review*, January–February 2000, pp. 79–87.
7. Eric von Hippel, "Lead Users: A Source of Novel Product Concepts", *Management Science*, July 1986, p. 802.
8. Ibid.
9. Richard J. Harrington and Anthony K. Tjan, "Transforming Strategy One Customer at a Time", *Harvard Business Review*, March, 2008, p. 67.
10. Spencer E. Ante, "The Science of Desire", *Business Week*, June 5, 2006, pp. 99–106.
11. Ibid., p. 104.
12. George S. Day, "Creating a Superior Customer-Relating Capability", *Sloan Management Review*, Spring 2003, pp. 82–83.

CAPÍTULO 3

Análise da concorrência

"Induza seus concorrentes a não investir nos produtos, mercados e serviços nos quais você espera investir mais... essa é a regra fundamental da estratégia."
— **Bruce Henderson, fundador do BCG (Boston Consulting Group)**

"Não há nada melhor do que escapar ileso de um atentado."
— **Winston Churchill**

"A melhor e mais rápida forma de aprender um esporte é observar e imitar um campeão."
— **Jean-Claude Killy, esquiador**

Há diversas razões bem documentadas pelas quais as empresas automotivas japonesas conseguiram penetrar de forma bem-sucedida no mercado dos Estados Unidos, especialmente durante os anos 70. Uma razão importante, porém, é que elas eram bem melhores que as empresas norte-americanas para fazer análise da concorrência.[1]

David Halberstam, em sua história da indústria automotiva, descreveu graficamente os esforços japoneses na análise da concorrência nos anos 60. "Eles vinham em grupos... Eles mediam, fotografavam, esquematizavam e gravavam tudo o que podiam. Suas perguntas eram precisas. Eles ficavam surpresos ao ver o quanto os americanos eram abertos".[2] De forma similar, os japoneses estudaram os fabricantes europeus, especialmente suas técnicas de projeto. Em contrapartida, segundo Halberstam, os norte-americanos tardaram até mesmo em reconhecer a ameaça competitiva do Japão e nunca se saíram bem ao analisar as empresas japonesas ou entender os novos imperativos estratégicos criados pelo ambiente competitivo revisado, mesmo que as empresas automotivas japonesas estivessem muito abertas em relação aos seus métodos.

A análise da concorrência é a segunda fase da análise externa. Novamente, a meta deve ser obter informações que influenciem o desenvolvimento de estratégias de negócios bem-sucedidas. A análise deve centrar-se na identificação de ameaças, oportunidades ou incertezas estratégicas criadas pelos movimentos, pontos fortes ou pontos fracos de concorrentes potenciais ou emergentes.

Quem são os concorrentes?
- Com quem geralmente competimos? Quem são nossos maiores concorrentes? Não tão intensos, mas ainda assim sérios concorrentes? Fabricantes de produtos substitutos?
- Esses concorrentes podem ser reunidos em grupos estratégicos com base em seus ativos, competências e/ou estratégias?
- Quem são os potenciais entrantes competitivos? Quais são as suas barreiras de entrada? Há algo que possa ser feito para desestimulá-los?

Avaliando os concorrentes
- Quais são seus objetivos e estratégias? Seu nível de comprometimento? Suas barreiras de saída?
- Quais são suas estruturas de custo? Eles têm uma vantagem ou desvantagem de custo?
- Qual é sua imagem e estratégia de posicionamento?
- Quais são os concorrentes mais exitosos e menos exitosos ao longo do tempo? Por quê?
- Quais são os pontos fortes e pontos fracos de cada concorrente ou grupo estratégico?
- Que pontos de alavancagem (ou pontos fracos estratégicos ou problemas do cliente ou necessidades não atendidas) os concorrentes poderiam explorar para entrar no mercado ou para se tornarem concorrentes mais sérios?
- Quão forte ou fraco é cada concorrente considerando seus ativos e competências? Gere uma matriz de pontos fortes do concorrente.

Figura 3.1 Questões para estruturar a análise da concorrência.

A análise da concorrência começa com a identificação dos concorrentes atuais e potenciais. Há duas formas bem diferentes de identificar os concorrentes atuais. A primeira examina a perspectiva do cliente que deve fazer escolhas entre concorrentes. Essa técnica agrupa os concorrentes segundo o grau em que eles competem pela escolha de um comprador. A segunda técnica tenta posicioná-los em grupos estratégicos com base em sua estratégia competitiva.

Depois que os concorrentes são identificados, o foco muda para tentar entendê-los e as suas estratégias. É particularmente interessante uma análise dos pontos fortes e pontos fracos de cada concorrente ou grupo estratégico de concorrentes. A Figura 3.1 resume um conjunto de questões que pode fornecer uma estrutura para a análise da concorrência.

Identificando concorrentes – abordagens baseadas no cliente

Uma forma de identificar grupos de concorrentes é olhar para eles sob o ponto de vista dos clientes – que escolhas os clientes estão fazendo? Pode-se perguntar a um comprador da Cisco que marca ele teria comprado se a Cisco não fabricasse o item procurado. Um comprador de serviço de alimentação para casas de repouso poderia ser questionado sobre como substituiria a batata palha, caso esta tivesse aumento de preço. Poderíamos perguntar a compradores de carros esportivos que outros carros eles avaliaram e que outras lojas visitaram.

Associações de uso de marca

Outra abordagem que garante informações é a associação de marcas com aplicações ou contextos de uso específico. Talvez se possa pedir a 20 ou 30 usuários do produto para identificar uma lista de situações de uso ou aplicações. Para cada contexto de uso, eles nomeariam todos os produtos apropriados. Depois, para cada produto, identificariam contextos de uso apropriados, de forma que a lista de contextos de uso fosse mais completa. A outro grupo de respondentes pediríamos para fazer julgamentos sobre o quanto cada produto é apropriado para cada contexto de uso. Depois, os produtos seriam agrupados com base na similaridade de seus contextos de uso apropriados. Assim, se Doritos fosse percebido como um lanche, seu grupo de concorrentes seria percebido de uma forma diferente do que se Doritos fosse percebido como um produto para animar festas. A mesma técnica funcionaria com um produto industrial que pudesse ser usado em diversas aplicações distintas.

Tanto a abordagem de escolha do cliente como a de uso da marca sugerem uma base conceitual para identificar concorrentes que pode ser empregada por gerentes mesmo quando a pesquisa de marketing não está disponível. O conceito de alternativas a partir das quais o cliente escolhe e o conceito de adequação ao contexto de uso podem ser ferramentas poderosas para ajudar a entender o ambiente competitivo.

Concorrentes indiretos

Na maioria dos casos, os principais concorrentes são bastante visíveis e facilmente identificados. Assim, a Coca concorre com a Pepsi, com outras marcas de refrigerante à base de cola e com marcas próprias, como a President's Choice. O CitiBank concorre com o Chase, o BofA (Bank of America) e outros grandes bancos. A NBC concorre com a ABC, a CBS e a Fox. O Boeing compete com a Airbus. A análise da concorrência para esse grupo deve ser feita com profundidade.

Em muitos mercados, entretanto, as prioridades do cliente estão mudando e concorrentes indiretos estão oferecendo aos clientes produtos alternativos que são estrategicamente relevantes. Entender esses concorrentes indiretos pode ser estratégica e taticamente importante, conforme o exemplo a seguir demonstra:

- A Coca concentrou-se na Pepsi e ignorou por muitos anos os submercados emergentes de bebidas como água, bebidas energéticas e bebidas à base de frutas. O resultado foi uma oportunidade perdida e a necessidade de adotar uma estratégia cara e difícil de recuperação.
- Enquanto as principais redes de televisão brigam entre si, redes independentes estão surgindo. Redes fortes a cabo, como ESPN, Fox, HBO e CNN, floresceram; *pay-per-view*, Netflix, jogos de computador, aplicativos de celular e a Internet estão disputando o tempo de lazer dos telespectadores.

- Enquanto os bancos se concentram em concorrer com outros bancos, seus mercados são desgastados por fundos mútuos, seguradoras, corretoras.
- Enquanto Folgers, Maxwell House e outras concorrem pela área de supermercados usando promoções, outras empresas, como a Starbucks, têm sucesso na venda de diferentes tipos de café, de diferentes formas. E a Starbucks recentemente tem sido ameaçada por usuários de máquinas de café de uso doméstico e por alternativas oferecidas por cadeias como Dunkin' Donuts e McDonald's.
- As miniusinas de aço foram ignoradas pelas maiores empresas de aço até que gradualmente foram se tornando um competidor importante.

A categoria de barras energéticas, que surgiu em meados dos anos 80 com a PowerBar, inclui concorrentes diretos como Clif, Balance e dezenas de pequenas empresas de nicho local. Também há vários competidores indiretos, muitos dos quais com produtos bastante similares: barras de chocolate (Snickers foi chamado de "a barra energética" durante muitos anos), barras para o café da manhã, barras para dieta, barras de granola e a categoria de barras de cereal. Entender o posicionamento e as novas estratégias de produto desses concorrentes indiretos será estrategicamente importante para as empresas no ramo de barras energéticas.

Tanto os competidores diretos como os indiretos podem ser, além disso, categorizados quanto à sua relevância, como determinado pelo posicionamento similar. Assim, barras doces serão mais relevantes para Balance do que para PowerBar em razão de como a primeira se posicionou (Balance Gold é vendida "como se fosse uma barra doce"). Pela mesma razão, Clif será uma concorrente mais próxima da PowerBar do que da Balance.

A análise competitiva, em quase todos os casos, irá se beneficiar da extensão da perspectiva para além dos concorrentes diretos óbvios. Ao considerar explicitamente os concorrentes indiretos, o horizonte estratégico é expandido e a análise espelha mais realisticamente o que o cliente vê. No mundo real, o cliente nunca fica restrito ao concorrente direto de uma empresa, mas é sempre tentado a considerar outras opções.

Uma questão importante em relação à análise estratégica em geral, e à análise da concorrência em particular, é o nível no qual a análise é conduzida. Ela é conduzida no nível de uma unidade de negócios, da empresa ou de alguma agregação de empresas? Como a análise será necessária em todos os níveis nos quais as estratégias são desenvolvidas, poderá ser necessário fazer análises múltiplas. Por exemplo, quando a Clif desenvolveu Luna, uma barra energética voltada para mulheres, a PowerBar contra-atacou com Pria. O gerente da área de negócios da Luna pode precisar de uma análise competitiva de barras energéticas para mulheres, caso em que as outras barras energéticas poderiam ser consideradas competidores indiretos.

Identificando concorrentes – grupos estratégicos

O conceito de grupo estratégico fornece uma abordagem muito diferente para entender a estrutura competitiva de um segmento. Um grupo estratégico é um conjunto de empresas que:

- Com o tempo, adota estratégias competitivas similares (por exemplo, o uso do mesmo canal de distribuição, o mesmo tipo de estratégias de comunicação ou a mesma posição de preço/qualidade).
- Tem características similares (p. ex.: tamanho, agressividade).
- Tem ativos e competências similares (como associações de marca, capacidade logística, presença global ou pesquisa e desenvolvimento).

Por exemplo: existem três grupos estratégicos no segmento de ração animal, que é tema de uma ilustrativa análise da indústria no apêndice deste livro. Um grupo estratégico consiste em um conjunto de empresas muito grande e diversificado, com produtos de consumo de marca e produtos alimentícios. Todas distribuem por meio de comerciantes de massa e supermercados, têm marcas fortes, usam propaganda e promoções de modo eficaz e aproveitam as economias de escala. As principais são Nestlé Ralston Petcare, Del Monte e Mars.

Um segundo grupo estratégico de produtores especiais altamente focados, *ultrapremium*, como Hill's Petfood (Science Diet e Prescription Diet) e Iams Company, vende seus produtos em consultórios veterinários e lojas especializadas em animais. Historicamente, eles usam redes de referência para chegar aos donos preocupados com a saúde dos animais. Quando a P&G adquiriu a Iams e introduziu a marca no varejo e em supermercados, a divisão entre os dois grupos estratégicos tornou-se indistinta e foram lançadas novas dinâmicas competitivas. A Iams tornou-se uma ameaça às marcas estabelecidas, e as marcas da Hill's viram que seu contexto competitivo estava muito diferente.

O terceiro grupo estratégico, o dos produtores de marcas próprias, é liderado pela Del Monte (ex-Doanne), que fornece artigos ao Walmart e a outros grandes varejistas.

Na verdade, muitas indústrias estão povoadas por diversos grupos estratégicos: a entrada de *premium* em setores dominados pelo volume, como a United nas companhias aéreas ou a Budweiser na cerveja; entradas de baixo custo, como a JetBlue nas linhas aéreas e a Milwaukee's Best na cerveja; e grupos de nicho como aviões compartilhados entre as empresas e cervejas de baixo teor alcoólico ou cervejas artesanais.

Cada grupo estratégico tem barreiras de mobilidade que inibem ou impedem que as empresas mudem de um grupo estratégico para outro. Um grupo *ultrapremium* de fabricantes de ração animal tem a reputação da marca, do produto e conhecimento de fabricação necessários para o segmento de saúde, acesso a veterinários influentes e varejistas e a uma base local de clientes. Os produtores de marcas próprias têm produção de baixo custo, despesas gerais pequenas e relação próxima com os clientes. É possível ignorar ou superar as barreiras, evidentemente. Um fabricante de marca própria poderia criar uma entrada de produto com marca, especialmente se os mercados fossem selecionados para minimizar conflitos com os clientes existentes. No entanto, as barreiras são reais e uma empresa concorrendo entre grupos estratégicos geralmente está em desvantagem.

O membro de um grupo estratégico também pode enfrentar barreiras de saída, além das barreiras de entrada. Por exemplo, ativos como investimento em fábrica ou em mão de obra especializada, assim como a necessidade de proteger a reputação de uma marca, podem representar uma barreira de saída importante.

O conceito de barreira de mobilidade é crucial porque uma forma de desenvolver vantagem competitiva sustentável é adotar uma estratégia que proteja da concorrência por ativos e competências que representem barreiras aos concorrentes. Considere o mercado de computadores e servidores. A Dell e outras empresas vendiam computadores diretamente aos consumidores pelo telefone e pela Internet. Elas desenvolveram um conjunto de ativos e competências para apoiar seus canais de vendas diretas, incluindo um impressionante sistema de suporte ao produto. Concorrentes como a HP – que usavam canais indiretos envolvendo varejistas e empresas de sistemas – desenvolveram um conjunto de ativos e competências muito diferentes. A HP e a Dell lutaram para atravessar as barreiras. A concorrência tem ocorrido mais amplamente entre grupos do que entre marcas. Enquanto os canais diretos perderam o atrativo à medida que produtos maturaram e problemas de serviço surgiram, a HP ganhou espaço no mercado.

Usando o conceito de grupo estratégico

A conceitualização de grupos estratégicos pode tornar o processo de análise da concorrência mais administrável. Diversos segmentos contêm muito mais concorrentes do que um número possível de ser analisado individualmente. Em geral, não é viável avaliar 30 concorrentes, que dirá centenas deles. Reduzir esse todo a um pequeno número de grupos estratégicos torna a análise compacta, viável e mais utilizável. Por exemplo, no setor de vinhos, a análise da concorrência feita por uma empresa como a Robert Mondavi pode examinar três grupos estratégicos: vinhos em garrafão, vinhos *premium* (US$ 7 a US$ 20) e vinhos *superpremium* (acima de US$ 20). Pouco conteúdo estratégico e informações serão perdidas, na maioria dos casos, porque as empresas em um grupo estratégico serão afetadas por – e reagirão a – desenvolvimentos no setor de formas similares. Assim, ao projetar estratégias futuras dos concorrentes, o conceito de grupo estratégico pode ser útil.

Agrupamentos estratégicos podem refinar a decisão de investimento estratégico. Em vez de determinar em que segmentos investir, a decisão pode concentrar-se nos grupos estratégicos que garantem o investimento. Assim, será necessário determinar a lucratividade atual e a lucratividade potencial futura de cada grupo estratégico. Um objetivo estratégico é investir em grupos estratégicos atrativos, nos quais ativos e competências possam ser empregados para criar vantagem estratégica.

O surgimento de um novo grupo ou subgrupo estratégico é de importância particular. Isso pode criar uma dinâmica que afetará as estratégias de todos os concorrentes por um longo período de tempo. Grandes perturbações em uma indústria normalmente começam pequenas, com produtos inferiores, de forma que a análise precisa ser processada com um olho projetando as ofertas futuras em vez de pensar que não irão evoluir. O Capítulo 12 trata disso.

Concorrentes potenciais

Além dos concorrentes atuais, é importante considerar potenciais entrantes no mercado, como as empresas que podem se engajar em:

1. *Expansão de mercado.* Os potenciais concorrentes são em geral as empresas que operam em outras regiões geográficas ou em outros países. Um fabricante de biscoitos deve ficar de olho em uma empresa concorrente de um estado próximo, por exemplo.

2. *Expansão de produto.* Empresa líder em esquis, a Rossignol expandiu seus negócios para roupas de esqui, explorando, assim, um mercado próximo, e passou ao setor de equipamentos para prática de tênis, tirando vantagem da sobreposição tecnológica e de distribuição.

3. *Integração para trás.* Os clientes também são potenciais concorrentes. A General Motors comprou dezenas de fabricantes de componentes durante seus anos iniciais. Os grandes usuários de latas, como a Campbell Soup, integraram para trás, fazendo suas próprias embalagens.

4. *Integração para frente.* Fornecedores atraídos por margens também são potenciais concorrentes. A Apple Computer, por exemplo, abriu uma cadeia de lojas de varejo. Os fornecedores, acreditando ter os ingredientes decisivos para se dar bem no mercado, podem ser atraídos pelas margens e pelo controle que resultam da integração para a frente.

5. *Exportação de ativos e competências.* Um concorrente pequeno, com pontos fracos estratégicos cruciais, poderá se transformar em um grande entrante se for comprado por uma empresa que possa reduzir ou eliminar esses pontos fracos. Prever tais movimentos pode ser difícil, mas algumas vezes uma análise de pontos fortes e pontos fracos do concorrente sugere algumas possíveis fusões sinérgicas. Um concorrente em uma indústria com crescimento acima da média, que não tem os recursos financeiros ou gerenciais para o longo prazo, pode ser um candidato particularmente atraente para fusão.

6. *Estratégias defensivas ou retaliatórias.* Empresas ameaçadas por movimentos potenciais ou reais no seu mercado podem retalir. Assim, a Mi-

crosoft fez diversos movimentos (inclusive no espaço da Internet), em parte para proteger sua posição dominante em *software*.

Análise da concorrência – entendendo os concorrentes

Entender os concorrentes e suas atividades pode garantir muitos benefícios. Primeiro, o entendimento dos pontos fortes e fracos da estratégia atual de um concorrente pode sugerir oportunidades e ameaças que merecerão uma resposta. Segundo, informações sobre estratégias futuras do concorrente podem permitir a previsão de ameaças e oportunidades emergentes. Terceiro, uma decisão sobre alternativas estratégicas pode aumentar a capacidade de prever a reação provável dos principais concorrentes. Finalmente, a análise dos concorrentes pode resultar na identificação de algumas incertezas estratégicas que justificam um monitoramento próximo ao longo do tempo. Uma incerteza estratégica pode ser, por exemplo: "o competidor A decidirá entrar no mercado do oeste dos Estados Unidos?".

Como indica a Figura 3.2, as ações do concorrente são influenciadas por oito elementos. O primeiro deles reflete o desempenho financeiro, medido por tamanho, crescimento e lucratividade.

Tamanho, crescimento e lucratividade

O nível e o crescimento de vendas e a participação de mercado fornecem indicadores da vitalidade de uma estratégia empresarial. A manutenção de uma

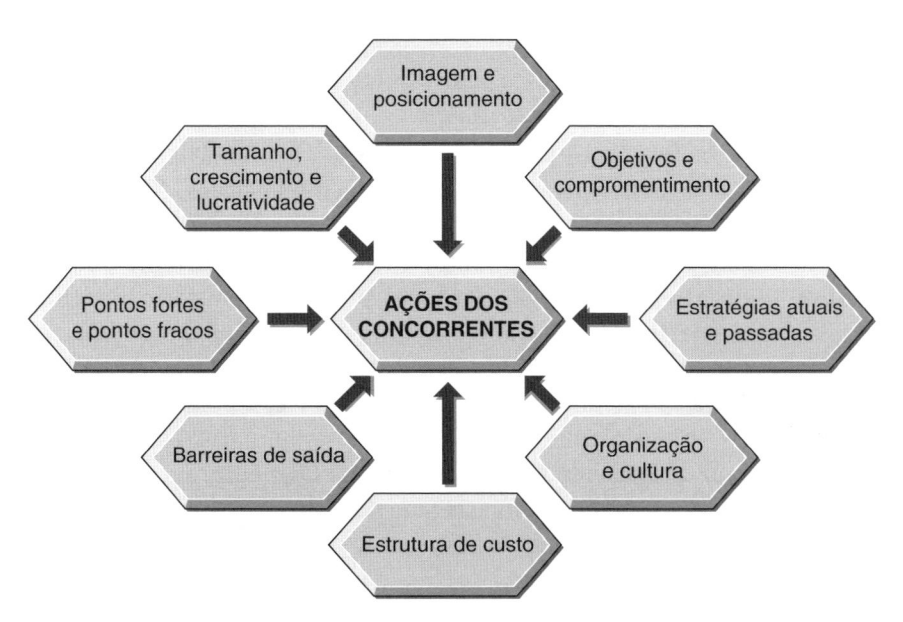

Figura 3.2 Entendendo os concorrentes.

posição forte no mercado ou a obtenção de crescimento rápido geralmente refletem um concorrente (ou grupo estratégico) forte e uma estratégia bem-sucedida. Em contrapartida, uma posição de mercado deteriorada pode sinalizar esforços financeiros ou organizacionais passíveis de afetar o interesse e a capacidade da empresa de adotar certas estratégias. Para fazer uma estimativa bruta de vendas para negócios que fazem parte de uma grande empresa, tome o número de funcionários e multiplique-o pela média de vendas por funcionário no segmento. Para muitas empresas, esse método é muito viável e preciso.

Depois do tamanho e do crescimento vem a lucratividade. Uma empresa lucrativa geralmente terá acesso a capital para investimento, a não ser que a controladora decida explorá-la. Uma empresa que perdeu dinheiro durante um período longo de tempo ou passou por uma queda acentuada na lucratividade pode encontrar dificuldade para ganhar acesso ao capital, externa ou internamente.

Estratégia de imagem e posicionamento

A pedra angular de uma estratégia empresarial pode ser uma associação: tal como ser o caminhão mais forte, o carro mais durável, o menor equipamento eletrônico de consumo ou o limpador mais eficaz. É bom ir além de atributos relacionados à classe do produto, chegando a intangíveis que a transpõem, como qualidade, inovação, sensibilidade ao meio ambiente ou personalidade da marca.

Para desenvolver alternativas de posicionamento, é útil determinar a imagem e a personalidade da marca dos principais concorrentes. Pontos fracos dos concorrentes em atributos relevantes ou em traços de personalidade podem representar uma oportunidade de diferenciar-se e desenvolver uma vantagem. Pontos fortes em dimensões importantes podem representar desafios para superá-los ou atacá-los. Seja como for, é importante conhecer os perfis competitivos.

As informações sobre imagem e posicionamento do concorrente podem ser deduzidas em parte pelo estudo de produtos, propaganda, *site* e ações de uma empresa, mas em geral a pesquisa com o cliente é útil para assegurar a obtenção de uma descrição precisa. A técnica convencional é começar com pesquisa qualitativa de cliente, para descobrir o que uma empresa e suas marcas significam para os consumidores. Quais são as associações? Se a empresa fosse uma pessoa, que tipo de pessoa ela seria? Que imagens visuais, livros, animais, árvores ou atividades estão associadas à empresa? Qual é sua essência?

Objetivos e comprometimento

O conhecimento dos objetivos do concorrente permite prever se o seu desempenho atual é satisfatório ou não e se há probabilidade de ocorrerem mudanças estratégicas. Os objetivos financeiros da unidade de negócios podem indicar a disposição do concorrente em investir naquela empresa, mesmo que a recompensa seja relativamente de longo prazo. Especificamente, quais são os objetivos do concorrente em relação à participação de mercado, ao crescimento de vendas e à lucratividade? Objetivos não financeiros também são úteis. O concorrente quer ser um líder tecnológico? Ou desenvolver uma organização de serviços? Ou expandir a distribuição? Tais objetivos fornecem uma boa indicação da possível estratégia futura do concorrente.

Os objetivos da empresa controladora do concorrente (se é que ela existe) também são relevantes. Quais são os atuais níveis de desempenho e os objetivos financeiros da controladora? Se a unidade de negócios não está tendo um desempenho tão bom quanto o da controladora, pode haver pressão por uma melhora, ou o investimento será retirado. O papel da unidade de negócios é de suma importância. Ela é fundamental para os planos de longo prazo da controladora, ou é periférica? É vista como uma área de crescimento, ou se espera que gere fundos para outras áreas? A empresa cria sinergia com outras operações? A controladora tem ligação emocional com a unidade de negócios por alguma razão? Bolsos fundos algumas vezes podem estar acompanhados de braços curtos; o simples fato de os recursos existirem não significa que estão disponíveis.

Estratégias atuais e passadas

As estratégias atuais e passadas dos concorrentes devem ser revistas. Em particular, é preciso notar as estratégias passadas que falharam, pois tais experiências podem inibir o concorrente de tentar novamente estratégias similares. Além disso, o conhecimento do padrão de movimentos do concorrente em relação a novos produtos ou novos mercados pode ajudar a antecipar suas direções de crescimento futuro. A estratégia é baseada em amplitude da linha de produtos, qualidade de produto, serviço, tipo de distribuição ou identificação de marca? Se uma estratégia de baixo custo é empregada, ela é baseada em economias de escala, na curva de experiência, em instalações e equipamentos de produção ou em acesso à matéria-prima? Qual é sua estrutura de custo? Se uma estratégia de foco é evidente, descreva o escopo da empresa.

Organização e cultura

O conhecimento sobre histórico e experiência da alta administração do concorrente pode garantir informações sobre ações futuras. Os gestores vieram das áreas de marketing, engenharia ou produção? A maioria deles veio de outro segmento ou de outra empresa? A Clorox, por exemplo, tem uma influência muito grande da Procter & Gamble em sua administração, remanescente dos anos em que a Procter & Gamble operou a Clorox, antes que a Justiça ordenasse a venda.

A cultura de uma organização, apoiada por sua estrutura, seus sistemas e suas pessoas, sempre tem uma grande influência na estratégia. Uma organização altamente estruturada, orientada para o custo, que se baseia em controles rígidos para atingir objetivos e motivar funcionários, pode ter dificuldade para inovar ou mudar para uma estratégia agressiva, voltada para o marketing. Uma organização indefinida e uniforme que enfatize inovação e tomada de risco também pode ter dificuldade em adotar um programa disciplinado de refinamento de produto e redução de custos. Em geral, como ficará claro no Capítulo 15, elementos organizacionais como cultura, estrutura, sistemas e pessoas limitam o escopo de estratégias que devem ser consideradas.

Estrutura de custo

O conhecimento da estrutura de custo de um concorrente, especialmente quando ele se baseia em uma estratégia de baixo custo, pode fornecer uma indicação de sua provável estratégia futura de preços e de seu poder de manter preços. As seguintes informações geralmente podem ser obtidas e fornecer dados sobre estruturas de custo:

- O número de funcionários e uma divisão estimada da mão de obra direta (custo de mão de obra variável) e das despesas gerais (que farão parte dos custos fixos).
- O custo relativo de matérias-primas e de componentes adquiridos.
- O investimento em estoque, fábrica e equipamentos (também custos fixos).
- Níveis de vendas e número de fábricas (no qual a alocação de custos fixos é baseada).
- Estratégia de terceirização.

Barreiras de saída

As barreiras de saída podem ser cruciais para a capacidade de uma empresa de sair de uma área de negócios e por isso são indicadores de comprometimento. Elas incluem:[3]

- Ativos especializados – fábricas, equipamentos ou outros ativos que são caros para ser transferidos para outra aplicação e que por isso têm pouco valor de recuperação.
- Custos fixos, como acordos trabalhistas, aluguéis e a necessidade de manter peças de reposição para os equipamentos existentes.
- Relações com outras unidades de negócios na empresa resultantes da sua imagem ou do compartilhamento de instalações, canais de distribuição ou equipe de vendas.
- Barreiras governamentais e sociais – por exemplo, o governo pode determinar se uma ferrovia pode deixar de atender a uma linha de passageiros, ou as empresas podem ter um senso de lealdade aos trabalhadores, inibindo, assim, movimentos estratégicos.

Nintendo – o sucesso que começou com a análise da concorrência

Na história da estratégia de negócios e da marca Nintendo não falta surpresa e a análise da concorrência desempenhou um papel importante no processo. A BrandJapan, uma pesquisa anual realizada para verificar os pontos fortes de mais de mil marcas japonesas, encontrou uma estabilidade notável que abrangia nove anos em elenco de personagens que ocupavam as primeiras 24 posições. Então veio a Nintendo. Nos resultados de 2005, a Nintendo ficou na posição 135 da pesquisa. A partir desse ponto ela pulou para a posição 66 em 2006 e para a posição 5 em 2007, indo parar, finalmente, na posição número 1 em 2008, uma posição conquistada com um valor acima de 93 enquanto as seis marcas abaixo ficaram entre 82 e 84. A posição da Nintendo se manteve em 2009. Entre 2004 e 2008, o preço de suas ações subiu mais de cinco vezes e chegou um momento em que sua capitalização de mercado ficou atrás apenas da Toyota, no Japão. Por quê? O que levou a esse desempenho?

Os produtos foram claramente a razão. O Nintendo DS, lançado em dezembro de 2004, é um console portátil caracterizado por um método inovador intuitivo usando uma touch-pen. Ele funcionava pelo toque! Séries de gerações, que incluíram jogos como Nintendogs, Animal Crossing e Brain Age, tinham como objetivo um mercado-alvo amplo, incluindo jovens mulheres e até idosos. Então, chegou o Wii, uma nova forma de jogar que incorporava os movimentos do usuário no jogo. Com um controle sem fio e um Wii remoto que detecta o movimento em três dimensões, o usuário pode dançar, jogar golfe, lutar box, tocar guitarra e assim por diante. Os oponentes podem estar em outros lugares e até mesmo em outros países. Na verdade, o DS e o Wii com seus jogos criaram um novo mercado categorizado como "jogos casuais", videogames que exigem menos habilidades e experiência e que são caracterizados pela simplicidade e por regras intuitivas. A nova categoria de jogos casuais foi de 1 a mais de 20% do mercado em 2005.[4] Mas o que estava por trás do sucesso inovador da Nintendo? Por que ela pôde vencer a Sony e a Microsoft? Uma razão inicial seria a aceitação de uma análise realista e inteligente de dois concorrentes: a Sony (Playstation) e a Microsoft (P3 players). A Nintendo reconheceu que a Sony e a Microsoft tinham e teriam equipamentos com melhor tecnologia – maior desempenho, resolução e gráficos de alta qualidade, características atraentes ao maior grupo de consumidores – jovens do sexo masculino. Eles focaram nesse objetivo e investiram em chips, *software*, fabricação e *hardware* para continuar lançando produtos. Como resultado disso, a Sony e a Microsoft tinham uma vantagem bem definida com relação ao jovem do sexo masculino e os usuários de 20 anos, o grupo mais representativo de usuários. Diante dessa realidade, a Nintendo tomou um rumo diferente, o caminho da baixa tecnologia, mesmo que isso significasse que o segmento da maioria dos usuários poderia ter que ceder aos outros dois concorrentes.

A Nintendo decidiu reajustar seu foco para longe do grupo de jovens do sexo masculino que estavam voltados para jogos de ação e gráficos de alta qualidade, direcionando-se para um público mais amplo, menos preocupado com gráficos melhores. A chave para esse grupo seria uma grande variedade de jogos fáceis de jogar que, além do gênero ação, incluiriam alguns veículos de aprendizagem. Um dos objetivos era fazer da mãe uma participante e uma defensora em vez de uma cínica e adversária. Outro objetivo era envolver toda a família, então os jogos não eram apenas relacionados ao universo dos meninos. A estratégia ia de encontro à estratégia convencional de enfocar o usuário mais representativo e tentar superar as ofertas dos concorrentes.

Uma estratégia, não importa o quão boa seja, requer implementação, isso significa pessoas. A Nintendo foi beneficiada por um grupo talentoso que era extremamente bom em criar jogos. A nova estratégia permitiu que esse grupo fosse criativo e utilizasse todo o seu potencial. Além disso, um novo CEO, ingrediente chave, foi trazido para a empresa, uma pessoa jovem, cheia de energia e empreendedora. Com pessoas brilhantes e habilidades organizacionais, o novo CEO conseguiu aceitação, estimulou a equipe em torno da nova estratégia e administrou o talento necessário para implementá-la.

- Orgulho gerencial ou ligação emocional com uma empresa ou seus funcionários que afetem as decisões econômicas.

Avaliando pontos fortes e pontos fracos

Conhecer os pontos fortes e os pontos fracos do concorrente assegura informações fundamentais para a capacidade da empresa de adotar várias estratégias. Também oferece informações importantes sobre o processo de identificar e selecionar alternativas estratégicas. Uma técnica é tentar explorar um ponto fraco do concorrente em uma área em que a empresa tenha um ponto forte existente ou em desenvolvimento. O padrão desejado é desenvolver uma estratégia que posicione "nosso" ponto forte contra o ponto fraco de um concorrente. Outra técnica é evitar ou neutralizar os pontos fortes do concorrente.

Uma empresa que desenvolveu uma estratégia para neutralizar o ponto forte de um concorrente foi uma pequena empresa de *software* que não tinha nem capacidade de distribuição, nem os recursos para fazer propaganda no varejo. Ela visava empresas de sistemas com valor agregado, que vendem o pacote completo de *software* e algumas vezes os sistemas de *hardware* para organizações como empresas de investimento ou hospitais. Essas empresas com sistemas de valor agregado poderiam entender e explorar a força do produto, integrá-lo em seu sistema e usá-lo em quantidade. O acesso superior do concorrente a um canal de distribuição ou a recursos para apoiar um esforço de propaganda foi assim neutralizado.

A avaliação dos pontos fortes e fracos de um concorrente começa com a identificação dos ativos e competências relevantes para o segmento e depois avalia o concorrente com base nesses ativos e competências. Agora, voltemo-nos para esses três tópicos.

Pontos fortes e pontos fracos do concorrente

Quais são os ativos e as competências relevantes?

Os pontos fortes e fracos do concorrente são baseados na existência ou na ausência de ativos e competências. Dessa forma, ativos como um nome bem conhecido ou uma localização privilegiada podem representar um ponto forte, da mesma maneira que uma competência, como a capacidade de desenvolver um forte programa promocional. Inversamente, a ausência de um ativo ou de uma competência pode representar um ponto fraco.

Para analisar os pontos fortes e fracos do concorrente é necessário identificar os ativos e competências relevantes para o segmento. Como sugere a Figura 3.3, quatro grupos de perguntas podem ser úteis.

1. *Que empresas têm sido bem-sucedidas ao longo do tempo? Que ativos ou competências contribuíram para o sucesso delas? Que empresas tiveram baixo desempenho crônico? Por quê? Que ativos ou competências elas não têm?*

Figura 3.3 Identificando ativos e competências relevantes.

[Diagrama: Motivações do cliente? / Condutores de negócios: sucesso ou fracasso? / Mobilidade das barreiras do segmento? / Componentes cruciais de valor agregado? → ATIVOS E COMPETÊNCIAS RELEVANTES]

Por definição, ativos e competências que fornecem vantagens competitivas sustentáveis (VCSs) devem afetar o desempenho ao longo do tempo. Assim, empresas que diferem em relação ao desempenho com o tempo também devem diferir em relação a seus ativos e competências. A análise das causas do desempenho geralmente sugere grupos de competências e ativos relevantes. Tipicamente, as empresas que têm desempenho superior desenvolveram e mantiveram os principais ativos e competências que foram a base para seu desempenho. Inversamente, pontos fracos em vários ativos e competências relevantes à indústria e à sua estratégia devem contribuir visivelmente para o desempenho inferior dos concorrentes fracos ao longo do tempo.

Por exemplo, na indústria de scanners, a empresa com melhor desempenho, a General Electric, tem tecnologia de produto e P&D superiores, economias de escala, uma capacidade de sistemas estabelecida, uma forte organização de vendas e serviços devida, em parte, à sua linha de produtos de raios X e a uma base instalada.

2. *Quais são as principais motivações do cliente? O que é necessário para ser preferido? O que é necessário ser considerado?*

As motivações do cliente geralmente conduzem a decisões de compra e, assim, podem ditar quais ativos ou competências têm o potencial de criar vantagens importantes. Na indústria de equipamentos pesados, os clientes valorizam serviço e reposição de peças. A promessa da Caterpillar de "serviços de reposição de peças em 24 horas em qualquer lugar do mundo" tem sido um ativo fundamental, pois é importante para os clientes. A Apple concentrou-se na motivação dos projetistas para criar plataformas amigáveis.

Existem motivações que levam uma marca a ser excluída das considerações do cliente. Uma característica da oferta pode não determinar os vencedores, mas uma deficiência vai eliminá-lo de ser considerado. A Hyundai, por exemplo, precisa ser percebida como tendo uma qualidade adequada. Uma série de prêmios "o melhor carro" em 2009 não necessariamente impulsiona a marca para uma posição superior, mas para muitos ela se livra da percepção "inadequada".

3. **Quais ativos e competências representam a mobilidade das barreiras (de entrada e de saída) do segmento?**

    Grupos estratégicos são caracterizados por sua estabilidade estrutural mesmo quando um grupo é mais lucrativo do que os outros. O motivo são as barreiras de mobilidade, que podem tanto ser de entrada quanto de saída. Alguns grupos possuem ativos e competências que serão difíceis e, às vezes, impossível duplicar por aqueles que pretendem entrar. Empresas internacionais de prospecção de petróleo em águas profundas, por exemplo, possuem tecnologia, equipamento e pessoas que empresas nacionais não conseguem duplicar. Esses ativos também representam barreiras de saída porque não há outra utilidade para a qual possam ser destinados.

4. **Quais são os componentes de valor agregado significativo na cadeia de valor?**

    Uma empresa pode sobressair-se em um componente de valor agregado que tenha uma vantagem sustentável. O componente pode ser crucial por causa do seu custo, como a manipulação de encomendas para a FedEx ou o *call-center* da Dell. Ou pode ser crucial por causa dos benefícios aos clientes que ele gera ou afeta como o sistema de encomendas da Amazon ou os ingredientes de um detergente da P&G. Ao examinar a cadeia de valor, deve-se começar pelos fornecedores e terminar com a experiência de uso do cliente, enquanto alocam-se todos os componentes no gráfico entre esses momentos. Os componentes podem ser encontrados em organizações e em seus parceiros. Para o eBay, por exemplo, operações, atendimento ao cliente, serviços de leilão e operações de vendas são todos candidatos em potencial.

Uma lista de pontos fortes e pontos fracos

A Figura 3.4 apresenta uma lista geral das áreas nas quais um concorrente pode ter pontos fortes ou pontos fracos. A primeira categoria é a inovação. Um dos pontos fortes da Kao Corporation é sua capacidade de desenvolver produtos inovadores em sabonetes, detergentes, artigos para cuidado com a pele e até disquetes.

Seus novos produtos geralmente têm uma vantagem tecnológica distinta. Em um segmento altamente técnico, o porcentual gasto em P&D e a ênfase ao longo da linha básica/aplicada podem ser indicadores da capacidade cumulativa de inovar. Os resultados do processo no tocante a características do produto e capacidade de desempenho, novos produtos, modificações de produtos e patentes fornecem medidas mais definitivas da capacidade de inovar da empresa.

Inovação
- Superioridade técnica de produto ou de serviço
- Capacidade de novos produtos
- P&D
- Tecnologias
- Patentes

Fabricação/operações
- Estrutura de custos
- Operações eficazes e flexíveis
- Operações eficientes
- Integração vertical
- Motivação e atitude da força de trabalho
- Capacidade
- Terceirização

Finanças – acesso ao capital
- Das operações
- De ativos de curto prazo
- Habilidade para financiamento da dívida e do patrimônio
- Disposição da controladora para financiar

Gestão
- Qualidade da alta e da média gestão
- Conhecimento do negócio
- Cultura
- Planos e objetivos estratégicos
- Iniciativa empreendedora
- Sistema de planejamento/operação
- Fidelidade-rotatividade
- Qualidade de tomada de decisão estratégica

Marketing
- Reputação da qualidade do produto
- Características de diferenciação do produto
- Reconhecimento do nome da marca
- Amplitude da linha do produto – capacidade dos sistemas
- Orientação ao cliente
- Segmentação/foco
- Distribuição
- Relacionamento com o varejo
- Habilidades de propaganda/promoção
- Força de vendas
- Suporte ao cliente de serviço/produto

Base de clientes
- Tamanho e fidelidade
- Participação de mercado
- Crescimento dos segmentos atendidos

Figura 3.4 Análise de pontos fortes e pontos fracos.

A segunda área de pontos fortes e pontos fracos do concorrente é a produção. O principal ponto forte da Toyota, por exemplo, é a fabricação, que está baseada na sua cultura, no processo de trabalho e na capacidade de reduzir o estoque e os custos. O Walmart desenvolveu capacidade e eficiência operacionais, que são vantagens significativas. O desenvolvimento foi possível, em parte, por trabalhar de perto com os fornecedores. Além de vantagens de custo, processos superiores e sistemas tanto da Toyota quanto do Walmart oferecem flexibilidade estratégica e tática.

A terceira área é a financeira, a capacidade de gerar ou adquirir fundos, a curto e a longo prazo. Empresas com bolsos fundos (recursos financeiros) têm uma vantagem decisiva porque podem adotar estratégias indisponíveis para empresas menores. Isso é verdade especialmente em tempos de estresse. Empresas com um balancete sólido podem aproveitar as oportunidades. As operações fornecem uma fonte de fundos. Qual é a natureza do fluxo de caixa que está sendo gerado e será gerado, considerando os usos conhecidos para os fundos? Dinheiro ou outros ativos líquidos e recursos da empresa controladora são igualmente importantes.

A administração é a quarta área. Controlar e motivar um conjunto de operações comerciais altamente diferenciadas são pontos fortes da GE, da Disney e de outras empresas que diversificam de forma exitosa. A qualidade, profundidade e fidelidade (como medido pela rotatividade) da alta e média gerência assegura um ativo importante para outras. Outro aspecto a analisar é a cultura. Os valores e normas que permeiam uma organização podem energizar algumas estratégias e inibir outras. Em particular, algumas organizações, como a 3M, possuem tanto uma cultura empreendedora, que lhes permite experimentar novas direções, como a habilidade organizacional para alimentá-la. A capacidade de estabelecer metas e planos estratégicos pode representar competências significativas. Até que ponto a empresa tem uma visão e vontade e competência para adotá-la?

A quinta área é o marketing. Em geral, o ponto forte mais importante em marketing, particularmente no campo da alta tecnologia, envolve a linha de produto: sua reputação de qualidade, amplitude e as características que diferenciam os produtos dos demais. A imagem de marca e a distribuição têm sido os principais ativos de empresas tão diversas como a Pizza Hut, a Dell e o Bank of America. A capacidade de desenvolver uma verdadeira orientação para o cliente pode ser um ponto forte importante. Para a P&G, dois de seus pontos fortes são a compreensão dos clientes e a construção da marca. Outro ponto forte é a capacidade e disposição de anunciar de forma eficaz. O sucesso dos frangos Perdue, da MasterCard e da Budweiser deve-se, em parte, à capacidade de gerar propagandas de qualidade superior. Outros elementos do mix de marketing, como equipe de vendas e operação de serviços, também podem ser fontes de vantagem competitiva sustentável. Um dos pontos fortes da Caterpillar é a qualidade de sua rede de distribuição. Outro possível ponto forte, particularmente na área de alta tecnologia, é a capacidade de ficar perto de seus clientes.

A última área de interesse é a base de clientes. O quanto ela é substancial e o quanto é leal? Como as ofertas dos concorrentes são avaliadas pelos clientes? Quais são os custos que os clientes terão de absorver se mudarem para outro fornecedor? Clientes extremamente fiéis e felizes são difíceis de desalojar. Qual é o tamanho e o potencial de crescimento dos segmentos atendidos pela concorrência?

A matriz de pontos fortes competitivos

Com os ativos e competências relevantes identificados, o próximo passo é avaliar sua própria empresa e os principais concorrentes ou grupos estratégicos de concorrentes nesses ativos e competências. O resultado é chamado de matriz de pontos fortes competitivos e serve para sumarizar a posição dos concorrentes com relação aos ativos e às competências.

Uma vantagem competitiva sustentável é quase sempre baseada em ter uma posição superior àquela dos concorrentes-alvo em um ou mais ativos ou áreas de competência que sejam relevantes para o segmento e para a estratégia empregada. Assim, informações sobre a posição de cada concorrente em relação a ativos e competências relevantes são fundamentais para o desenvolvimento e a avaliação da estratégia.

Se não existir uma posição superior em relação a ativos e competências importantes para a estratégia, provavelmente ela terá de ser criada, ou a estratégia poderá precisar ser modificada ou abandonada. Algumas vezes, simplesmente não há ponto de diferença em relação às empresas no que se refere aos concorrentes. Uma competência que todos os concorrentes possuem não será a base para uma VCS. Por exemplo, segurança é importante para os passageiros de companhias aéreas, mas, se a percepção for de que as companhias aéreas são iguais em relação à qualidade do piloto e à manutenção da aeronave, isso não será uma VCS. Evidentemente, se algumas empresas puderem convencer os passageiros de que são superiores em relação à segurança antiterrorista, poderão então gerar uma VCS.

O mercado de carros de luxo

A Figura 3.5 ilustra uma matriz de pontos fortes de concorrentes no mercado de carros de luxo. Os ativos e as competências importantes são listados à esquerda, agrupados de acordo com sua importância: fundamentais para o sucesso ou secundários. Os principais concorrentes são mostrados como títulos das colunas. Cada célula é codificada para mostrar se a marca é forte, está acima da média, na média, abaixo da média ou fraca naquela categoria de ativo ou competência. A figura utiliza como escala acima da média, na média e abaixo da média.

A figura resultante fornece um resumo do perfil hipotético dos pontos fortes e pontos fracos de dez marcas. Podem-se comparar duas marcas, como Ford e Lexus ou BMW e Audi. BMW e Lexus têm posições invejáveis.

Analisando submercados

É sempre desejável conduzir uma análise de submercados ou grupos estratégicos e talvez de produtos diferentes. Uma empresa pode não concorrer com todas as outras no segmento, mas apenas com aquelas engajadas em estratégias e mercados similares. Por exemplo, uma matriz de pontos fortes competitivos pode ser bem diferente para o submercado de segurança, com a Volvo sendo mais forte. De forma semelhante, os submercados de dirigibilidade também podem envolver uma matriz competitiva que será diferente, na qual a BMW seria mais forte.

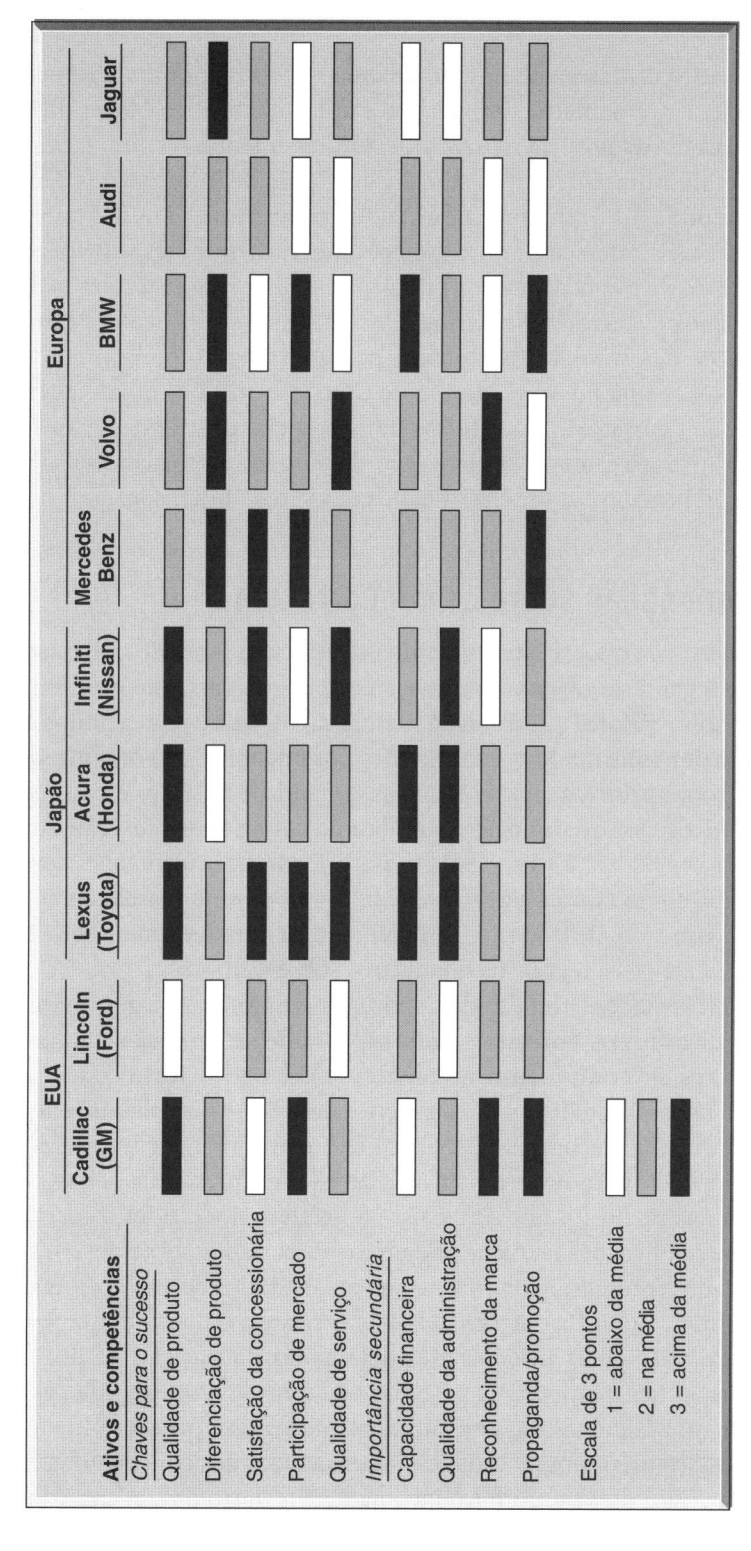

Figura 3.5 Exemplo de uma matriz de pontos fortes competitivos para o mercado de carros de luxo nos EUA.

Ativos e competências	EUA		Japão			Europa				
	Cadillac (GM)	Lincoln (Ford)	Lexus (Toyota)	Acura (Honda)	Infiniti (Nissan)	Mercedes Benz	Volvo	BMW	Audi	Jaguar
Chaves para o sucesso										
Qualidade de produto	3	1	2	2	3	2	2	2	2	2
Diferenciação de produto	2	1	2	1	2	3	3	3	2	3
Satisfação da concessionária	1	2	2	2	2	2	2	1	2	2
Participação de mercado	2	2	2	2	1	2	2	2	2	2
Qualidade de serviço	1	2	2	2	2	2	2	2	2	2
Importância secundária										
Capacidade financeira	2	2	2	3	3	2	2	2	2	2
Qualidade da administração	2	2	2	3	2	2	2	1	2	2
Reconhecimento da marca	2	2	2	2	2	2	1	2	2	2
Propaganda/promoção	3	2	2	2	2	2	2	3	2	2

Escala de 3 pontos
1 = abaixo da média
2 = na média
3 = acima da média

O processo de análise

O processo de desenvolvimento de uma matriz de pontos fortes competitivos pode ser extremamente informativo e útil. Uma técnica é fazer diversos gerentes criarem sua própria matriz independentemente. As diferenças geralmente podem iluminar diferentes suposições e bases de informações. Um estágio de síntese pode disseminar as informações relevantes e identificar e estruturar as incertezas estratégicas. Por exemplo, diferentes opiniões sobre a reputação de qualidade de um competidor podem estimular uma incerteza estratégica que justifique pesquisa de marketing. Outra técnica é desenvolver a matriz em um ambiente de grupo, talvez apoiada por um trabalho preliminar dos assistentes. Sempre que possível, devem-se usar informações objetivas baseadas em testes de laboratório ou estudos de percepção do cliente. A necessidade de tais informações torna-se clara quando surgem discordâncias sobre como os concorrentes devem ser classificados nas várias dimensões.

Obtendo informações sobre os concorrentes

O *site* de um concorrente é geralmente uma rica fonte de informações e o primeiro lugar a ser observado. A visão estratégica (juntamente com uma declaração sobre valores e culturas) é sempre divulgada, e os portfólios de negócios, geralmente informados. A forma como os portfólios são organizados pode dar dicas sobre prioridades e estratégias. Quando a IBM enfatiza seus servidores eletrônicos, por exemplo, isso diz alguma coisa sobre a direção da empresa na área de servidores. O *site* também pode fornecer informações sobre ativos da empresa como fábricas, acesso global e símbolos de marca. Uma pesquisa no *site* do concorrente pode ser complementada com ferramentas de busca e com acesso a artigos e relatórios financeiros sobre a empresa.

Informações detalhadas sobre os concorrentes geralmente também estão disponíveis em várias outras fontes de informação. Em geral, os concorrentes se comunicam amplamente com seus fornecedores, clientes e distribuidores; analistas de segurança e partes interessadas; e legisladores e reguladores governamentais. O contato com qualquer um deles pode gerar informações. O monitoramento de revistas empresariais, feiras, propaganda, discursos, relatórios anuais e coisas do gênero podem ser informativos. Reuniões e publicações técnicas podem fornecer dados sobre desenvolvimentos e atividades técnicas. Milhares de bancos de dados acessíveis por computador disponibilizam informações detalhadas sobre a maioria das empresas.

Pode-se obter informações detalhadas da posição de um concorrente com seus clientes mediante pesquisa de mercado. Por exemplo, entrevistas regulares por telefone com consumidores poderiam fornecer informações sobre os sucessos e as vulnerabilidades das estratégias dos concorrentes. Poderíamos fazer as seguintes perguntas: que loja é mais perto da sua casa? Em qual você compra com mais frequência? Você está satisfeito? Qual tem os preços mais baixos? As melhores ofertas especiais? O melhor serviço a clientes? As lojas mais limpas? Refeição de melhor qualidade? Produtos de melhor qualidade? E assim por diante. As cadeias bem posicionadas em valor, serviço ou qualidade de produto poderiam ser identificadas, e um acompanhamento poderia mostrar se elas estão ganhando ou perdendo posições. A fidelidade de sua base de clientes (e, consequentemente, sua vulnerabilidade) poderia ser indicada, em parte, pela satisfação e pela disposição do cliente de privilegiar lojas mesmo quando elas não são as mais convenientes ou baratas.

Pontos-chave

- Os concorrentes podem ser identificados pela escolha do cliente (o conjunto a partir do qual os clientes selecionam) ou reunindo-os em grupos estratégicos (empresas que adotam estratégias semelhantes e têm ativos, competências e outras características similares). Seja como for, os concorrentes irão variar em relação à intensidade com que competem.
- Os concorrentes devem ser analisados em vários aspectos, incluindo tamanho, crescimento e lucratividade, imagem, objetivos, estratégias empresariais, cultura organizacional, estrutura de custo, barreiras de saída, pontos fortes e pontos fracos.
- Os potenciais pontos fortes e fracos podem ser identificados analisando-se as características de empresas bem-sucedidas ou que fracassaram, a principal motivação do cliente, mobilidade de barreiras e componentes de valor agregado.
- A matriz de pontos fortes competitivos, que posiciona os concorrentes ou grupos estratégicos em relação a cada um dos ativos ou competências relevantes, fornece um resumo compacto das principais informações estratégicas.

Para discussão

1. Considere o segmento de notícias. Identifique os concorrentes da CNN e organize-os quanto à intensidade de concorrência.
2. Avalie a Figura 3.5. Que surpresas há na figura? Quais são as implicações para a Cadillac? E para a Audi?
3. Escolha uma empresa ou uma marca/área de negócios na qual se concentrar. Qual é o ramo de atividade? Quem são seus concorrentes diretos e indiretos? Em cada categoria, quais são os concorrentes mais relevantes?
4. Considere a indústria automotiva. Identifique os concorrentes dos veículos utilitários da Ford e organize-os quanto à intensidade de concorrência. Organize-os também com relação a grupos estratégicos. Quais são os

fatores-chave para o sucesso nesses grupos estratégicos? Você acha que isso mudará nos próximos cinco anos?

5. Pense no caso da Nintendo (p. 58). Por que a Nintendo, e não a Sony ou a Microsoft, foi a empresa que criou os produtos DS e Wii? Como ela fez isso? Que ativos e competências foram necessários?

Notas

1. David Halberstam, *The Reckoning*, New York: William Morrow, 1986, p. 310.
2. Ibid.
3. Michael E. Porter, *Competitive Strategy*, New York: The Free Press, 1980, pp. 20–21. O conceito de barreiras de saída será discutido novamente no Capítulo 14.
4. Estudo da Enterbrain citado em *Nikkei Business Daily*, July 23, 2007.

CAPÍTULO 4

Análise de mercado e submercados

"À medida que a economia, guiada pela indústria automobilística, atingiu um nível mais alto nos anos 20, surgiram novos elementos para transformar o mercado: vendas a prazo, o comércio de carros usados, o consórcio e o modelo anual (eu acrescentaria melhores rodovias se levasse em conta o ambiente dos automóveis)."
— **Alfred P. Sloan Jr., General Motors**

"Visão é a arte de ver coisas invisíveis."
— **Jonathan Swift**

"Estar preparado é metade da vitória."
— **Miguel Cervantes**

A análise de mercado baseia-se na análise do cliente e do concorrente para fazer alguns julgamentos estratégicos sobre um mercado (e submercados) e sua dinâmica. Um dos objetivos primários da análise de mercado é determinar a atratividade de um mercado (ou submercado) para os participantes atuais e potenciais. A atratividade de mercado, o potencial de lucro do mercado medido pelo retorno sobre investimento de longo prazo atingido por seus participantes, irá gerar subsídios importantes para a decisão de investimento em produto-mercado. A estrutura de referência inclui todos os participantes.

A Dell, por exemplo, estava decidindo se apostaria no mercado de smartphones, liderado pela Apple e seu iPhone. Um fator foi uma análise da categoria smartphone, a trajetória de seu crescimento e a intensidade competitiva. A entrada da Dell no mercado seria encarada como bons ares ou maus ares? Evidentemente, participar de um mercado atrativo não garante sucesso a todos os competidores. Saber se um mercado é apropriado para uma determinada empresa é uma questão relacionada, mas muito diferente, dependendo não apenas da atratividade do mercado, mas também de como os pontos fortes e fracos da empresa se comparam com os dos concorrentes. A Dell teria de, pelo menos, neutralizar a vantagem que a Apple tem no quesito *design* e oferecer uma razão para o cliente comprar a marca Dell.

Um segundo objetivo da análise de mercado é entender a dinâmica do mercado. A necessidade é identificar submercados emergentes, fatores cruciais de sucesso, tendências, ameaças, oportunidades e incertezas estratégicas que possam guiar a coleta e a análise de informações. Um fator crucial de sucesso é um ativo ou competência necessário para participar do jogo. Se uma empresa tiver um ponto fraco estratégico em um fator crucial de sucesso que não é neutralizado por uma estratégia bem concebida, sua capacidade de competir será limitada. As tendências de mercado podem incluir aquelas identificadas na análise do cliente ou da concorrência, mas a perspectiva aqui é mais ampla, e provavelmente surgirão outras.

Dimensões de uma análise de mercado/submercados

A natureza e o conteúdo de uma análise de mercado e de seus submercados dependerá do contexto, mas sempre incluirá as seguintes dimensões:

- Submercados emergentes
- Tamanho real e potencial do mercado e submercado
- Crescimento do mercado e submercado
- Lucratividade do mercado e submercado
- Estrutura de custo
- Sistemas de distribuição
- Tendências e desenvolvimentos
- Fatores-chave de sucesso*

A Figura 4.1 traz um grupo de questões estruturadas em torno dessas dimensões que podem servir para estimular uma discussão que identifique oportunidades, ameaças e incertezas estratégicas. Cada dimensão será analisada separadamente. O capítulo é concluído com uma discussão sobre os riscos de mercados em crescimento.

Submercados emergentes

Administrar uma empresa em qualquer mercado dinâmico exige lidar com desafios e oportunidades relevantes, como descrito no quadro da página 72. Em resumo, o desafio é detectar e entender submercados emergentes, identificar aqueles que são atrativos para a empresa, considerando ativos e competências, e então ajustar as ofertas e portfólios de marca para influenciar esses submercados emergentes de forma que os concorrentes se tornem menos relevantes.

No Capítulo 12, características de novas áreas de negócios ou submercados serão detalhadas. Conhecer essas características pode ajudar a detectar e analisar submercados emergentes. Eles incluem ofertas que:

---

* N. de R.: Em inglês, *Key Success Factors*.

- Oferecem um nível de preço mais baixo – descontos em companhias aéreas
- Atendem não usuários – câmera Kodak Brownie
- Atendem nichos do mercado – *snowboards* de alta performance
- Oferecem soluções de sistemas – *home theaters*
- Atendem a necessidades não atendidas – carro da Lexus ganhando experiência
- Respondem a uma tendência do cliente – bebidas energéticas fortificadas
- Alavancam uma nova tecnologia – Gillette Fusion Razors

Submercados

Os submercados emergentes são definidos por pontos de preço mais baixo, o surgimento de nichos, solução de sistemas, novas aplicações, uma tendência do consumidor ou nova tecnologia? Como o submercado deve ser definido?

Tamanho e crescimento

Submercados importantes? Quais são as características de tamanho e de crescimento de um mercado e submercados? Quais submercados estão em queda ou quais logo estarão em queda? Quão rápido? Quais são as forças motrizes por trás de tendências de vendas?

Lucratividade

Para cada submercado importante, considere o seguinte: esta é uma área de negócios na qual a empresa média ganharia dinheiro? Qual é a intensidade da concorrência entre as empresas existentes? Avalie as ameaças de potenciais entrantes e produtos substitutos. Qual é o poder de barganha de fornecedores e de clientes? Quão atraentes/lucrativos são o mercado e seus submercados, agora e no futuro?

Estrutura de custo

Quais são os principais componentes de custo e de valor agregado para os vários tipos de concorrentes?

Sistemas de distribuição

Quais são os canais alternativos de distribuição? Como eles estão sendo alterados?

Tendências de mercado

Quais são as tendências no mercado?

Fatores-chave de sucesso

Quais são os fatores-chave de sucesso, ativos e competências necessários para competir de forma bem-sucedida? Como isso mudará no futuro? Como os ativos e competências dos concorrentes podem ser neutralizados por estratégias?

Figura 4.1 Questões que ajudam a estruturar uma análise de mercado.

Relevância

Com muita frequência, apesar de possuir altos níveis de lembrança, atitude e mesmo lealdade, uma marca perde participação de mercado porque ela não é percebida como relevante para submercados emergentes. Se um grupo de clientes deseja carros híbridos, não importa o quanto eles considerem boas as caminhonetes da sua empresa. Eles podem adorá-las e recomendá-las, mas se estão interessados em um carro híbrido por causa de novas necessidades e desejos, então sua marca é irrelevante. Isso pode ocorrer inclusive se sua empresa fabricar híbridos sob a mesma marca. O submercado de híbridos é diferente do de caminhonetes e tem um conjunto diferente de marcas relevantes.

A relevância para uma marca ocorre quando duas condições são atendidas. Primeiro, tem de haver uma necessidade ou desejo percebido pelos clientes de um submercado, definido por alguma combinação de atributos, uma aplicação, um grupo de usuários ou outra característica diferenciada. Segundo, a marca precisa estar no grupo considerado relevante para aquele submercado pelos potenciais clientes.

Vencer entre marcas dentro de um submercado, porém, não é suficiente. Há dois desafios adicionais importantes. Um é assegurar-se de que o submercado associado à marca seja relevante. O problema pode não ser o cliente escolher a marca errada, mas sim ter escolhido o submercado (e a marca) errado. O segundo desafio é ter certeza de que a marca é considerada uma opção pelos clientes em relação ao submercado. Isso implica que ela precisa ser posicionada contra o submercado, além de qualquer outra estratégia de posicionamento que possa ser adotada. Também deve ser visível e evidente que a marca atende a níveis mínimos de desempenho.

Quase todos os mercados estão passando por mudanças – em geral, mudanças drásticas e rápidas – que criam questões relevantes. Surgem exemplos em quase todos os segmentos, desde computadores, consultorias, empresas aéreas, geradores de força e serviços financeiros até alimentação, bebida, produtos para animais e brinquedos. Lojas de equipamentos, tintas e pisos lutam com a realidade da Home Depot. A Xerox e a Kodak enfrentam grandes desafios à medida que diversas outras empresas ingressam no mundo da imagem digital. Pense sobre os telefones pagos, os jornais impressos, correspondências de primeira classe e descontos em impressões com cupons de supermercado e a relevância dos assuntos postos para as empresas desses setores. A relevância é uma questão também para marcas que tentam abrir novas áreas de negócios, como a Toyota com seus carros híbridos ou o BluRay da Sony.

A chave para administrar tal mudança é dupla. Primeiro, uma empresa deve detectar e entender submercados emergentes, projetando sua evolução. Segundo, deve manter a relevância em face desses submercados emergentes. Empresas que desempenham essas tarefas de forma exitosa têm habilidade organizacional para detectar a mudança, vitalidade organizacional para responder a ela e uma estratégia de marca bem-concebida.

O surgimento de uma nova subcategoria também é uma oportunidade para que a empresa possa dominar esse submercado, controlar sua percepção e tornar os concorrentes menos relevantes ou mesmo irrelevantes. A IBM fez isso com o comércio eletrônico. A Gillette fez isso com a Mach III e a Fusion. A Charles Schwab, com a Schwab OneSource. A criação e a manutenção de subcategorias só pode ocorrer quando a empresa certa, armada com a ideia e a oferta certas, estiver pronta para agir no momento certo. Entretanto, quando isso acontece, pode tratar-se de uma vitória estratégica e uma fonte de lucros incomuns por um longo período.[1]

Tamanho real e potencial do mercado ou submercado

Um ponto de partida básico para a análise de mercado ou submercado é o nível total de vendas. Se for razoável acreditar que é possível desenvolver uma estratégia bem-sucedida para ganhar uma participação de mercado de 15%, é importante conhecer o tamanho total do mercado. Entre as fontes úteis estão as análises financeiras publicadas pelas empresas relevantes, por clientes, dados governamentais e revistas e associações comerciais. A fonte final é geralmente um estudo com usuários do produto, no qual os níveis de utilização são projetados para a população.

Mercado potencial – a lacuna do usuário

Além do tamanho do atual, mercado ou submercado relevante, é sempre importante considerar a dimensão do tamanho do mercado potencial. Um novo uso, um grupo de novos usuários ou um uso mais frequente podem mudar drasticamente o tamanho e o potencial do mercado ou submercado.

Há potencial para o desenvolvimento do mercado de cereais na Europa e entre os clientes institucionais nos Estados Unidos – restaurantes e escolas/creches. Todos esses segmentos têm espaço para crescimento importante. Em particular, os europeus compram apenas 25% do cereal adquirido pelos usuários nos Estados Unidos. Se a tecnologia permitisse o consumo de cereal com mais facilidade fora de casa, associando a produtos com leite longa vida, o uso poderia ser expandido ainda mais. Evidentemente, a chave é não apenas reconhecer o potencial, mas também ter visão e programa adequados para explorá-lo. Vários estrategistas perderam oportunidades de investimento em segmentos porque desperdiçaram a chance de ver o potencial disponível e aproveitá-lo.

O pequeno pode ser bonito

Algumas empresas têm critérios de investimento que as proíbem de investir em pequenos mercados. Chevron, Marriott, Frito-Lay e Procter & Gamble, por exemplo, historicamente olham para novos produtos que possam gerar grandes níveis de venda em poucos anos. No entanto, na era do micromarketing, grande parte das oportunidades está nos segmentos de nichos menores. Se uma empresa os evita, pode acabar ficando de fora da vitalidade e da lucratividade de uma área de negócios. Além disso, as áreas de negócios mais substanciais eram pequenas no início, algumas vezes durante anos, e conforme mostramos no Capítulo 12, algumas se tornaram nichos de submercados atrativos. Evitar os mercados pequenos pode significar então que, mais tarde, a empresa precisará superar as vantagens de outras que se moveram primeiro.

Além disso, existem evidências mencionadas no livro "The Long Tail", de Chris Anderson, de que muitos mercados mudaram de forma e que negócios com nichos pequenos são economicamente viáveis e não deveriam ser ignorados de imediato.[2] Áreas como a música, o entretenimento e a transmissão ilustram o fato de que a ponta – as ofertas que não são muito populares entre produtos grandes – é extensiva e coletivamente importante. A Netflix, por exemplo, possui 55 mil títulos e 21% de suas vendas são oriundas de títulos que não aparecem nas lojas de varejo (que estocam menos de 3 mil títulos). A Rhapsody, um serviço de subscrição baseado em streamings, oferece mais de 1,5 milhão de faixas de música e 41% de suas vendas vêm de faixas que não estão disponíveis em lojas de varejo. As empresas limitadas pelos varejistas a uma pequena seleção podem oferecer acesso a uma linha completa de seus *sites*; a KitchenAid, por exemplo, oferece seus produtos em cerca de 50 cores. Com o eBay, a Amazon, o Google e outras, a economia de marketing de itens de pequenos nichos mudou. O fato de que cerca de 25 mil itens são introduzidos em uma loja a cada ano e fabricantes de automóveis oferecem cerca de 250 modelos diferentes indica que o marketing de nicho é viável fora do mundo da Internet.

Existem pontos negativos em ter tantas ofertas de nicho. O primeiro que a empresa pode criar custos operacionais e de marketing que podem ser debilitantes quando as ofertas forem muito extensivas. O segundo seria que clientes podem se tornar sobrecarregados pela confusão com tantas escolhas e se rebelar – procurando por produto equivalente a Colgate Total, um produto que simplificou a tomada de decisão em um ambiente desordenado. Assim, muitas empresas estão limitando as linhas que se tornaram muito grandes. Dessa forma, a análise dos nichos do mercado precisa refletir a nova realidade, a de que clientes têm acesso mais rápido e mais extensivo à informação do que antes e de que produtos estão acessíveis de forma não disponível há poucos anos.

Crescimento de mercado e submercado

Depois que o tamanho do mercado e de seus submercados importantes tiver sido estimado, o foco se volta para o índice de crescimento. Qual será o tamanho dos mercados e submercados no futuro? Se tudo mais permanecer constante, crescimento significa mais vendas e lucros, mesmo sem aumentar a participação de mercado. Também pode significar menos pressão de preço quando a demanda aumenta mais rápido que o suprimento e as empresas não estão engajadas na definição do preço com base na curva de experiência, antecipando custos mais baixos no futuro. Inversamente, queda nas vendas pode significar vendas reduzidas e geralmente maior pressão de preço à medida que as empresas lutam para manter suas fatias de um bolo que está diminuindo.

Pode parecer que a estratégia escolhida seria identificar e evitar ou não investir em situações de declínio e identificar e investir em contextos de crescimento. Evidentemente, a realidade não é tão simples assim. Em particular, mercados de produtos em declínio podem representar uma oportunidade real para uma empresa, em parte porque os concorrentes podem estar saindo e se desfazendo de seus investimentos, e não entrando e investindo para crescer. A empresa pode tentar se tornar um sobrevivente lucrativo ao encorajar as demais a saírem e tornar-se dominante nos segmentos mais viáveis.

A outra metade da sabedoria convencional, que diz que contextos de crescimento são sempre atrativos, também pode não ser verdadeira. Situações de crescimento às vezes envolvem riscos substanciais. Devido à importância de avaliar corretamente os contextos de crescimento, apresentamos uma discussão sobre esses riscos ao final deste capítulo.

Identificando forças motrizes

Em muitos contextos, a incerteza estratégica mais importante envolve a previsão de vendas no mercado. Uma decisão estratégica fundamental, geralmente uma decisão de investimento, pode depender não apenas de estar correta, mas também de entender as forças motrizes por trás da dinâmica de mercado.

A abordagem das principais incertezas estratégicas começa com a pergunta do que depende a resposta. No caso de projetar as vendas de um grande mercado, a necessidade é determinar que forças conduzirão essas vendas. Por exemplo, as vendas de um novo aparelho eletrônico podem ser determinadas pelo custo da máquina, pela evolução do padrão da indústria ou pelo surgimento de tecnologias alternativas. Cada um desses três fatores será a base para as principais incertezas de segundo nível.

No mercado de vinho, a relação do vinho com a saúde e a demanda futura por vinho tinto *premium* podem ser as forças motrizes. Uma incerteza estratégica de segundo nível poderia perguntar do que vai depender a demanda de vinhos tintos *premium*.

Prevendo o crescimento

Dados históricos podem fornecer uma perspectiva útil e ajudar a separar a esperança da realidade. Previsões precisas para novos produtos de consumo podem basear-se no ciclo de experimentação e de compras repetidas. Previsões para bens duráveis podem basear-se na projeção inicial de padrões de vendas.

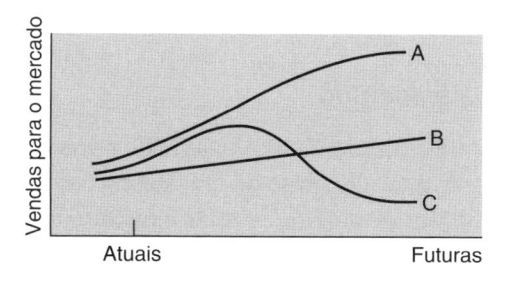

Figura 4.2 Padrões de Vendas.

Entretanto, deve-se ter cuidado. Tendências aparentes nos dados, como aquelas mostradas na Figura 4.2, podem ser causadas por flutuações aleatórias ou por condições econômicas de curto prazo, de modo que se deve resistir à urgência de extrapolar. Além disso, o interesse estratégico não está nas projeções da história e, sim, na previsão de pontos cruciais, momentos em que o índice e talvez a direção do crescimento mudem.

Algumas vezes, os principais indicadores de vendas para o mercado podem ajudar a prognosticar e prever pontos cruciais. Eis exemplos de indicadores importantes:

- **Dados demográficos.** O número de nascimentos é um indicador importante da demanda por educação, e o número de pessoas que completam 65 anos é um indicador importante da demanda de serviços para aposentados.
- **Vendas de equipamento relacionado.** As vendas de computadores pessoais e impressoras são um indicador importante da demanda por suprimentos e serviços.

Previsões de vendas para o mercado, especialmente para novos mercados, podem ser baseadas na experiência de indústrias análogas. A dica é identificar um mercado anterior com características similares. Podemos esperar que as vendas de televisão colorida tenham um padrão similar ao das vendas de televisões em preto e branco, por exemplo. Para vendas de um novo tipo de salgadinho, podemos olhar o histórico de outras categorias de salgadinho lançadas previamente ou de outros produtos de consumo, como barras energéticas ou de granola. Obteremos um resultado melhor se pudermos examinar diversas classes de produtos análogos e se as diferenças nas experiências com as classes de produtos forem relacionadas às suas características.

Crescimento do submercado

O crescimento do submercado geralmente é crucial porque afeta as decisões de investimentos e a proposição de valor. Isso envolve identificar e analisar os submercados atuais e emergentes. Enquanto a categoria de cerveja está estável, as importações estão declinando e as cervejas artesanais estão apresentando um crescimento significativo. Entre os restaurantes, as cadeias convencionais como a Panera Bread, a Chipotle Mexican Grill e a Panda Express são as que estão crescendo mais rápido, com crescimento de dois dígitos no ano de 2008.

Detectando maturidade e declínio

Um conjunto particularmente importante de pontos cruciais nas vendas para o mercado ocorre quando a fase de crescimento do ciclo de vida do produto passa a uma fase de maturidade regular e quando a fase de maturidade passa a uma fase de declínio. Essas transições são indicadores importantes da saúde e da natureza do mercado. Elas geralmente são acompanhadas por mudanças nos principais fatores-chave de sucesso. Os padrões históricos de vendas e lucro de um mercado podem ajudar a identificar o início da maturidade ou do declínio, mas os indicadores a seguir em geral são mais sensíveis:

- ***Pressão de preço causada por excesso de capacidade e falta de diferenciação de produto.*** Quando o crescimento diminui ou até mesmo é revertido, a capacidade desenvolvida sob um cenário mais otimista se torna excessiva. Além disso, o processo de evolução do produto sempre resulta em mais concorrentes igualando as melhorias de produto. Assim, torna-se mais difícil manter uma diferenciação significativa.
- ***Sofisticação e conhecimento do comprador.*** Os compradores tendem a tornar-se mais familiarizados com um produto e informados a seu respeito à medida que ele amadurece; por isso, tornam-se menos dispostos a pagar preços mais altos para obter a segurança de um nome estabelecido. Com o passar dos anos, os compradores de computador ganharam confiança em sua capacidade de selecionar computadores – como resultado, o valor de grandes nomes retrocedeu.
- ***Produtos ou tecnologias substitutos.*** As vendas de serviços pessoais de TV como TiVo são um indicador do declínio dos videocassetes.
- ***Saturação.*** Quando o número de potenciais compradores primários diminui, as vendas para o mercado devem amadurecer ou declinar.
- ***Inexistência de fontes de crescimento.*** O mercado está totalmente conquistado, e não há fontes visíveis de crescimento resultante de novos usos ou usuários.
- ***Desinteresse do cliente.*** O interesse dos clientes por aplicações, anúncios de novos produtos, etc. é reduzido.

Análise de lucratividade de mercado e submercado

Os economistas há muito tempo estudam a razão pela qual alguns segmentos ou mercados são lucrativos e outros não. O economista de Harvard e guru de estratégia empresarial Michael Porter aplicou suas teorias e resultados ao problema da estratégia empresarial de avaliar o valor de investimento de uma indústria, mercado ou submercado.[3] O problema é estimar qual será a lucratividade da empresa média. Espera-se, evidentemente, que uma empresa desenvolva uma estratégia que gere lucros acima da média. Se o nível médio de lucro é baixo, porém, a tarefa de ter um bom desempenho financeiro será muito mais difícil do que seria se a lucratividade média fosse alta.

A técnica de Porter pode ser aplicada a qualquer indústria, mas também a um mercado ou submercado dentro de uma indústria. A ideia básica é que a atratividade de um segmento ou mercado, medida pelo retorno de longo pra-

Figura 4.3 Modelo das cinco forças que afetam a lucratividade de mercado, elaborado por Porter.

Fonte: o conceito de cinco forças foi criado por Michael E. Porter. Ver seu livro Competitive Advantage, New York, The Free Press, 1985, Capítulo 1.

zo sobre o investimento de uma empresa média, depende, em grande parte, dos cinco fatores que influenciam a lucratividade, mostrados na Figura 4.3:

- A intensidade da competição entre os concorrentes existentes
- A existência de potenciais competidores que entrarão se os lucros forem altos
- Produtos substitutos que atrairão clientes se os preços se tornarem altos
- O poder de barganha dos clientes
- O poder de barganha dos fornecedores

Cada fator desempenha um papel ao explicar por que algumas indústrias são historicamente mais lucrativas do que outras. Um entendimento dessa estrutura também pode sugerir que fatores-chave de sucesso são necessários para lidar com as forças competitivas.

Concorrentes existentes

A intensidade de competição dos concorrentes existentes dependerá de diversos fatores, incluindo os seguintes:

- O número de concorrentes, seu tamanho e seu comprometimento
- Se suas ofertas de produtos e estratégias são similares
- A existência de altos custos fixos
- O tamanho das barreiras de saída

A primeira pergunta a fazer é: quantos concorrentes já estão no mercado ou planejam entrar nele em breve? Quanto mais concorrentes existirem, mais a concorrência se intensificará. Trata-se de grandes empresas com poder e comprometimento de ficar, ou são elas pequenas e vulneráveis? A segunda consideração é a quantidade de diferenciação. Os concorrentes são similares, ou alguns (ou todos) são isolados por pontos de exclusividade valorizados pelos clientes? O terceiro fator é o nível de custos fixos. Indústrias com custos fixos altos, como o de telecomunicações ou companhias aéreas, experimentam pressões de preço debilitantes quando o excesso de capacidade cresce. Finalmente, deve-se avaliar a existência de barreiras de saída, como ativos especializados, comprometimentos com clientes e distribuidores mediante contratos de longo prazo e relações com outras áreas de uma empresa.

Um fator importante no fracasso de algumas empresas da Internet foi o número excessivo de concorrentes. Como as barreiras de entrada eram muito baixas e os produtos oferecidos, muito similares, as margens foram insuficientes (e em geral inexistentes), especialmente considerando o investimento significativo em infraestrutura e construção de marca que foi necessário. Considerando o crescimento histórico de mercado e as baixas barreiras de entrada, os resultados deveriam ter sido antecipados; em um determinado momento, havia um conjunto de ofertas de comércio eletrônico de fornecedores e lojas de conveniência concorrendo por um mercado ainda embrionário.

Concorrentes potenciais

O Capítulo 3 discute a identificação de potenciais concorrentes que podem ter interesse em entrar em uma indústria ou mercado. Saber se potenciais concorrentes, identificados ou não, de fato entram depende, em grande parte, do tamanho e da natureza das barreiras de entrada. Assim, uma análise dessas barreiras é importante para projetar a provável intensidade competitiva e os níveis de lucratividade no futuro.

Várias barreiras de entrada incluem o investimento de capital necessário (a infraestrutura em TV a cabo e telecomunicações), economias de escala (o sucesso de portais de Internet como Yahoo! é baseado, em grande parte, nas economias de escala), canais de distribuição (Frito-Lay e IBM têm um acesso a clientes que não é facilmente duplicado) e diferenciação de produto (Apple e Harley-Davidson têm produtos altamente diferenciados, que as protegem de novos entrantes).

Produtos substitutos

Produtos substitutos competem com menos intensidade do que os concorrentes primários. Porém, ainda são relevantes, como foi discutido em maior detalhe no Capítulo 3. Eles podem influenciar a lucratividade do mercado e ser uma grande ameaça ou problema. Assim, produtos de plástico, vidro e fibra exercem pressão no mercado de latas de metal. Os sistemas de alarme eletrônicos são substitutos para o mercado de vigilância. O *e-mail* representa uma ameaça a uma parte do mercado de encomendas expressas da FedEx e da UPS. Substitutos que mostram uma melhoria contínua na relação preço/ desempenho e para os quais o custo de substituição para o cliente é mínimo despertam um interesse especial.

Poder do cliente

Quando os clientes têm relativamente mais poder do que os vendedores, eles podem forçar os preços para baixo ou exigir mais serviços, afetando, assim, a lucratividade. O poder de um cliente é maior quando sua compra representa uma grande proporção dos negócios do vendedor, quando fornecedores alternativos estão disponíveis e quando o cliente pode fazer uma integração vertical e fabricar o produto, todo ou apenas em parte. Assim, os fabricantes de pneus têm, nas indústrias automobilísticas, clientes poderosos. Empresas de refrigerantes vendem para redes de *fast-food* que têm um grande poder de barganha. O Walmart tem grande poder sobre seus fornecedores. Ele pode ditar os preços e as especificações dos produtos; se a empresa resistir, existe um fornecedor asiático que irá cumprir as especificações definidas. O Walmart é o principal vendedor de praticamente todos os aparelhos eletrodomésticos. Como algo em torno de 15% de todas as vendas da Procter & Gamble passam pelo Walmart (uma proporção que atinge 30% em determinadas categorias), até mesmo a P&G está sujeita ao poder do cliente.

Poder do fornecedor

Quando a indústria do fornecedor é concentrada e vende para vários clientes em diversos mercados, ele terá um poder relativo que poderá ser usado para influenciar os preços. O poder também poderá aumentar se os custos de substituição de fornecedor forem altos para os clientes. Assim, o altamente concentrado setor de petróleo é sempre poderoso o suficiente para influenciar os lucros nas indústrias dos clientes que acham caro deixar de usar petróleo. Porém, o potencial de regeneração por meio do qual as indústrias podem criar seus próprios suprimentos de energia, talvez reciclando lixo, pode ter mudado o equilíbrio de poder em alguns contextos.

Estrutura de custo

O entendimento da estrutura de custo de um mercado pode garantir informações sobre os fatores-chave de sucesso, atuais e futuros. O primeiro passo é conduzir a análise da cadeia de valor apresentada na Figura 4.4, que mostra os passos de produção e entrega de uma oferta que tem valor agregado. Como sugerido na Figura 4.4, a proporção de valor agregado atribuído a um estágio

Estágio de produção	Mercados que têm fatores-chave de sucesso associados ao estágio de produção
• Compra de matéria-prima • Processamento de matéria-prima • Produção • Montagem • Distribuição física • Marketing • Suporte de serviço • Desenvolvimento de tecnologia	• Mineração de ouro, produção de vinho • Aço, papel • Circuitos integrados, pneus • Roupas, instrumentação • Água engarrafada, latas de metal • Cosméticos de marca, bebidas alcoólicas • *Software*, automóveis • Aparelhos de barbear, sistemas médicos

Figura 4.4 Valor agregado e fatores-chave de sucesso.

da cadeia de valor pode tornar-se tão importante a ponto de um fator crucial de sucesso ser associado àquele estágio. Pode ser possível desenvolver controle sobre um recurso ou tecnologia, como fez o cartel de petróleo da OPEP. É mais provável que os concorrentes queiram ser o concorrente com custo mais baixo em um estágio de alto valor agregado da cadeia de valor. As vantagens nos estágios com valor agregado mais baixo simplesmente terão menos alavancagem. Assim, na área de latas de metal, os custos de transporte são relativamente altos, e um concorrente que puder ter suas fábricas perto dos clientes terá uma vantagem de custo significativa.

Pode não ser possível obter uma vantagem nos estágios de alto valor agregado. Por exemplo, uma matéria-prima, como a farinha de trigo para as empresas de panificação, pode representar um alto valor agregado, mas, como essa matéria-prima está amplamente disponível em preços de *commodity*, pode não ser um fator crucial de sucesso. Entretanto, é sempre útil olhar primeiro para os estágios mais altos de valor agregado, especialmente se estiverem ocorrendo mudanças. Por exemplo, o mercado de cimento era muito regional quando ficou restrito ao transporte ferroviário ou rodoviário. Com o desenvolvimento de navios especializados, porém, os custos de transporte marítimo caíram drasticamente. Os fatores-chave de sucesso mudaram de transporte terrestre local para escala de produção e acesso a navios especializados.

Sistemas de distribuição

Uma análise dos sistemas de distribuição deve incluir três tipos de questões:

- Quais são os canais de distribuição alternativos?
- Quais são as tendências? Que canais estão se tornando mais importantes? Que novos canais surgiram ou tendem a surgir?
- Quem tem o poder no canal e como isso pode mudar?

Algumas vezes, a criação de um novo canal de distribuição pode levar a uma vantagem competitiva sustentável. Um exemplo drástico é o sucesso dos artigos de malha L'eggs, com sua embalagem oval, obtido devido à capacidade da empresa de comercializá-los em supermercados. A L'eggs apoiou a ideia de usar supermercados com um amplo programa que abordava diversas questões. O programa L'eggs envolvia vendas em consignação, uma embalagem das malhas em forma de caixa que tornava relativamente difícil o furto nas lojas, uso de um expositor vertical com uso eficiente de espaço, fornecimento de um produto de alta qualidade e baixo preço apoiado por propaganda nacional e desempenho de funções internas da loja, como colocação de pedido e armazenagem. Assim, é importante considerar não apenas os canais existentes, mas também os potenciais.

Uma análise de mudanças prováveis ou emergentes dentro dos canais de distribuição pode ser importante para entender um mercado e seus fatores cruciais de sucesso. O crescimento das vendas de vinho nos supermercados aumentou a importância do uso de embalagem e propaganda para os fabricantes de vinho. A consolidação das lojas de departamento significou que as marcas de roupas tinham menos varejistas para vender seus produtos.

Tendências de mercado

Geralmente, um dos elementos mais úteis da análise externa provém da abordagem da questão: quais são as tendências de mercado? Essa questão tem dois atributos importantes: enfoca a mudança e tende a identificar o que é importante. Sempre resultam informações estrategicamente úteis. Uma discussão das tendências de mercado pode servir como um sumário útil das análises de cliente, concorrência e mercado. Ela ajuda a identificar tendências próximas ao final da análise de mercado.

Enquanto o mercado de refrigerantes estagnou nos Estados Unidos, as bebidas não carbonatadas cresceram acentuadamente e as vendas de bebidas à base de ervas e fortificadas com vitaminas dispararam. Não surpreende que as principais empresas de refrigerante tentem obter uma posição nessas categorias em destaque. Relatórios afirmando que o chocolate amargo fazia bem para o coração aumentou as vendas em 30% de 2003 a 2005. Fabricantes de chocolates tentaram fazer algo diferente com suas linhas de produtos e ainda criar produtos com autenticidade.

Tendências *versus* modismos

É importante fazer distinção entre tendências, que irão gerar crescimento e recompensar aqueles que desenvolvem estratégias diferenciadas e modismos, que durarão apenas o suficiente para atrair investimento (que subsequentemente é subempregado ou perdido para sempre). A Schwinn, um nome clássico em bicicletas, proclamou a *mountain bike* como um modismo em 1985, com resultados desastrosos para sua posição de mercado e, no final, para sua saúde corporativa.[4] A crença enganosa de que certos mercados de comércio eletrônico, como o de cosméticos e suprimentos veterinários, eram tendências sólidas levou estrategistas a adotar estratégias iniciais de construção compartilhada, as quais acabaram levando à extinção do empreendimento.

Uma empresa, a Zandl Group, sugere três perguntas que podem ajudar a detectar uma tendência real, em vez de um modismo.[5]

1. *O que orienta a tendência?* A tendência possui uma base sólida sustentada. Tendências têm mais probabilidade de ser orientadas por demografia (em vez de cultura pop), valores (em vez de moda), estilo de vida (em vez de uma multidão tendenciosa) ou tecnologia (em vez de mídia).

2. *Qual é a sua acessibilidade na corrente principal*? A tendência será reduzida a um nicho de mercado em um futuro previsível? Exigirá uma grande mudança em hábitos arraigados? O investimento exigido em tempo e recursos é uma barreira (talvez porque os produtos têm preço muito alto ou são muito difíceis de usar)?

3. *Ela tem uma base ampla*? Ela tem expressão entre as categorias ou segmentos? Influências ocidentais, por exemplo, são evidentes em assistência médica, alimentação, ginástica e *design* – sinal de uma tendência.

Faith Popcorn observa que modismos referem-se a produtos, ao passo que tendências referem-se ao que leva os consumidores a comprar produtos. Ela também sugere que tendências (que são grandes e amplas, durando em média 10 anos) não podem ser criadas ou modificadas, apenas observadas.[6]

Outra perspectiva sobre o modismo advém de Peter Drucker, que opinou que mudança é algo que as pessoas fazem, enquanto modismo é algo sobre o qual as pessoas falam. A implicação é que uma tendência exige substância e ação com suporte de dados, em vez de ser simplesmente uma ideia que prende a imaginação. Drucker também sugere que os líderes de hoje precisam ir além da inovação para ser agentes de mudança – a verdadeira recompensa não vem de simplesmente detectar e reagir às tendências, mesmo quando elas são reais, mas sim de criar e conduzir essas tendências.[7]

Fatores-chave de sucesso

Um resultado importante da análise de mercado é a identificação dos fatores-chave de sucesso (FCS) para grupos estratégicos no mercado. Ativos e competências que fornecem a base para competir de forma bem-sucedida. Há dois tipos. Necessidades estratégicas não necessariamente significam uma vantagem, pois outros as têm, mas sua ausência criará um ponto fraco substancial. A empresa precisa alcançar um ponto de paridade com relação às suas necessidades estratégicas. O segundo tipo, pontos fortes estratégicos, são aqueles nos quais uma empresa se supera, os ativos ou competências que são superiores aos dos concorrentes e que garantem uma base de vantagem. O conjunto de ativos e competências desenvolvido na análise competitiva garante uma base estabelecida a partir da qual os fatores cruciais de sucesso podem ser identificados. Os pontos a considerar são quais os ativos e competências mais cruciais atualmente e, mais importante, quais serão mais cruciais no futuro.

É importante não apenas identificar os FCSs, mas também projetá-los no futuro e, em particular, identificar os fatores emergentes. Muitas empresas vacilaram quando as estruturas mudaram e as competências e ativos nos quais elas se baseavam se tornaram menos relevantes. Por exemplo, para as empresas industriais, tecnologia e inovação tendem a ser mais importantes durante as fases de lançamento e crescimento, ao passo que os papéis de capacidades de sistemas, marketing e serviços de suporte se tornam mais dominantes à medida que o mercado amadurece. Na área de produtos de consumo, as habilidades de marketing e distribuição são fundamentais durante as fases de introdução e crescimento, mas as operações e a produção tornam-se mais essenciais à medida que o produto entra nas fases de maturidade e declínio.

Riscos em mercados de alto crescimento

A sabedoria convencional, na qual o estrategista sempre deve buscar áreas de crescimento, ignora um conjunto substancial de riscos associados. Como mostrado na Figura 4.5, existem os seguintes riscos:

- O número e o comprometimento dos concorrentes podem ser maiores do que o mercado pode suportar.
- Um concorrente pode entrar no mercado com um produto superior ou uma vantagem de custo baixo.

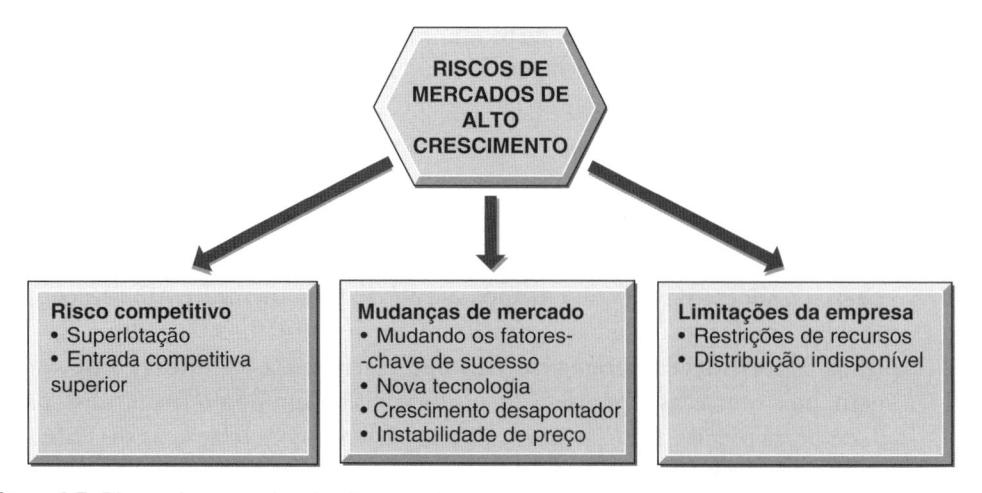

```
                    ┌─────────────────┐
                    │   RISCOS DE     │
                    │  MERCADOS DE    │
                    │     ALTO        │
                    │  CRESCIMENTO    │
                    └─────────────────┘
           ↙                 ↓                 ↘
┌──────────────────┐ ┌──────────────────┐ ┌──────────────────────┐
│ Risco competitivo│ │Mudanças de mercado│ │Limitações da empresa │
│ • Superlotação   │ │• Mudando os fatores-│ │• Restrições de recursos│
│ • Entrada        │ │  -chave de sucesso │ │• Distribuição indisponível│
│   competitiva    │ │• Nova tecnologia │ │                      │
│   superior       │ │• Crescimento     │ │                      │
│                  │ │  desapontador    │ │                      │
│                  │ │• Instabilidade   │ │                      │
│                  │ │  de preço        │ │                      │
└──────────────────┘ └──────────────────┘ └──────────────────────┘
```

Figura 4.5 Riscos de mercados de alto crescimento.

- Os fatores-chave de sucesso podem mudar e a organização pode ser incapaz de adaptar-se.
- A tecnologia pode mudar.
- O crescimento de mercado pode não atender às expectativas.
- A instabilidade de preço pode resultar do excesso de capacidade ou do fato de os varejistas cobrarem preços baixos para produtos em destaque, a fim de atrair clientes.
- Os recursos podem ser inadequados para manter um alto índice de crescimento.
- Pode não haver distribuição adequada disponível.

Superlotação competitiva

Talvez o risco mais sério seja o de que muitos concorrentes serão atraídos por uma situação de crescimento e entrarão no mercado com expectativas irreais de participação. A realidade pode ser que os volumes de venda sejam insuficientes para suportar todos os concorrentes. A superlotação tem sido observada em literalmente todos os mercados em destaque, de ferrovias a aviões, estações de rádio e equipamentos, aparelhos de TV e computadores pessoais.

A superlotação nunca foi mais aparente (em retrospectiva, pelo menos) do que na bolha da Internet. Em certo momento, havia pelo menos 150 corretoras *on-line*, mil *sites* relacionados a viagens e 30 *sites* de saúde e beleza que estavam competindo por atenção. Os negócios *business-to-business* (B2B) "ponto-com" foram criados para a compra e venda de produtos e serviços, troca de informações, serviços de logística, busca de dados e previsões da indústria, além de vários outros serviços. O número de empresas B2B cresceu de menos de 250 para mais de 1.500 durante o ano 2000, depois caiu novamente para menos de 250, em 2003. No auge, estima-se que havia mais de 140 intercâmbios desse tipo somente na indústria de suprimentos industriais.[8]

As condições que seguem são encontradas em mercados para os quais um excesso de concorrentes tende a ser atraído, de modo que um subsequente esvaziamento é altamente provável. Esses fatores estavam presentes na experiência B2B "ponto-com":

1. O mercado e seu índice de crescimento têm alta visibilidade. Como resultado, os estrategistas de empresas relacionadas são encorajados a considerar o mercado seriamente e podem até temer as consequências de voltar as costas para uma direção de crescimento óbvia.
2. Estimativas e crescimento real muito altas nos estágios iniciais são vistos como provas que confirmam o alto crescimento de mercado como um fenômeno comprovado.
3. Ameaças ao índice de crescimento não são consideradas ou descontadas, e existe pouca coisa capaz de esfriar o entusiasmo que cerca o mercado.

Tal entusiasmo pode ser contagioso quando investidores de risco e analistas do mercado de ações se tornam defensores.

4. Existem poucas barreiras iniciais para evitar que as empresas entrem no mercado. Pode haver barreiras a um sucesso eventual (como espaço limitado de varejo); porém, elas podem não ser evidentes no início.
5. Alguns potenciais entrantes têm pouca visibilidade, e suas intenções são desconhecidas ou incertas. Como resultado, a quantidade e o comprometimento dos concorrentes tendem a ser subestimados.

Entrada competitiva superior

O risco final é de que seja estabelecida uma posição em um mercado de crescimento saudável e que um concorrente entre mais tarde com um produto que seja evidentemente superior ou que tenha uma vantagem de custo inerente.

Assim, a Honda foi a primeira no mercado dos Estados Unidos, em 1999, com um carro híbrido, mas sua oferta se esforçou, em parte, porque era um carro de dois lugares com um *design* fora de moda e com algumas limitações tecnológicas. O Prius, da Toyota, foi lançado dois anos depois e era um carro maior, com estilo e tecnologia e assumiu a liderança do mercado dois anos depois. O sucesso de entrantes posteriores com produtos de baixo custo do Oriente Médio ocorreu em inúmeras indústrias, desde automóveis até roupas e TVs.

Mudando os fatores-chave de sucesso

Uma empresa pode estabelecer, de forma bem-sucedida, uma posição forte durante os estágios iniciais de desenvolvimento de mercado, perdendo terreno depois, quando os fatores-chave de sucesso mudam. Uma previsão é de que sobreviverão os fabricantes de computadores portáteis que conseguirem atingir produção de baixo custo por meio da terceirização da fabricação em países de baixo custo, exploração da curva de experiência, aqueles capazes de obter eficiência, distribuição de baixo custo – capacidades não necessariamente críticas durante os primeiros estágios de evolução do mercado. Muitos mercados de produtos experimentaram uma mudança com o tempo, passando do foco em tecnologia de produto para o foco em tecnologia de processo, excelência operacional e experiência do cliente. Mesmo uma empresa que consegue atingir vantagens baseadas em tecnologia de produto pode não ter recursos, competência e orientação/cultura necessários para desenvolver as demandas de um mercado em evolução.

Mudando a tecnologia

O desenvolvimento de tecnologia de primeira geração pode envolver o comprometimento com uma linha de produtos e instalações de produção que podem se tornar obsoletos e com uma tecnologia que pode não sobreviver.

Uma estratégia segura é esperar até que fique claro qual tecnologia predominará e então tentar melhorá-la com uma entrada compatível. Quando os principais concorrentes tiverem se comprometido, os caminhos mais promissores para o desenvolvimento de uma vantagem competitiva sustentável se tornarão mais visíveis. Em contrapartida, o entrante inicial tem de navegar com uma grande dose de incerteza.

Crescimento de mercado desapontador

Muitos fracassos e guerras de preço ocorreram quando o crescimento de mercado ficou abaixo da expectativa. Algumas vezes, o mercado era simplesmente uma ilusão. As trocas B2B na Internet não geraram valor para empresas que já tinham sistemas construídos com relações que eram, na média, superiores aos intercâmbios B2B. Houve falta de uma proposição de valor que superasse a inércia do mercado. Às vezes, uma área se torna tão destacada, e a necessidade tão aparente, que o crescimento parece garantido. Como observou um personagem de Lewis Carroll: "O que eu te disser três vezes é verdade". Porém, esse potencial pode ter uma qualidade fantasma, causada por fatores que inibem ou evitam sua realização. Por exemplo, a demanda por computadores existe em muitos países subdesenvolvidos, mas a falta de recursos e a ausência de tecnologia adequada inibem a compra.

A demanda pode ser real, mas pode simplesmente levar mais tempo para se materializar porque a tecnologia não está pronta, ou porque os clientes são lentos na mudança. A demanda por serviços bancários eletrônicos, por exemplo, levou muito mais anos do que o esperado para se materializar.

Prever demandas é difícil, especialmente quando o mercado é novo, dinâmico e glamoroso. Essa dificuldade é graficamente ilustrada por uma análise de mais de 90 previsões de novos produtos, mercados e tecnologias importantes que apareceram na *Business Week*, na *Fortune* e no *Wall Street Journal* de 1960 a 1979.[9] O crescimento previsto deixou de se materializar em 55% dos casos citados. Entre as razões para isso estava a supervalorização de tecnologia (p. ex.: TV em cores tridimensional e vacinas contra cárie), a demanda do consumidor (p. ex.: TV a cabo dupla, estéreo quadrifônico e comida desidratada), uma falha ao considerar as barreiras de custo (p. ex.: calçadas rolantes) ou problemas políticos (p. ex.: mineração marinha). A previsão para cigarros enrolados pelo usuário, cigarrilhas, uísque escocês e rádios faixa-cidadão foi afetada pelas mudanças nas necessidades e preferências dos consumidores.

Instabilidade de preço

Quando a criação de excesso de capacidade resulta em pressões de preço, a lucratividade da indústria pode ter vida curta, especialmente em uma indústria como a de companhias aéreas ou a de aço, nas quais os custos são altos e as economias de escala são cruciais. Porém, também é possível que alguns usem um produto visível e popular como um líder de perdas apenas para atrair fluxo de clientes.

Os CDs, uma área de grande crescimento no final dos anos 80, alimentaram a superexpansão de varejistas, que obtinham muito lucro quando vendiam CDs por cerca de US$ 15. Porém, quando a Best Buy, uma cadeia de eletrônicos domésticos, decidiu vender CDs por menos de US$ 10, para atrair clientes às suas lojas fora dos shoppings, e quando a Circuit City abriu um processo, o resultado foi uma drástica erosão em margens e volumes e, por conseguinte, a falência de um número substancial de grandes lojas de CD. Uma grande área de crescimento gerou um desastre não por uma redução de preço autoinfligida, mas pela instabilidade de preço de uma empresa que decidiu tratar o varejo de CDs como nada além de um líder de perdas permanente.

Restrição de recursos

As exigências de financiamento substancial associadas a empresas de crescimento rápido são as principais restrições para as pequenas empresas. O refrigerante Diet-Rite, da Royal Crown, perdeu sua posição de liderança para o Tab, da Coca-Cola, e para a Diet Pepsi em meados dos anos 60, quando não conseguiu acompanhar os gastos de propaganda e distribuição de suas grandes rivais. Além disso, as exigências de financiamento geralmente são aumentadas por custos mais altos do que os esperados em desenvolvimento de mercado e entrada de mercado, causados por concorrentes agressivos ou desesperados.

As pressões organizacionais e os problemas criados pelo crescimento podem ser ainda mais difíceis de prever e de lidar do que os problemas financeiros. Muitas empresas não conseguiram sobreviver à fase de crescimento rápido porque foram incapazes de contratar e treinar pessoas para lidar com a empresa expandida ou de ajustar seus sistemas e estruturas.

Limitações de distribuição

A maioria dos canais de distribuição pode apoiar apenas um pequeno número de marcas. Por exemplo, poucos varejistas querem fornecer espaço de prateleira a mais do que quatro ou cinco marcas de eletrodomésticos. Como consequência, alguns concorrentes, mesmo aqueles com produtos e programas de marketing mais atraentes, não conseguem distribuição adequada, e seus programas de marketing tornam-se menos eficazes.

Um corolário da escassez e da seletividade de distribuidores à medida que o crescimento do mercado começa a diminuir é um aumento acentuado no poder do distribuidor. A disposição deles de usar esse poder para obter concessões de preço e promoção de fabricantes ou para derrubar os fornecedores é sempre acentuada por seus próprios problemas para manter as margens em face da competição extrema por clientes. Muitos dos mesmos fatores que resultaram em uma superabundância de fabricantes também contribuíram para a superlotação do canal de distribuição em estágios subsequentes. O fracasso eventual nesse nível também pode ter repercussões sérias para os fornecedores.

Pontos-chave

- O surgimento de submercados pode sinalizar um problema relevante ou uma oportunidade.
- A análise de mercado deve avaliar a atratividade de um mercado ou submercado, bem como sua estrutura e suas dinâmicas.
- Uma lacuna de utilização pode fazer o tamanho do mercado ser subestimado.
- O crescimento de mercado pode ser estimado observando-se as forças motrizes, indicadores importantes e segmentos análogos.
- A lucratividade de mercado dependerá de cinco fatores – concorrentes existentes, poder dos fornecedores, poder do cliente, produtos substitutos e potenciais entrantes.
- A estrutura de custo pode ser analisada observando-se o valor agregado de cada estágio da produção.
- Os canais de distribuição e as tendências sempre afetarão os vencedores.
- As tendências de mercado afetarão a lucratividade das estratégias e os fatores-chave de sucesso.
- Os fatores-chave de sucesso são as habilidades e competências necessárias em um mercado.
- Desafios de crescimento de mercado envolvem a ameaça de concorrentes, mudanças de mercado e limitações da empresa.

Para discussão

1. Quais são os submercados emergentes na indústria de alimentação rápida? Quais são as respostas alternativas disponíveis para o McDonald's, supondo que a empresa queira continuar relevante para clientes interessados em alimentação saudável?
2. Identifique mercados nos quais as vendas e o crescimento reais sejam menores do que o esperado. Por que isso ocorre? Na sua opinião, qual é a razão mais importante da queda das empresas "ponto-com"? Por que surgiram tantos *sites* B2B e por que eles faliram tão repentinamente?
3. Por que algumas marcas (como o Google) conseguiram rechaçar os concorrentes em mercados de alto crescimento e outras não?
4. Escolha uma empresa ou uma marca/área de negócios na qual se concentrar. Quais são os submercados emergentes? Quais são as tendências?

Quais são as implicações estratégicas dos submercados e tendências para os principais participantes?

5. O que foi considerado ao se prever que o chocolate amargo iria atingir seu pico em vendas?

Notas

1. Para mais detalhes sobre o conceito de relevância, ver David A. Aaker, "The Brand Relevance Challenge", *Strategy & Business*, Spring 2004, e David A. Aaker, *Brand Portfolio Strategy*, New York: The Free Press, 2004, Capítulo 3.
2. Chris Anderson, *The Long Tail*, New York: Hyperion, 2006.
3. Esta seção aparece em Michael E. Porter, *Competitive Advantage*, New York: The Free Press, 1985, Capítulo 1.
4. Scott Davis, da Prophet Brand Strategy, sugeriu o caso de Schwinn.
5. Irma Zandl, "How to Separate Trends from Fads", *Brandweek*, October 23, 2000, pp. 30-35.
6. Faith Popcorn and Lys Marigold, *Clicking*, New York: HarperCollins, 1997, pp. 11-12.
7. James Daly, "Sage Advice—Interview with Peter Drucker", *Business 2.0*, August 22, 2000, pp. 134-144.
8. George S. Day, Adam J. Fein, and Gregg Ruppersberger, "Shakeouts in Digital Markets: Lessons for GB2B Exchanges", *California Management Review*, Winter 2003, pp. 131-133.
9. Steven P. Schnaars, "Growth Market Forecasting Revisited: A Look Back at a Look Forward", *California Management Review* 28(4), Summer 1986.

CAPÍTULO 5

Análise ambiental e incerteza estratégica

"Estamos vendo os dinossauros morrerem, mas não sabemos o que tomará o lugar deles."
— **Lester Thurow, economista do MIT**

"Há algo no vento."
— **William Shakespeare,** *A comédia dos erros*

"Um fato mal observado é mais pernicioso do que um raciocínio errado."
— **Paul Valéry, filósofo francês**

Em 1997, a Thomson Corporation era uma empresa de mídia que controlava cerca de 55 jornais diários que estavam dando certo.[1] O CEO, Richard Harrington, entretanto, identificou várias tendências no ambiente que o fizeram afastar a empresa dos jornais. Ele pôde perceber que a Internet iria minar as propagandas nos classificados e que a TV a cabo e a Internet iriam roubar leitores. Mesmo com a empresa lucrando, ele tomou a decisão drástica de alienar os jornais e direcioná-la para divulgar informações e serviços *on-line* sobre direito, educação, saúde e finanças. Como resultado dessa decisão, Thomson já prospera há nove anos enquanto outros jornais estão fazendo grandes esforços. A decisão foi baseada no planejamento de tendências já existentes no ambiente e agir sobre elas.

Neste capítulo, o foco muda do mercado para o ambiente ao redor dele. Ter curiosidade pela área fora do negócio é um caminho para obter ideias criativas que podem resultar em produtos e estratégias. É também uma forma de antecipar ameaças e colocar uma estratégia em prática, assim como fez Thomson, para neutralizá-las. O objetivo é identificar e avaliar tendências e eventos que irão afetar a estratégia, seja direta ou indiretamente.

O impacto direto da descoberta de uma tendência será de interesse da empresa, mas é importante também observar o impacto indireto.[2] Por exemplo, aumentar os preços do petróleo afetará os custos de uma empresa e de seus fornecedores. No entanto, buscar as implicações indiretas pode oferecer informações adicionais. E quanto ao uso crescente de petróleo pela China e pela Índia? Eles vão lidar com suas necessidades por meio de alianças e ações políticas? Isso irá afetar os preços e a oferta do produto? A conservação irá se estabelecer e fazer a diferença? Novas tecnologias afetarão o fornecimento? E quanto à energia eólica e solar? Onde os lucros do petróleo serão investidos? Essas questões resultarão em um entendimento profundo e levantarão opções que levam a conversação estratégica a um nível completamente novo.

A análise do ambiente é, por definição, muito ampla e envolve formar uma rede ampla (ver Figura 5.1). Qualquer tendência que tenha potencialmente um impacto na estratégia faz parte do jogo. Como questão prática, a análise requer alguma disciplina para ter-se certeza de que não se tornará uma expedição de pescaria descontrolada que ocupa a equipe, gera relatórios, mas fornece poucas informações reais ou informações úteis.

Embora a análise do ambiente não tenha limites no que diz respeito ao assunto, é conveniente dar certa estrutura na forma de três áreas de investigação que muitas vezes são úteis: tendências tecnológicas, tendências de consumo e forças do governo/econômicas. A análise não deve se restringir apenas

Tendências tecnológicas
- Até que ponto as tecnologias existentes estão amadurecendo?
- Quais desenvolvimentos tecnológicos ou tendências estão afetando ou poderiam afetar a indústria?

Tendências de consumo
- Quais são as tendências atuais ou emergentes em estilo de vida, moda e outros componentes da cultura? Por quê? Quais são suas implicações?
- Que tendências demográficas irão afetar o tamanho de mercado da indústria ou seus submercados? Que tendências demográficas representam oportunidades ou ameaças?

Tendências governamentais/econômicas
- Quais são as projeções econômicas e os riscos de inflação dos países nos quais a empresa opera? Como eles afetam a estratégia?
- Que mudanças na regulamentação são possíveis? Qual será o impacto dessas mudanças?
- Quais são os riscos políticos de operar em uma jurisdição governamental?

Questões gerais da análise externa
- Quais são as tendências e eventos futuros significativos?
- Que ameaças e oportunidades você vê?
- Quais são as principais áreas de incerteza em relação a tendências ou fatos que têm o potencial de causar impacto na estratégia? Avalie essas incertezas estratégicas quanto a seu impacto.

Cenários
- Que incertezas estratégicas devem ser consideradas como base de uma análise de cenário?

Figura 5.1 Análise ambiental.

a esses tópicos. No entanto, nas seções seguintes cada um desses três tópicos será discutido e exemplificado.

Depois de descrever a análise do ambiente, a última das quatro dimensões da análise externa, o capítulo irá se voltar para a tarefa de lidar com a incerteza estratégica, uma chave da análise externa. A análise de impacto e a análise de cenário são ferramentas que ajudam a transformar essa incerteza em estratégia. A análise de impacto – avaliação da importância relativa das incertezas estratégicas – é a primeira a ser abordada. A análise de cenário – formas de criar e usar cenários futuros para ajudar a gerar e avaliar estratégias – vem em seguida.

Tendências tecnológicas

Uma dimensão da análise ambiental são as tendências tecnológicas ou os fatos tecnológicos ocorridos fora do mercado ou da indústria que têm o potencial de causar impacto nas estratégias. Eles podem representar oportunidades e ameaças àqueles em posição de capitalizar. Por exemplo, os avanços tecnológicos que permitiram que clientes e outros participantes cocriassem ofertas, geraram opções reais para a TV a cabo e mudaram a forma da concorrência por energia.

Inovações transformacionais, substanciais e incrementais

Tendências, tanto do mercado quanto ambientais, podem estimular a inovação, que pode assumir diversas formas. Foster e Kaplan, principalmente, distinguem entre inovação incremental, substancial e transformacional.[3] Elas diferem em termos de quão nova elas são e quanta riqueza elas representam para o negócio. Geralmente, inovações substanciais têm dez vezes mais impacto do que inovações incrementais; o impacto das inovações transformacionais é ainda dez vezes maior.

Uma inovação incremental torna a oferta mais atrativa ou lucrativa, mas não modifica de forma fundamental a proposição de valor ou a estratégia funcional. Acrescentar velas extras aos veleiros do século XIX os tornou melhores, mas eles permaneceram basicamente a mesma forma de transporte. Acrescentar inovações de sabores e de embalagens a uma linha de creme dental é uma inovação incremental que confere energia e escolha, mas requer pequenas mudanças no modelo do negócio. É importante acompanhar a inovação incremental e reconhecer os concorrentes capazes de reproduzi-la, porque isso pode levar a uma previsão de quais seriam os concorrentes fortes no futuro. Empresas boas em inovação incremental estão comprometidas com seus modelos de negócios e, por causa disso, é improvável que impulsionem uma mudança real no segmento.

A inovação transformacional causa uma mudança fundamental no modelo de negócio, provavelmente envolvendo uma nova proposição de valor e uma nova forma de fabricar, distribuir ou comercializar a oferta. É provável tornar os ativos e competências de empresas estabelecidas irrelevantes. A máquina a vapor, que marcou o fim do transporte à vela, foi uma inovação transformacional. O automóvel, a Southwest Airlines, a FedEx, o modelo de negócios da Dell, mini siderúrgicas e o Cirque du Soleil representam inovações que transformaram mercados. Inovações transformacionais, que às vezes levam décadas para surgir, são difíceis de analisar, porque representam novos cenários competitivos e frequentemente atraem clientes que estavam à margem porque a oferta prioritária era muito cara ou carecia de um elemento crucial.

Inovações substanciais estão entre a novidade e o impacto. Elas normalmente representam uma nova geração de produtos, como o Boeing 747 ou o Windows Vista, que tornam os produtos existentes obsoletos para muitas pessoas. A Cisco introduziu a tecnologia de conferência chamada de telepresença, que utiliza quantidades enormes de banda larga para conferir uma experiência de alta-fidelidade e deve expandir o uso da videoconferência. Nesses casos, a proposição de valor básica e o modelo de negócio foram enriquecidos, mas não foi modificado. Inovações substanciais são muito mais comuns do que inovações transformacionais e envolvem mudanças maiores no cenário competitivo.

Inovações que são transformacionais ou mesmo substanciais são muitas vezes defendidas por novos entrantes na indústria. Empresas que já atuam na indústria – especialmente as bem-sucedidas – são incentivadas a focar na inovação incremental e proteger e melhorar seu nicho de lucratividade no mercado. É improvável que pessoas, cultura e combinação de ativos e competências sejam capazes de suportar uma inovação transformacional. Como resultado disso, quando inovações transformacionais aparecem, a reação de empresas que já atuam no setor é de negação, apoiada pela crença de que melhorias em ofertas iniciais não aconteceriam. Assim, fabricantes de veículos puxados a cavalo nunca se tornaram empresas automotivas, as empresas de telégrafo perderam para o telefone e a 3M e outras achavam que a tecnologia prematura e primitiva das copiadoras Xerox nunca iriam substituir o papel sensível ao calor para copiadoras.

Prevendo tecnologias

É sempre fácil compilar uma lista de tecnologias; a parte difícil é separar as vencedoras das perdedoras. A experiência do setor de varejo pode dar alguma orientação. Entre os grandes vencedores estão a invenção do carrinho de compras, em 1936 (que permitiu aos clientes comprar mais e de maneira mais fácil), e a leitora UPC (que melhorou a passagem pelo caixa e garantiu uma rica fonte de informações). Entre os perdedores estavam o Canal do Caixa de Ted Turner (monitores coloridos posicionados nos caixas em supermercados) e o VideOcart (telas afixadas aos carrinhos de compras que podiam destacar ofertas especiais e guiar os compradores) e esforços para criar um sistema de entregas de supermercados pela Internet.

Ray Burke, um especialista em varejo da Indiana University, baseou-se em várias fontes de pesquisa para desenvolver um conjunto de diretrizes a fim de separar vencedores de perdedores. Embora seu contexto seja o varejo, qualquer organização explorando novas tecnologias pode beneficiar-se ao considerar estas diretrizes:[4]

- Use a tecnologia para criar um benefício imediato e tangível para o consumidor. Esse benefício, em resumo, precisa ser percebido como tal. O Canal do Caixa foi criado para ajudar a entreter, mas os consumidores o viam como um aborrecimento inoportuno.
- Facilite o uso da tecnologia. Os consumidores não gostam de perder tempo e ficar frustrados; além disso, frequentemente consideram que as novas tecnologias fazem exatamente isso. Uma pesquisa mostra que os consumidores levam em média de 20 a 30 minutos só para aprender como comprar na maioria dos *sites* de compras de supermercados baseados na Internet.
- A execução é importante: faça protótipos, teste-os e refine-os. Um quiosque no interior da loja não tem como informar clientes frustrados de que ficou sem papel. Um banco descobriu que os clientes eram mais receptivos a um sistema interativo de videoconferência quando as telas estavam posicionadas em locais convidativos.
- Reconheça que a resposta dos clientes à tecnologia varia. Um banco descobriu que clientes de caixa automático rejeitam opções de videoconferência porque na verdade não querem interagir com seres humanos. Alguns varejistas usam cartões de fidelidade para fornecer recibos e promoções sob medida a cada cliente.

Impacto das novas tecnologias

Certamente pode ser importante, até mesmo crucial, administrar a transição para uma nova tecnologia. O surgimento de uma nova tecnologia, porém, mesmo de uma bem-sucedida, não significa necessariamente que as empresas que se baseiam na tecnologia anterior vão se tornar ruins de uma hora para a outra.

Um grupo de pesquisadores na Universidade Purdue estudou 15 empresas em cinco setores nos quais surgiu uma nova tecnologia de ruptura:[5]

- Locomotivas a diesel/elétricas *versus* a vapor
- Transistores *versus* tubos a vácuo
- Canetas esferográficas *versus* canetas-tinteiro
- Gerador nuclear *versus* caldeira para fábricas que utilizam combustíveis fósseis
- Barbeadores elétricos *versus* aparelhos de lâminas de barbear

Surgiram duas conclusões interessantes que devem causar hesitação em qualquer um que tente predizer o impacto de uma nova tecnologia disruptiva. Primeiro, as vendas da velha tecnologia continuaram por um período substancial, em parte porque as empresas envolvidas continuaram a melhorá-la. As vendas de aparelhos de lâminas de barbear na verdade cresceram 800% desde o surgimento dos barbeadores elétricos. Assim, uma nova tecnologia pode não sinalizar o fim da fase de crescimento da tecnologia existente. Em todos os casos, as empresas envolvidas com a velha tecnologia tiveram uma quantidade substancial de tempo para reagir à nova tecnologia.

Segundo, é relativamente difícil predizer o resultado de uma nova tecnologia. As novas tecnologias estudadas eram caras e cruas no início. Além disso, elas começaram invadindo submercados. Os transistores, por exemplo, foram usados inicialmente em aparelhos de surdez e rádios portáteis. Além disso, novas tecnologias tendiam a criar novos mercados, em vez de simplesmente entrar em mercados já existentes. Esferográficas descartáveis e muitas aplicações de transistor abriram áreas completamente novas de mercado.

Tendências do cliente

As tendências dos clientes podem representar tanto ameaças quanto oportunidades para uma grande variedade de empresas. Um estilista, por exemplo, realizou uma pesquisa que projetava os estilos das mulheres. O estudo previu que um estilo de vida mais variado iria prevalecer, que se passaria mais tempo fora de casa e que aquelas que trabalhavam iriam ser mais direcionadas pela carreira. Essas previsões tiveram diversas implicações relevantes na linha de produtos criada pelo estilista e na estratégia de preços. Por exemplo, um número crescente e a variedade de atividades levariam a uma maior variedade de estilos e armários maiores, e talvez um gasto menor com cada peça de roupa. Além disso, a independência social e financeira crescente dos consumidores provavelmente reduziria o número de modas "siga-o-líder" e a percepção de que certas vestimentas seriam necessárias para certas ocasiões.

Tendências culturais

Faith Popcorn descobriu e estudou tendências culturais que, segundo ela, moldarão o futuro. Seus esforços fornecem uma visão estimulante do ambiente futuro em muitas organizações. Considere, por exemplo, as seguintes tendências:[6]

- *Encasulamento* (*cocooning*). Os consumidores estão buscando ambientes seguros, aconchegantes "como o lar", para se proteger da dura realidade do mundo externo. Essa tendência dá suporte a vendas *on-line* e por catálogo, sistemas de segurança doméstica, jardinagem e casas inteligentes.

Tecnologia da informação

Em quase todas as indústrias é importante perguntar que impacto a nova tecnologia da informação baseada em novos bancos de dados poderá ter sobre estratégias. Como ela criará as vantagens competitivas sustentáveis (VCSs) e os fatores-chave de sucesso? Fabricantes de roupas como a Lévi-Strauss, atacadistas de remédios como a McKesson e varejistas como a Limited desenvolveram sistemas de controle de estoque, colocação de pedidos e remessas que representam VCSs substanciais. A FedEx manteve-se à frente dos concorrentes ao investir pesadamente em tecnologia da informação. Foi o primeiro serviço de encomendas expressas a permitir o rastreamento de encomendas por meio de seus sistemas e a primeira a conectar estes aos computadores dos clientes. O Casino Harrah trabalhou muito com os dados do cliente para influenciar a experiência do cliente. Por exemplo, um cliente perdedor pode ganhar uma refeição de brinde no momento certo.

No varejo de supermercados, os "cartões inteligentes" – cartões que os clientes apresentam no caixa ao efetuar o pagamento de suas compras – permitem:

- Que a loja estimule a fidelidade dos clientes ao recompensá-los pelo volume de compras.
- Promoções visando clientes individuais com base em suas preferências de marca e características familiares.
- O uso de cupons de desconto sem que o cliente ou a loja tenham de manusear papel; a compra de um produto em promoção pode ter desconto automático.
- Que a loja identifique compradores de itens de baixa circulação e preveja impacto na decisão de descontinuar o item.
- Decisões de alocação de espaço de prateleira, displays especiais e layout de loja, refinadas com base em informações detalhadas sobre as compras dos clientes.

- *Aventura de fantasia*. Os consumidores anseiam por excitação e estímulo de baixo risco para escapar do estresse e do tédio. Empresas receptivas oferecem restaurantes temáticos, cosméticos exóticos, viagens de aventura, fantasias que sugerem o desempenho de um papel, fantasias baseadas em entretenimento e carros-fantasia.
- *Vingança do prazer*. Os consumidores estão se rebelando contra as regras para relaxar e saborear frutos proibidos (por exemplo, sorvetes cremosos, charutos, martínis, bronzeamento artificial e peles).
- *Pequenas indulgências*. Pessoas ocupadas e estressadas estão se recompensando com pequenos luxos que garantem uma gratificação rápida: suco de laranja natural, biscoito Tuscan coberto de chocolate, pão com casca, canetas-tinteiro de primeira linha. Para os que têm dinheiro, o leque de possibilidades pode incluir talheres de prata Porsche, uma canoa de mogno Cris-Craft ou binóculos de visão noturna Range Rover.
- *Rejuvenescimento*. Os consumidores buscam símbolos da juventude, renovação e rejuvenescimento para contrabalançar a intensidade de sua vida adulta. O grande número de pessoas com mais de 55 anos frequentando escolas e participando de atividades esportivas (incluindo competições de *ironman* e esportes de aventura) reflete essa tendência, mas, na verdade,

isso se estende a uma ampla faixa etária que favorece produtos, roupas, atividades e entretenimentos que captem a nostalgia da juventude.
- **Estar vivo**. Os consumidores se concentram na qualidade de vida e na importância do bem-estar, assumindo o controle de sua saúde, em vez de delegá-la ao setor de assistência médica. Exemplos disso incluem o uso de técnicas médicas holísticas, produtos e restaurantes vegetarianos, produtos orgânicos, filtros de água e academias de ginástica.
- **99 vidas**. Os consumidores são forçados a assumir papéis múltiplos para lidar com uma vida cada vez mais ocupada. Varejistas que atendem a necessidades múltiplas, maneiras cada vez mais rápidas de preparar alimentos, um serviço que administra seu segundo lar e o prepara para visitas, neutralizadores de ruídos, comércio eletrônico e ioga são respostas a essa tendência.

Há uma tendência em direção ao tribalismo, a afinidade em relação a uma unidade social que é centralizada em torno de um interesse ou atividade e que não é ligada por nenhum link social convencional. Eventos da Harley-Davidson como o rali anual em Sturgis, Dakota do Sul, podem atrair centenas de milhares de participantes. O grupo de usuários da Apple tem sido uma forte parte da sobrevivência da empresa no mundo dos computadores pessoais. A Internet gerou um conjunto de comunidades e grupos de discussão que desempenha um papel influente por meio do intercâmbio de informações e redes sociais. O tribalismo é importante para a construção de marca e programas de comunicação, tanto positiva como negativamente.

Ser verde

Uma tendência vem crescendo há décadas nos Estados Unidos: o movimento verde (que já está amadurecido na Europa). Uma motivação é oferecer benefícios funcionais a empresas (na forma de economia de custos a partir da redução do consumo de energia) e a clientes que se beneficiam com produtos que economizam energia como eletrodomésticos e carros e de benefícios à saúde dado por alimentos orgânicos. A segunda motivação seria responder ativamente à ameaça de aquecimento global que vem ganhando força. Na Califórnia, por exemplo, uma pesquisa em 2005, promovida pelo Instituto de Políticas Públicas (Public Policy Institute), descobriu que dois terços dos cidadãos votantes apoiavam o combate agressivo ao aquecimento global.[7] Muitas empresas perceberam a responsabilidade como parte da solução. A terceira motivação é o desejo de ser respeitado pelos clientes e funcionários, sendo que ambos valorizam a relação com a empresa que admiram. Um estudo da Grocery Manufacturers Association (Associação dos Fabricantes de Gêneros Alimentícios) descobriu que 59% dos clientes de mercados dizem que consideram ativamente as características de sustentabilidade da marca e cerca da mesma porcentagem compram intencionalmente produtos mais verdes.[8] O interesse em produtos verdes ultrapassou a demografia.

A resposta de uma empresa dependerá da organização e do que ela pode fazer. Algumas empresas com um legado de preocupação com o meio ambiente e responsabilidade social irão achar confortável iniciar programas ambientais. Para outras, isso irá requerer uma mudança cultural que não é fácil. O que é viável e apropriado irá depender da natureza do negócio. A redução de custos está associada a ações ambientais? Como o texto em destaque mais adiante demonstra, o Walmart descobriu, para sua surpresa, que um programa ambiental ambicioso estava associado a uma redução de custos tangível. A demanda do cliente irá proporcionar vendas e margens associadas a produtos e serviços verdes? Se há um negócio lógico por trás de se tornar verde, é muito mais fácil justificar e criar uma dinâmica. No caso contrário, a razão precisará ser mais indireta, baseada no valor de ser um líder da indústria, em deixar os funcionários orgulhosos e em melhorar os relacionamentos – ou estabelecer relacionamentos – com aqueles clientes (e outros como funcionários do governo) que são ambientalmente sensíveis.

Outra questão é conseguir crédito para programas ambientais. Muitas empresas desenvolveram programas com investimentos significativos e solidez por trás deles, mas seus esforços foram invisíveis. Uma pesquisa descobriu que 64% dos americanos não conseguia nomear uma empresa verde, e a porcentagem foi de 51% mesmo entre aqueles que declaravam ser ambientalmente conscientes?[9] Outra descoberta foi que o consumidor dos Estados Unidos classificaram a Dell como a marca top em produtos eletrônicos verdes, seguida pela Apple, HP e Microsoft.[10] O Greenpeace, ao contrário, verificou o que essas empresas estão realmente fazendo e classificaram essas mesmas empresas em 12º, 14º, 13º e 17º (de baixo para cima) respectivamente enquanto as empresas top, na verdade, foram a Nokia e a Sony-Ericsson. Por quê? Provavelmente devido a um efeito causado pela visibilidade da marca e o sucesso do marketing percebido ligado a uma falta de informação contrária.

O que pode ser feito para tornar os esforços verdes mais visíveis? Uma resposta é o *branding*. Considere três empresas que usaram uma marca para ajudá-las a obter crédito para criar programas e inciativas que são significativas e válidas. A BP reposicionou a marca corporativa em torno do slogan "Beyond Petroleum" (algo como "Além do petróleo"), que reflete sua preocupação com o meio ambiente e seu comprometimento em ir além do petróleo (que contribui para o aquecimento global) para soluções de energia. A Toyota há muito tempo tem iniciativas ambientais e que têm passado despercebidas. No entanto, como o Prius se tornou um híbrido de liderança, serviu para fazer a inovação da empresa no campo dos híbridos em destaque, o que afetou a marca Toyota. Por fim, a GE tem se marcado por uma série de iniciativas sob o tema "Ecomagination" (Ecoimaginação), desenvolvido para enfrentar os desafios em torno da necessidade de alternativas energéticas e água limpa.

Algumas empresas não querem ter visibilidade. Se, como a Coca-Cola, elas tivessem um público com grandes segmentos que fossem indiferentes ou mesmo negativos sobre ser verde (porque eles associam isso a preços mais

O Walmart se torna verde

Em 2005, o Walmart começou a desenvolver programas verdes, uma fantástica virada para uma empresa que se orgulhava de baixos custos e preços em primeiro lugar e antes de tudo.[11] A empresa determinou metas factíveis para a redução de energia para a sua frota de caminhões e lojas. Alimentos orgânicos e até mesmo roupas feitas com algodão orgânico se tornaram destaque nas lojas Walmart. Os fornecedores que tinham produtos ou embalagens ambientalmente sensíveis, do salmão Fishermen no Alasca a Unilever (cujo detergente compacto ocupa menos espaço e material de embalagem), não foram somente favorecidos, mas ajudados. Os fornecedores, cerca de 60 mil deles ao redor do mundo, foram encorajados a se tornarem verdes. Quatorze redes sustentáveis envolvidas em questões como logística, embalagens e produtos florestais foram formadas, constituídas por executivos do Walmart, fornecedores, grupos ambientais e agências reguladoras, com o objetivo de compartilhar informações e ideias. Devido à dimensão e influência do Walmart ao redor do mundo, esses programas podem fazer a diferença.

Por que o Walmart deu essa meia-volta tão repentina? Por três razões. A primeira, o CEO decidiu que era a coisa certa a se fazer baseado, parcialmente, na influência de um profissional do meio ambiente que passava férias com os membros da família Walton, voltada a atividades ao ar livre. A segunda, um foco único nos custos e nas políticas resultantes considerando os funcionários, as comunidades e os fornecedores chamou atenção da mídia, extremamente negativa, com muita visibilidade e afetou a capacidade da empresa de crescer e ter sucesso. Mais comunidades estavam se virando contra as lojas Walmart, e 8% dos americanos estavam comprometidos a comprarem em outro lugar. Os executivos do Walmart perceberam que uma mídia positiva era necessária. Por fim, para a surpresa dos executivos, muitos dos programas verdes estavam ajudando o resultado líquido – uma mudança nas embalagens resultou em reduções significativas, e a introdução de tecidos em algodão orgânico foi um sucesso com o cliente.

A experiência do Walmart levantou algumas questões interessantes. Qual é a responsabilidade de uma organização com fins lucrativos de resolver problemas do país e do mundo? Milton Friedman estava certo quando disse que o negócio dos negócios é obter lucros e outros objetivos deveriam ser deixados para o governo? Quais problemas merecem ser enfrentados? Como eles devem ser enfrentados? Como um negócio individualmente determina quais programas serão eficazes ou mesmo irão ajudar quando os problemas a serem enfrentados são tão complexos?

altos a objetivos políticos a que se opõem), crédito pelas ações ambientais pode não ser um resultado positivo. Outras, como a The Body Shop e a Ben & Jerry's, descobriram que o movimento de acreditar muito no verde aumenta as expectativas e o risco ao dar um passo em falso que tenha visibilidade. O desmatamento na América do Sul, por exemplo, é um problema complexo e algumas ações realizadas com boas intenções podem ter consequências não intencionais que criariam má publicidade.

Demografia

As tendências demográficas podem ser uma força poderosa na base de um mercado e também previsíveis. Entre as variáveis demográficas influentes estão idade, renda, educação, localização geográfica e etnia.

O grupo demográfico mais velho é de interesse especial, pois está crescendo rapidamente e é abençoado não apenas com recursos, mas com o tempo para usar esses recursos. A população com mais de 65 anos nos Estados Unidos crescerá de 33 milhões, em 2000, para 49 milhões, em 2020. O grupo com mais de 85 anos crescerá de 3,6 milhões para mais de 6,5 milhões no mesmo período, e seus membros terão uma tendência maior a viver independentemente (talvez em uma das cerca de 50 mil unidades de assistência). As mulheres tendem a viver mais do que os homens, de forma que sua parcela na população aumenta bastante nos grupos mais velhos; dentro do grupo de 85 anos, há apenas 41 homens para cada 100 mulheres. Uma pesquisa sugere que mulheres mais velhas ficam insatisfeitas ao ter de usar produtos geralmente voltados para segmentos mais jovens.

As tendências demográficas são ampliadas quando quantificadas pela indústria. O impacto do envelhecimento é muito diferente entre as indústrias de acordo com um estudo italiano.[12] A demanda por serviços de saúde, habitação e energia na Itália irão aumentar 32%, 24% e 21%, respectivamente, de 2005 a 2020. Durante o mesmo período a demanda por brinquedos/esportes vai cair em 41%, por motocicletas em 36% e por educação em 23%.

As populações étnicas estão crescendo rapidamente e suportam todo um grupo de empresas e segmentos, além de afetarem as estratégias de empresas importantes. As populações hispânicas, por exemplo, estão crescendo cerca de cinco vezes mais rápido do que algumas populações não hispânicas e também estão tendo aumento de renda. Os hispânicos em breve serão o maior grupo minoritário. A população ásio-americana, que atualmente conta com mais de 6 milhões de pessoas nos Estados Unidos, está crescendo rapidamente.

O núcleo familiar já foi modelo de vida norte-americana. Não é mais! A proporção de lares nos Estados Unidos definidos como famílias tradicionais (ou seja, um marido, uma esposa e filhos com menos de 18 anos) era de 45% em 1960, 30,2% em 1980 e 23,5% em 2000.[13] Em uma de cada seis famílias, o pai fica em casa e a mãe trabalha fora. Uma implicação dessa evolução demográfica é o aumento na demanda por serviços domésticos, limpeza e preparo de refeições.

Tendências do governo/economia

Recessões econômicas

Previsões econômicas afetarão a estratégia. Um tipo muito diferente de investimento e estratégias é necessário quando o clima econômico é saudável, diferente do que quando está em um momento de estresse. Além disso, é muito melhor e, às vezes, necessário colocar em prática estratégias antes que uma economia forte ou fraca se apresente, porque quando ela já estiver em progresso, pode ser muito tarde. Assim, torna-se importante prever a demanda geral e a demanda dentro dos setores que são mais relevantes para o negócio. Uma boa previsão significa ter ligações a vozes com autoridade, um sistema de informação de base abrangente e um entendimento claro dos principais indicadores.

Uma importância específica é prever e ajustar-se a recessões, especialmente as mais graves, porque podem ameaçar a sobrevivência e oferecer oportunidades raras para grandes mudanças de posição competitiva. Isso significa que o balanço e a posição do caixa precisam ser reforçados, ou seja, a empresa precisa cortar orçamentos e programas, às vezes, de forma radical. O marketing, especialmente, fica vulnerável porque seu orçamento parece não ter limitações. Ajustar o marketing para ganhar, em curto prazo, benefícios financeiros tem os seus próprios riscos. Algumas observações:

Primeiro, como o texto em destaque mais adiante detalha, a recessão pode ser uma oportunidade para introduzir produtos ou programas de marketing porque o ambiente da mídia será menos confuso e os concorrentes serão menos motivados e capazes de responder.

Segundo, com os cortes nos orçamentos e programas de marketing, o caminho mais fácil é garantido como subotimizado. Em vez disso, uma crise de orçamento é uma oportunidade de desenvolver e fomentar a aplicação eficaz e identificar e retirar a ineficaz. Quase sempre há uma porção significativa do orçamento que vai para produtos, países, segmentos, mídia ou programas que têm um RSI (*return on investment* – retorno sobre o investimento) inaceitável. O financiamento é baseado em um desejo, em um momento histórico ou no poder organizacional. O impacto de uma redução do orçamento no mercado real pode ser minimizado a partir da identificação e do suporte ao corte àquelas áreas do orçamento nas quais o desempenho do marketing é medíocre ou pior. O custo do marketing ineficaz pode exceder as metas de corte do orçamento.

Ao medir o RSI, a parte difícil é garantir que a medição não seja dominada por programas de promoção de vendas imediatas, prejudiciais à marca e programas inibidores com um horizonte maior de tempo. Uma empresa de bens de consumo desenvolveu um modelo analítico baseado no acesso diário a vendas das lojas. O modelo levou a empresa a promoções de preço porque elas demonstraram aumentos de vendas imediatos. Como resultado, os clientes aprenderam a esperar pela próxima promoção e depois de dois anos o negócio e a marca estavam visivelmente deteriorando-se e o modelo foi descartado. O fato é que alguns esforços do mercado, tanto positivos quanto negativos, demonstraram ter efeitos apenas dois ou três anos depois. Indicadores de saúde de longo prazo do negócio, como o tamanho e o grau de lealdade de um segmento, ou indicadores de saúde da marca, como imagem, diferenciação e energia da marca podem ajudar.

Terceiro, é importante descobrir formas de comunicar valor, frequentemente uma necessidade em tempos econômicos difíceis, sem prejudicar a marca. Alardear preço e negociação é o caminho errado porque isso mostra que a marca não vale o preço. Uma forma é desviar a atenção para submarcas como a BMW One Series ou o Fairfield Inn da Marriott. Outra forma é agregar serviços para oferecer um valor extra com o mesmo preço, tal como o frete grátis da Amazon ou o McLanche Feliz do McDonald's. Ainda outra forma é demonstrar o valor da qualidade – as toalhas de papel Bounty oferecem fazer mais com menos. Finalmente, o quadro de referência pode ser alterado – outros produtos podem tornar-se o padrão de comparação. Por exemplo: Refeição de família KFC *versus* comida caseira ou o Crayola 64 cores *versus* brinquedos caros.

Em quarto lugar, a tendência é pensar em orçamentos (o quanto é gasto) enquanto a necessidade é mudar os programas – encontrando novos que sejam mais eficazes. O marketing precisa elevar seu jogo a um novo nível e mover-se da competência para a excelência. Em muitos casos, como o orçamento é gasto pode ser até quatro vezes mais importante do que o quanto se gasta. Quando orçamentos se tornam apertados, o desafio de criar programas vencedores ou de reduzir custos sem sacrifícios precisa ser uma prioridade. Isso significa enriquecer a criatividade da organização, dividir programas entre unidades organizacionais e considerar mídias diferentes, especialmente as mídias digitais e a tecnologia social.

Oportunidades da recessão para ganhar posição no mercado

Oportunidades para ganhar posição no mercado irão ocasionalmente surgir em tempos de crise econômica. Nesse caso, pode-se pagar por ser agressivo com alguma porção do orçamento de marketing.

Em casos raros, pode valer a pena considerar aumentar o orçamento. Na verdade, muitos estudos empíricos sobre mudanças no orçamento de marketing durante recessões mostraram que, em média, há uma forte correlação entre o orçamento de marketing durante a recessão e o desempenho dos negócios durante e nos anos seguintes a uma recessão. Essa evidência, junto com muitos estudos, sugere que ser agressivo em vez de defensivo pode produzir efeito – quando há um produto, posição ou programa que pode alavancar um ganho de posição no mercado.

Que tipo de empresas podem se beneficiar por serem agressivas? Elas incluiriam empresas que:

- Podem se posicionar como uma marca de valor. O Walmart, durante a recessão de 1991 e 1992, contou agressivamente sua história de valor e, como resultado, ganhou distância da Sears, uma distância que nunca mais foi superada.
- Aproveitar uma oferta que tenha pontos de superioridade relevante. A Merrill Lynch ganhou distância da Bear Sterns aumentando o marketing durante a recessão, contando uma história que se baseava em uma realidade sólida.
- Ter um novo produto que está mudando a indústria e afetando as empresas em posição concorrente – a Starbucks lançou uma nova decoração interior durante a recessão.
- Ter um programa de marketing especialmente eficaz. Intel Inside, talvez o programa de marketing mais bem-sucedido no mercado de alta tecnologia, foi lançado na recessão de 1991.
- Ter uma vantagem no balanço sobre os concorrentes – quando os concorrentes são incapazes de responder, as chances de melhorar a posição de mercado com marketing agressivo aumenta. Considere, por exemplo, a Zurich Financial e Charles Schwab, que hoje têm força financeira superior comparada a alguns de seus principais concorrentes.

A Hyundai, em 2009, tinha a maioria desses fatores em mãos.[14] Junto com a herança, como um valor da marca, ela ganhou prêmios vencendo com modelos incluindo o luxuoso Genesis, o primeiro com política de "carro retornável", caso você seja demitido, uma garantia de 10 anos e uma posição financeira relativamente forte. A Hyundai aumentou sua propaganda em 38%, enquanto seus rivais, em média, diminuíram em 7%. Suas vendas aumentaram enquanto as de seus concorrentes estavam em declínio, alguns perto de 40%.

Regulamentações governamentais

A adição ou remoção de restrições legais ou reguladoras pode representar grandes ameaças e oportunidades estratégicas. Por exemplo, a proibição de alguns ingredientes em produtos alimentícios ou cosméticos afetou drasticamente as estratégias de diversas empresas. O impacto dos esforços governamentais para reduzir a pirataria em segmentos como *software* (mais de 25% são copiados), CDs, DVDs e filmes em vídeo são de importância crucial para os envolvidos. A privatização dos bancos, da área de energia e de outras indústrias está gerando implicações enormes para as empresas envolvidas. A indústria automobilística é afetada pelos padrões de economia de combustível e pelos impostos pesados sobre os automóveis. O relaxamento de restrições reguladoras na Índia e na China pode ter implicações enormes para empresas globais.

Eventos globais

Em uma economia cada vez mais global, com interdependências em mercados e na procura de produtos e serviços, possíveis pontos de destaque político precisam ser entendidos e acompanhados. Em um estudo clássico de tendências e fatos ambientais que foram previstos na revista Fortune durante os anos 30 e 40, descobriu-se que as previsões eram notavelmente boas em muitas áreas, como vitaminas sintéticas, inovações genéticas, o declínio das ferrovias e o advento das TVs, de trailers usados como moradia e das grandes autoestradas. Porém, as previsões eram extremamente ruins quando envolviam fatos internacionais.[15] Dessa forma, um artigo de meados dos anos 30 não considerava a possibilidade do envolvimento dos Estados Unidos em uma guerra europeia. Um artigo de 1945 previu incorretamente o crescimento gigantesco do comércio com a União Soviética, não antecipando o advento da Guerra Fria. Um cenário do Oriente Médio deixou de prever o surgimento de Israel. Desenvolvimentos políticos internacionais, que podem ser decisivos para empresas multinacionais, ainda são extremamente difíceis de prever. Uma estratégia prudente é aquela ao mesmo tempo diversificada e flexível, capaz de fazer uma surpresa política não ser devastadora.

Cultivando a vigilância

Existe uma forte inclinação em deixar de compreender tendências importantes ou de predizer eventos futuros.[16] Apenas considere como as advertências sobre as crises financeiras e a segurança de produtos chineses foram ignorados ou minimizados. Uma razão é que os executivos estão focados na execução e resta pouca atenção para o "pode ser". Outra é que existe um viés perceptual natural para ignorar ou distorcer informações que conflitam com o modelo estratégico e coletam informações de apoio. Ainda outro é o suporte de "pensamento de grupo" dentro de uma organização – é estranho notar que os pressupostos básicos podem estar errados.

Pesquisa em vigilância organizacional sugere alguns caminhos que líderes e organizações podem melhorar. Primeiro, ser curioso, estar focado no externo e estar conectado. O que está acontecendo em áreas que terão impacto sobre o negócio? Viajar, observar e interagir com pessoas de todos os tipos. Segundo, olhar para efeitos secundários assim como para os primários. A Johnson & Johnson tem um processo estratégico chamado Frameworks que observa as regulações à cobertura de seguros e aos movimentos competitivos e considera suas implicações. Ter certeza de que as unidades internas estão se comunicando, de forma que a informação interna seja compartilhada. Terceiro, criar mecanismos de descoberta. A Texas Instruments realiza uma reu-

---

"Sim, mas..."

Algumas tendências são reais, mas apresentam implicações óbvias que precisam ser qualificadas. Por exemplo:

Sim, o número de mulheres na força de trabalho vem aumentando, mas...
   O aumento é lento e de longo prazo, com a proporção total subindo de 42%, em 1980, para 45%, em 1990, e 47%, em 2000. Além disso, somente uma pequena porcentagem dessas mulheres se ajusta à imagem de jovens com MBA.

Sim, o acesso à Internet e sua utilização estão crescendo rapidamente, mas...
   Uma proporção significativa da população ainda não vê necessidade de usar a Internet e algumas pessoas são totalmente hostis à tecnologia.

Sim, as pessoas podem e farão comparações de preço na Internet, mas...
   Muitas são leais a determinados *sites* e não usam serviços de comparação de preço.

Sim, há uma tendência forte em direção à alimentação saudável e à prática de exercícios físicos, mas...
   Alimentos prazerosos como chocolates de luxo, sorvetes *superpremium* e hambúrgueres com alto teor de gordura ainda são um nicho significativo e, em alguns casos, crescente.

Sim, celulares são uma plataforma para programas de marketing multimídia, mas...
   Em 2009, quase a metade dos usuários de celular nos Estados Unidos utilizaram seus aparelhos apenas para fazer ligações.

nião chamada "Mar de Ideias" (Sea of Ideas) a cada semana para reconhecer necessidades e inovações emergentes à margem dos seus negócios. Uma única reunião levou ao desenvolvimento de chip de baixa potência para celulares. Por fim, força a perspectiva de longo tempo; afasta-se de questões de execução do dia a dia e de programas.

Lidando com a incerteza estratégica

Incerteza estratégica, a incerteza que tem implicações estratégicas, é um ponto-chave na análise externa. Uma análise externa típica irá gerar dezenas de incertezas estratégicas. Para serem administráveis, elas precisam ser reunidas em agrupamentos lógicos ou temas. Depois, é útil avaliar a importância de cada grupo, a fim de estabelecer prioridades com relação à coleta e análise de informações. A análise de impacto, descrita na próxima seção, foi criada para fazer essa avaliação.

Algumas vezes, a incerteza estratégica é representada por uma tendência ou fato futuro que tem uma imprevisibilidade inerente. A coleta e a análise adicional de informações não conseguirão reduzir a incerteza. Nesse caso, uma análise de cenário pode ser empregada. A análise de cenário basicamente aceita a incerteza como ela é e a utiliza para conduzir uma descrição de dois ou mais cenários futuros. Depois, são desenvolvidas estratégias para cada cenário. Um dos resultados poderia ser a decisão de criar flexibilidade organizacional e estratégica, de forma que, à medida que o contexto da empresa mude, a estratégia se adapte a ele. A análise de cenário será detalhada na seção final deste capítulo.

Análise de impacto – avaliando o impacto das incertezas estratégicas

Um objetivo importante da análise externa é classificar as incertezas estratégicas e decidir como lidar com elas ao longo do tempo. Que incertezas merecem investimento intensivo em coleta de informações e análise profunda e quais merecem apenas um pequeno esforço de monitoramento?

O problema é que sempre são geradas dezenas de incertezas estratégicas e muitas incertezas estratégicas de segundo nível. Essas incertezas estratégicas podem levar a um processo sem fim de coleta e análise de informações, o qual pode absorver recursos indefinidamente. Uma editora pode estar preocupada com TV a cabo, padrões de estilo de vida, tendências educacionais, mudanças na população geográfica e tecnologia de impressão. Qualquer uma dessas questões envolve um conjunto de outras questões e poderia facilmente estimular pesquisas sem limites. Por exemplo, TV a cabo pode envolver uma variedade de conceitos de TV paga, fornecedores, tecnologias e reações dos telespectadores. A não ser que se estabeleçam prioridades distintas, a análise externa se torna descritiva, malfocada e ineficiente.

O quanto se deve monitorar e analisar uma incerteza estratégica depende de seu impacto e de sua premência:

1. O impacto da incerteza estratégica está relacionado aos seguintes fatores:
   - O ponto até o qual ela envolve tendências ou fatos que irão impactar os negócios existentes ou potenciais
   - A importância dos negócios envolvidos
   - O número de negócios envolvidos

2. A premência da incerteza estratégica está relacionada aos seguintes fatores:
   - A probabilidade de que as tendências ou fatos envolvidos ocorram
   - A estrutura de tempo das tendências ou fatos
   - O tempo de reação que provavelmente estará disponível, comparado com o tempo exigido para desenvolver e implementar a estratégia apropriada

Impacto de uma incerteza estratégica

Cada incerteza estratégica envolve tendências potenciais ou fatos que poderiam causar um impacto nas empresas existentes, propostas ou mesmo potenciais. Por exemplo, uma incerteza estratégica para uma cervejaria poderia ser baseada em prospectos futuros do mercado de microcervejarias. Se a cervejaria tiver uma entrada proposta de microcervejaria e uma cerveja importada posicionada na mesma área, as tendências no mercado de microcervejaria poderiam causar um impacto na empresa. A tendência em direção a alimentos naturais pode apresentar oportunidades para a linha de produtos de água com gás para a mesma empresa e ser a base para uma incerteza estratégica.

O impacto de uma incerteza estratégica dependerá da importância da área impactada em uma empresa. Algumas áreas são mais importantes do que outras. A importância de negócios estabelecidos pode ser indicada por suas vendas associadas, seus lucros ou seus custos. Porém, tais medidas podem precisar ser complementadas para negócios propostos ou de crescimento nos quais as vendas atuais, os lucros ou os custos podem refletir o valor real para a empresa. Finalmente, como uma área que necessita de informações pode afetar diversos negócios, o número de empresas envolvidas também pode ser relevante para o impacto da incerteza estratégica.

Premência das incertezas estratégicas

Fatos ou tendências associados às incertezas estratégicas podem ter um alto impacto, mas uma probabilidade de ocorrência tão baixa que não valeria a pena gastar recursos ativamente para coletar ou analisar informações. De modo semelhante, se a probabilidade de ocorrência é remota no futuro, em

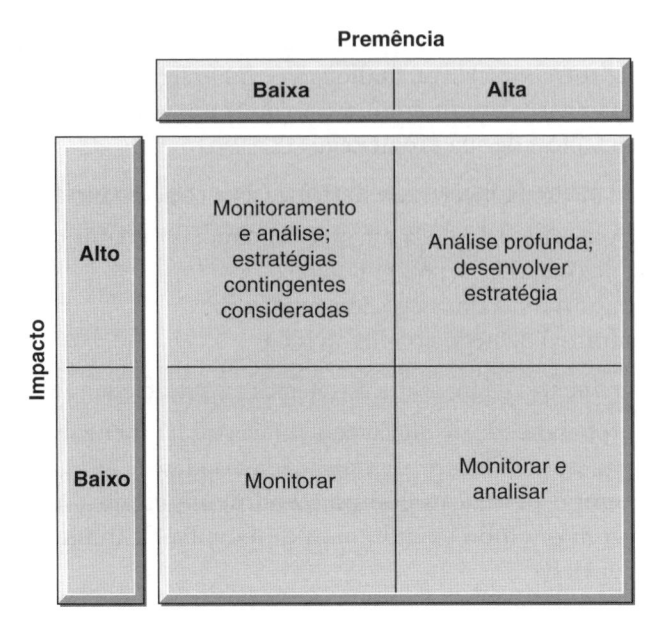

Figura 5.2 Categorias de incertezas estratégicas.

	Premência Baixa	Premência Alta
Impacto Alto	Monitoramento e análise; estratégias contingentes consideradas	Análise profunda; desenvolver estratégia
Impacto Baixo	Monitorar	Monitorar e analisar

relação ao horizonte de decisão estratégica, então pode causar pouca preocupação. Assim, o aproveitamento da maré de energia pode ser tão improvável ou tão remoto no futuro que não deve causar preocupação.

Finalmente, há o tempo de reação disponível para uma empresa, comparado com o tempo de reação provavelmente necessário. Depois que uma tendência ou fato se cristaliza, uma empresa precisa desenvolver uma estratégia de reação. Se o tempo de reação disponível é inadequado, passa a ser importante antecipar melhor tendências e fatos emergentes, para que as futuras estratégias de reação possam ser iniciadas mais cedo.

Administrando incertezas estratégicas

A Figura 5.2 sugere uma categorização de incertezas estratégicas para uma determinada empresa. Se tanto a premência como o impacto forem baixos, então um baixo nível de monitoramento poderá ser suficiente. Se o impacto for considerado baixo, mas a premência for alta, a área poderá exigir monitoramento e análise. Se a premência for baixa e o impacto for alto, então a área poderá exigir monitoramento e análise mais profunda, e estratégias contingenciais poderão ser consideradas, mas não necessariamente desenvolvidas e implementadas. Quando a premência e o potencial impacto das tendências e fatos subjacentes forem altos, serão então apropriados uma análise profunda e o desenvolvimento de planos ou estratégias de reação. Uma força-tarefa ativa pode garantir a iniciativa.

Análise de cenários

A análise de cenários pode ajudar a lidar com a incerteza. Ela é uma alternativa ao investimento em informação destinada a reduzir a incerteza, que é sempre um processo caro e fútil. Ao criar um pequeno número de cenários do contexto de mercado e avaliar sua probabilidade e impacto, a análise de cenários pode ser uma forma poderosa de lidar com ambientes complexos.

Há dois tipos de análise de cenário. No primeiro tipo, cenários de desenvolvimento de estratégia, o objetivo é fornecer informações sobre futuros contextos competitivos, depois usar essas informações para avaliar as estratégias empresariais existentes e estimular a criação de novas. Tais análises podem ajudar a criar planos de contingência para proteção contra desastres – uma companhia aérea se ajustando a um incidente terrorista, por exemplo, ou uma empresa farmacêutica reagindo a um problema de segurança do produto. Elas também podem sugerir estratégias de investimento que permitam à organização capitalizar as futuras oportunidades geradas por tendências ou inovações tecnológicas dos clientes.

No segundo tipo de análise, cenários orientados à decisão, uma estratégia é proposta e testada contra os vários cenários desenvolvidos.[17] A meta é desafiar as estratégias, auxiliando na decisão de entrar/não entrar no mercado e sugerindo formas de tornar a estratégia mais robusta em forças competitivas opostas. Se a decisão for entrar em um mercado com uma estratégia de tecnologia, cenários alternativos poderiam ser construídos em torno de variáveis como aceitação da tecnologia pelo mercado, resposta dos concorrentes e estímulo das aplicações do cliente.

Seja qual for o caso, uma análise de cenários envolve três passos gerais: a criação de cenários, a relação desses cenários com estratégias existentes ou potenciais e a avaliação da probabilidade de cenários (ver Figura 5.3).

Identificar cenários

As incertezas estratégicas podem conduzir o desenvolvimento de cenários. A análise de impacto identificará a incerteza estratégica com a prioridade mais alta para a empresa. Um fabricante de aparelhos de imagens médicas pode querer saber se um avanço tecnológico irá permitir que sua máquina seja fabricada a um custo bem mais baixo. Um fabricante de equipamentos agrícolas ou um operador de pistas de esqui podem acreditar que o tempo – se uma seca continuará, por exemplo – é a área de incerteza mais importante. Uma empresa de servidores pode querer saber se um único padrão de *software* irá se destacar ou se padrões múltiplos coexistirão. A incerteza escolhida poderia então estimular dois ou mais cenários.

Uma análise de cenários da concorrência pode ser conduzida pela incerteza que cerca a estratégia do concorrente. Por exemplo, o concorrente poderia expandir agressivamente a sua marca? Ou poderia vender uma linha de

Figura 5.3 Análise de cenários.

produtos ou fazer uma grande aquisição? Talvez o concorrente pudesse mudar sua proposição de valor, ou tornar-se mais agressivo nos preços.[18]

Quando um conjunto de cenários é em grande parte baseado em uma única incerteza estratégica, os cenários geralmente podem ser enriquecidos por fatos e circunstâncias relacionados. Assim, podemos esperar que um cenário de recessão inflacionária gere diversas condições para o setor de eletrodomésticos, como aumentos de preço e falhas no varejo. De modo semelhante, um cenário concorrente pode ser amplo, especificando dimensões estratégicas como investimento em produto-mercado, aquisições ou *joint-ventures*, composição de preço, posicionamento, produto e promoções.

Algumas vezes, é útil gerar cenários baseados em resultados prováveis: otimistas, pessimistas e mais prováveis. A consideração de um cenário pessimista é sempre útil para testar suposições e planos existentes. A aura de otimismo que sempre cerca um plano estratégico pode incluir suposições implícitas de que os concorrentes não responderão agressivamente, o mercado não irá enfraquecer-se ou ruir, ou problemas tecnológicos não irão aparecer. A análise de cenários é uma forma não ameaçadora de considerar a possibilidade de "nuvens ou mesmo de chuva no piquenique".

Em geral, evidentemente, diversas variáveis são relevantes para o período futuro de interesse. A combinação pode definir um número relativamente grande de cenários. Por exemplo, uma grande empresa de cartões de felicitações deve considerar uma variável importante: o sucesso de pequenas lojas de cartões, a vida de certos tipos de cartões e a natureza dos futuros canais de distribuição. A combinação pode resultar em muitos cenários possíveis. A experiência mostra que dois ou três cenários são o número ideal para se trabalhar; se o aumentamos, o processo se torna difícil de controlar, e perde-se muito valor. Assim, é importante reduzir o número de cenários, identificando um pequeno grupo que inclua, de preferência, aqueles que são plausíveis/críveis e aqueles que representam desvios do presente, com substância suficiente para afetar o desenvolvimento da estratégia.

Relacionar cenários a estratégias

Depois que os cenários forem identificados, o próximo passo será relacioná-los à estratégia – tanto às estratégias existentes como às novas opções. Se uma estratégia existente está sendo usada, ela pode ser testada em relação a cada cenário. Qual cenário será o melhor? Quão ruim será a estratégia no caso de um cenário ruim? Quais serão seus potenciais em relação à aceitação do cliente, às reações do concorrente, às vendas e aos lucros? A estratégia poderia ser modificada para realçar clientes potenciais?

Mesmo que a análise de cenários não seja motivada pelo desejo de gerar novas opções de estratégia, é sempre útil considerar quais estratégias serão ideais para cada cenário. Um cenário, por sua natureza, irá fornecer uma perspectiva diferente do *status quo*. Qualquer estratégia que seja ideal para um determinado cenário deve se tornar uma opção viável. Ainda que ela não seja considerada superior ou mesmo viável, alguns de seus elementos podem ser captados.

Estimar probabilidades de cenário

Para avaliar as estratégias alternativas é importante determinar as probabilidades de cenário. A tarefa, na verdade, é de previsão do ambiente, exceto pelo fato de que o cenário total pode ser uma rica combinação de diversas variáveis. Pode-se solicitar a alguns especialistas que avaliem diretamente as probabilidades. Um entendimento mais profundo sempre surgirá, contudo se os fatores implícitos em cada cenário puderem ser determinados. Por exemplo, a indústria de equipamentos para construção pode desenvolver cenários baseados em três níveis alternativos de atividade de construção. Esses níveis teriam diversas causas de contribuição. Uma delas seria a taxa de juros. Outra poderia ser a disponibilidade de fundos para o setor de construção civil, o que, por sua vez, depende da estrutura emergente das instituições financeiras e do mercado. Uma terceira causa poderia ser o nível de gastos do governo em rodovias, energia e outras áreas.

Pontos-chave

- A análise ambiental de mudanças em tendências de tecnologia, clientes e governo/economia pode detectar oportunidades ou ameaças relevantes para uma organização.
- O movimento verde oferece oportunidades para conectar-se a clientes e funcionários.
- A análise de impacto envolve avaliar sistematicamente o impacto e a premência de tendências e fatos nos quais se baseia cada incerteza estratégica.
- A análise de cenários, um meio de explorar diferentes suposições sobre o futuro, envolve a criação de dois ou três cenários plausíveis, o desenvolvimento de estratégias apropriadas para cada um, a avaliação de probabilidades de cenários e estimação das estratégias resultantes entre os cenários.

Para discussão

1. O que o aparelho de fax substituiu, se é que substituiu alguma coisa? O que substituirá (ou substituiu) o aparelho de fax? Quando o aparelho de fax desaparecerá?
2. Desenvolva um cenário baseado na proposição de que os carros híbridos continuarão sendo aperfeiçoados e representarão 15% do mercado de automóveis em poucos anos. Analise isso do ponto de vista de uma empresa de energia como a Shell ou de uma empresa de automóveis como a Mercedes.
3. Considere a computação usando smartphones. Isso mudará o uso dos computadores de mesa? E dos computadores portáteis? Como? Isso mudará o tipo de computadores que são fabricados?
4. Escolha uma empresa ou uma marca/área de negócios na qual se concentrar. Quais são as principais tendências que surgem em uma análise ambiental? Quais são as principais áreas de incerteza? Qual a melhor forma para uma empresa do segmento lidar com essas áreas?
5. Centrando-se no segmento de companhias aéreas, desenvolva uma lista de incertezas estratégicas e possíveis ações estratégicas.
6. Considere a telepresença da Cisco em videoconferências, que atualiza a qualidade da experiência. Isso mudará a frequência de uso? O que impulsiona o uso (ou a falta de uso) da videoconferência?
7. Aborde as questões colocadas no *case* do Walmart relatado neste capítulo.
8. Críticas graves têm sido direcionadas ao mercado de água engarrafada, incluindo a afirmação de que seu produto não é melhor do que a água da torneira em diversos locais (algumas marcas são acusadas de terem sabor desagradável) e que as garrafas de plástico utilizam muito carbono no processo de fabricação e que não são biodegradáveis. Que medidas você consideraria para combater tais argumentos se você trabalhasse na Pepsi ou fosse fabricante da Dasani?

Notas

1. Ram Charan, "Sharpening Your Business Acumen", *Strategy & Business*, Spring 2006, pp. 49–57.
2. Ibid., p. 50.
3. Richard Forster and Sarah Kaplan, *Creative Destruction*, New York: Currency, 2001.
4. Raymond Burke, "Confronting the Challenges That Face Bricks-and-Mortar Stores", *Harvard Business Review*, July–August 1999, pp. 160–167.

5. Arnold Cooper, Edward Demuzilo, Kenneth Hatten, Elijah Hicks, and Donald Tock, "Strategic Responses to Technological Threats", *Academy of Management Proceedings*, 1976, pp. 54–60.
6. Faith Popcorn and Lys Marigold, *Clicking*, New York: HarperCollins, 1997, pp. 11–12.
7. Sam Hill, *60 Trends in 60 Minutes*, New York: John Wiley & Sons, 2003, p. 96.
8. Sarah Mahoney, "Sustainability Counts: 54% of Grocery Shoppers Favor Greener Brands", *Marketing Daily*, April 29, 2009.
9. "California Leads on Warming", editorial, *New York Times*, August 5, 2006.
10. Wendy Melillo and Steve Miller, "Companies Find It's Not Easy Being Green", *BrandWeek*, July 24, 2006.
11. Mac Gunther, "The Green Machine", *Fortune*, August 7, 2006, pp. 42–57.
12. Stefano Proverbio, Sven Smit, and S. Patrick Viguerie, "Dissecting Global Trends: An Example from Italy", *McKinsey Quarterly*, 2008, No. 2, pp. 14–16.
13. Sam Hill, op. cit., p. 93.
14. Janet Stilson, "Passing Lane", *Adweek Media*, April 6, 2009, pp. 7–10.
15. Richard N. Farmer, "Looking Back at Looking Forward", *Business Horizons*, February 1973, pp. 21–28.
16. George Day and Paul Schoemaker, "Are You a 'Vigilant Leader'?" *MIT Sloan Management Review*, Spring 2008, pp. 43–51.
17. Hugh Courtney, "Decision-Driven Scenarios for Assessing Four Levels of Uncertainty", *Strategy & Leadership*, Vol. 31, No. 1, 2003, pp. 14–16.
18. Liam Fahey, "Competitor Scenarios", *Strategy & Leadership*, Vol. 31, No. 1, 2003, pp. 32–44.

CAPÍTULO 6

Análise interna

"Encontramos o inimigo, e ele somos nós."
— **Pogo**

"A autopresunção pode levar à autodestruição."
— **Esopo, "O sapo e o boi"**

"O peixe é o último a saber se ele nada na água."
— **Provérbio chinês**

A estratégia existente deveria ser melhorada, alterada ou substituída? Os ativos e competências existentes são adequados para obter-se o sucesso? A análise interna de um negócio ajudará o estrategista a responder essas questões. Essa exploração tem um escopo parecido com a da análise de concorrente ou grupo estratégico, mas é muito mais rica e profunda por causa de sua importância para a estratégia e porque mais informação está disponível.

Assim como a estratégia pode ser desenvolvida para uma área de negócios, um grupo de áreas de negócios ou uma empresa, a análise interna também pode ser conduzida em cada um desses níveis. Evidentemente, análises em diferentes níveis diferirão uma da outra em ênfase e conteúdo, mas sua estrutura e orientação serão as mesmas. A meta comum é identificar pontos fortes, pontos fracos e limitações organizacionais e, no final, desenvolver estratégias, seja para explorar pontos fortes ou para corrigir ou compensar pontos fracos.

Quatro aspectos da análise interna serão discutidos neste capítulo. O primeiro, o desempenho financeiro, fornece uma aproximação inicial sobre como vai o negócio. O segundo, uma análise de outras dimensões de desempenho, tais como a satisfação do cliente, a qualidade do produto, a associação da marca, o custo relativo, novos produtos e a capacidade dos funcionários, quase sempre pode oferecer uma ligação mais robusta com a lucratividade futura. A terceira é uma análise dos pontos fortes e fracos que serve de base para as estratégias atuais e futuras. A quarta é a identificação e priorização de ameaças e oportunidades enfrentadas pela empresa.

A seção final explora a relação entre a estratégia e a análise da organização de seus concorrentes e do mercado. Sugere-se que uma estratégia de sucesso ocorre quando os pontos fortes da organização encontram-se com as necessidades do mercado e com os pontos fracos do concorrente.

Desempenho financeiro – vendas e lucratividade

A análise interna frequentemente começa com uma análise das finanças atuais, das medidas de vendas e da lucratividade. Uma alteração em qualquer uma delas pode sinalizar uma mudança na viabilidade do mercado para uma linha de produto e a capacidade de produzir competitivamente. Além disso, elas são um indicador de sucesso das estratégias passadas e, dessa forma, podem sempre ajudar a avaliar se mudanças estratégicas são necessárias. Além do mais, vendas e lucratividade pelo menos parecem ser específicas e facilmente mensuráveis. Como resultado, não surpreende que sejam tão amplamente usadas como ferramentas de avaliação de desempenho.

Vendas e participação de mercado

Uma medida sensível do modo como os clientes concebem um produto ou serviço podem ser as vendas ou a participação de mercado. Afinal de contas, se o valor relativo para um cliente muda, as vendas e a participação de mercado podem ser afetadas, embora possa haver uma demora ocasional causada pela inércia do mercado e do cliente.

Os níveis de venda podem ser estrategicamente importantes. Mais vendas pode significar que a base de clientes cresceu. Uma base de clientes maior, se assumirmos que novos clientes desenvolverão lealdade, significará vendas e lucros futuros. Uma participação de mercado maior pode garantir o potencial de obter vantagens competitivas sustentáveis (VCSs) na forma de economias de escala e efeitos da curva de experiência. Inversamente, uma queda nas vendas pode significar diminuição na base de clientes e uma perda de economias de escala.

Um problema com o uso das vendas como medida é que elas podem ser afetadas por ações de curto prazo, como promoções de uma marca e seus concorrentes. Assim, é necessário separar as mudanças em vendas causadas por ações táticas daquelas que representam mudanças fundamentais no valor entregue ao cliente, e é importante associar uma análise de vendas ou participação de mercado a uma análise de satisfação do cliente, que será discutida brevemente.

Lucratividade

A medida final da capacidade de uma empresa prosperar e sobreviver é sua lucratividade. Embora tanto o crescimento como a lucratividade sejam desejáveis, estabelecer uma prioridade entre os dois pode ajudar a guiar a tomada de decisão estratégica.

Um conjunto de medidas e índices reflete a lucratividade, incluindo margens, custos e lucros. Com base nos ativos utilizados, chegamos à medida retorno sobre ativos (RSA), que pode ser decomposta com uma fórmula desenvolvida pela General Motors e pela DuPont nos anos 20.

$$RSA = \frac{lucros}{vendas} \times \frac{vendas}{ativos}$$

Assim, pode-se considerar que o retorno sobre ativos tem dois fatores causais. O primeiro é a margem de lucro, que depende do preço de venda e da estrutura de custo. O segundo é a rotatividade de ativos, que depende do controle de estoque e da utilização de ativos.

A determinação do numerador e do denominador da equação RSA não é tão simples quanto se pode pensar. Questões substanciais cercam cada um deles, como as distorções causadas pela depreciação e o fato de os ativos contábeis não refletirem os ativos intangíveis, como o valor da marca, ou o valor de mercado dos ativos tangíveis.

Medindo o desempenho: análise de valor para o acionista

O conceito de valor para o acionista, altamente influente durante as últimas duas décadas, traz outra perspectiva sobre o desempenho financeiro. Cada empresa deve ter um RSA (baseado em um fluxo de lucros decorrentes de um investimento) que alcance ou exceda os custos de capital, que é a média ponderada do custo de endividamento e do custo de dívidas. Assim, se o custo de endividamento é de 16% e o custo de dívida é de 8%, o custo do capital seria de 12% se o montante de dívidas fosse igual à quantidade de patrimônio; se houvesse apenas 25% de dívidas e de patrimônio, então o custo do capital seria de 14%. Se o retorno for maior, o custo de valor para o capital do acionista aumentará e, se for menor, o valor para o acionista irá diminuir.

Eis algumas formas para aumentar o valor para os acionistas:

- Obter mais lucro reduzindo custos ou aumentando a receita, sem usar mais capital.
- Investir em produtos de alto retorno (isso, evidentemente, é do que trata a estratégia).
- Reduzir o custo de capital aumentando a dívida em relação ao índice de patrimônio, ou recomprar algumas ações para reduzir o custo do patrimônio.
- Usar menos capital. Sob a análise de valor para o acionista, os ativos empregados não são mais um bem livre. Se as operações *just-in-time* aperfeiçoadas puderem reduzir o estoque, isso afetará diretamente o valor para os acionistas.

O conceito de valor para o acionista é teoricamente válido.[1] Se o fluxo de lucros puder ser estimado de forma precisa a partir de um movimento estratégico, a análise será sólida. O problema é que lucros de curto prazo (conhecidos por afetar o retorno sobre ações e, consequentemente, a riqueza do acionista) são mais fáceis de estimar e de manipular do que lucros de longo prazo. Os investidores que assumem que lucros de curto prazo predizem lucros de longo prazo prestam pouca atenção aos primeiros, assim como faz a alta administração de uma empresa com metas numéricas a atingir. A disciplina para investir em uma estratégia que sacrifique o desempenho financeiro de curto prazo por objetivos de longo prazo não é fácil de adotar, especialmente se alguns dos objetivos futuros estiverem na forma de ações. Por exemplo, o investimento da General Motors no Saturn deveria ter sido visto como uma opção para expandir essa marca, se uma escassez de combustível ocorresse e carros menores se tornassem mais populares. Infelizmente, o Saturn foi visto como um negócio isolado e não recebeu o investimento para carro novo que o teria tornado uma plataforma viável para competir com as empresas japonesas. De maneira similar, quando a Black & Decker comprou a divisão de pequenos utensílios da GE, ela comprou uma opção de assumir negócios em áreas relacionadas.

O impacto de reduzir investimentos também tem seus riscos. Quando, por exemplo, a Coca-Cola vendeu suas engarrafadoras para reduzir os investimentos e melhorar o valor para o acionista, seu controle de qualidade sobre os produtos pode ter sido reduzido. Em geral, a redução de investimento frequentemente significa terceirização, com um equilíbrio entre flexibilidade e perda de controle sobre as operações. Uma grande empresa que terceirize suas operações perde a chance de interagir com seus clientes.

Um perigo da análise de valor para o acionista é que ela reduz a prioridade dada a outros *stakeholders*, como funcionários, fornecedores e clientes, cada um dos quais representando ativos que podem formar a base para o sucesso de longo prazo. Pode-se dizer que o acionista tem riscos menores porque é muito provável que tenha uma posição diversificada e, portanto, tem apenas uma pequena parte do portfólio de risco. Por outro lado, funcionários, fornecedores e, às vezes, até mesmo os clientes, têm mais a perder se a empresa fracassar. Além disso, o acionista não tem, sob qualquer forma prática, como influenciar a gestão da empresa. Portanto, pode ser razoável aumentar a prioridade de outros acionistas. A Procter & Gamble, por exemplo, coloca os clientes em primeiro lugar, afirmando que, em parte, se os clientes estão satisfeitos com os produtos, os acionistas se beneficiarão no longo prazo. Outras empresas colocaram seus funcionários explicitamente em primeiro lugar, presumindo que se eles forem produtivos, os acionistas se beneficiarão no final. Fazer dos acionistas a prioridade pode levar a programas como redução de custos, possivelmente envolvendo a degradação da experiência do cliente. Isso resulta em lucros em curto prazo e, assim, aumenta o valor do acionista, mas enfraquece os pontos fortes da empresa a longo prazo.

Na verdade, a gestão do valor para os acionistas tem tido resultados variados. Porém, um estudo sobre a experiência de 125 empresas encontrou similaridades entre aquelas que aplicaram de forma bem-sucedida os conceitos de valor para os acionistas.[2] Essas empresas:

- Deram prioridade ao valor para os acionistas sobre as outras metas, especialmente metas de crescimento.
- Deram treinamento intensivo a toda a organização em relação ao valor para o acionista, fazendo desse valor uma ferramenta prática para os gestores em todos os níveis. A filosofia não ficou restrita ao nível dos executivos.
- Foram disciplinadas na identificação dos determinantes de valor para os acionistas. Por exemplo, para um *call-center*, os determinantes poderiam ser o tempo de resposta das ligações e a qualidade das respostas.
- Reduziram as despesas gerais ao adaptar o sistema contábil atual e integrar a análise de valor para os acionistas com o planejamento estratégico.

Essas empresas tiveram diversas vantagens. Primeiro, o conceito levou ao desinvestimento de ativos geradores de valores, o que, de outra forma, não teria ocorrido. Segundo, as empresas conseguiram transferir o planejamento corporativo e a tomada de decisão para unidades de negócios descentralizadas, pois todas as unidades tendiam a usar a mesma lógica, métricas e quadro mental. Terceiro, o horizonte de investimento da empresa tendia a ser mais amplo, com a aprovação de projetos cujas estruturas de tempo eram de muitos anos. Quarto, o novo reconhecimento de que o capital tem um custo tendia a gerar melhores decisões estratégicas.

Indicadores de desempenho – além da lucratividade

Uma das dificuldades na administração estratégica de mercado é desenvolver indicadores de desempenho que representem convincentemente os objetivos de longo prazo. A tentação é centrar-se em medidas de lucratividade de curto prazo e reduzir os investimentos em novos produtos e imagens de marca que têm retorno de longo prazo.

O conceito de valor presente líquido atual representa uma corrente de lucros de longo prazo, mas nem sempre é operacional. Em geral, não traz um critério para a tomada de decisão nem uma útil medida de desempenho. É, de certa forma, análogo preferir US$ 6 milhões a US$ 4 milhões. A questão real envolve determinar a alternativa estratégica que irá gerar US$ 6 milhões e a que irá gerar US$ 4 milhões.

É necessário desenvolver medidas de desempenho que reflitam viabilidade e saúde de longo prazo. O foco deve estar nos ativos e competências que servem de base para as estratégias atuais e futuras e suas vantagens competitivas sustentáveis (VCSs). Quais são os principais ativos e competências para uma empresa durante o horizonte de planejamento? Que dimensões estratégicas são mais cruciais: tornar-se mais competitivo em relação à oferta de produtos, desenvolver novos produtos ou tornar-se mais produtivo? Esses tipos de questões podem ajudar a identificar áreas de desempenho que uma empresa deve examinar. As respostas irão variar dependendo da situação, mas, como sugerido na Figura 6.1, elas sempre incluirão satisfação do cliente/lealdade à marca, qualidade de produto e serviço, associações à marca/empresa, custo relativo, inovação e capacidade e desempenho de gestores/funcionários.

Satisfação do cliente/lealdade à marca

Talvez o ativo mais importante de muitas empresas seja a lealdade da base de clientes. Medidas de vendas e a de participação de mercado são úteis, mas potencialmente imprecisas em relação ao modo como os clientes realmente se sentem quanto à empresa. Tais medidas podem refletir a inércia do mercado e são ruidosas, em parte, devido às ações do concorrente e às flutuações do mercado. Medidas de satisfação do cliente e de lealdade à marca são muito mais sensíveis e também garantem o valor do diagnóstico.

Diretrizes para medir satisfação e lealdade

Primeiro, deve-se identificar problemas e causas de insatisfação que possam motivar os clientes a mudar de marcas ou empresas. Na verdade, as informações mais sensíveis e importantes provêm daqueles que decidiram deixar uma marca ou uma empresa. Assim, entrevistas de saída com clientes que abandonaram uma marca podem ser muito produtivas. Segundo, há uma grande diferença entre gostar de uma marca ou de uma empresa e a ausência de insatisfação. O tamanho e a intensidade do grupo de clientes que realmente gosta de uma mar-

Figura 6.1 Medidas de desempenho que refletem lucratividade de longo prazo.

ca ou de uma empresa devem ser conhecidos. Terceiro, o valor duradouro de um cliente, baseado no nível de uso desse cliente e no tempo que se espera que esteja ligado às ofertas da empresa, muitas vezes é um conceito útil. A estimativa do valor duradouro para segmentos-chave pode ser esclarecedora. Quarto, as medidas devem ser monitoradas ao longo do tempo e comparadas com as dos concorrentes. Comparações relativas e mudanças são mais importantes.

Qualidade de produto e serviço

Um produto (ou serviço) e seus componentes devem ser fundamental e objetivamente comparados, tanto com os da concorrência como com as expectativas e necessidades do cliente. Seu valor é bom? Ele pode realmente fornecer desempenho superior? Como ele se compara às ofertas dos concorrentes? Como irá se comparar às ofertas dos concorrentes no futuro, dadas as inovações competitivas? Uma falha comum das empresas é evitar comparações inflexíveis com uma avaliação realista das ofertas atuais e potenciais do concorrente. Um recém-nomeado CEO da Frito-Lay colocou todos os programas em espera de uma vez durante um ano até que as unidades de fabricação da empresa ao redor do mundo estivessem prontas para fazer os produtos que venceriam os testes cegos. Ele percebeu que aquela qualidade do produto era uma condição necessária para o sucesso.

A qualidade de produtos e serviços geralmente é baseada em diversas dimensões cruciais que podem ser identificadas e mensuradas com o tempo. Por exemplo, um fabricante de automóvel pode mensurar defeitos, a capacidade de atender às especificações, a durabilidade, o índice de reparos e características. Um banco pode estar preocupado com o tempo de espera, a precisão de transações e a qualidade da experiência do cliente. Um fabricante de computador pode examinar especificações de desempenho relativo e confiabilidade do produto conforme refletido pelos dados de conserto. Uma empresa que exige melhor marketing de uma boa linha de produtos é muito diferente de uma que tem deficiências de produtos básicos.

Associações à marca/empresa

Um ativo sempre ignorado em uma marca ou empresa é aquilo que os clientes pensam sobre ela. Quais são suas associações? Qual é sua qualidade percebida? A qualidade percebida, algumas vezes muito diferente da qualidade real, pode ser baseada em experiências passadas com produtos ou serviços e em indicadores de qualidade, como tipos de varejista, estratégias de preço, embalagem, propaganda e clientes típicos. A marca ou a empresa é considerada especialista em um produto ou em uma área de tecnologia (como o projeto e a fabricação de barcos à vela)? É inovadora? É cara? Para o ambiente de um clube de campo? Está associada a algum país, a um tipo de usuário ou a uma área de aplicação (como corridas)? Tais associações podem ser ativos estratégicos importantes para uma marca ou uma empresa.

As associações podem ser monitoradas pedindo-se regularmente que os clientes descrevam suas experiências de uso e digam o que uma marca ou uma empresa significam para eles. A identificação de mudanças em associações importantes deve surgir de tais esforços. Pesquisas estruturadas usando uma amostragem representativa de clientes podem fornecer informações de acompanhamento ainda mais precisas.

Custo relativo

Uma cuidadosa análise de custo de um produto (ou serviço) e seus componentes, que pode ser crucial quando a estratégia, depende de atingir vantagem de custo ou paridade de custo, envolve desmontar os produtos dos concorrentes e analisar seus sistemas em detalhes. O consultor japonês Ohmae sugeriu que tal análise, quando associada à análise de desempenho, pode levar a uma das quatro situações mostradas na Figura 6.2.[3]

Se um componente, como o sistema de freios de um carro ou a operação do caixa de um banco, é mais caro e de menor qualidade que o do concorrente, pode haver um problema estratégico que exija mudança. Uma análise pode mostrar, porém, que o componente é um item tão pequeno, tanto em custo como em impacto ao cliente, que deve ser ignorado. Contudo, se o componente for competitivamente superior, um programa de redução de custo poderá ser a única estratégia apropriada. Uma análise de valor na qual o valor do componente para o cliente seja quantificado pode sugerir que o ponto de superioridade poderia suportar um aumento de preço ou uma campanha de promoção. Se, por outro lado, um componente for mais barato que o da con-

Figura 6.2 Custo relativo *versus* desempenho relativo – implicações estratégicas.

corrência, mas inferior, uma análise de valor pode sugerir que ele não seja enfatizado. Assim, para um carro com vantagem de custo, mas desvantagem de manuseio, a empresa poderia deixar de enfatizar seu desempenho de direção e posicioná-lo como um carro econômico. Uma alternativa é melhorar seu componente. Inversamente, se um componente é mais barato e superior, a análise de valor pode sugerir que ele seja enfatizado, talvez desempenhando um papel-chave nas estratégias de posicionamento e promoção.

Fontes de vantagem de custo

As muitas formas para obter vantagem de custo serão discutidas no Capítulo 8. Elas incluem economias de escala, a curva de experiência, inovações no projeto do produto e o uso de ofertas de produto sem supérfluos. Cada uma delas apresenta uma perspectiva diferente do conceito de como competir com base em uma vantagem de custo.

Custo médio

No custo médio, alguns elementos de custos fixos ou semivariáveis não são cuidadosamente alocados, mas sim considerados como uma média da produção total. O custo médio pode fornecer uma abertura para os concorrentes entrarem em um mercado que, de outra forma, seria seguro. Grandes clientes podem ser muito mais lucrativos do que os pequenos e produtos com preço *premium* podem ser mais lucrativos do que os com valorizados. Uma linha de produto que subsidia outras linhas é vulnerável, representa uma oportunidade para os concorrentes e, consequentemente, uma potencial ameaça a uma empresa.

Inovação

A operação de P&D gera uma série de conceitos de novos produtos? Como o fluxo de patentes se compara ao dos concorrentes? O processo, desde o conceito do produto até o lançamento do novo produto, é bem gerenciado? Há um registro de acompanhamento de novos produtos bem-sucedidos que afetaram o perfil de desempenho de produto ou a posição de mercado?

A chegada de novos produtos no mercado ocorre em tempo adequado? O tempo, no mercado, é especialmente importante em muitas indústrias segmentos, desde carros até *software*.

De forma mais ampla, a cultura organizacional sustenta a inovação? É possível criar uma inovação substancial (se não for transformacional) além de inovações incrementais? Existem programas para acelerar a inovação?

Capacidade e desempenho de gestores/funcionários

Também são fundamentais para o potencial de longo prazo da empresa as pessoas que implementarão as estratégias. Existem recursos humanos para dar suporte às estratégias atuais e futuras? Aqueles que entram para a organização atendem às suas necessidades quanto a tipos e qualidade, ou existem lacunas que não estão sendo preenchidas? Existe diversidade suficiente para que a organização possa identificar e responder a novas ameaças e oportunidades quando não estiverem dentro da arena de negócios existentes?

Uma organização deve ser avaliada não apenas pela maneira como obtém seus recursos humanos, mas também pela forma como cuida deles. Uma organização saudável consistirá em pessoas motivadas, competitivas, realizadoras e crescentes em sua profissão. Cada uma dessas dimensões pode ser observada e mensurada mediante pesquisas com funcionários e grupos de discussão. Certamente, a atitude dos trabalhadores de produção foi um fator fundamental na vantagem de qualidade e custo que as empresas automotivas japonesas tiveram durante as três últimas décadas. Em setores de serviços, como bancos e alimentação rápida, a capacidade de sustentar desempenho e atitude positiva por parte dos funcionários é geralmente um fator de sucesso fundamental.

Valores e legado

Empresas com desempenho forte ao longo do tempo normalmente têm bem definido um conjunto de valores que são conhecidos e aceitos dentro da organização, valores que vão além de simplesmente aumentar o retorno financeiro. Valores fortes que guiam e até inspiram são reforçados se forem apoiados por um legado bem conhecido e relevante. Valores e legado não criam somente uma marca forte e consistente, mas também dão suporte à estratégia de negócios. Na verdade, quando os negócios oscilam, um toque que geralmente funciona é voltar às raízes do negócio – o que o tornou forte em primeiro lugar. Quando os negócios da McDonald's estavam hesitantes, uma reviravolta ocorreu e se baseou em seus valores históricos de serviço, pessoas, conveniência, qualidade e bons preços.

Os valores dão razão para que os funcionários acreditem na empresa e irão influenciar, como resultado, a marca. Entre os valores que normalmente influenciam estão as associações organizacionais discutidas no Capítulo 9, tais como a inovação, a responsabilidade social, a preocupação com o cliente, a qualidade, o serviço, ser global e ambientalmente responsável.

Ter um patrimônio baseado em um fundador ou em um caso inicial de sucesso pode ser um guia ou um valor âncora. Considere a L.L. Bean, com a visão de que seu fundador, que desenhou um sapato para caçadores que era à prova d'água. Quando o primeiro lote teve problema, ele retirou-os do mercado. Seu foco era o consumidor e os ambientes a céu aberto e os homens ao ar livre continuaram a ser o guia da empresa. A General Electric ainda tem a ênfase na inovação que foi marca do seu fundador, Thomas Edison.

De modo mais geral, os valores são melhor comunicados dentro e fora da empresa com histórias. As pessoas lembram e respondem às histórias. Uma empresa deve se esforçar para ter um banco de histórias, um conjunto de histórias que ilustrem, coletivamente, os valores da empresa. As histórias não são limitadas ao legado de uma empresa, mas podem refletir as ações de um funcionário ou de um programa. A lenda de que a Nordstrom uma vez pegou de volta um pneu danificado conta muito sobre seu serviço ao cliente.

Pontos fortes e pontos fracos

Ao desenvolver ou implementar uma estratégia, é importante identificar os ativos e competências que representam os pontos fortes e fracos da empresa. Uma estratégia bem-sucedida precisa ser baseada em ativos e competências porque é geralmente mais fácil para os concorrentes duplicarem o que você faz em vez de quem você é. Além disso, os ativos e competências atuais, conforme ilustrados no Capítulo 11, podem ser aproveitados para criar novos negócios.

A Figura 3.4 mostra uma lista parcial dos tipos de ativos e competências que uma organização pode desenvolver. Há mais do que 36, organizados em categorias de inovação, manufatura, acesso ao capital, gestão, marketing e base de clientes. Esse *checklist* é um bom lugar para começar quando se está identificando os ativos e competências mais relevantes. Outros pontos de partida são as questões motivacionais introduzidas no Capítulo 3, que identificam ativos e competências importantes para os clientes, aquelas desenvolvidas por concorrentes de sucesso e, aquelas representando grandes e importantes partes da cadeia de valor agregado.

Cada ativo ou competência relevante ao negócio, como a capacidade de desenvolver um novo produto, acesso à mão de obra de baixo custo, uma cultura de inovação, a força da marca ou uma base de clientes leais, deve ser avaliada quanto à sua força e impacto.

Isso é dominante na medida em que oferece um ponto de vantagem que tem se mantido e que provavelmente irá permanecer no futuro? A capacidade de prestação de serviços de parques temáticos da Disney, por exemplo, é tão superior que outras empresas estudam sua operação. A organização está disposta a investir para fazer o ativo ou competência dominante no futuro? Certamente, a Disney mostrou essa disposição durante muitas décadas. O compromisso de investimento tem de ser levado em conta no quadro de recursos financeiros. Isso pode significar que os recursos para novos empreendimentos serão limitados.

Ele é forte, mas vulnerável? Outros estão alcançando o mesmo resultado? A empresa deveria tentar investir para recuperar uma posição dominante de modo que isso seja um ponto de vantagem? Em caso afirmativo, qual o programa, e a que custo, está implicado? Ou a empresa deve se retirar para que o ativo ou competência seja simplesmente uma modesta vantagem sobre alguns concorrentes e um ponto de paridade em relação a outros?

O ativo ou competência é adequado, é um ponto de paridade? É forte o suficiente para que os clientes não evitem a empresa por causa disso? Se assim for, trata-se de uma posição satisfatória a longo prazo? A vantagem pode ser alcançada em outras dimensões? Que investimento está implícito para manter a força atual de modo que ela não se torne um ponto de desvantagem?

A qualidade do produto está, muitas vezes, nessa situação. Se a Target, por exemplo, pode proporcionar uma qualidade adequada o suficiente para que os clientes não usem um juízo de qualidade como uma razão para excluí-la de seu conjunto de escolhas, a batalha se deslocará para outras dimensões em que a Target provavelmente se sobressaia.

Isso é um passivo? Está evitando que a empresa ganhe e mantenha clientes? Considere as fábricas de automóveis coreanas cujo déficit de qualidade e aceitabilidade sociais impedem que as pessoas comprem os seus produtos. Eles precisavam converter esse passivo em um ponto de paridade.

Ameaças e oportunidades

A outra metade de uma análise interna é a identificação de ameaças e oportunidades. Na análise externa, uma série de ameaças e oportunidades potenciais terá sido identificada. O desafio interno é determinar quais são mais relevantes para o negócio da empresa e priorizá-los. As dimensões usadas para gerenciar a incerteza estratégica, geralmente, premência e impacto, são apropriados ao avaliar as ameaças e oportunidades.

Aquelas ameaças que são iminentes e têm alto impacto devem direcionar um imperativo estratégico, um programa que tenha prioridade máxima. Se houver um problema de qualidade visível (como a água Perrier contaminada ou pneus defeituosos em Ford Explorers, por exemplo), resolver esse problema e, assim, enfrentar a ameaça associada a ele precisa ser uma alta prioridade. Quando a ameaça é de baixo impacto ou não é imediata, uma resposta mais ponderada é possível.

A ameaça mais extrema é aquela que potencialmente torna o modelo de negócios obsoleto. A AOL com a saudação "Você tem uma mensagem" e uma rota na Internet para novos negócios, tinha um modelo de negócios dominante, com cerca de 35 milhões de assinantes. No entanto, ele não conseguiu responder ao fato de que os seus clientes, no final, ficaram mais sofisticados e melhor equipados. A AOL estava em posição de ser a empresa de rede social

---

Benchmarking

Comparar o desempenho de um componente do negócio com outros é chamado de *benchmarking*. O objetivo do *benchmarking* é gerar ideias para melhorias, além de definir padrões a serem alcançados. Um dos alvos pode ser os concorrentes: quais custos e níveis de desempenho eles estão alcançando, e como? Conhecer os seus déficits com relação à concorrência é o primeiro passo para o desenvolvimento de programas para eliminá-los. Empresas com melhor prática são outro alvo. Assim, muitos *benchmarks* como a Disney em termos de prestação de serviço consistente em seus parques temáticos, ou como a Amazon como o padrão de operações de comércio eletrônico na Internet e suporte ao cliente. Olhar para fora da própria indústria é muitas vezes uma forma de romper com o *status quo* e, assim, criar uma vantagem real.

na Internet, mas em vez disso assistiu outras empresas, como o MySpace e o Facebook, assumirem esse papel e permitiu que sua proposição de valor se deteriorasse. Lidar com a ameaça de uma forma apropriada e tornar a organização responsiva poderiam ter resultado em algo muito diferente para AOL.

As ameaças podem vir na forma de um problema estratégico ou de um passivo. Problemas estratégicos, eventos ou tendências que afetam negativamente a estratégia geralmente precisam ser enfrentados de forma agressiva e corrigidos, mesmo que a correção seja difícil e cara. Passivos estratégicos e a ausência de um ativo (como boa localização) ou competência (por exemplo, habilidades para novos produtos) geralmente requerem uma resposta diferente. Uma empresa lida, muitas vezes ao longo do tempo, com um passivo para ajustar estratégias de forma a neutralizá-lo. A empresa que falha na área de novos produtos deve se envolver em uma estratégia sistemática de aquisição de produto.

De modo similar, uma oportunidade pode ser avaliada para saber se o seu impacto será grande e imediato. Em caso positivo, a organização deve se preparar para se mover rapidamente e decisivamente. Um estudo descobriu que a maioria das organizações só encontra uma "oportunidade de ouro" uma ou duas vezes em uma década. A marca de uma empresa que pode se adaptar às novas condições e ainda sair como líder de mercado é reconhecer e reagir a tais oportunidades. Oportunidades que têm baixo impacto ou somente no futuro podem justificar investimentos altos e talvez uma entrada experimental em uma nova área de negócio para obter informações, mas o comprometimento de recursos tende a ser mais modesto.

Normalmente, as oportunidades perdidas são caras e são muito comuns. Como Drucker escreveu de várias formas, os gerentes precisam dedicar mais tempo para as oportunidades e menos tempo resolvendo problemas.

Da análise à estratégia

Em tomadas de decisões estratégicas, as informações resultantes de diversas avaliações são relevantes, como já mostraram os últimos capítulos. Porém, o núcleo de qualquer decisão estratégica deve ser baseado em três tipos de avaliação. A primeira se refere aos pontos fortes e aos pontos fracos da organização. A segunda avalia pontos fortes, pontos fracos e estratégias do concorrente, pois as forças de uma organização terão menos valor se forem neutralizadas pelas forças ou pela estratégia de um concorrente. A terceira avalia o contexto competitivo, os clientes e suas necessidades, o mercado e o ambiente de mercado, para determinar a atratividade do mercado selecionado, dada a estratégia escolhida.

A meta é desenvolver uma estratégia que explore pontos fortes da empresa e pontos fracos do concorrente e neutralize pontos fracos da empresa e pontos fortes do concorrente. O ideal é concorrer em um segmento saudável e crescente com uma estratégia baseada em pontos fortes com pouca probabilidade de ser conquistados ou neutralizados pelos concorrentes. A Figura 6.3 resume como essas três avaliações se combinam para influenciar a estratégia.

```
┌─────────────────┐              ┌─────────────────┐
│  Pontos fortes  │              │  Pontos fortes  │
│ e pontos fracos │              │ e pontos fracos │
│  da organização │              │  do concorrente │
└────────┬────────┘              └────────┬────────┘
         └──────────────┐  ┌──────────────┘
                        ▼  ▼
         ┌──────────────────────────────────┐
         │   DESENVOLVIMENTO ESTRATÉGICO    │
         │   • Investimento estratégico     │
         │   • Proposição de valor          │
         │   • Ativos e competências        │
         │   • Estratégias e programas      │
         │     funcionais                   │
         └──────────────────┬───────────────┘
                            ▲
                ┌───────────────────────┐
                │     Necessidades      │
                │      de mercado,      │
                │     atratividade e    │
                │     fatores-chave     │
                │      de sucesso       │
                └───────────────────────┘
```

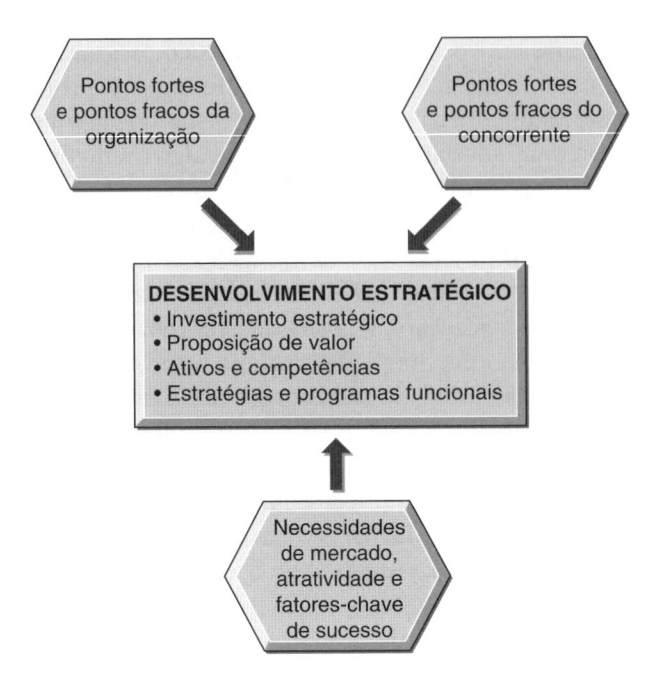

Figura 6.3 Estruturando decisões estratégicas.

A decisão da GE de vender sua divisão de pequenos eletrodomésticos ilustra esses princípios estratégicos. Essa divisão era parte do legado da GE e estava associada às lâmpadas e às linhas de eletrodomésticos na mente dos varejistas e dos clientes. A indústria de pequenos eletrodomésticos, porém, não era lucrativa, em parte devido a seu excesso de capacidade e ao poder do varejo. Além disso, pressões de custo contribuíram para uma redução no desempenho e na confiabilidade do produto. Ainda, os pontos fortes da GE, como sua superioridade tecnológica e seus recursos financeiros, não foram alavancados no setor de pequenos eletrodomésticos, já que qualquer inovação poderia ser copiada. Dessa forma, a GE decidiu que não existia uma adequação estratégica e vendeu a divisão de pequenos eletrodomésticos à Black & Decker.

Pontos-chave

- A análise de vendas e lucratividade fornece uma avaliação das estratégias passadas e uma indicação da viabilidade atual de mercado para uma linha de produto.
- O valor para os acionistas significa que o fluxo de lucros resultante de um investimento deve exceder ao custo de capital (que é a média ponderada do custo do patrimônio e do custo do passivo). As formas para atingir valor para os acionistas – como redução de tamanho, redução de

ativos empregados e terceirização – podem ser arriscadas quando enfraquecem ativos e competências.
- A avaliação de desempenho deve ir além das finanças, incluindo dimensões como satisfação do cliente/lealdade à marca, qualidade de produto e serviço, associações à marca/empresa, custo relativo, atividade de novos produtos e capacidade e desempenho de gestores/funcionários.
- Ativos e competências podem representar um ponto de vantagem, um ponto de paridade ou um passivo. Ameaças e oportunidades que são iminentes e importantes devem desencadear imperativos estratégicos, programas de alta prioridade.

Para discussão

1. Explique a análise de valor para o acionista. Por que ela pode ajudar as empresas? Por que ela pode resultar em decisões erradas?
2. Leia as citações do início dos Capítulos 2 a 6. Qual delas você considera a mais perspicaz? Por quê? Sob quais circunstâncias suas implicações não se manteriam?
3. Qual medida de desempenho você consideraria mais importante para o McDonald's? E para a General Motors?
4. Faça uma análise de pontos fortes, pontos fracos, oportunidades e ameaças para a Ford (análise SWOT – strengths, weakness, opportunities and threats). E para a Frito-Lay.

Notas

1. Para uma excelente resenha sobre riscos de valor dos acionistas, ver Allan A. Kennedy, *The End of Shareholder Value*, Cambridge, MA: Perseus Publishing, 2000.
2. Philippe Haspeslagh, Tomo Noda, and Fares Boulos, "It's Not Just About the Numbers", *Harvard Business Review*, July–August 2001, pp. 65–73.
3. Kenichi Ohmae, *The Mind of the Strategist*, New York: Penguin Books, 1982, p. 26.

CASOS DESAFIADORES DA PARTE I

Compreendendo e trabalhando com tendências da indústria
Tendências no varejo

Considere as seguintes tendências no varejo de alimentos e de não alimentos.

Varejo não alimentar

1. *Afastar-se do meio.* Varejistas estão oferecendo uma experiência mais sofisticada. Os locais da Macy's estão sendo renovados e ganhando imagem publicitária. A Bath & Body Works está se transformando em uma boutique de beleza com preços acessíveis. Varejistas de ponta como a Saks, a Neiman's, a Cole Hand e a Coach estão posicionadas claramente para oferecer benefícios autoexpressivos.

    Ao mesmo tempo, outros varejistas estão descendo para competir com as lojas de desconto. Lojas de desconto como a TJ Max, a Target e *shoppings* de descontos estão se tornando mais importantes, especialmente pela forma como os consumidores reagem à recessão.

2. *Em direção a um melhor estilo de vida de compras.* Os *shoppings* fechados estão em declínio; eles estão sendo substituídos pelos "centros de estilo de vida", que são uma combinação de lojas como a Pottery Barn, Barnes & Noble, Gap, Victoria's Secret e Williams-Sonoma, com passagens abertas e nenhuma loja de departamentos. Muitas vezes, esses centros estão localizados em um cenário urbano revitalizado.

3. **Instalação incluída.** Os varejistas estão começando a oferecer serviços complementares aos seus produtos, em parte para adicionar as vendas por metro quadrado, mas também para diferenciar suas ofertas. A Best Buy, a Home Depot e a Lowe's, por exemplo, estão entre as lojas que adicionaram o serviço de instalação. A Sears tem um serviço ativo de melhorias para a casa.
4. **Moda mais rápida.** A capacidade de varejistas como a Zara, a H&M, a Forever 21, a Target's Go International e a Uniclo de capturar tendências da temporada por uma reviravolta do *design* e da produção significa que suas lojas são dinâmicas e interessantes, com novos itens sempre aparecendo.

Varejo alimentar

5. **Força de marcas privadas.** Os bens de marca privada continuam crescendo em um ritmo constante. Marcas privadas como o "S" da Safeway ou o Super Value do Walmart oferecem economia de preço excepcional e tendem a prosperar em categorias que não veem muita inovação. Grandes marcas privadas, como a Safeway Select, muitas vezes se tornam competitivas em termos de qualidade e até mesmo de inovação, enquanto ainda oferecem preços mais baixos.
6. **Mídia na loja.** Os varejistas estão descobrindo que as mídias convencionais são menos eficazes e estão partindo para as mídias dentro da loja, incluindo displays, carrinhos de compras, emissão de cupons no *site* do produto e cupons individualizados.
7. **Ofertas orgânicas.** Alimentos orgânicos, um dos fatores de sucesso da Whole Foods, estão ser tornando cada vez mais convencionais. Orgânicos da Safeway são vendidos fora da Safeway e a Target's Archer Farms está adicionando energia à Target.
8. **Rastreando compras.** Muitos varejistas, principalmente supermercados, estão seguindo e gratificando as compras dos clientes. A tendência é de premiar a fidelidade do cliente com mais informações e descontos direcionados. Alguns varejistas empregam sistemas de pagamento de alta tecnologia que permitem que os compradores paguem por meio de um número de identificação ou de um toque de um dedo.

Para discussão

1. O que está levando a cada uma dessas tendências? Quais são apoiadas por tendências de consumo subjacentes? Identifique-as.
2. Quais três tendências irão emergir nos próximos cinco anos? Como você prevê a probabilidade de uma tendência persistir por tanto tempo?

3. Quais são as ameaças e oportunidades representadas por essas tendências para a Macy's, a Levi Strauss, a Safeway e a General Mills?
4. Quando um varejista pode considerar ir contra a tendência?
5. Outra tendência potencial é o retorno às raízes de uma loja. Diversos varejistas, como a Gap e a Saks, perderam seus principais clientes ao tentar atrair compradores mais jovens. Como resultado, agora estão tentando voltar às suas raízes e oferecer a moda clássica que os tornou atraentes para seus clientes não tão jovens. O que os fez adotar a última moda em primeiro lugar? Eles podem recuperar os clientes que perderam?

Uma nova indústria dinâmica
A indústria de barras energéticas

Em 1986, a PowerBar, uma empresa em Berkeley, Califórnia, criou sozinha a categoria de barras energéticas.

Categorizado como um alimento energético para atletas, o produto foi distribuído em lojas de bicicletas e eventos normalmente relacionados à corrida ou ciclismo. O segmento-alvo era o atleta que precisava de uma fonte de energia eficaz.

Seis anos mais tarde, visando oferecer uma alternativa à natureza seca e pegajosa da PowerBar, um concorrente, também localizado em Berkeley, desenvolveu uma barra energética com sabor e textura superiores e lançou o produto com o nome de barra Clif. Na mesma época, outro concorrente introduziu a barra Balance, que oferecia uma mistura de proteína, gordura e carboidratos com base em uma fórmula nutricional associada à "Dieta da Zona". Diante desses desafios, a PowerBar respondeu com a Harvest (uma barra com gosto e textura mais acessíveis) e a ProteinPlus (uma entrada na subcategoria de alta proteína, relacionada àquela definida pela Balance).

Os criadores da barra Clif observaram que muitas mulheres eram atletas e outras tantas mais estavam envolvidas em fitness. Eles também observaram que essa metade da população tinha necessidades específicas em termos de vitaminas e suplementos, e que a indústria de barras energéticas ainda não havia os reconhecido ou preenchido – um caso clássico de necessidades não satisfeitas. Como resultado, a Luna foi introduzida como a primeira barra nutricional (e não de energia) para mulheres, usando a mídia e promoções visando mulheres ativas. A barra tinha uma textura crocante leve, vinha em sabores como "casca de limão" e chá chai, e continha cerca de duas dezenas de vitaminas, minerais e nutrientes. O mercado-alvo consistia de mulheres com tempo curto que queriam sabor e nutrição e que gostariam de receber uma barra sob medida para as suas necessidades.

Tanto em reação ao sucesso da Luna quanto para expandir os segmentos para os quais a categoria era relevante, a PowerBar estudou por que as mulheres não compravam seus produtos, que a empresa considerava nutritivos, convenientes, saborosos e capazes de fornecer uma rápida refeição no meio da manhã ou no meio da tarde. Uma resposta foi que a quantidade de calorias de qualquer membro da família PowerBar era simplesmente muito grande. Em resposta a isso, a empresa criou a quase indulgente PowerBar enriquecida Pria. Com apenas 110 calorias, a Pria foi concebida em resposta à Luna ao atrair novos usuários para a categoria.

A estratégia da Balance era a de introduzir uma série de produtos, todos ligados à fórmula nutricional original da barra 40/30/30, mas com gosto e texturas diferentes. Essas respostas incluíram a Balance Plus, a Balance Outdoor (sem cobertura de chocolate derretido), a Balance Gold, a Balance Satisfaction e a Balance enriquecida Oasis, uma barra desenvolvida para mulheres. O grande sucesso foi a Balance Gold, que foi posicionada próxima à categoria de barras de chocolate (na verdade, seu slogan era "como uma barra de chocolate") por conter ingredientes como nozes e caramelo. Uma barra como essa provavelmente pôs em risco a autenticidade da Balance ser percebida como uma barra energética. No entanto, como a Balance entrou na categoria já com uma perspectiva de dieta e como provavelmente nunca foi considerada estando no centro do mundo das barras energéticas, o risco pode ter sido aceitável.

Além das grandes marcas, concorrentes de uma variedade de pequenas e grandes empresas avançaram em subcategorias, posicionando-se em torno de fatores como idade (barras para idosos e para crianças) e saúde (produtos que entravam na categoria sem lactose, para diabéticos ou para cardíacos), para não falar de inúmeras texturas, sabores, tamanhos e coberturas.

Ao longo de 10 anos, cerca de 450 produtos foram introduzidos no mercado. Por exemplo, a popularidade de dietas com baixa ingestão de carboidratos desencadeou uma série de entradas, incluindo a Atkins Advantage, desenvolvida pela organização Atkins, que ganhou uma quota substancial do mercado, atingindo o pico em 2003 e caindo acentuadamente depois disso. Outras marcas participantes incluem a ZonePerfect, a Met-Rx, a GeniSoy, a EAS, a CarboLite, a Carb Solutions e as barras energéticas da Gatorade. A Masterfoods' Snickers Marathon – uma barra de chocolate com uma mistura de vitaminas, minerais e proteínas – tornou menos clara a divisão entre doces e barras energéticas a partir da busca pela participação nesse mercado. Uma preocupação da indústria de barras energéticas é o ceticismo entre alguns setores, por exemplo, em primeiro lugar, sobre o quanto seus produtos são diferentes qualitativamente das barras de chocolate.

A motivação para o uso de uma barra energética é principalmente obter um impulso de energia de forma conveniente. O legado original de ser um produto para melhorar o desempenho dos atletas de elite envolvidos com a exigência de atividades físicas (como Lance Armstrong, um usuário da PowerBar) criou credibilidade e benefícios autoexpressivos nos primeiros anos da categoria. Como a entrada nos lares ainda estava abaixo de 20%, no entanto, as grandes empresas trabalharam para generalizar o "desempenho" e torná-lo relevante para quem precisa ter um bom desempenho durante o dia. Na verdade, o sonho da indústria é levar as pessoas a rotularem a categoria "nutrição de desempenho" e pensar em como melhorar a capacidade de realizar qualquer tarefa.

Novos produtos na categoria estão seguindo diversas direções. A tendência de utilizar glacê, coberturas e revestimentos levou algumas barras energéticas a se transformarem em barras de chocolate. Outros seguem o sentido oposto, utilizando grãos inteiros como ingredientes para produtos, como a original barra Clif e a Quaker's Oatmeal Squares para mulheres. Os criadores da barra Clif também introduziram uma linha de barras salgadas, a Mojo, para oferecer alternativas ao gosto doce das barras. Além disso, há a barra Clif

Nectar, uma barra completamente orgânica e de frutas. A PowerBar introduziu a Nut Naturals, uma barra de baixo índice glicêmico. Existem barras localizadas em torno de ingredientes como proteínas ou barras de soja. A grande marca japonesa de barras de soja, a SoyJoy, está agora no mercado com uma barra seca que não será confundida com uma barra de chocolate.

A categoria de barras energéticas tornou-se popular, movendo-se de lojas de bicicleta para supermercados e explodindo apenas a partir dos US$ 100 milhões em receita em 1996 para estimados US$ 2 bilhões ou mais uma década depois, com o crescimento futuro esperado superior a 10% ao ano. A indústria é alimentada tanto pela confluência de tendências de baixa ingestão de carboidratos, portáteis, lanches nutritivos e substitutos de refeições (juntamente com uma preocupação geral com a saúde e o controle de peso) e pela introdução de novos produtos. Ao longo do caminho, tornou-se grande o suficiente para atrair a atenção de grandes empresas de produtos para o consumidor final. Em 2000, a Nestlé comprou a PowerBar, que tem permanecido a empresa líder, com a barra da Clif (que se manteve independente) crescendo como o seu concorrente mais impressionante. A linha Balance de produtos foi comprada pela Kraft, também em 2000.

As barras energéticas podem ser consideradas parte de uma categoria maior de barras, que também está crescendo rapidamente. O mercado é dividido igualmente entre barras de granola (posicionado como um lanche que é mais saudável do que as barras de chocolate), café da manhã/cereais/barras para lanche (usadas como substitutas de refeição) e barras energéticas. As barras energéticas têm uma entrada nos lares muito menor do que outras formas de barra. Os principais vendedores de barras são a Kellogg's (Nutri-Grain), a Quaker Oats, a General Mills e a Slim-Fast.

Para discussão

1. Conduza uma análise aprofundada dos clientes dessa categoria, seus concorrentes, mercado, ambiente e perspectivas para a PowerBar. Quais são as questões estratégicas-chave? Que informações adicionais você gostaria de obter? Como você as obteria? Quais são as ameaças e oportunidades? Abordar as seguintes questões, especificamente:
    a. Como o mercado está segmentado? Quais são as principais motivações e necessidades não satisfeitas dos clientes? Quais são as semelhanças e diferenças entre os segmentos? Como uma empresa pode relacionar as motivações dos clientes e as proposições de valor?
    b. Identifique os concorrentes. Quem são os concorrentes mais diretos? E os concorrentes indiretos? Quais são os produtos substitutos? Quais são os grupos estratégicos?

c. Quais são as tendências de mercado? Quais são os submercados em crescimento? Quais são os principais fatores de sucesso?
   d. Quais são as tendências ambientais que afetam o setor?
   Crie dois ou três cenários futuros viáveis.
2. Como você faria para avaliar submercados emergentes? Que critérios você usaria para entrar em cada submercado? Considere a reação da PowerBar à barra orgânica da Clif.
3. Marcas como a Harvest, a Luna, a Balance Gold, a Balance Satisfaction e outras podem ser alavancadas?
4. A categoria de barras energéticas vai se transformar em categoria de barras de alimentos, com elementos como dieta, gosto de doces e substituição do café da manhã, enquanto a definição de energia retrocede? Como a PowerBar da Nestlé pode evitar que isso aconteça e ainda manter sua postura popular/de supermercado?
5. Em que ponto o mercado de barras energéticas se relaciona ao ciclo de vida do produto? Que estratégias podem ser usadas para prolongar o ciclo de vida? Você vê uma consolidação no horizonte?
6. Quais são as perspectivas para a barra japonesa SoyJoy? Ela vem em vários sabores, mas é bastante seca. Que estratégia você aconselha que eles usem?

Fonte: Adaptado com a permissão da Free Press, uma divisão da Simon & Schuster Adult Publishing Group, de David Aaker, Brand Portfolio Strategy, Capítulo 4, "Brand Relevance",* pp. 98-101.

---

* N. de E.: Publicado em português pela Bookman Editora sob o título *Relevância de Marca*.

Avaliando e estimando as implicações de uma inovação transformacional

Inovações transformacionais

A *Business 2.0* nominou diversas empresas com potencial para mudarem o jogo com inovações transformacionais. A revista observou que o telefone foi recusado, em 1876, pela Western Union Telegraph (a qual a tecnologia foi oferecida por US$ 100 mil) e por J. Pierpoint Morgan, que o chamou de uma novidade sem aplicação comercial. No entanto, o telefone, como sabemos, transformou a indústria da comunicação. Será que essas empresas transformarão segmentos também? Ou será que serão notas históricas?

Zopa – Empréstimo Peer-to-Peer

O setor bancário é uma área altamente lucrativa, baseada em grande parte na capacidade de emprestar o dinheiro que é fornecido por cliente com poupança e, parcialmente, pelo uso de cartões de crédito para gerar empréstimos com taxas de juros altas. A Zopa, nascida no Reino Unido, oferece uma alternativa aos bancos, permitindo que as pessoas façam empréstimos umas às outras, tanto quem toma, quanto quem oferece o empréstimo podem receber taxas potencialmente melhores do que as que um banco ofereceria. As pessoas entram na Zopa como devedores ou credores. A Zopa avalia o risco de crédito dos "clientes" usando informações convencionais, como relatórios de crédito e comprovantes de renda, bem como fontes menos convencionais, como avaliações no eBay. Tanto devedores quanto credores são agrupados de modo que um credor individual faça na verdade parte de um grupo que vai emprestar dinheiro para um grupo de mutuários, reduzindo riscos de inadimplência. A Zopa processa os pagamentos e recebe uma taxa de 1% compartilhada pelo mutuário e credor. O Clube do Empréstimo é uma iniciativa dos Estados Unidos similar à Zopa.

Eestor – Uma nova fonte de força automotiva

A Eestor, fundada em 2001, está desenvolvendo uma nova bateria em estado sólido na forma de ultracapacitores de cerâmica de alta densidade e potência de Unidades Elétricas de Armazenamento (UEAs). Embora a tecnologia seja mantida em confidencialidade pela Eestor, os relatórios indicam que uma UEA pode armazenar mais de 10 vezes a energia de baterias de chumbo-ácido com um décimo do peso, pode ser recarregada em minutos, tem ciclos de recarga praticamente ilimitados e não tem risco de sobreaquecimento ou materiais perigosos. Em 2009, a Eestor conseguiu obter a validação de um terço dos créditos que afirma ter seu desempenho.

O mercado de automóveis é uma importante aplicação potencial. As UEAs da Eestor podem dar energia não só aos automóveis pequenos como também a grandes SUVs. Estima-se que um carro movido a Eestor poderia percorrer 500 milhas com cerca de US$ 9 de eletricidade e que o motor custaria pouco mais de US$ 5 mil, enquanto um motor convencional movido a gasolina custa a partir de US$ 3 mil até US$ 5 mil dólares. Um fabricante de carros elétricos de baixa velocidade de Toronto, chamado Feel Good Cars, obteve, aparentemente, o direito exclusivo em nível mundial para comprar UEAs da Eestor.

NextMedium

A NextMedium facilita o marketing da integração da marca (um termo que inclui a colocação do produto e também a presença da marca sem um produto real) em programas de televisão, filmes e videogames. A NextMedium vai ajudar as empresas de entretenimento a apresentar seu inventário de potenciais oportunidades de integração da marca, com lances mínimos estabelecidos. Ela irá então colocar esse inventário na frente de anunciantes. Quando uma oportunidade de integração da marca é comprada, há um desconto aprovado pelo profissional criativo de entretenimento. Para os anunciantes, isso vai proporcionar uma maneira fácil de visualizar e selecionar a partir do inventário de opções de integração da marca. Com a NextMedium os anunciantes podem ver ou ouvir o seu anúncio em seu contexto. Além disso, a NextMedium irá monitorar e fornecer informações sobre o tamanho e a composição da audiência exposta a essa emissão.

Para discussão

Para cada inovação transformacional potencial, responda às seguintes perguntas:

1. Quem são as indústrias e empresas para os quais esta seria uma ameaça? Qual é a natureza da ameaça? Como você faria para avaliá-la? Como você pode prever o impacto? Que exemplos similares de história podem fornecer *insights*? Como é que eles diferem? Como você pode evitar tomar uma decisão como a do CEO da Western Union em 1876? Isso poderia ser uma oportunidade também para essas mesmas empresas? O que as impede de participar na nova tecnologia?
2. Será que essa tecnologia irá expandir o mercado, trazendo novos clientes, ou vai simplesmente substituir o negócio existente?
3. Quais são as opções estratégicas para as empresas com a tecnologia de transformação? Quais são os prós e contras de cada uma?
4. O que você faria sobre o *branding* e o posicionamento em uma nova classe de produto sendo proposto? Como devem ser rotulados?

Fonte: Erick Schunfeld and Jeanette Bovzo, "The Next Disruptors", *Business 2.0,* October 2006, pp. 80–96.

PARTE II

Criando, adaptando e implementando estratégia

CAPÍTULO 7

Criando vantagem: sinergia e comprometimento *versus* oportunismo *versus* adaptabilidade

"Todos os homens podem ver as táticas de minhas conquistas, mas ninguém consegue discernir a estratégia que gerou as vitórias."
— **Sun-Tzu, estrategista militar chinês**

"Não gerencie, lidere."
— **Jack Welch, GE**

"Onde a superioridade absoluta não é atingível, você precisa produzir uma superioridade relativa em um ponto decisivo, fazendo uso hábil daquilo que você tem."
— **Karl von Clausewitz, On War, 1832**

Nossa atenção agora muda da análise estratégica para o desenvolvimento de uma estratégia de negócio. Quais alternativas estratégicas devem ser consideradas? Que ativos e competências, segmentos-alvo, proposições de valor e estratégias funcionais devem ser considerados? Que decisões de investimento e desinvestimento devem ser levantadas? Essas questões serão o foco do balanço deste livro. Um dos objetivos será fornecer um leque amplo de alternativas estratégicas disponíveis a fim de aumentar a probabilidade de que as melhores escolhas serão consideradas. Mesmo uma decisão pobre entre as alternativas superiores é preferível a uma boa decisão entre as alternativas inferiores.

Os nove capítulos restantes deste livro estão retratados na Figura 7.1. Este capítulo irá discutir o conceito e a criação de uma vantagem competitiva sustentável (VCS), o segredo para uma estratégia bem-sucedida. Em seguida, se voltará para o desafio de criar e alavancar a sinergia como uma base para uma VCS. Finalmente, três filosofias estratégicas diferentes são apresentadas – compromisso estratégico, oportunismo estratégico, capacidade de adaptação estratégia – por proporcionarem caminhos diferentes para obter-se uma vantagem estratégica.

O Capítulo 8 fornece uma visão geral das proposições alternativas de valor. A proposição de valor é, muitas vezes, um conceito guarda-chuva sob o qual os ativos de suporte e competências e estratégias funcionais e programas

Busca de vantagens sustentáveis

- Capítulo 7
  VCS, sinergia e filosofias estratégicas
- Capítulo 8
  Proposições alternativas de valor
- Capítulo 9
  Construindo e administrando o valor da marca

Estratégias de crescimento

- Capítulo 10
  Energizando os negócios
- Capítulo 11
  Alavancando os negócios
- Capítulo 12
  Criando novos negócios
- Capítulo 13
  Estratégias globais
- Capítulo 14
  Estabelecendo prioridades para negócios e marcas – opções de saída, exploração e consolidação

Implementação de estratégia

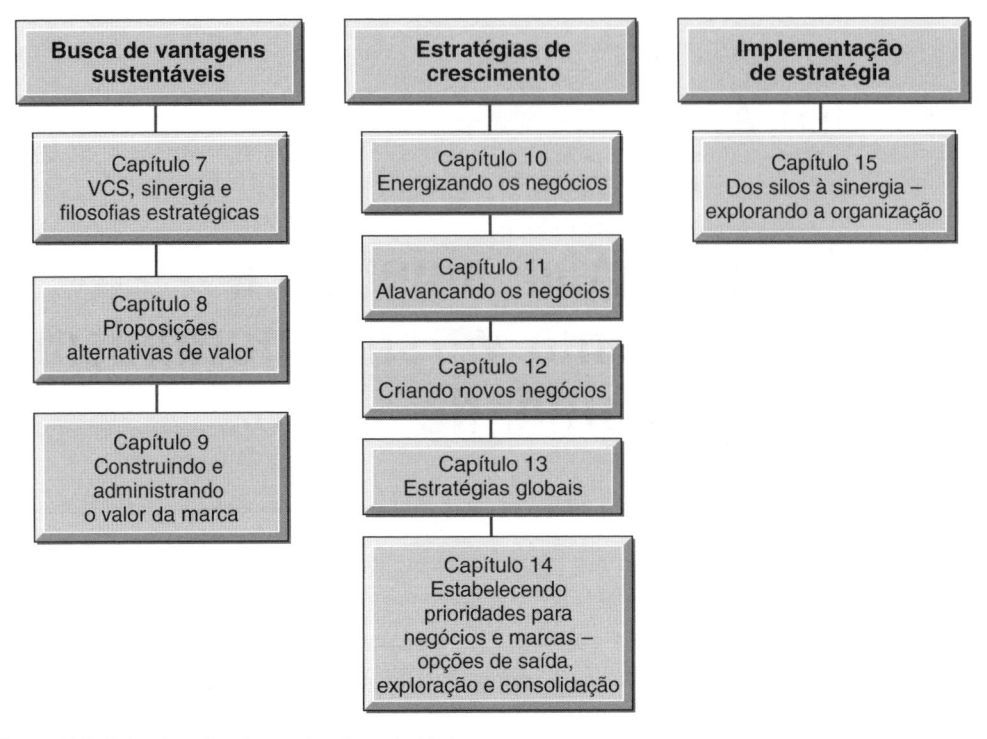

- Capítulo 15
  Dos silos à sinergia – explorando a organização

Figura 7.1 Criando e implementando estratégia.

podem ser agrupados. Nesse sentido, ele representa uma boa visão das estratégias alternativas. O Capítulo 9 descreve como criar e alavancar um ativo-chave, o valor de marca. Os quatro capítulos seguintes apresentam estratégias de crescimento: energizando o negócio (Capítulo 10), alavancando o negócio (Capítulo 11), criando novos negócios (Capítulo 12) e tornando-se global (Capítulo 13). O Capítulo 14 discute a definição de prioridades entre as unidades de negócios e a tomada de decisões para o desinvestimento, um determinante-chave no provimento de recursos para o crescimento. Finalmente, o Capítulo 15 introduz questões organizacionais com foco na criação de cooperação e comunicação entre "silos" organizacionais a fim de obter sinergia e eficiência.

A vantagem competitiva sustentável

Como definido anteriormente neste livro, a vantagem competitiva sustentável é um elemento (ou uma combinação de elementos) da estratégia empresarial que fornece uma vantagem importante sobre concorrentes existentes e futuros (ver Figura 7.2). O Walmart tem uma vantagem de custo devido a suas economias de escala, a seu poder de mercado e a suas eficiências logísticas, bem como à sua reputação de valor e à localização de suas lojas. A Southwest

Como você compete
- Estratégia de produto
- Estratégia de posicionamento
- Estratégia de produção
- Estratégia de distribuição, etc.

Bases de competição
- Ativos e competências

O que você oferece
- Proposição de valor

Onde você compete
- Seleção de produto-mercado
- Seleção de concorrente

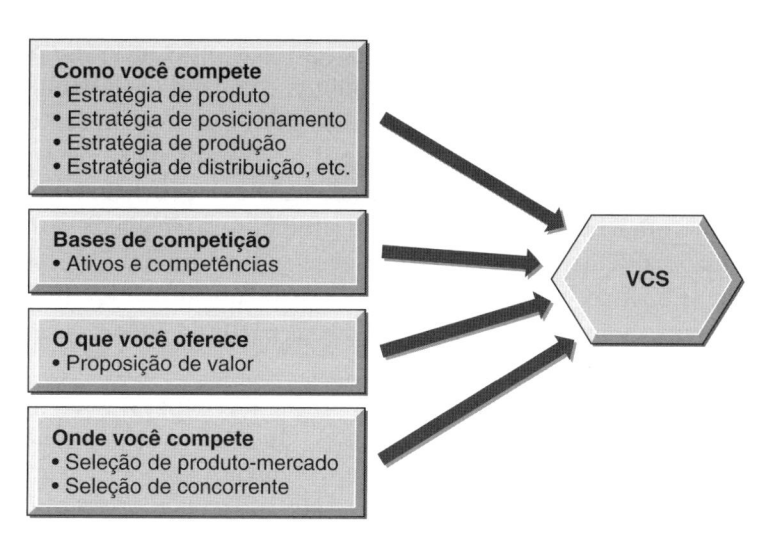

→ VCS

Figura 7.2 A vantagem competitiva sustentável.

Airlines apresenta uma personalidade divertida e um modelo ponto a ponto que garante uma viagem conveniente, confiável e descomplicada. O eficiente modelo de venda direta do Netflix elimina deslocamentos inconvenientes até a loja e taxas atrasadas que são irritantes.

Uma VCS precisa ser significativa e sustentável. Ela deve ser substancial o suficiente para fazer diferença; uma superioridade marginal em qualidade, especialmente quando "boa" qualidade é boa o suficiente para a maioria dos clientes, não irá gerar uma VCS. Enquanto isso, a sustentabilidade (na falta de uma verdadeira patente) significa que qualquer vantagem precisa ser apoiada e melhorada com o tempo. É necessário haver um alvo móvel para os concorrentes. Por exemplo, a Gillette manteve sua superioridade tecnológica em aparelhos de barbear por um longo período, com inovação após inovação, dificultando a cópia de sua vantagem competitiva.

Uma VCS dependerá, em parte, das estratégias e programas funcionais e de como você compete. As lojas de desconto Walmart, o sistema ponto a ponto da Southwest e o modelo de vendas diretas do Netflix têm VCSs baseadas, em parte, em suas estratégias e programas funcionais. Nesses casos e em outros, porém, uma VCS eficaz também envolverá outros aspectos da estratégia empresarial – ativos e competências, a proposição de valor e a seleção de produto-mercado.

A base de competição: ativos e competências

Os ativos e competências de uma organização representam o elemento mais sustentável de uma estratégia empresarial porque esses elementos são normalmente difíceis de se copiar ou contrapor. Não há razão para adotar uma estratégia de qualidade, por exemplo, sem as competências de projeto e produção necessárias para entregar produtos de qualidade. Qualquer um pode tentar distribuir cereais ou detergentes por meio dos supermercados, mas poucos têm as competências em logística, administração de espaço de prateleira ou relação com os executivos da cadeia que tornam a distribuição de produtos eficiente e eficaz. De forma similar, a estratégia de posicionamento de uma loja de departamentos com serviço de primeira linha só irá funcionar se as pessoas certas, com a cultura certa, que estiverem no lugar certo e receberem apoio. Quem você é, em outras palavras, é tão importante quanto o que você faz.

Como discutido no Capítulo 3, diversas questões podem ajudar a identificar ativos e competências relevantes. Quais são as principais motivações dos segmentos de mercado mais importantes? Quais são os maiores componentes de valor agregado? Quais são as barreiras de mobilidade? Que elementos da cadeia de valor poderiam gerar uma vantagem? Que ativos e competências estão presentes em empresas bem-sucedidas e ausentes em empresas malsucedidas?

O que você oferece – a proposição de valor

Uma VCS eficaz deve ser invisível para os clientes e fornecer ou melhorar uma proposição de valor. A proposição de valor empregada mais amplamente, como a qualidade, os preços baixos ou os valores sociais, são descritos nos próximos dois capítulos. A chave é associar uma proposição de valor com o posicionamento da empresa. A confiabilidade de um produto pode não ser aparente para os clientes, mas, se puder se tornar visível mediante propaganda ou projeto de produto, poderá suportar uma estratégia de posicionamento confiável. A Maytag é um exemplo de empresa cujo posicionamento de confiabilidade é apoiado por uma propaganda, que comunica a proposição de valor dada pelo projeto e pelo desempenho de seu produto.

A reputação de entrega de uma proposição de valor pode ser um ativo mais importante do que a substância que forma a base dessa reputação. Uma empresa com tal reputação pode vacilar por um tempo, de modo que o mercado nunca perceberá tal fraqueza, ou perdoará a empresa. Inversamente, os concorrentes sempre têm mais facilidade para igualar a qualidade ou o desempenho de uma oferta de mercado do que para convencer os clientes de que realmente o fizeram. Impressões duradouras como essa são a razão pela qual uma proposição de valor visível, que seja importante para os clientes, é estrategicamente valiosa.

Uma proposição de valor sólida pode falhar se faltar um ingrediente-chave. As batatas fritas Pringles, da Procter & Gamble, têm vários ativos, como produto consistente, vida de prateleira longa, uma embalagem à prova de esmagamento e distribuição nacional. O problema era que esses atributos só teriam valor se o sabor do produto fosse considerado bom. Como resultado, a capacidade da Pringles de penetrar no mercado de salgadinhos foi limitada por décadas, até que ela fez progresso no tocante a sabor real e percebido. A Kingsford Charcoal falhou no mercado de molhos para churrasco simplesmente porque não havia espaço para um terceiro entrante no segmento *premium*.

Onde competir: o produto-mercado atendido

Um determinante importante de uma VCS é a escolha do produto-mercado. Uma estratégia bem-definida, apoiada por ativos e competências, pode falhar porque não funciona no mercado. Um produto-mercado precisa ser selecionado para que a proposição de valor seja relevante. Como observado no Capítulo 4, não adianta oferecer a melhor minivan do mercado se a maioria de seus clientes-alvo agora quer comprar utilitários.

O escopo da empresa também envolve a identificação dos concorrentes. Algumas vezes, um ativo ou competência só formará uma VCS se considerarmos o conjunto correto de concorrentes. Assim, é vital avaliar se um concorrente ou grupo estratégico é fraco, adequado ou forte em relação a ativos e competências. A meta é adotar uma estratégia que rivalize com os pontos fracos do concorrente em áreas relevantes.

VCSs *versus* fatores-chave de sucesso

Qual é a diferença entre os fatores-chave de sucesso (FCS), apresentados nos Capítulos 1 e 4, e as VCSs? Um fator-chave de sucesso é um ativo ou competência necessário para competir. Uma VCS é um ativo ou uma competência que forma a base da vantagem contínua. Por exemplo, uma empresa de automóveis precisa ter distribuição adequada considerando seu modelo de negócios e seus objetivos; então, a distribuição é um FCS. A Lexus, no entanto, transformou sua rede de concessionárias em uma VCS, porque consegue proporcionar uma experiência superior para o cliente. Um FCS para carros populares é a capacidade de controlar custos a fim de gerar margens de lucro. A capacidade da Hyundai nesse quesito é notadamente superior à de seus concorrentes e, por isso, tornou-se uma vantagem competitiva de sucesso.

Para ganhar um jogo de pôquer é necessário ter habilidade, autocontrole e dinheiro. Também é necessário que o jogador pague para ver – que ofereça certa quantia em dinheiro apenas para ver as cartas e fazer sua aposta. Um FCS também pode significar pagar para ver no mercado. Gerar um carro de qualidade superior pode ter sido uma VCS para a Lexus ou a Mercedes e um ponto de diferenciação em meados dos anos 90. À medida que a BMW e a Cadillac melhoraram sua própria habilidade, a dimensão de qualidade, entretanto, passou a ser um atributo esperado em todos os carros de luxo e, assim, tornou-se um FCS, e não mais a base para uma VCS. Em vez de permitir que se ganhe aquela mão competitiva, um FCS apenas compra para uma organização o direito de sentar-se à mesa.

Rever os conceitos de pontos de paridade (PDPs) e pontos de diferenciação (PDDs) apresentados no Capítulo 1 irá fornecer esclarecimentos adicionais sobre esta distinção.[1] Os PDDs são associações de marca fortes, favoráveis e únicas, baseadas em algum atributo ou associação de benefício. A Ikea, por exemplo, fornece móveis a preços acessíveis, com *design* exclusivo, e os clientes é que montam os produtos. Um PDP, em contrapartida, é uma associação que não é necessariamente exclusiva da marca. PDPs podem ser necessários para apresentar uma oferta crível em uma determinada categoria, como no caso dos caixas automáticos e de horário conveniente para os bancos. Um PDP também pode ser criado para negar um ponto de distinção de um concorrente. Uma marca de alimentos de baixo carboidrato tenta criar paridade em relação ao sabor, negando, assim, o PDD de sabor de seus concorrentes e levando os clientes a basear sua seleção nos PDDs da empresa (especificamente, ingredientes com baixa quantidade de carboidratos). Uma VCS é análoga a um PDD, ao passo que um FCS pode ser análogo a um PDP ou PDD.

Como os dirigentes classificam suas VCSs

Foi solicitado a dirigentes de 248 empresas distintas nas áreas de serviços e alta tecnologia que identificassem as VCSs de suas empresas.[2] Os objetivos eram identificar VCSs frequentemente utilizadas, confirmar que os dirigentes podiam articular as VCSs, determinar se diferentes dirigentes da mesma empresa identificariam as mesmas VCSs e descobrir quantas VCSs seriam identificadas em cada empresa. As respostas foram codificadas em categorias. Os resultados, resumidos na Figura 7.3, trazem algumas informações sugestivas em relação às VCSs.

A ampla variedade de VCSs mencionadas, cada uma representando técnicas competitivas distintas, é mostrada na figura. Evidentemente, a lista difere para cada indústria. Para empresas de alta tecnologia, por exemplo, reconhecimento do nome era menos importante do que superioridade técnica, inovação de produto e base instalada de clientes. Os próximos dois capítulos discutem diversas VCSs em mais detalhes.

A maioria das VCSs na Figura 7.3 reflete ativos ou competências. A base de clientes, a reputação de qualidade, boa administração e equipe de engenharia, por exemplo, são ativos empresariais, ao passo que serviços a clientes e superioridade técnica geralmente envolvem conjuntos de competências.

Para um subgrupo de 95 empresas envolvidas, um segundo dirigente de negócios foi entrevistado separadamente. O resultado sugere que eles podem identificar VCSs com um alto grau de confiabilidade. Das 95 empresas, 76 pares de dirigentes deram respostas que foram codificadas da mesma forma, e a maioria das outras tinha apenas uma pequena diferença na lista de VCSs.

Outro resultado é interessante – o número médio de VCSs por empresa foi 4,58, sugerindo que geralmente não é suficiente basear uma estratégia em

Capítulo 7 – Criando vantagem: sinergia e comprometimento... 149

		Alta tecnologia	Serviços	Outros	Total
1.	Reputação de qualidade	26	50	29	105
2.	Suporte ao cliente de serviço/produto	23	40	15	78
3.	Reconhecimento de nome/destaque	8	42	21	71
4.	Manter bons gerentes e profissionais de engenharia	17	43	5	65
5.	Baixo custo de produção	17	15	21	53
6.	Recursos financeiros	11	26	14	51
7.	Orientação ao cliente/retorno/pesquisa de mercado	13	26	9	48
8.	Amplitude da linha de produto	11	23	13	47
9.	Superioridade técnica	30	7	9	46
10.	Base de clientes satisfeitos	19	22	4	45
11.	Segmentação/foco	7	22	16	45
12.	Características/diferenciação de produto	12	15	10	37
13.	Inovação contínua de produto	12	17	6	35
14.	Participação de mercado	12	14	9	35
15.	Tamanho/localização da distribuição	10	11	13	34
16.	Preço baixo/alto valor da oferta	6	20	6	32
17.	Conhecimento da empresa	2	25	4	31
18.	Pioneirismo/entrante inicial no segmento	11	11	6	28
19.	Produção/operações eficientes e flexíveis, adaptáveis aos clientes	4	17	4	25
20.	Equipe de vendas eficaz	10	9	4	23
21.	Habilidades gerais de *marketing*	7	9	7	23
22.	Visão/cultura compartilhadas	5	13	4	22
23.	Metas estratégicas	6	7	9	22
24.	Controladora poderosa e bem conhecida	7	7	6	20
25.	Localização	0	10	10	20
26.	Propaganda/imagem eficazes	5	6	6	17
27.	Empreendedorismo/espírito empreendedor	3	3	5	11
28.	Boa coordenação	3	2	5	10
29.	Engenharia de pesquisa e desenvolvimento	8	2	0	10
30.	Planejamento de curto prazo	2	1	5	8
31.	Boas relações com distribuidor	2	4	1	7
32.	Outras	6	20	5	31
Total		315	539	281	1.135
Número de empresas		68	113	67	248
Número médio de VCSs		4,63	4,77	4,19	4,58

Figura 7.3 Vantagens competitivas sustentáveis de 248 empresas.

uma única VCS. Algumas vezes, uma empresa é descrita quanto a uma única competência ou ativo, implicando que o fato de ser uma empresa orientada à qualidade ou uma empresa focada em serviço explica o sucesso. Esse estudo indica, porém, que pode ser necessário ter vários ativos e competências.

O papel da sinergia

A sinergia entre unidades de negócios pode garantir uma VCS realmente sustentável por ser baseada em características de uma empresa que são provavelmente únicas. Um concorrente pode ter de duplicar a organização a fim de captar os ativos ou competências envolvidos.

Um elemento básico, na visão estratégica da GE, foi obter sinergia entre várias unidades de negócios. O conceito era de que uma área de negócios da GE poderia usar os recursos da empresa e de outra área de negócios da GE para criar vantagem. A tecnologia de turbinas da GE foi pioneira no estabelecimento de infraestrutura para a eletricidade, ajudando no segmento de motores a jato. As VCSs da General Electric no scanner CT (um sistema de diagnóstico baseado em raio X) foram, em parte, baseadas em sua liderança na área de raio X, na qual a empresa possui uma gigantesca base instalada e uma ampla rede de serviços, e, em parte, no fato de que ela opera outros negócios envolvendo as tecnologias usadas nos scanners CT. As tecnologias em um ramo podem se tornar inovações em outro ramo.

A Sony explora a sinergia de seus muitos grupos de produtos ao expô-los juntos nas lojas (a exemplo de uma na Michigan Avenue em Chicago) e até mesmo em cruzeiros de alto padrão. Os navios são equipados com produtos de entretenimento Sony, incluindo aparelhos de TV, telões e equipamentos de som. O resultado é um pacote integrado que tem o impacto cumulativo de reforçar o papel da Sony em fornecer entretenimento de alta qualidade e tecnologicamente avançado.

A sinergia pode ser gerada a partir da alavancagem de ativos e competências. A Amazon alavancou o seu armazenamento, encomendas e sistema de distribuição em cima de centenas de produtos e permite que outras empresas usem seu sistema, que gera mais escala e margem de dólares. A Disney alavancou a sua marca e sua ligação com as crianças e familiares a partir de uma grande variedade de ofertas, incluindo shows na Broadway e cruzeiros.

A sinergia significa que o todo é mais do que a soma de suas partes. Nesse contexto, significa que duas ou mais unidades de negócios (ou duas ou mais estratégias de produto-mercado) operando juntas serão superiores às mesmas duas unidades operando independentemente. No que diz respeito a produtos, sinergia positiva significa que oferecer um conjunto de produtos irá gerar, com o tempo, um retorno mais alto do que seria possível se cada produto fosse oferecido separadamente. De modo semelhante, com respeito a mercados, operar um conjunto de mercados dentro de uma área de negócios é melhor do que operá-los separadamente.

Como resultado da sinergia, as unidades de negócios combinadas terão um ou mais dos seguintes itens:

1. Maior valor para o cliente e, consequentemente, mais vendas.
2. Custos operacionais mais baixos.
3. Investimento reduzido.

Geralmente, a sinergia será obtida pela exploração de algum ponto em comum entre as duas operações, como, por exemplo:

- Clientes e, algumas vezes, aplicações de clientes (criando, potencialmente, uma solução de sistemas) – a IBM alavancou seu conhecimento sobre os clientes e sobre relações a partir dos produtos.
- Uma equipe de vendas ou um canal de distribuição – os canais da P&G suportam cerca de 80 produtos.
- Uma marca e sua imagem – a HP alavancou sua marca em cima de produtos e países.
- Instalações usadas para produção, escritórios ou armazenagem – O sistema de trabalho do Walmart em diversos países.
- Esforços de P&D – as divisões da Texas Instruments recorreram a uma operação central de P&D.
- Mão de obra e sistemas operacionais – todas as divisões da Market Facts, a empresa de inteligência global, acessam suas estatísticas sobre mão de obra e sistemas operacionais.
- Marketing e pesquisa de mercado – A tecnologia da pesquisa de mercado da Coca-Cola auxilia todas as linhas de produto Coca-Cola.

Não é difícil entender a sinergia conceitualmente, mas na prática isso exige certa astúcia, em parte porque pode ser difícil prever se a sinergia surgirá de fato. Em geral, duas áreas parecem relacionadas, e aparentemente pode haver potenciais sinergias consideráveis, mas elas nunca se concretizam. Algumas vezes, a sinergia percebida é simplesmente uma miragem ou um desejo, talvez criado na impetuosidade de se fazer uma fusão. Outras vezes, a potencial sinergia é real, mas problemas de implementação impedem sua concretização. Talvez haja uma diferença cultural entre duas organizações, ou talvez os incentivos sejam inadequados. No Capítulo 11, as dificuldades em se concretizar uma sinergia potencial serão revistas.

Alianças

Obter sinergia instantânea é a meta das alianças. A parceria do McDonald's com uma cadeia de lojas de conveniência de uma companhia de petróleo, por exemplo, resultou tráfego e valor agregado para a companhia de petróleo e boas localizações para o McDonald's. A Dentsu, maior agência de propaganda japonesa, tem mais de 100 alianças – muitas baseadas em propriedade parcial – que permitem a ela oferecer uma solução de comunicação mais ampla para seus clientes.

As alianças são frequentemente o segredo para uma estratégia de sucesso na Internet. Yahoo! e a Amazon têm centenas de grandes alianças e milhares de alianças menores que se combinam para ajudá-las a alcançar seus objetivos de direcionar o tráfico da Internet e oferecer preços diferenciados para os seus visitantes. O Capítulo 13, Estratégias Globais, aborda o difícil processo de estabelecer alianças e *joint-ventures* e de pô-las em prática.

Ativos e competências essenciais

O ativo ou competência de uma empresa que puder ser a base competitiva de várias áreas de negócios é chamado de ativo ou competência essencial e pode ser uma vantagem sinérgica. Considere a metáfora da árvore, na qual o sistema de raiz é o ativo ou competência essencial, o tronco e os galhos maiores são os produtos básicos, os galhos menores são as unidades de negócios e as folhas e flores são os produtos finais. Você pode não reconhecer a força de um concorrente se simplesmente olhar para seus produtos finais e deixar de examinar os pontos fortes de seu sistema de raiz. A competência essencial representa a consolidação das tecnologias e habilidades de toda a empresa em um conjunto coerente. Um ativo essencial, como uma marca ou um canal de distribuição, merece investimento e gestão que englobem todas as unidades de negócios.

Considere, por exemplo, as competências essenciais da Sony em miniaturização, da 3M em tecnologia de fitas adesivas, da Black & Decker em pequenos motores, da Honda em motor de veículos e trens elétricos, da Samsung em semicondutores (o que serve de base para a inovação de seus produtos na área de eletrônicos e celulares) e da Canon em mecânica de precisão, óptica fina e microeletrônica. Cada uma dessas competências sustenta um grande grupo de negócios e tem potencial para criar mais. Cada uma dessas empresas investe em competência de muitas formas e em contextos diferentes. Cada uma deve insistir em manter em casa seu trabalho primário relacionado à competência essencial. A terceirização arriscaria um enfraquecimento do ativo, e cada empresa deve insistir legitimamente em que não há outra capaz de se equiparar a seus avanços de primeira linha.

Processos de negócios altamente eficazes muitas vezes representam uma competência básica que pode ser aplicada a todos os negócios levando a uma vantagem competitiva sustentável. Um desses processos é o desenvolvimento de novos produtos e a introdução de processos. As empresas automotivas japonesas que reduziram o processo de cinco para três anos, tornando-o mais sensível às necessidades do mercado, conseguiram uma vantagem enorme. Outro processo é a gestão de operações internacionais, considerado uma

VCS pela IDV, subsidiária da Grand Metropolitan. Ainda outra é o pedido e o processo logístico no varejo. A partir do desenvolvimento de melhorias representativas no pedido e no processo logístico por meio da distribuição de inovações centrais, um sistema de transporte rodoviário dedicado, e encomendas informatizadas, o Walmart desenvolveu um custo enorme e vantagens de manuseio de estoque sobre a concorrência. A Uniqlo, um varejista como Gap no Japão, liga os varejistas diretamente aos fornecedores na China, criando assim a capacidade de responder às tendências de estilo em semanas em vez de meses.

O desenvolvimento de capacidades superiores em processos-chave envolve investimentos estratégicos em pessoas e infraestrutura, o uso de equipes multifuncionais e metas de desempenho claras. Uma melhoria verdadeira do processo não ocorre sem o controle e o domínio das partes do processo. Assim, a corporação virtual, que desenha peças de várias fontes em resposta à tarefa organizacional em mãos, muitas vezes, esforça-se para entregar uma sinergia baseada em capacidades.

Compromisso, oportunismo e adaptabilidade estratégica

Existem três filosofias ou abordagens muito diferentes para o desenvolvimento de estratégias bem-sucedidas e vantagens competitivas sustentáveis que podem ser rotuladas como comprometimento estratégico, oportunismo estratégico e adaptabilidade estratégica. As descrições de cada um, resumidas na Figura 7.4, oferecem uma boa perspectiva sobre as opções quanto ao estilo de gestão, processos e filosofia de negócio. Não há uma única maneira melhor; dados os corretos contextos, pessoas, cultura e estratégia, cada um deles pode funcionar. Além disso, em mercados dinâmicos, a maioria das empresas precisará empregar todas as três abordagens. As empresas precisam aprender a serem multitarefa.

Comprometimento estratégico

O comprometimento estratégico envolve uma fidelidade apaixonada e disciplinada a uma estratégia de negócios claramente definida que pode resultar em um negócio cada vez mais forte e lucrativo ao longo do tempo. Este foco "atenha-se ao seu trabalho" evita a distração com oportunidades atrativas ou ameaças competitivas que envolvem gasto de recursos que não promovem a estratégia principal. O Walmart, com o seu foco único em custos e valor, tem se destacado com uma filosofia de comprometimento estratégico. A Starbuck's tem como foco o café e a experiência do cliente.

O Google estabeleceu a sua posição com um foco único no *site* de busca enquanto os seus concorrentes, como a Yahoo e a Microsoft, estavam expandindo os seus serviços a fim de dirigir o tráfego e explorar as visitas de seus usuários. Google baseou sua estratégia em várias crenças centrais. Uma é a unidade inabalável de ser o melhor mecanismo de busca, como exemplificado pelo conceito de que "é melhor fazer uma coisa muito, muito bem" e "é melhor ser um ponto de partida, não um ponto de chegada".[3] Um outro é o valor do foco no usuário, a fim de oferecer uma interface simples, de carregamento rápido, com um ranking baseado na popularidade e não em patrocínios e conteúdo publicitário que parece ser relevante.

O comprometimento estratégico é baseado na suposição de que o futuro será parecido com o passado, de que o modelo atual de negócios que é eficaz também será bem-sucedido no futuro. Há uma perspectiva de longo prazo nessa estratégia; o foco das decisões de investimento e desenvolvimento estratégico está no futuro. O horizonte de planejamento pode se estender ao futuro 2, 5 ou mais de 10 anos, dependendo do negócio envolvido.

Deve haver uma compreensão e aceitação em toda a organização sobre o que é a estratégia e por que ela é persuasiva, realizável e por que vale a pena. Especificamente, as pessoas devem conhecer e acreditar na proposição de valor, no mercado-alvo, nas estratégias funcionais e no papel dos ativos e competências. A lógica de negócios deve ser mais do que atingir os objetivos financeiros; ela deve ter um propósito que é valorizado, inspirador.

A execução e o aperfeiçoamento da estratégia são as chaves para o sucesso. A ênfase está na melhoria contínua (em vez da mudança contínua) das implementações estratégicas existentes, reduzindo custos, melhorando a eficiência e a proposição de valor, melhorando a satisfação do cliente e reforçando os ativos e competências. A cada ano as operações e seus resultados devem ser melhores do que os do ano anterior. Empresas japonesas como a Shiseido ou a Canon chamam essa melhoria contínua de "kaizen" e construíram empresas de sucesso em torno dela. Ao buscar a melhoria contínua, o que é necessário é inovação incremental, em vez de transformacional ou mesmo substancial. O objetivo é melhorar a estratégia existente em vez de criar uma nova estratégia. A ess respeito, necessita-se de informação sobre a evolução tecnológica e as atitudes dos clientes no âmbito do contexto competitivo atual.

Características organizacionais	Comprometimento estratégico	Oportunismo estratégico	Adaptabilidade estratégica
Perspectiva	Melhoria contínua	Oportunista	Adaptar-se às mudanças de mercado
Orientação	Comprometimento	Resposta rápida	Ser relevante
Liderança	Carismática	Tática	Visionária
Estrutura	Centralizada	Descentralizada	Uniforme
Perspectivas futuras	Longo prazo	Curto prazo	Médio prazo
Pessoas	Foco no objetivo	Empreendedora	Diverso
Risco	Perder a relevância	Ficar de fora	Tendências mal-interpretadas

Figura 7.4 Três filosofias estratégicas.

O comprometimento estratégico traz demandas sobre a organização e seu povo, cultura, estrutura e sistemas. Geralmente, uma organização centralizada que pode ser disciplinada na alocação de recursos e mantê-los "dentro da estratégia" será útil, assim como a presença de um líder forte e carismático, que pode vender essa visão a grupos relevantes dentro e fora da organização. As pessoas devem ser especializadas, cada uma com habilidades que permitam o avanço da estratégia e seus ativos e competências subjacentes. A cultura deve girar em torno da visão estratégica que está por trás da estratégia. Ela deve ir além dos objetivos financeiros e incluir aqueles que irão inspirar quem implementa a estratégia.

O comprometimento estratégico tem algumas semelhanças com a intenção estratégica, um conceito concebido por Hamel e Prahalad há quase 20 anos, ou seja, uma visão estratégica clara e comprometimento com essa visão.[4] Também existem algumas diferenças significativas. A intenção estratégica era mais orientada a uma empresa iniciante a partir de uma posição corrente ou de entrada em vez de melhorar uma posição estabelecida ou de liderança. Ela encorajava, portanto, a inovação transformacional em vez da inovação incremental, a fim de alterar a ordem existente do mercado. Ela também defendia que a organização se estendia também à identificação e desenvolvimento de novas VCSs. O foco estava em vencer o maior concorrente, em parte, com uma obsessão sustentada com a vitória em todos os níveis da organização e uma ideia clara do que o vencedor levaria.

Teimosia estratégica

O risco da rota de comprometimento estratégico, como sugerido na Figura 7.5, é que a visão possa tornar-se obsoleta ou falsa e sua adoção, um exercício imprevidente de teimosia estratégica. Entre um conjunto de ameaças que poderiam evitar que uma visão fosse concretizada, três se destacam.

> ***Barreiras de implementação.*** O cenário futuro deve ser substancialmente preciso, mas a empresa pode não conseguir implementar a estratégia necessária. Esse foi, em parte, o problema com os esforços da GE e de outras para romper o mercado de computadores nos anos 60 e com a tentativa da Sony de promover seu formato beta de videocassete como padrão do setor nos primeiros tempos desse aparelho.
>
> ***Suposições erradas sobre o futuro.*** A visão pode ser enganosa porque está baseada em suposições falsas sobre o futuro. Por exemplo, o conceito de uma empresa de serviços financeiros única foi baseado, em parte, na suposição errônea de que os clientes veriam valor em um serviço financeiro único. Porém, os clientes preferiam lidar com especialistas. O conceito da GE de automação de fábrica foi similarmente enganoso, como a empresa descobriu depois de algumas grandes perdas. Os clientes queriam componentes de *hardware* e *software*, não um sistema de fábrica.

Abordagem estratégica	Risco estratégico
Comprometimento estratégico	Teimosia estratégica
Oportunismo estratégico	Deriva estratégica
Adaptabilidade estratégica	Erros estratégicos; tendências mal-interpretadas

Figura 7.5 Visão *versus* oportunismo.

Uma mudança de paradigma. Um terceiro problema ocorre quando há uma mudança de paradigma, talvez provocada por uma inovação transformacional. Por exemplo, os computadores mudaram de grandes computadores centrais para minicomputadores para estações de trabalhos e para servidores. No setor de semicondutores, as válvulas primeiro deram lugar aos transistores e depois, na sequência, aos semicondutores, circuitos integrados e microprocessadores. Em ambos os casos, cada novo paradigma trouxe consigo uma mudança notável no elenco de personagens. É extremamente raro que o líder em um paradigma seja líder no próximo, muitas vezes por causa da teimosia estratégica.

Novos modelos operacionais também podem mudar o paradigma. A Starbucks e outras empresas vêm mudando a forma como o café é comprado e consumido, deixando aqueles que vendem cafés embalados em supermercados lutar em um segmento em declínio e não lucrativo. A Dell mudou a forma como pessoas e organizações compram seus computadores, deixando em desvantagem aqueles que vendem por meio de canais de varejo. A Nucor mudou a indústria do aço ao criar miniusinas dispersas que usam sucata de aço como matéria-prima, deixando as grandes companhias de aço concorrerem em preço e verem suas vendas caírem e seus lucros desaparecerem. Em cada caso, não é coincidência que o novo paradigma tenha sido dominado por novos entrantes ou por entrantes que tinham sido considerados participantes insignificantes do nicho pelas empresas líderes.

Oportunismo estratégico

O oportunismo estratégico é conduzido por um foco no presente. A premissa é de que o ambiente é tão dinâmico e incerto que é, no mínimo, arriscado ou, mais provavelmente, infrutífero predizer o futuro e investir com base nessas predições. A rota mais prudente e lucrativa é detectar e capturar as oportunidades quando elas se apresentam, com o objetivo de alcançar lucros imediatos. Quando sucessos a curto prazo fluem, o longo prazo vai cuidar de si mesmo assim como pelo menos alguns desses vencedores de curto prazo crescerão até se tornarem grandes empresas e o restante, no total, não será um fardo.

Uma chave para o sucesso no oportunismo estratégico é uma cultura empreendedora e a vontade de responder rapidamente às oportunidades conforme elas surgem. As pessoas devem ser empreendedoras, sensíveis às novas oportunidades e ameaças, e rápidas ao reagir. A organização precisa ser descentralizada, com pessoas autorizadas a experimentar e investir em oportunidades emergentes. A cultura tem de apoiar os gestores habilitados, novos empreendimentos e mudanças. A estratégia será dinâmica, a mudança será regra. Novos produtos serão continuamente explorados ou introduzidos e outros perderão a ênfase ou serão descartados. Novos mercados serão criados e o desinvestimento em mercados já existentes sempre será uma opção. A organização estará à procura de novas sinergias e ativos e competências a serem desenvolvidos.

Outro segredo é manter-se perto do mercado. A equipe de gestão precisa falar com os clientes e outras pessoas sobre os gostos dos clientes, as atitudes e as necessidades. Os sistemas de informação devem monitorar os clientes, concorrentes e o comércio para saber das tendências, oportunidades, problemas e ameaças assim que aparecem. A coleta de informações e a análise devem ser sensíveis e contínuas. Reuniões periódicas e frequentes para analisar os mais recentes desenvolvimentos e novidades podem ser úteis. A organização deve ser rápida para compreender e agir sobre os fundamentos da mudança.

O oportunismo estratégico oferece diversas vantagens. Uma delas é que o risco de perder oportunidades de negócio emergentes é reduzido. Outra é que o risco de teimosia estratégica também é reduzido. Empresas como a Purina em rações, a General Mills em cereais e a Ziff Davis na mídia buscam nichos emergentes e desenvolvem marcas sob medida para mercados especializados. Assim, marcas da Purina como a ALPO, a Beneful, a ProPlan, a Mighty Dog e a Purina One e marcas General Mills como a Berry Burst Cheerios e a Cinnamon Toast Crunch são criadas para apelar a um gosto ou tendência atual. A Ziff Davis está introduzindo, continuamente, um nicho de publicações em torno da sua marca PCMag.com.

O oportunismo estratégico também tende a gerar uma vitalidade e energia que pode ser saudável, especialmente se a empresa tem unidades de P&D e marketing descentralizadas que geram uma série de novos produtos. Dentro da 3M, por exemplo, novos negócios estão sendo continuamente criados e avaliados no tocante a seu potencial. A HP é outra empresa que acredita em gestão empreendedora descentralizada. Essas empresas não centralizadas estão sempre próximas do mercado e das tecnologias, dispostas a aproveitar as oportunidades.

O oportunismo estratégico resulta em economias de escopo, com ativos e competências suportados por linhas de produto múltiplas. A Nike, que aplica seus ativos de marca e competências em projetos de produto e compreensão do cliente a uma ampla variedade de mercados, é um bom exemplo. Uma parte importante da estratégia da empresa é desenvolver fortes laços emocionais e relações com segmentos focados mediante seus pontos fortes de projeto de produto e marca. A organização é extremamente sensível aos segmentos emergentes (como o basquete de rua) e à necessidade de refinamento e inovação de produtos. A Nike tem flexibilidade estratégica, o que caracteriza as empresas bem-sucedidas e estrategicamente oportunistas.

Deriva estratégica

O problema com o modelo de oportunismo estratégico é que, como sugerido pela Figura 7.5, ele pode transformar-se em deriva estratégica. Decisões de investimento são tomadas, de forma incremental, em resposta às oportunidades, em vez de ser dirigidas por uma visão. Como resultado, a empresa pode acordar em uma manhã e descobrir que está em várias áreas de negócios para as quais não tem os ativos e competências necessários e as que geram poucas sinergias.

Pelo menos três fenômenos podem transformar o oportunismo estratégico em deriva estratégica. Primeiro, uma força transitória de curta duração pode ser confundida com uma que tenha duração suficiente para justificar um movimento estratégico. Se a força tiver uma duração tão curta que a estratégia não se justifique ou nem mesmo tenha uma chance de ser adotada, o resultado será uma estratégia imprópria para a empresa ou o ambiente.

Segundo, as oportunidades de gerar lucros imediatos podem ser racionalizadas como estratégicas quando na verdade elas não o são. Por exemplo, uma empresa de instrumentação pode receber muitas solicitações de seus clientes para instrumentos com fins especiais que possam ser usados por outros clientes, mas que tenham pouco valor estratégico para a empresa. Tais oportunidades podem resultar em um pedido inicial considerável, mas desviar recursos de P&D de atividades mais estratégicas.

Terceiro, as sinergias esperadas entre as áreas de negócios existentes e novas podem não se materializar devido a problemas de implementação, talvez em decorrência de choques de cultura, ou porque as sinergias eram apenas ilusões. Um esforço para explorar ativos ou competências essenciais pode não dar certo. Como resultado, existirão novas áreas de negócio sem as vantagens competitivas sustentáveis esperadas.

A deriva estratégica não apenas cria negócios sem os recursos e competências necessários, como também pode resultar na falha em dar suporte a uma área de negócios básica que não tenha uma boa visão. Sem visão e comprometimento de suporte, é tentador desviar investimentos para coisas aparentemente certas que são oportunidades estratégicas imediatas. Assim, o oportunismo estratégico pode ser uma desculpa para prorrogar investimentos ou desviar recursos de uma visão essencial.

Um exemplo de deriva estratégica é uma empresa que projetou, instalou e prestou serviços em equipamentos sob medida para siderúrgicas. Com o tempo, as siderúrgicas adquiriram mais conhecimento e passaram a comprar equipamentos padronizados, principalmente com base no preço. Gradualmente, a empresa afastou-se dessa área de *commodity* para manter sua participação de mercado. Ela finalmente percebeu que estava adotando uma estratégia dupla, para a qual não estava preparada. Tinha muitas despesas gerais para concorrer com as verdadeiras empresas de *commodity*, e sua capacidade de fornecer serviços de alto nível havia se desgastado a um ponto que era agora inferior ao dos participantes de alguns nichos. Se tivesse havido uma visão estratégica, a empresa não teria caído nessa armadilha.

Outro exemplo é de um varejista que ia bem enquanto operava com uma linha de produtos limitada, em um mercado local, com mensagens de baixo custo. O valor para o cliente era claro, e o estilo gerencial direto era eficaz. Contudo, quando a empresa expandiu seu escopo geográfico e de produto, entrando até mesmo na área de mercearia, os sistemas gerenciais deixaram de ser adequados e a proposição de valor tornou-se vaga. O varejista transformou-se em uma empresa que exigia ativos e competências que não possuía.

Adaptabilidade estratégica

A adaptabilidade estratégica, assim como o oportunismo estratégico, baseia-se nas suposições de que o mercado é dinâmico, o futuro não irá necessariamente imitar o passado, e um modelo de negócio existente e bem-sucedido pode não ser o ideal no mercado de amanhã. Diferente do oportunismo estratégico, no entanto, há também uma suposição de que é possível compreender, predizer e gerenciar respostas à dinâmica de mercado que surgem e até mesmo criam ou as influenciam.

A adaptabilidade estratégica trata da gestão da relevância, um tema apresentado no Capítulo 4. Conforme a dinâmica do mercado evolui e os nichos e segmentos emergem, um objetivo é adaptar a oferta de modo que mantenha sua relevância. A empresa quer evitar investir em utilitários quando o mercado está se deslocando para os híbridos. Outra empresa quer aproveitar as oportunidades para influenciar a criação de mercados e submercados. Um estudo determinou que essa oportunidade ocorre, em média, uma ou duas vezes por década, e que a janela de oportunidade é, muitas vezes, curta. Empresas estrategicamente adaptáveis não querem perder tal oportunidade. A esse respeito, o mais provável é da inovação incremental para a inovação substancial e até mesmo a inovação transformacional se é isso que é preciso para criar novos mercados.

Uma empresa que aspira ser estrategicamente adaptável às necessidades precisa ter competência para identificar e avaliar tendências, precisa de uma cultura que apoie a resposta agressiva e uma flexibilidade organizacional de forma que a criação daquele negócio e a modificação possam ocorrer rapidamente.

Identificando e avaliando tendências. Uma empresa estrategicamente adaptável precisa ter um bom mecanismo externo para detectar as tendências subjacentes ao cliente e à dinâmica do mercado envolvendo operadores tais como tecnologia e distribuição. Além disso, a organização terá de conseguir distinguir modismos de tendências e avaliar a substância, a dinâmica e as implicações dessas tendências. Esta não é uma tarefa simples. Estar perto do cliente, a partir do contato direto e de pesquisa, será importante.

Cultura de apoio à adaptação. Quando as tendências são detectadas, a empresa estrategicamente adaptável precisa ter uma cultura que apoie a resposta agressiva às oportunidades representadas pela análise de tendência. Isso significa que a inovação, o empreendedorismo e a experimentação devem ser valorizadas e que falhar não é um problema. A inovação é uma atitude, mas também envolve a capacidade de P&D, em casa ou com a aliança de empresas, para oferecer o potencial de ampliar as ofertas da empresa. O estilo empreendedor deve ser apoiado por estruturas organizacionais e sistemas de recompensa que incentivem os gestores a explorar as oportunidades com a ação orientada para estratégias. Tem de haver alguma habilidade para tolerar uma mentalidade do tipo "preparar, apontar, fogo". Diferente do oportunismo estratégico, o produto a curto prazo será menos importante do que a prioridade de obter o direito de oferecer e estabelecer uma posição de valor no mercado emergente.

Flexibilidade estratégica. A flexibilidade estratégica geralmente requer que uma empresa esteja pronta quando uma janela de oportunidade surgir. A flexibilidade estratégica – capacidade de ajustar ou desenvolver estratégias para responder às mudanças, sejam elas externas ou internas – pode ser alcançada de diferentes formas, incluindo a participação nos mercados de vários produtos e tecnologias, ter recursos de sobra e criar um portfólio flexível da marca.

A participação nos mercados de vários produtos ou tecnologias significa que a organização já está "no terreno" em diferentes arenas e que comprou opções estratégicas. Assim, se parecer que a demanda irá se deslocar para o mercado de um novo produto ou de uma nova tecnologia emergente, a organização pode expandir o mercado atual do produto em vez de começar do zero com todos os riscos e todo o tempo necessários. Uma organização também pode participar de áreas de negócios com pouco retorno, a fim de ganhar flexibilidade estratégica para lidar com possíveis mudanças de mercado.

Investir em ativos subutilizados desencadeia a flexibilidade estratégica. Um exemplo óbvio é manter a liquidez (como a reserva de caixa de US$ 20 bilhões da Toyota), de forma que o investimento possa ser canalizado rapidamente para áreas de oportunidade ou problema. Manter excesso de capacidade em distribuição, pessoal organizacional ou P&D também pode aumentar a capacidade de uma empresa reagir rapidamente.

Um portfólio flexível da marca pode ser necessário para que os ativos da marca apoiem o movimento para uma nova direção. Essa flexibilidade pode ser baseada em uma marca guarda-chuva forte; a GE não tem apenas a marca GE, mas outras marcas, como a NBC e a Universal, que podem ser a base de uma plataforma de crescimento. Também pode ser baseado em um sistema endossado de marcas, submarcas e de características de marca, como o portfólio da Marriott, que inclui o Fairfield Inn, o Courtyard e outras. A ideia é ter um portfólio robusto o suficiente para que uma nova oferta não tenha que criar uma marca de ativos para poder competir.

A Nucor tem mostrado capacidade de adaptação estratégica ao longo dos anos. Nos anos 70, enfrentando pressões de preço de siderúrgicas totalmente integradas e marcas japonesas eficientes, a Nucor desenvolveu uma estratégia de produzir vigas (produtos de alto valor usados na construção) em miniusinas rurais que empregavam mão de obra não sindicalizada e usavam sucata de aço como matéria-prima. Durante uma década, esse modelo fez da Nucor um sucesso estratégico e financeiro. Em meados dos anos 80, porém, outras empresas começaram a copiar a estratégia, a sucata de aço já não estava tão disponível e o alumínio havia feito sérias incursões nos mercados tradicionais de aço. Em resposta a essas mudanças, a Nucor novamente reinventou o paradigma ao centrar-se em produtos superiores aos do mercado, usando um substituto para a sucata de aço baseado em minério de ferro do Brasil e uma unidade de processamento em Trinidad.

Outras duas empresas também ilustraram a adaptabilidade estratégica. A Charles Schwab deixou de ser uma corretora para investidores individuais para inovar no fornecimento de fundos mútuos sem taxa de transação sob a marca Schwab OneSource. Hoje, ela dispõe de um exército de consultores financeiros de tarifa única, chamados Schwab Institutional, para orientar investidores que são atraídos para as opções de investimento da Schwab. O foco da Microsoft passou de sistemas operacionais para aplicações para a Internet. Tanto a Schwab como a Microsoft não abandonaram a velha visão; ao contrário, ampliaram-na com uma nova direção.

Erros estratégicos – tendências mal-interpretadas

Investir em tendências e submercados emergentes é um risco crescente por causa da incerteza e do julgamento envolvido e porque a execução da estratégia é, muitas vezes, difícil.

Um erro na interpretação de uma tendência ou de submercados emergentes pode resultar em um erro substancial capaz de danificar ou mesmo de paralisar a empresa. Não apenas recursos serão desperdiçados, que poderiam ter sido utilizados de forma produtiva em outros lugares, como também poderão ter impacto nocivo sobre os ativos da marca e sobre a cultura interna. Uma falha visível pode inibir escolhas estratégicas futuras. Considere, por exemplo, a Nabisco Snackwells, que respondeu a uma tendência de uma nutrição de baixa gordura e que acabou por ser menos duradoura do que o esperado. A perda de patrimônio para as marcas Snackwell e Nabisco foi significativa para a empresa.

Além do problema de uma tendência ser mal-interpretada há o problema da execução. A análise mais inteligente e perspicaz pode levar a uma estratégia que simplesmente não poderá ser implementada. Pense na fusão da AOL com a Time Warner. A Time Warner esperava oferecer conteúdo para o então portal líder na Internet e, durante o processo, se tornar relevante no mundo virtual. A falha nesse conceito ocorreu, pelo menos em parte, por causa da incapacidade de execução por trás da estratégia. As duas organizações, com culturas e incentivos muito diferentes, foram incapazes de trabalhar juntas para executar a visão. Mesmo tendo a visão em mente, as dificuldades de execução condenaram todo o esforço.

Filosofias misturadas

Existem empresas que têm uma filosofia estratégica dominante. Pode-se dizer que o Google e a Starbucks são empresas predominantemente comprometidas com a estratégia, que a General Mills é um grupo mais oportunista e que a P&G e a GE são mais estrategicamente adaptáveis. Mas não é assim tão simples. A maioria das empresas é, e deve ser, o resultado de uma mistura.

As empresas podem se envolver com o comprometimento estratégico em uma área de negócios, com o oportunismo estratégico em outra e com a adaptabilidade estratégica ainda em outra área. Os sorvetes Starbuck's estão disponíveis nos supermercados e o café da Starbuck's pode ser encontrado nos voos da United Airlines, demonstrando uma estratégia oportunista. Ainda, a Starbuck's tem um café solúvel, o Via, disponível em supermercados e em quiosques da Starbuck's nos aeroportos e supermercados, apontando para uma adaptabilidade estratégica. O Google adotou uma adaptabilidade estratégica adquirindo uma série de capacidades e de empresas com alguma estratégia oportunista baseada no conhecimento do tráfico e do fluxo a partir de sua base de dados. Entre as suas muitas aquisições estão o YouTube, a Dodgeball (rede social móvel) e a Double Click (uma agência de propaganda na Internet).

Enquanto a General Mills tem uma filosofia oportunista forte, também tem um compromisso estratégico com relação à marca Cheerios e exerceu a adaptabilidade estratégica no que diz respeito às tendências de saúde. E a GE é adaptável estrategicamente, mas também tem compromisso com unidades de negócios, tais como motores a jato; a empresa foi oportunista em sua estratégia de aquisições ao longo dos anos.

As filosofias também podem se sobrepor dentro de um negócio. A Toyota, por exemplo, tem um compromisso estratégico muito real no que diz respeito a alguns de seus elementos estratégicos de negócios.[5] Todos os negócios da Toyota acreditam apaixonadamente que sua capacidade de executar o "kaizen" (melhoria contínua), melhoria de inovação interna pela experimentação de tentativa-e-erro e o cliente sendo o primeiro informado em primeira mão são as bases para a estratégia. Ao mesmo tempo, a Toyota tem elementos de adaptabilidade estratégica. Especificamente, ela está praticamente e todos os mercados automotivos e de caminhões, tanto com relação aos modelos quanto com relação aos países. Assim, ela é participante em uma grande variedade de nichos e é pouco provável que seja pega no lado errado de uma tendência emergente. Ainda, sua estratégia financeira conservadora com o dinheiro em caixa permite flexibilidade.

A verdadeira questão não é qual filosofia usar. O verdadeiro desafio é qual mistura de filosofias faz sentido para oferecer um caminho de sucesso e estrategicamente coerente para o sucesso e que, se houver, deve ser dominante.

Uma organização que misture essas filosofias representa um desafio. A necessidade de ser oportunista e adaptável pode minar um compromisso de confiança, por exemplo. Mas em mercados dinâmicos, as empresas capazes de executar uma mistura bem-sucedida dessas filosofias ganhará uma vantagem significativa.

Pontos-chave

- Para criar uma VCS, a estratégia precisa ser valorizada pelo mercado e apoiada por ativos e competências que não sejam facilmente copiados ou neutralizados pelos concorrentes. As VCSs mais comuns são reputação de qualidade, suporte a clientes e nome da marca.
- A sinergia quase sempre é sustentável, porque é baseada em características únicas da organização.
- O comprometimento estratégico, envolvendo um foco "cuide do seu próprio negócio" em uma estratégia claramente articulada, é baseado na suposição de que o modelo de negócios precisa ser refinado e melhorado, não alterado.
- O oportunismo estratégico afirma que o ambiente é tão dinâmico e incerto que é fútil predizer o futuro e investir com base nessas predições. A rota mais prudente e lucrativa é detectar e capturar as oportunidades quando elas se apresentam, com o objetivo de alcançar lucros imediatos.
- A capacidade de adaptação estratégica, com base na suposição de que é possível compreender, prever e gerenciar respostas às dinâmicas de mercado que surgem e até mesmo criar ou influenciá-las tem relação com a gestão de relevância.

- Em mercados dinâmicos, as empresas devem se esforçar para desenvolver uma organização que possa combinar comprometimento, oportunismo e adaptabilidade.

Para discussão

1. O que é uma vantagem competitiva sustentável? Identifique VCSs para a HP, a P&G, a Tide e a Wells Fargo.
2. Escolha uma classe de produto e diversas marcas conhecidas. Quais são os pontos de paridade e os pontos de diferença de cada marca? Relacione PDPs aos FCSs e PDDs às VCSs.
3. O que é sinergia? Quais são as fontes de sinergia? Dê exemplos. Por que ela é tão evasiva?
4. O que é comprometimento estratégico? Você pode dar exemplos além daqueles mencionados no livro? Quais exemplos de teimosia estratégica vêm à sua mente? Por que os bons estrategistas ficam tão cegos frente a esse problema? Como o comprometimento estratégico se diferencia de uma intenção estratégica? Exemplifique.
5. Qual é a diferença entre o oportunismo estratégico e a adaptabilidade estratégica? Você pode dar exemplos de cada um? Qual é a diferença entre os riscos que as duas oferecem? Você pode dar exemplos de empresas que tenham passado por essa experiência e derivaram ou interpretaram mal as tendências?
6. Analise uma grande empresa e determine a mistura de filosofias. Onde cada uma dessas filosofias se torna visível?

Notas

1. Keller introduz pontos de paridade no contexto de *branding* em Kevin Lane Keller, *Strategic Brand Management*, 2nd edition, Upper Saddle River, New Jersey: Prentice Hall, 2003, pp. 131–136.
2. David A. Aaker, "Managing Assets and Skills: The Key to a Sustainable Competitive Advantage", *California Management Review*, Winter 1989, pp. 91–106.
3. As citações são do The Google Corporate Information *site* disponível em Google.com. Acesso em maio de 2009.
4. Gary Hamel and C. K. Prahalad, "Strategic Intent", *Harvard Business Review*, May–June 1989, pp. 63–76.
5. Uma boa referência para a estratégia da Toyota é Emi Osono, Norihiko Shimizu, and Hirotaka Takeuchi, *Extreme Toyo*, New York: John Wiley & Sons, 2008.

CAPÍTULO 8

Proposições alternativas de valor

"Desde que Morton colocou uma garotinha numa capa de chuva amarela e declarou: "When it rains, it pours", ninguém que faça jus ao seu salário, na área de propaganda, tem desculpa para pensar que um produto se parece com qualquer coisa."
— **Malcolm MacDougal, Jordan Case McGrath & Taylor**

"Se você não tiver uma vantagem competitiva, não concorra."
— **Jack Welch, GE**

"Você não pode depender de seus olhos se sua imaginação estiver fora de foco."
— **Mark Twain**

Uma estratégia empresarial, como definido no Capítulo 1, envolve quatro componentes: a decisão de investimento no produto-mercado, a proposição de valor para o cliente, os ativos e as competências da organização e as estratégias e os programas funcionais. Para uma determinada indústria e contexto organizacional, o estrategista terá inúmeras formas de competir. Mercados alternativos, submercados, extensões de produto e novos produtos sempre podem ser considerados. Uma variedade desconcertante de proposições de valor para o cliente, cada uma com suas próprias nuances e interpretações, irá representar variantes da estratégia. Centenas de ativos e competências concebíveis podem ser desenvolvidos, alimentados, explorados e combinados, e há potencialmente milhares de estratégias e programas funcionais viáveis.

Geralmente, porém, as estratégias empresariais se agrupam em torno de um número limitado de proposições de valor para um produto-mercado, apoiado por ativos e competências e estratégias funcionais e programas. Essas proposições de valor incluem um atributo superior ou benefício (a dirigibilidade da BMW), *design* atraente (o iPod da Apple), oferta de uma solução de sistemas completos (a UPS Supply Chain Solutions), responsabilidade social (a Cruzada contra o Câncer de Mama da Avon), um relacionamento superior com o cliente (a Nordstrom), um nicho de especialistas (a Victoria's Secret), um valor superior (o Walmart), a qualidade superior (a Lexus), uma marca conhecida (a Intel Inside) e uma personalidade forte (a Singapore Airlines). Cada uma dessas proposições de valor precisa ser adaptada a um determinado contexto, mas todas devem potencialmente afetar as relações cliente-empresa.

Olhar para as estratégias de negócio através das lentes das proposições de valor mostra um caminho para considerar um conjunto de estratégias mais amplo. Como um indicador sintético de estratégias complexas, as proposições de valor oferecem uma forma abreviada de visualizar uma estratégia de negócios. Refletindo sobre uma proposta de valor e seus mercados-alvo implicados, os ativos, as competências e as estratégias funcionais, fica mais fácil lidar com uma estratégia de negócio completa e detalhada. Como resultado disso, mais estratégias podem ser consideradas, e a criação de alternativas múltiplas é uma forma de se certificar de que as superiores estão autorizadas a virem à tona.

Considerar as estratégias no nível de uma proposição de valor também permite que uma empresa faça julgamentos preliminares de avaliação dos problemas que terão de ser superados, os investimentos necessários, o apelo no mercado e o ajuste com a organização. Assim, algumas estratégias podem ser rejeitadas ou colocadas em espera antes que uma grande quantidade de recursos seja investida.

Uma empresa pode selecionar mais de uma proposição de valor – decidir caminhar e mascar chiclete ao mesmo tempo, por assim dizer. Não são situações excludentes. Na verdade, a maior parte das estratégias bem-sucedidas representa uma integração de diversas proposições de valor. Um entendimento sólido de cada uma delas, porém, pode guiá-lo não apenas na decisão de qual incluir, mas também na especificação de papéis e prioridades na estratégia geral. Qual delas deve ser incentivada? Como as várias proposições devem interagir?

Apesar de várias proposições de valor poderem ser apoiadas e empregadas, há um limite de quantas podem ser abordadas – não é crível ou viável criar ou comunicar muitas proposições de valor simultaneamente. Mais de duas ou três geralmente tornam os recursos muito apertados e o cliente vai ficar confuso e cético.

Desafios da estratégia empresarial

Qual a proposição ou proposições de valor – com seus mercados-alvo, ativos, competências e estratégias funcionais – devem formar a base para a estratégia empresarial? Para responder a essa pergunta, cada proposição de valor deve ser desafiada com relação ao seu conteúdo real e percebido e com relação à sua viabilidade, se é relevante e sustentável. O objetivo dessa análise é identificar não apenas o potencial impacto da opção estratégica, mas também suas limitações e viabilidade.

Há uma proposição de valor real para o cliente?

Uma estratégia empresarial bem-sucedida precisa agregar valor para o cliente, e esse valor precisa ser real, e não simplesmente presumido. A visão de serviço financeiro único, por exemplo, teve muito menos valor para os clientes do que o esperado quando foi testado pela primeira vez, no início dos anos 1980 e, novamente, duas décadas mais tarde. Os clientes queriam excelência e competência de gestores de investimentos, e uma conveniência tudo-em-um era relativamente pouco importante. De modo semelhante, a Bayer tentou aplicar sua marca familiar a produtos não relacionados à aspirina, apenas para descobrir que o nome Bayer era sensivelmente diminuído fora da categoria aspirina.

O valor tende a ser mais real se conduzido pela perspectiva do cliente, e não pela operação da empresa. Como o ponto de diferenciação afeta a experiência dos clientes de comprar e usar o produto? Ele serve para reduzir custo, acrescentar desempenho ou aumentar a satisfação? Os conceitos de necessidades não atendidas e problemas de clientes, destacados no Capítulo 2, são relevantes. A pesquisa de mercado confirma que o valor é agregado do ponto de vista do cliente?

Há uma proposição de valor percebida pelo cliente?

Além disso, a proposição de valor deve ser reconhecida e percebida como justificável pelos clientes. Entregar uma proposição de valor é inútil, a não ser que os clientes a conheçam e acreditem nela. Por exemplo, um cliente pode não saber que o Burger King tem um processo de pedidos conveniente, que a Cadillac está entregando da mesma forma ou ainda melhor do que a Mercedes, ou que o Subaru possui um sistema de frenagem superior. Isso pode ocorrer porque os clientes não foram expostos à informação, porque a informação não foi apresentada de forma memorável e crível, ou porque o atributo ou serviço não foi considerado relevante ou de valor.

O problema do valor percebido é particularmente agudo quando o cliente não consegue julgar facilmente o valor agregado. Os clientes, por exemplo, não conseguem avaliar a segurança de uma aeronave ou a habilidade de um dentista sem para tanto investir tempo e esforços significativos. Antes, eles procurarão por sinais, como a aparência da aeronave ou o profissionalismo da recepção do consultório dentário. A tarefa da empresa, pois, é administrar sinais ou pistas que possam significar valor agregado.

A estratégia é viável?

Se a proposição de valor é uma aspiração, ela é viável? Uma coisa é criar a estratégia perfeita no que diz respeito aos clientes, concorrentes e ao mercado. Outra é executar essa estratégia de forma eficaz. A estratégia pode exigir meios e capacidades que estão inadequadas ou não existem, e programas para desenvolvê-las ou atualizá-las pode vir a ser irrealista. Parceiros de aliança para preencher a lacuna podem ser difíceis de encontrar ou de trabalhar. Além disso, uma análise objetiva das tendências do cliente, dos pontos fortes dos concorrentes ou da dinâmica do mercado pode revelar que todo o sucesso estratégico terá curta duração.

A proposição de valor é um ponto de diferença sustentável?

A proposição de valor representa um ponto de superioridade sobre a concorrência? Ou é simplesmente um ponto de paridade, que os clientes acreditam que as ofertas são aceitáveis, mas não superiores com relação à proposição de valor? E se há um ponto de diferença, ele é sustentável? Esse é sempre um desafio difícil, pois a maior parte dos pontos de diferenciação é facilmente copiada. Um requisito para uma vantagem competitiva sustentável é possuir uma dimensão de produto importante, talvez com o objetivo de um diferenciador de marca (como o motor Northstar da Cadillac ou o sistema de direção OnStar da GM), como descrito no Capítulo 10. Um segundo requisito é criar um programa contínuo de investimento e melhorias que permita que a estratégia permaneça como um alvo móvel, sempre à frente dos concorrentes ou posicionada para derrubá-los. Como terceiro requisito, uma empresa pode criar pontos de diferenciação baseados em ativos e competências únicos da organização que sejam inerentemente difíceis de copiar.

A proposição de valor mais poderosa é aquela que irá redefinir a classe do produto, fazendo os concorrentes percebidos como inferiores naquela dimensão se tornarem irrelevantes. A Crest tomou a liderança do mercado quando aumentou sua prevenção à queda como uma característica definidora do produto para grande parte do mercado.

O excesso de investimento em uma atividade de valor agregado pode compensar no longo prazo, desencorajando os concorrentes a duplicar a estratégia. Por exemplo, eles podem ser impedidos de desenvolver um sistema de serviço de apoio que seja mais caro do que os clientes esperam. A mesma lógica pode ser aplicada a uma ampla linha de produtos. Alguns elementos dessa linha podem não ser lucrativos, mas ainda valerá a pena mantê-los se eles cobrirem brechas que os concorrentes poderiam usar para gerar valor para o cliente.

Proposições de valor alternativas

Embora haja um número infinito de variantes de estratégias empresariais em qualquer contexto, certas proposições de valor com suporte estratégico tendem a ser usadas com mais frequência. Neste capítulo serão descritas cinco proposições de valor, conforme demonstra a Figura 8.1. Elas estão entre as de modo geral utilizadas e sua descrição oferece uma visão do escopo de opções disponíveis para o estrategista de negócios.

Diagrama com "PROPOSIÇÕES DE VALOR" ao centro, cercado por: Ser global, Benefício de atributo de produto, Design atraente, Soluções de sistemas, Programas sociais corporativos, Relacionamento superior com o cliente, Especialista no nicho, Qualidade, Valor, Familiaridade da marca, Benefícios emocionais/autoexpressivos.

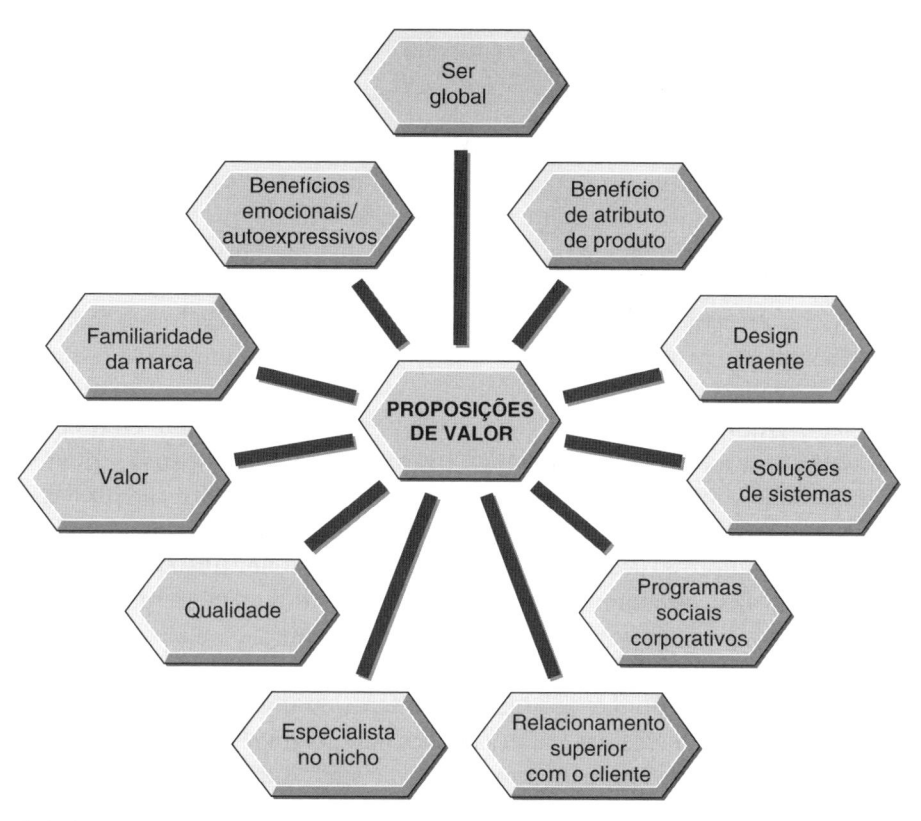

Figura 8.1 Opções estratégicas.

Duas das proposições de valor – qualidade e valor – serão discutidas em detalhe. Cada uma é frequentemente empregada, tem levado a sucessos de desempenho e está associada a um ramo do conhecimento e à experiência. Outras duas, familiaridade da marca e transmissão de benefícios emocionais/autoexpressivos; a primeira será abordada no próximo capítulo e a outra, por ser global, é assunto do Capítulo 13.

Atributo superior ou benefício

Se o atributo do produto ou serviço for fundamental para a compra e uso de uma oferta, uma opção estratégica é dominar ou mesmo possuir tal atributo. A Volvo possui segurança há muito tempo, criando seus carros e posicionando sua marca de forma que ela tenha uma credibilidade extremamente forte nessa dimensão. A Pringles oferece tanto um formato de produto como uma embalagem que permitem uma conveniente e compacta armazenagem do produto. A Heinz tem um ketchup que flui lentamente do tubo, pois é bastante consistente e espesso. No entanto, o *design* inovador da sua embalagem invertida torna o processo mais fácil. A British Airlines oferece aos passageiros da classe executiva um espaço mais confortável para dormir. Em cada caso, o atributo é relevante para os clientes e as marcas estão claramente posicionadas nele.

Se tal opção precisa continuar viável com o correr do tempo, ela deve ser protegida contra os concorrentes. Ter proteção de patente é um requisito. A Dolby Laboratories criou uma posição baseada em um conjunto sempre crescente de patentes, para dar suporte às suas ofertas sólidas. Outro requisito é ter uma estratégia de investimentos programados, para manter o destaque real e percebido. Assim, a Volvo tem um programa de investimento e uma filosofia de projeto clara, para assegurar que possa cumprir sua promessa de segurança.

Outro requisito para possuir um atributo ao longo do tempo é dar a ele uma marca e depois administrar ativamente essa marca e suas promessas. Por exemplo, a OnStar oferece um ponto de diferenciação dos carros da GM visível e marcante. Novamente, esse conceito é desenvolvido no Capítulo 10.

Uma proposição de valor superior e mais relevante é normalmente encontrada ao aumentar a perspectiva para além dos atributos puros e dos benefícios.[1] A Crayola possui giz de cera de boa qualidade e outros instrumentos de desenho para crianças. No entanto, a empresa reformulou sua proposição de valor de modo que se voltasse mais para a diversão do colorido e para a criatividade na vida das crianças, mudando de uma empresa de produtos para a arte para uma empresa de expressão visual. Lindsay Olives percebeu que, para algumas pessoas, azeitonas podem transformar uma experiência social por serem mais divertidas, saborosas e interessantes do que outras alternativas como cenouras e aipo. Essas mudanças têm uma série de implicações relacionadas aos produtos e ao relacionamento com o cliente. Elas podem incluir a autoexpressão e os benefícios sociais discutidos no próximo capítulo.

Design atraente

Uma oferta pode apelar para o senso estético de uma pessoa, gerando benefícios autoexpressivos substanciais e também funcionais. A Jaguar há muito tempo adota essa estratégia e, de certa forma, é única entre concorrentes que parecem todos iguais, como se usassem o mesmo túnel de ventilação. Os hotéis W têm um visual e uma experiência singulares (que se estendem aos seus quartos) que apelam a viajantes seguidores da moda. O translúcido iMac da Apple mostrou que mesmo os computadores podem ter um *design* diferente e o iPod e o iPhone mostraram que o *design* pode ser uma proposição de valor contínua. (Alega-se que Steve Jobs teria dito "*Design* é a alma de uma criação do homem".) O Beetle da Volkswagen voltou com um novo *design*, que manteve a aparência do Beetle original (fusca) e sua personalidade autêntica.

Adotar uma opção de *design* exige que a empresa tenha verdadeira paixão por *design* e que dê espaço a uma equipe de projeto criativa. A criação de tal cultura e infraestrutura é a chave para o sucesso de empresas como a Jaguar, os hotéis W e a Apple, bem como de outras empresas conduzidas pelo *design*, como a Disney e a Ralph Lauren. Como pode ser difícil criar um espaço para desenvolver *design*, outro requisito é fazer uma aliança com uma empresa de *design*, o que permitirá acesso ao que há de melhor na área, quando necessário. A terceirização pode dar certo se a empresa administrar apropriadamente a aliança e estabelecer propriedade exclusiva do resultado.

Tornar o *design* digno de confiança e visível é outro desafio. O uso de designers de personalidade de marca permitiu que a Target quebrasse a sua imagem utilitária. O famoso designer Isaac Mizrahi lançou, em 2004, uma linha acessível Target de camisolas, blusas, calças, saias, vestidos, sapatos e bolsas que foi bem recebida. O renomado arquiteto Michael Graves desenvolveu para a Target uma coleção de utensílios de cozinha e outros produtos para refeições.

Soluções de sistemas

Uma proposição de valor pode se basear em mover-se da venda de produtos para a venda de sistemas de soluções, baseados em produtos de consumo que funcionem juntos para criar um sistema total. Concorrentes vendendo produtos *ad hoc*, embora possam ser superiores, vão estar em desvantagem. A Sears disponibiliza um lugar para entregar projetos de melhoria de casas. A Sony, por fabricar uma linha completa de produtos de entretenimento doméstico, oferece aos clientes um projeto de sistema completo e uma fonte única para atualizações e serviços.

Especialmente no ambiente *B2B* (business-to-business), muitas empresas estão tentando deixar de ser fornecedores de componentes para ser fornecedores de soluções de sistema. Uma das razões é que uma organização baseada em sistemas terá mais tendência a controlar a relação com o cliente. Outra é a necessidade de captar margens maiores, pois os componentes tendem a se tornar *commodities*. A simples reunião de vários produtos, contudo, raramente é suficiente. Para entregar valor ao cliente, a empresa deve oferecer não apenas uma ampla linha de produtos, como também orientação e especialização em sistemas. A simples reunião de vários produtos, contudo, raramente é suficiente. Para entregar valor ao cliente, a empresa deve oferecer não apenas uma ampla linha de produtos, mas uma orientação e especialização, e deve querer, além de poder, entregar um serviço de alta qualidade para o cliente. No Capítulo 12, o potencial para formar um novo submercado para os sistemas desejados, em vez de novos componentes, é discutido.

Programas sociais corporativos

A BP leva a sério seu lema "além do petróleo", promovendo ativamente a conservação e investindo em fontes de energia mais limpas. A Body Shop conquistou seguidores por meio de seu apoio visível à ecologia do Terceiro Mundo e a outras causas. A Ben & Jerry's apoiou causas ambientais de maneira tão destacada que melhorou a imagem da empresa. A SunChips da Frito-Lay criou um ponto de diferenciação com o seu uso visível de energia solar e embalagens biodegradáveis. A Casa Ronald McDonald e a cruzada contra o câncer da Avon são expressões inequívocas de valores organizacionais. O "jeito HP" envolveu um comprometimento com funcionários, clientes, fornecedores e a comunidade com a qual as pessoas podiam se relacionar.

Os CEOs acreditam que a responsabilidade social corporativa (RSC) pode valer a pena. Em um estudo, mais de 90% acreditam que uma administração socialmente responsável cria valor para os acionistas.[2] Em outro estudo, 300 empresas julgaram que, por ter um alto comprometimento com a RSC, tiveram um ligeiro aumento no retorno de suas ações em um período de dois anos, contado a partir de outubro de 2000.[3] Fornecendo uma mensuração mais direta, um estudo realizado no Reino Unido comparou o desempenho de mercado de três empresas de energia. Duas delas, a BP e a Shell, eram percebidas como ambientalmente responsáveis, ao passo que a terceira, a Esso, tinha assumido visivelmente a posição de que a energia renovável não era uma solução viável e que o protocolo internacional de Kyoto era falho. O Greenpeace subsequentemente atacou a Esso com a campanha muito divulgada "StopEsso". Um estudo subsequente do Greenpeace mostrou que a proporção de compradores de gasolina britânicos que diziam usar regularmente os postos Esso caíra 7% durante o ano da campanha.[4]

Há boas razões pelas quais a RSC pode influenciar a lucratividade. Em primeiro lugar, muitas pessoas querem ter uma relação com pessoas boas, nas quais possam confiar, e acham que os programas de RSC refletem os valores de uma empresa. Em segundo lugar, um programa de RSC forte e visível pode gerar benefícios autoexpressivos aos clientes, especialmente para o grupo de clientes que está mais interessado nas questões ambientais. Certamente, esse é o caso de muitos condutores do Prius da Toyota, o primeiro carro híbrido gás-eletricidade, que atinge importantes benefícios autoexpressivos. Na verdade, a glamourosa CEO da The Body Shop no Japão dirige um Prius como uma declaração sobre si mesma e sobre sua empresa. Usando o Prius como bandeira de dezenas de programas ambientais, a Toyota assumiu a posição de liderança em relação à RSC, tanto no Japão quanto na América do Norte. Em terceiro lugar, um programa de RSC é capaz de dar energia e tornar uma marca sem graça muito interessante. Finalmente, um programa de RSC também pode ser defensivo; dessa forma, pode ajudar uma empresa a lidar com um acidente ou uma crítica de ativistas baseada em questões de responsabilidade social.

Programas *ad hoc*, entretanto, não são a forma de adotar a RSC. Em vez disso, os programas precisam ser focados, significativos, consistentes com o correr do tempo e, se possível, ter uma marca. Todas as empresas precisam dedicar devoção e alguns recursos à RSC. Porém, as empresas que se destacam, como a Toyota e a BP, têm um comprometimento real – até mesmo uma paixão – e encontram formas de deixar isso claro.

Há desafios na adoção de uma estratégia de RSC. Um deles, talvez o mais sério, envolve a criação de expectativas não razoáveis. Se uma empresa é visível e ativa em relação à RSC, as pessoas esperam que ela seja impecável. Considerando a complexidade da questão, porém, uma empresa pode estar andando a passos largos e mesmo assim ser criticada. A BP pode fazer investimentos significativos em energia renovável em comparação com seus concorrentes, por exemplo, mas algumas pessoas podem notar corretamente que tais investimentos ainda são muito pequenos em relação ao tamanho da BP. A Nike pode fazer progressos em relação às questões de práticas trabalhistas de seus fornecedores no exterior, mas ainda gera polêmica porque o problema permanece. Outro desafio é tornar programas de RSC ligados à empresa visíveis e relevantes para os clientes. O Capítulo 10, sobre como energizar os negócios, irá tratar disso.

Relacionamento superior com o cliente

Todas as empresas dão ênfase ao cliente. Poucas, porém, criam uma experiência que conecta a oferta ao cliente em um nível mais envolvente e apaixonado. Para essas empresas, o relacionamento com o cliente é uma opção estratégica. A visão da Starbucks de um "terceiro local" (depois da casa e do escritório) no qual as pessoas se sintam confortáveis e seguras representa uma experiência que muitos clientes veem como um ponto alto em seu dia. Algumas lojas locais de ferragens criam ofertas, serviços especializados como pipoca quente e relações pessoais com o cliente que lhes permite prosperar mesmo concorrendo com grandes redes como a Home Depot ou o Walmart. Nordstrom tem gerado uma ligação com o cliente, oferecendo um serviço personalizado e uma experiência de compras, que muitas vezes se deleita e não apenas satisfaz. A Apple e a 3M estabeleceram uma conexão similar ao fornecer produtos que geram respostas como "uau!".

Empresas que geram relacionamento entendem os clientes em um nível mais profundo. Elas geram uma experiência satisfatória em vários níveis, indo além dos benefícios funcionais para fornecer benefícios emocionais, sociais e autoexpressivos. A experiência de estrada associada à Harley-Davidson, por exemplo, tem importantes elementos sociais e autoexpressivos. O resultado é uma base de clientes intensamente leal, que falará sobre a marca e a experiência não apenas àqueles que fazem parte do clube, como também aos que deveriam fazer.

A chave para realmente aproximar-se do cliente e gerar relacionamento pode ser resolver necessidades não atendidas no mercado – encontrar respostas para aborrecimentos que os clientes têm tolerado por não ter opção. Por exemplo, a experiência de compra de um veículo era insatisfatória antes que

Saturn e Lexus lançassem uma experiência de compra muito diferente, que se tornou a base para uma nova relação com o cliente. O Lexus também ganha fidelidade por causa das características de *design* dez vezes mais inteligentes nos seus carros. O relacionamento também pode advir do prazer com uma experiência inesperada, como a massagem que vem com as poltronas de primeira classe da Virgin, o piano em uma loja Nordstrom ou as festas da Harley--Davidson. Ou ele pode se desenvolver a partir de um produto muito especial, como os donuts Krispy Kreme, os hambúrgueres In-N-Out e o iMac da Apple.

A base de clientes altamente leais, até mesmo fanáticos, criada algumas vezes por meio de uma estratégia de relacionamento, precisa de programas ativos para alimentá-la e suportá-la. A Harley-Davidson, por exemplo, dá suporte aos Grupos de Proprietários Harley (GPHs) com eventos locais e nacionais, roupas e acessórios e um *site* com vários serviços de apoio, incluindo planejamento de viagens e centro fotográfico *on-line*. A Virgin acrescenta continuamente novas características e serviços criados para dar suporte à sua imagem de empresa criativa e disposta a ignorar as convenções na busca de experiências prazerosas para o cliente.

Especialista no nicho

Ser um especialista de nicho significa que a empresa concentra-se em uma parte do mercado ou em uma linha de produto e que pode emergir praticamente em qualquer área. Os hotéis Portman, que utilizam Rolls-Royces para transportar seus hóspedes, estão focados em um segmento de classe alta. Um distribuidor industrial pode se focar em um grande número de usuários ou apenas em um único usuário. Uma loja de roupas pode oferecer o que há de mais moderno para adolescentes que vestem uma numeração maior. A Armstrong Rubber tem um bom desempenho ao longo dos anos focando no mercado de substituição de pneus. A Castrol tem como foco homens que possuem carros e que compram ou trocam o óleo sozinhos. A Lets-go-fly-a-kite oferece pipas. Um negócio *on-line* bem focado é o da Gold Violin, que oferece produtos e serviços para a geração de aposentados (a qual a empresa conceitua como os heróis dos tempos modernos). Outra empresa é o MySpace, uma marca *on-line* que se diferencia em grande parte por sua inflexível confiança na comunidade.

Um nicho especializado, por natureza, tende a evitar a estratégia de diluição ou distração; por isso, a probabilidade de seguir uma estratégia de comprometimento estratégico é maior, levando a uma vantagem competitiva sustentável. Quando investimentos, programas e cultura internos se direcionam totalmente a um único fim e todos na organização compram essa ideia, o resultado será ativos, competências e estratégias funcionais que atenderão às necessidades do mercado. Não existem compromissos ou investimentos diluídos. Não é por acaso que varejistas especializados

O Shouldice Hospital

O Shouldice Hospital, perto de Toronto, realiza apenas operações de hérnia – cerca de 7.500 por ano. Desde sua fundação, em 1945, mais de 300 mil operações foram realizadas, com índice de sucesso de 99%. A partir da medida de quantas vezes um tratamento repetido é necessário, o Shouldice é 10 vezes mais eficaz do que outros hospitais. O procedimento cirúrgico utilizado leva o nome de Shouldice Technique.

A experiência de todos os médicos e da equipe é atraente, mas a estrutura do Shouldice e seu programa de recuperação também. Localizado em uma propriedade rural, o hospital tem um ambiente calmo e instalações adaptadas às necessidades de seus pacientes durante a recuperação da hérnia. Os pacientes caminham para assistir TV, para comer e até para vir da sala de cirurgia, por que caminhar é uma boa terapia para hérnias. Não há, portanto, necessidade de levar a comida até os quartos ou de ter cadeiras de roda. A duração de uma visita hospitalar no Shouldice é cerca de metade da estabelecida em outros lugares. A anestesia geral não é administrada por que a anestesia local é mais segura em operações de hérnia, além de ser mais barata.

Concentrando-se em apenas um pequeno segmento do mercado de saúde. A Shouldice desenvolveu um hospital que é proficiente, com baixo custo e capaz de entregar um nível extraordinário de satisfação ao paciente. Os pacientes estão tão satisfeitos que a reunião anual do hospital Shoudice atrai cerca de 1.500 ex-pacientes.

como a Williams-Sonoma e a Victoria's Secret têm sido muito mais bem-sucedidos do que as lojas de departamentos e outras que estão tenuemente espalhadas. Uma razão para isso são as vantagens estratégicas e operacionais de ter um foco.

O foco do produto pode resultar em uma superioridade técnica, porque as pessoas estão desenvolvendo e trazendo para o mercado produtos pelos quais são apaixonadas. Quando os produtos de uma empresa capturam a imaginação de seus clientes-chave, eles tendem a ser muito atraentes, inovadores e ter alta qualidade.

Uma estratégia de especialista de nicho pode ser traduzida em uma proposição de valor para os clientes. Primeiro, uma empresa focada terá mais credibilidade do que uma empresa que faz uma grande variedade de produtos, conforme demonstramos com as cirurgias de hérnia do hospital Shouldice, ou a Williams-Sonoma ao cozinhar, ou a Raymond Corporation com as empilhadeiras e a cadeia In-N-Out de hambúrgueres. Se você está realmente interessado no melhor, deve procurar uma empresa que se especializa e tem paixão pelo negócio. Em segundo lugar, a ligação entre o cliente fiel e a marca tende a ser mais forte quando a marca está focada e as pessoas aparentam ter paixão pelo seu produto. As reuniões dos pacientes do hospital Shouldice e a paixão dos clientes da Harley-Davidson não existiriam sem uma estratégia focada.

Essa lista de opções estratégicas pode ser estendida a qualquer contexto. Por enquanto, iremos explorar duas opções detalhadamente: a qualidade e o valor.

> **Lexus – a paixão pela excelência**
>
> Por mais de uma década, Lexus está entre os líderes de uma variedade de indicadores de qualidade objetivos. Entre as muitas razões por trás dessa realização do Lexus, destacam-se diversas. Primeiro, o conceito do Lexus é baseado na qualidade do seu início. A Toyota lançou-o no início dos anos 80 como uma marca que levaria o *design*, a fabricação e a venda de automóveis a um novo nível. Segundo, a marca era fiel ao conceito, pois o Lexus se baseava em ativos e competências desenvolvidos pela Toyota para fabricar carros que fossem mais confiáveis e que tivessem menos defeitos. Terceiro, uma nova rede de concessionárias oferecia a possibilidade de quebrar as normas da indústria e gerar uma experiência de compra prazerosa. Quarto, o posicionamento da marca Lexus (com o clássico slogan "busca incessante da perfeição") passou a mensagem de qualidade consistentemente, durante anos. Finalmente, a Lexus se destacou em um novo padrão de qualidade, recursos inteligentes e de dirigibilidade.
>
> O desafio enfrentado pelo Lexus, hoje, relaciona-se ao fato de que, apesar de seu sucesso com a missão e a mensagem de qualidade, ele falhou em desenvolver personalidade quando comparado a marcas como BMW, Mercedes, Jaguar e Cadillac. À medida que tais marcas preenchiam gradualmente essa lacuna de qualidade com o correr dos anos, a mensagem do Lexus tornava-se menos arrebatadora. Em resposta, o Lexus tardiamente tentou injetar alguns benefícios emocionais e autoexpressivos, como demonstrado por seu slogan modificado "a busca apaixonada da perfeição". Essa não foi uma tarefa fácil.

Qualidade superior

Uma estratégia de qualidade significa que a marca – seja de hotéis, carros ou computadores – será percebida como superior a outras marcas em seu conjunto de referência. O ponto de superioridade abrange as ofertas da marca, a entrega de qualidade excepcional entre produtos e atributos individuais.

Normalmente, essa superioridade estará associada a um preço *premium*. Como o caso do Lexus demonstra, a qualidade percebida pode ser a direção de uma estratégia de negócios.

Uma proposição de valor de qualidade, se substancialmente baseada, oferece uma série de vantagens. Primeiro, oferece a oportunidade de ser líder em uma categoria. Cada categoria, incluindo aquelas com ofertas de valor como a Target ou a Southwest Airlines, terão um líder de mercado e esse líder quase sempre terá que ter uma imagem de qualidade superior. Segundo, essa qualidade percebida pode direcionar as percepções das pessoas para uma variedade de dimensões de atributos por causa de um poderoso efeito halo.* Em terceiro lugar, ela motiva, se não inspira, os funcionários a fazerem o que devem fazer de qualquer forma, esforçarem-se para entregar o produto ou serviço da melhor forma possível. Uma cultura da qualidade afeta o que as pessoas se esforçam para fazer. E isso afeta a forma como a organização reage aos passos em falso. Em quarto lugar, ela pode estimular a inovação porque a qualidade é sempre

---

* N. de R. T.: Efeito sobre a avaliação de um determinado item que interfere no julgamento de outros fatores, influenciando o resultado geral.

um alvo móvel. Se qualidade não é prioridade, como evidenciado pela proposição de valor, a inovação, provavelmente, não será contínua.

A razão final para a qualidade da proposição de valor é que ela valha a pena em termos de desempenho financeiro porque não apenas sustenta a fidelidade do cliente como também o preço que deve ser cobrado. Aaker e Jacobson demonstraram que a qualidade percebida pode direcionar o retorno de ações, uma medida que reflete verdadeiramente o desempenho a longo prazo.[5] Eles analisaram as medidas anuais de qualidade percebida obtida da base de dados Total Research EquiTrend para 35 marcas (incluindo IBM, Hershey, Pepsi e Sears) para as quais as vendas da marca foram parte substancial das vendas da empresa. O impacto da qualidade percebida no retorno de ações, de acordo com os autores, foi quase tão forte quanto o impacto sobre o RSI. Considerando que o RSI é uma influência estabelecida e aceita no retorno de ações, o desempenho da qualidade percebida é notável. Isso significa que os investidores são capazes de detectar e responder a programas que afetam os ativos intangíveis, como a qualidade percebida. A Figura 8.2 mostra a relação drástica entre a qualidade percebida e o retorno de ações.

A superioridade será definida pelos clientes. Em quase todos os casos, um indicador de qualidade único e global existe, é relevante para os clientes e, na verdade, direciona a outra, mais específica, dimensão de desempenho. Para compreender o que direciona a qualidade percebida e para gerenciá-la ativamente, entretanto, as dimensões subjacentes em todos os contextos precisam ser determinadas.

A Figura 8.3 lista diversas dimensões de qualidade de produto que muitas vezes são relevantes. É claro que cada uma dessas dimensões tem componentes múltiplos (por exemplo, o desempenho de uma impressora envolverá características como velocidade, resolução e capacidade). Além disso, a própria lista dependerá do contexto. Ainda, os controladores de qualidade irão sofrer alterações ao longo do tempo. Dessa forma, é importante manter o monitoramento das tendências dos clientes, suas preferências, fontes de insatisfação e necessidades não satisfeitas.

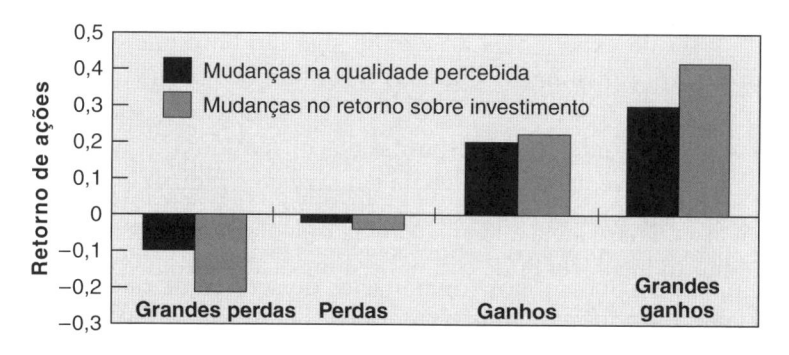

Figura 8.2 Qualidade percebida e Retorno de ações.

1. **Desempenho.** Quais são as especificações? Quão bem a tarefa é realizada? O cortador de gramas apara bem a grama?
2. **Conformidade com as especificações.** O produto ou serviço tem um desempenho de forma confiável e traz satisfação ao cliente?
3. **Características.** O produto oferece os recursos mais recentes? Existe alguma característica muito especial?
4. **Atendimento ao cliente.** A empresa oferece atendimento ao cliente de forma cuidadosa, com pessoas competentes e com sistemas eficientes?
5. **Qualidade do processo.** O processo de comprar e de usar o produto ou serviço é prazeroso ao invés de ser frustrante e decepcionante?
6. *Design* **estético.** O *design* traz prazer para a experiência de comprar e usar o produto ou serviço?

Figura 8.3 Dimensões de qualidade do produto.

Qualidade do serviço

No contexto dos serviços – como bancos, restaurantes e parques temáticos – pesquisas têm mostrado que a qualidade baseia-se, em grande parte, na percepção da competência, da agilidade e da empatia das pessoas com quem o cliente irá interagir.[6] Uma organização de sucesso, portanto, deve entregar de forma consistente essas dimensões. Entregar qualidade de serviço, entretanto, também significa administrar expectativas. Se as expectativas forem altas demais, a experiência do serviço pode ser insatisfatória mesmo que esteja em um nível alto. Oferecer clareza sobre o serviço prometido, sempre que possível, será muito útil.

Entregar qualidade de serviço começa com a cultura da organização. Com a cultura certa, a inovação e a motivação ocorrerão. As empresas de serviços mais famosas em 2009 no estudo que a *Business Week* conduziu, em conjunto com J. D. Powers mostra como a cultura afeta o desempenho e a variedade de forma que a empresa pode melhorar o serviço ao cliente.

A Amazon, a empresa top em serviço, retraiu as vendas em mercados estrangeiros, que representam em torno de 30% de seu volume, e eliminou qualquer serviço que falhe em atingir os padrões da Amazon. Ela também tenta fazer da experiência do cliente algo tão bom que ele nunca precisará contatar um funcionário. Quando o contato ocorre, a Amazon garante que isso é possível. Para esse fim, todos os funcionários gastam dois dias a cada dois anos respondendo às perguntas do consumidor.

Uma chave para a excelência em serviço é reduzir a frustração de acessar o serviço. Muitas empresas top de serviços têm estendido suas organizações para ter um serviço disponível e mais fácil de acessar. T. Rowe Price, por exemplo, tem 300 antigos funcionários do serviço de *call-center* disponíveis para entrar em ação quando o volume fica mais alto. A J. W. Marriott têm funcionários em diferentes áreas, de forma que podem ajudar em eventos em que ajuda extra seja necessária. Uma fonte de inovação são os funcionários, se estiverem motivados. Uma forma de motivá-los é oferecer recompensas formais, incluindo reconhecimento para ideias que trazem melhorias para o serviço. A Lexus, por exemplo, dá uma gratificação de US$ 50 mil para o revendedor que tiver as melhores ideias para novos serviços.

Funcionários motivados fazem uma grande diferença no serviço. A Enterprise Rental Car tem pago e promovido funcionários com base na forma como os clientes são tratados, conforme avaliado por clientes ocultos (ou assessores de integridade da marca). Os *call-centers* da American Express dão incentivos baseados na satisfação do cliente. E a BMW, com altos níveis de satisfação dos clientes, possui incentivos que se baseiam em como os clientes insatisfeitos são tratados. É possível, entretanto, criar medidas que são disfuncionais. Por exemplo, uma empresa (não uma das empresas top em serviços) procurou melhorar a qualidade de seus serviços telefônicos verificando a porcentagem de ligações atendidas após o primeiro toque de telefone. Infelizmente, a pressão para atender prontamente às ligações fez os agentes se tornarem bruscos e impacientes com os interlocutores e, assim, a satisfação do cliente foi penalizada. O ditado "Cuidado com o que você deseja" é especialmente verdadeiro quando se mede o desempenho.

Como a reputação da qualidade é obtida? A resposta é especificada pelo contexto, mas envolve criar uma cultura correta, processos e pessoas e então administrar a forma como o resultado é comunicado. Uma gestão de qualidade total, sinais de gestão de qualidade e erros na gestão de qualidade são todos relevantes.

Gestão de qualidade total

Para buscar uma opção estratégica de qualidade com sucesso, um negócio precisa se distinguir no que diz respeito à entrega de qualidade aos clientes. Para atingir esse objetivo, um sistema de gestão focado em qualidade é necessário, e ele precisa ser abrangente, integrador e ser apoiado por toda a organização. Esse sistema de gestão de qualidade total (TQM) deve incorporar uma série de ferramentas e preceitos, incluindo os seguintes tópicos:

- O comprometimento da administração superior com a qualidade que cria uma cultura, se não uma paixão, por entregar alta qualidade.
- Equipes multifuncionais, com poder de fazer mudanças iniciando ou implementando projetos de melhoria de qualidade.
- Uma orientação para o processo (em vez de para os resultados). O objetivo não é melhorar a qualidade de uma só vez, mas desenvolver processos e equipes multifuncionais que levarão a melhorias de qualidade de forma contínua.
- Um conjunto de sistemas, como sistemas de sugestão, sistemas de medição e sistemas de reconhecimento.

- Foco em causas subjacentes das reclamações dos clientes e áreas de insatisfação. Uma abordagem utilizada no TQM é explorar um problema profundamente perguntando, repetidas vezes, "Por quê?". Esse processo tem sido chamado de cinco porquês. Por que o cliente está insatisfeito? Por que o recurso falha? Por que o *design* é imperfeito? Etc.
- A busca de medidas-chave de qualidade – indo além da satisfação do cliente até medidas de fidelidade e a vontade de recomendar. Medidas atualizadas de qualidade de forma que o foco não recai em dimensões que se tornaram padrões da indústria e pontos de paridade.
- O envolvimento de fornecedores no sistema por meio de auditorias, avaliações e reconhecimento dos fornecedores, bem como os esforços da equipe.

Sinais de alta qualidade

A maioria das dimensões da qualidade, tais como desempenho, durabilidade, confiabilidade e facilidade de manutenção, são difíceis, quando não impossíveis, de serem avaliadas pelos compradores. Como resultado disso, os clientes tendem a olhar para atributos que eles acreditam serem indicadores de qualidade. A dimensão ajuste e acabamento de automóveis e aparelhos pode ser um sinal de qualidade. Os compradores supõem que o produto de uma empresa não tem a capacidade de se ajustar e de conferir acabamento, então, provavelmente não terá atributos mais importantes. Na busca por uma estratégia de qualidade, geralmente é crucial focar na dimensão visível fundamental que afeta as percepções sobre dimensões mais importantes que são muito difíceis de avaliar. Alguns exemplos:

- **Fornecedores de cabo.** Uma atitude do profissional na parte de instalação significa qualidade
- **Suco de tomate.** Espessura significa alta qualidade
- **Produtos de limpeza.** O cheiro de limão pode sinalizar o poder da limpeza
- **Supermercados.** Produtos frescos significam qualidade geral
- **Carros.** Um som sólido de fechamento de porta implica o bom funcionamento e a segurança do carro
- **Roupas.** Preços mais altos significam qualidade mais alta
- **Companhias aéreas.** A mancha em um assento pode refletir sobre os padrões de manutenção percebidos

Administrando erros de qualidade

Um problema de certa forma irônico em atingir alta qualidade real e percebida é que as expectativas aumentam e, assim, o potencial para que haja uma decepção é mais alto. Sendo as experiências negativas mais marcantes do que as positivas, uma estratégia de qualidade precisa focar em evitá-las. O desafio é buscar pontos de possíveis problemas e tentar reduzir sua incidência e intensidade. Por exemplo, para tornar mais aceitável a espera em filas, a Disney oferece entretenimento utilizando seus personagens encantadores, e a Schwab oferece notícias sobre ações. Mas mais importante do que aliviar os incômodos é eliminá-los. A Disney tem um sistema de reservas para eliminar o ônus das longas esperas e a Schwab possui um número para ligação direta a agentes para que o incômodo de selecionar entre menus não ocorra pelo menos na segunda ligação.

Uma ameaça muito mais séria para a reputação de qualidade é o passo em falso e visível da marca. Enquanto obter a confiança seja, muitas vezes, supervalorizado como atributo da marca, porque não é diferencial ou energizante, a perda de confiança pode ser monumental. A história da Schlitz mostra como a decisão de reduzir custos leva a uma perda de qualidade que foi desastrosa.

A gestão de desastres requer não apenas a cultura de qualidade correta como também um plano de contingência para lidar com isso. O padrão de referência é como a Johnson & Johnson lidou com o incidente ocorrido com o Tylenol – assumindo a responsabilidade, retirando o produto das prateleiras e criando uma solução visível para o consumidor. A ação da US Airways após o pouso milagroso de um avião danificado no rio Hudson é o exemplo mais recente do modelo. A empresa aérea despachou uma "Equipe de Cuidados" com mais de 100 membros que ensaiaram tais incidentes por três anos. Eles ativaram um número 0800 especial para famílias de passageiros e ofereceram dinheiro de emergência, celulares pré-pagos e roupas. Os passageiros foram levados para transportes alternativos ou hotéis. Eles seguiram com US$ 5 mil adiantados para cobrir despesas e o reembolso de bilhetes sem a necessidade de que os passageiros precisassem recorrer aos seus direitos legais, numa ação sem precedentes. O resultado foi uma melhora acentuada na reputação da empresa, que estava de certa forma à margem.

O impacto de um desastre pode depender do posicionamento da empresa. Em um experimento fascinante, os pesquisadores Jennifer Aaker, da Stanford University, Susan Fournier, da Boston University e Adam Brasel, do Boston College, criaram duas empresas de processamento de filmes *on-line* com personalidades muito diferentes. Uma era empolgante e a outra sincera – cada sujeito do experimento foi direcionado aleatoriamente para um dos *sites*.[8] Além disso, após 10 interações, metade de cada um dos grupos foi informada, com pesar, que seus NetAlbuns tinham sido perdidos e uma semana depois eles foram informados de que foram encontrados. Antes da interrupção do serviço, o *site* sincero foi considerado de forma mais favorável do que o *site* empolgante. Nenhuma surpresa. No entanto, após a interrupção do serviço, houve uma descoberta inesperada. O *site* empolgante foi capaz de desfazer a interrupção enquanto o *site* sincero não foi. Uma lição é que a construção da confiança cria expectativas e é melhor que os problemas do serviço sejam poucos e mínimos.

> **Schlitz: quando a qualidade percebida falha**
>
> A história da cerveja Schlitz ilustra drasticamente o poder estratégico da qualidade percebida e de sua fragilidade. De uma forte posição de número dois em 1974 (17,8 milhões de barris de cerveja anuais), apoiada por uma série de campanhas publicitárias bem-elaboradas, a Schlitz foi caindo regularmente até meados dos anos 80, quando praticamente desapareceu (com vendas de apenas 1,8 milhão de barris). O valor de mercado de suas ações caiu em mais de um bilhão de dólares.
>
> Tal colapso pode ser associado a uma decisão de reduzir custos convertendo o processo de fermentação, que passou a levar quatro dias em vez de 12, substituindo-se o xarope de milho por malte de cevada e usando-se um estabilizador de espuma diferente. Essas mudanças chegaram ao conhecimento do mercado. No início de 1976, quando garrafas de cerveja Schlitz com aparência escamosa e enevoada apareceram nas prateleiras, essa condição foi associada ao novo estabilizador de espuma. Pior ainda, no início do verão do mesmo ano, uma tentativa de correção fez a cerveja ficar choca depois de poucos meses de prateleira. No outono de 1976, 10 milhões de garrafas e latas de Schlitz foram "secretamente" recolhidas e destruídas. Apesar do retorno a seu processo original e de uma agressiva campanha publicitária, a Schlitz nunca se recuperou.

Valor

Em quase todos os mercados, desde eletrodomésticos a sedans econômicos a creme dental a livreiros a serviços de corretagem, haverá um segmento que é motivado pelo preço. Mesmo em mercados de alta capacidade, como sedans esporte luxuosos, algumas marcas (a Acura, por exemplo) irão assumir uma posição de valor. Em tempos de recessão, o "segmento de valor" pode se tornar grande. Se ele compreende 10 ou 80% do mercado, o segmento de valor será, normalmente, um dos mais importantes.

Ignorar o segmento de valor pode ser arriscado porque mesmo os mercados saudáveis podem envolver-se em situações em que o preço cresce em importância. Uma recessão aguda pode aumentar a proporção de ofertas de valor. No setor de eletrônicos, eletrodomésticos e outras arenas de produtos, a pressão sobre o preço pode ser causada por excesso de capacidade. Os distribuidores de energia com suas próprias marcas, como ferramentas competitivas, são outra força potencial de contribuição. Assim, ignorar o valor de um segmento não pode ser uma opção. Pode ser necessário participar, talvez com uma marca de valor ou como um fornecedor de marca própria, para manter a economia de escala. Além disso, competir na China, na Índia e em outros mercados de países emergentes frequentemente requer um ponto de preço muito baixo e uma abordagem muito diferente do *design* do produto e sua produção.

Como sugere a Figura 8.4, para competir com sucesso na arena de valor é necessário:

- Ter uma vantagem de custo (ou pelo menos evitar uma desvantagem de custo)

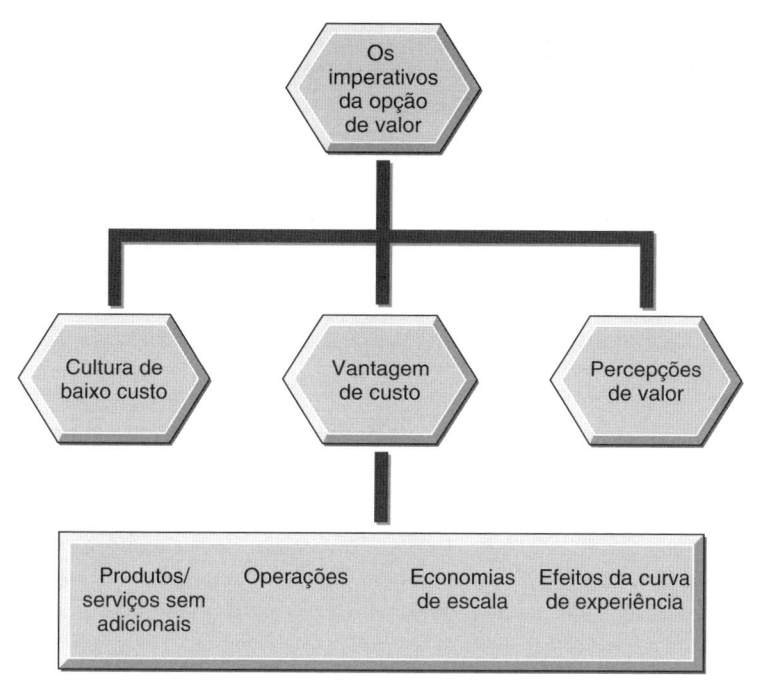

```
                    ┌─────────────┐
                    │     Os      │
                    │ imperativos │
                    │  da opção   │
                    │   de valor  │
                    └──────┬──────┘
         ┌─────────────────┼─────────────────┐
   ┌───────────┐    ┌───────────┐    ┌───────────┐
   │ Cultura de│    │ Vantagem  │    │Percepções │
   │baixo custo│    │ de custo  │    │ de valor  │
   └───────────┘    └─────┬─────┘    └───────────┘
                          │
   ┌──────────────────────┴──────────────────────┐
   │ Produtos/   Operações   Economias  Efeitos da curva│
   │ serviços sem            de escala  de experiência  │
   │ adicionais                                         │
   └─────────────────────────────────────────────┘
```

Figura 8.4 A opção de valor.

- Fomentar uma cultura de custo na organização
- Criar uma percepção de valor sem destruir a percepção de qualidade até o ponto em que a marca não seja considerada

Cada um desses imperativos é explorado a seguir.

Criando uma vantagem de custo (ou evitando desvantagens de custo)

Embora haja a tendência de pensar em custo baixo como única abordagem existem, na verdade, muitas dimensões para o controle de custo e, portanto, muitos caminhos para se obter a redução de custo. Empresas de baixo custo bem-sucedidas são aquelas que podem aproveitar múltiplas abordagens, incluído o uso de produtos/serviços sem características especiais, eficiência operacional, economias de escala e curva de experiência.

Produtos/serviços sem adicionais

Uma abordagem direta para obtenção de baixo custo é simplesmente remover todos os adicionais e extras de um produto ou serviço e utilizar materiais e componentes que são funcionalmente adequados. Associações de armazéns e atacadistas, empresas aéreas sem adicionais, escritórios de serviços jurídicos e corretores de desconto fornecem configurações com amenidades

Southwest Airlines

A Southwest Airlines foi fundada em 1971, com três aviões atendendo a três cidades no Texas, como uma companhia aérea com tarifas baixas, cujo objetivo era tornar as viagens aéreas mais eficientes e agradáveis. Seus bilhetes eram extremamente baratos desde o início, e a Southwest normalmente competia mais com viagens de automóvel do que com outras companhias aéreas. Mesmo após o crescimento, o ponto a ponto da Southwest, com uma abordagem sem adicionais, a tornou o líder em preços no mercado em que atua. A personalidade da marca permite que a equipe faça piadas e organize jogos, introduzindo a diversão no que poderia ser um momento chato para seus clientes; e, assim distinguir a Southwest dos seus concorrentes. A relação da equipe com os clientes e seu recorde de pontualidade ajudou a Southwest a conquistar a satisfação de muitos clientes ao longo dos anos.

A posição de tarifas reduzidas foi atacada muitas vezes por concorrentes agressivos e, às vezes, desesperados, que falharam porque a Southwest havia estabelecido uma vantagem de custo sustentável apoiada pela sua operação sem adicionais. A Southwest não possui assentos marcados, amendoim de lanche e salários abaixo da média da indústria. A empresa também evita assentos extravagantes, sistemas de reserva e horários globais. Por causa do seu modelo de serviço, a Southwest pode preparar os aviões em terra mais rápido, o que resultou em mais viagens e economias de escala. O modelo de negócios e a personalidade da marca foram apoiados por uma cultura que valorizava a contenção de custos e o atendimento ao cliente.

limitadas e serviço personalizado. A Snap Fitness construiu uma cadeia com 1.700 centros de fitness em quatro anos oferecendo acesso a uma academia compacta de fitness por US$ 35 ao mês, sem compromisso de longo prazo. Nem todo mundo precisa de um centro com serviço completo.

O principal risco, especialmente nesse setor de serviço, é que os concorrentes se posicionarão contra as ofertas sem adicionais acrescentando apenas algumas características. O Motel 6 foi pioneiro no conceito de alojamentos econômicos no começo dos anos 60 oferecendo ao mundo um quarto de hotel por US$ 6 sem TV ou telefone. O segmento tem atraído inúmeros concorrentes desde aquele tempo, muitos prometendo apenas um pouco mais em termos de conforto. O resultado dessas estratégias pode ser uma guerra de características e atributos.

Empresas concorrentes em mercados em desenvolvimento precisam projetar produtos com o menor custo possível. A Panasonic, por exemplo, desenvolveu uma linha de produtos incluindo um aparelho de TV por US$ 50 e máquinas de lavar na faixa dos U$S 100 e US$ 200 em média. Elas não apenas tinham que competir com outras empresas globais como também com empresas locais que desfrutavam das mesmas vantagens de custo de mão de obra. Elas adequavam os produtos ao mercado local. Por exemplo, um refrigerador vendido no Vietnam, onde os clientes gostam de sorvete, têm freezers grandes e fazem cubos de gelo em duas horas.[9]

Operações

Vantagens de custo duradouras podem também ser criadas por eficiências em operações baseadas em subsídios do governo, inovação de processo, acesso eficiente à distribuição para mercados-alvo (seguro USAA está disponível apenas para militares), competências de terceirização e gestão de sobrecarga.

Para obter economias operacionalmente significativas, é útil examinar a cadeia de valor e procurar por componentes de alto custo e que poderiam ser eliminados ou reduzidos mudando a forma como a empresa opera. O melhor exemplo disso é a eliminação de intermediação dos membros de um canal. A partir da venda direta, a Dell e a Amazon retiraram muitos componentes de suas cadeias de valor. Por exemplo, no modelo convencional de livraria, cerca de 30% dos livros vendidos são devolvidos, o que representa um grande peso morto para os custos. No modelo da Amazon, a proporção cai para 3% – um potencial enorme de economia.[10]

Outro lugar para encontrar operações baseadas em economia de custos é a interface entre o fornecedor e o cliente. A Uniqlo (um varejista japonês parecido com a Gap) relaciona as vendas e o inventário das lojas com as fábricas da empresa na China para criar eficiências de qualidade excelente. De modo similar, a Procter & Gamble criou uma parceria com o Walmart, que resultou em um sistema de reposição contínua de pedidos, expedição e reposição que minimiza custos de transporte e armazenamento, estoque e produtos em falta. Dez anos depois de a parceria ter começado, as unidades de armazenamento caíram em 25%, os vendedores diminuíram em 30%, o estoque diminuiu em 15% e o programa foi expandido para os principais clientes P&G.[11]

Economias de escala

O efeito da escala reflete as eficiências naturais associadas ao tamanho. Custos fixos como propaganda, custos da força de vendas, P&D, equipe administrativa e manutenção de instalações podem ser divididos entre outras unidades. Além disso, uma grande operação pode suportar ativos e atividades especializados (como pesquisa de mercado, equipe jurídica e operações de engenharia de fabricação) específicos às necessidades da empresa. A Amazon baseou seu modelo de negócios, há bastante tempo, na criação de economias de escala impulsionando suas vendas.

Quando um negócio é muito pequeno para suportar a necessidade de ativos ou operações, o resultado pode ser uma grave desvantagem competitiva. A solução pode ser a de suprimir ou consolidar unidades de negócios. Os efeitos da economia de escala são particularmente relevantes na construção da marca, em que cada marca pode procurar uma parte dos recursos limitados. A Nestlé, a Unilever, a P&G e outras empresas multimarcas estão excluindo, consolidando e priorizando marcas em seus portfólios para ter certeza de que as marcas importantes estão sendo totalmente financiadas.

No varejo, a escala pode ser obtida pela combinação de unidades de negócios. A Yum! introduziu lojas de marca dupla a partir das marcas estáveis KFC, Pizza Hut, Taco Bell, Long John Silver e A&W. Essas lojas de duas marcas podem competir com o McDonald's e o Burger King em locais caros que exigem um volume de vendas anual grande.

A curva de experiência

A curva de experiência, verificada empiricamente em centenas de estudos, sugere que conforme a empresa acumula experiência ao construir um produto, seus custos em dólares vai diminuir até um preço previsível. Quando a curva de experiência se aplica, a primeira entrada do mercado que alcançar uma grande participação de mercado terá uma vantagem de custo contínua. O efeito da curva de experiência é baseado no fato de que, através do tempo, as pessoas aprenderão a fazer as tarefas mais rápido e de maneira mais eficiente, que melhorias no processo tecnológico irão ocorrer e que os produtos serão reprojetados para serem montados de forma mais simples.

A curva de experiência clássica é representada pelo Modelo T da Ford, introduzido em 1908 como um carro confiável, fácil de dirigir e incrivelmente barato. O Modelo T, que vendeu mais de 15 milhões de unidades, começou sua vida com o preço de US$ 850 (cerca de US$ 18 mil dólares hoje), mas o preço caiu continuamente até que, em 1922, custava menos de US$ 300, um preço que serviu para expandir o mercado de forma expressiva. Devido ao *design* de produção estático e amigável, integração vertical e construção da enorme unidade fabril River Rouge, o custo de produção caiu de acordo com uma curva de experiência de 85% (ou seja, os custos caíram cerca de 15% a cada vez que a produção acumulada dobrou). A Figura 8.5 apresenta o padrão.

Diversas questões precisam ser entendidas ao se trabalhar com o conceito de curva de experiência. Primeiro, a curva de experiência não é automáti-

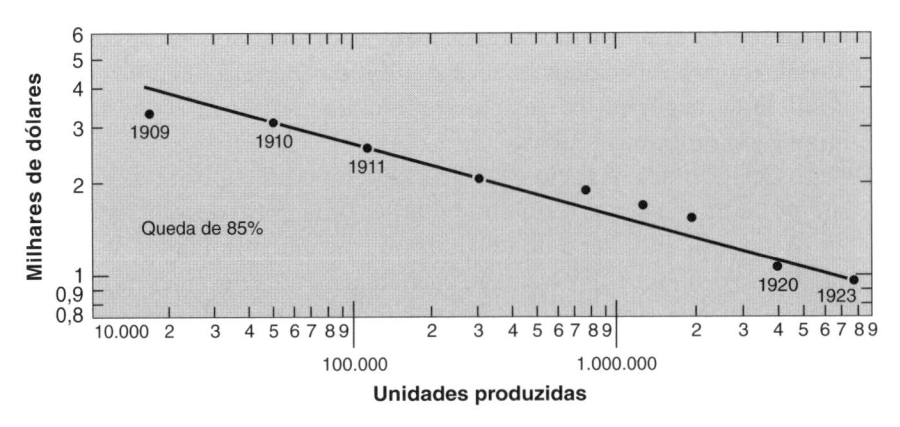

Figura 8.5 Preço do Modelo T, 1909–1923 (lista da média de preços em dólares de 1958).

ca. Deve ser administrada de forma proativa, com objetivos de melhoria da eficiência, círculos de qualidade, metas de *design* de produto e modernização do equipamento. Além disso, uma entrada tardia quase sempre pode gerar a mesma vantagem que vendedores mais experientes simplesmente acessando o *design* mais recente. Segundo, se a tecnologia ou o mercado mudarem, a curva de experiência pode se tornar obsoleta. O mercado automobilístico no começo dos anos 20 se afastou do Modelo T e a Ford precisou fechar por um ano para reequipar-se para fazer o que a GM estava oferecendo e o que o mercado queria. Terceiro, o modelo de curva de experiência implica que os custos com melhorias, sejam quais forem suas fontes, devem ser traduzidos em preços baixos e maior participação, de forma que o negócio possa manter-se à frente na curva de experiência. Preços mais baixos podem desencadear guerras de preço, no entanto, levando a margens reduzidas, o que aconteceu muitas vezes com mercados eletrônicos de consumo.

Uma cultura do baixo custo

Uma estratégia de baixo custo bem-sucedida é normalmente multifacetada e apoiada por uma cultura orientada ao custo. Avaliação de desempenho, recompensas, sistemas, estrutura, valores da administração superior e cultura são todas as frentes em que a redução de custos deve ser enfatizada.

O foco único necessário é comparável com o exigido para a gestão da qualidade total. Esse compromisso é evidente na Target, na Southwest, no Walmart e outras empresas que têm sido bem-sucedidas com estratégia de valor.

Existem muitos exemplos de empresas que decidiram partir para o mundo dos preços baixos e falharam porque suas culturas nunca poderiam ser adaptadas. Uma grande rede de supermercados decidiu criar uma cadeia para a venda de bebidas com desconto. Quando a cadeia falhou ao cumprir a promessa e ainda assim ser lucrativa, uma análise identificou que as pessoas e os processos não estavam compatíveis com a estrutura de custos necessária para o sucesso naquele mercado. Uma operação de desconto bem-sucedida quase sempre requer uma nova organização, com cultura, processos e pessoas diferentes.

Valor percebido

Gerir preços e percepções de preços é complicado porque o preço, geralmente, indica a qualidade do produto e o cliente pode perceber o preço baixo como um sinal de qualidade inferior. Se a qualidade é percebida como inaceitavelmente baixa, a oferta será considerada irrelevante para as necessidades do cliente. Isto é particularmente problemático para as ofertas em categorias em que é difícil julgar a qualidade real (perfumes ou óleo de motor, por exemplo) e para marcas *premium* em tempos de recessões profundas em que a mensagem de valor é necessária. Então, como contar a história do valor sem ter de gritar o preço? Entre as abordagens que funcionam estão:

- Comunicar a substância por trás da vantagem de custo – o modelo de venda direta da Dell, as viagens ponto a ponto e o serviços sem adicionais da Southwest, a produção em massa da Ford, as economias de escala da Amazon e do Walmart e a aparência de armazém da Ikea, da Home Depot e da Costco são todas transparentes ao consumidor e, assim, diminuem o risco de um problema de qualidade percebida.
- Gerir questões relevantes posicionando a oferta no que diz respeito à categoria de produto adequada e grupo de concorrentes. O Acura posiciona-se entre a BMW e o Lexus, a KFC's Family Value Meal é um negócio comparável à cozinha caseira, as 64 cores dos lápis de cera Crayola são contrastadas com brinquedos caros e a pizza DiGiorno custa US$ 6,69 enquanto uma tele entrega de pizza custa US$ 16,13.
- Destacar a acessibilidade dos produtos que possam parecer caros. A Gillette justifica o custo de suas lâminas de barbear Fusion Power sugerindo que em um mundo de alto desempenho, pagar US$ 1 dólar por semana pelo melhor é um preço acessível. A sopa Campbell fala sobre a refeição de um dólar original e repara-se no preço do leite que custa apenas 0,25 centavos.
- Substituir a redução de preço com características ou serviços agrupados que ofereçam um valor extra com o mesmo preço, como o frete grátis oferecido pela Amazon ou o McLanche Feliz. A Starbucks, um exemplo proeminente do excesso, respondeu a essa rotulação oferecendo um café da manhã com sanduíche ou muffin mais uma xícara de café por menos de US$ 4.
- Demonstrar o valor da qualidade – as toalhas Bounty fazem mais com menos.
- Desviar a atenção do valor das submarcas, como acontece com a BMW One Series ou a Fairfield Inn da Marriott.
- Gerenciar os pontos de preço visíveis. As mercearias há muito tempo aprenderam que os clientes tendem a se informar sobre algumas categorias e marcas. Da mesma forma, as maiores cadeias de livros prestam muita atenção aos best-sellers, porque eles estão mais propensos a passarem por uma comparação de preços. Fabricantes de automóveis estão mais preocupados com as bases de preço e bem menos preocupados com acessórios e opções, porque os preços destes serão mais difíceis de comparar.

Pontos-chave

- Estratégias de negócios normalmente agrupam-se em torno de um número limitado de proposições de valor, com um atributo superior, um

design atraente, sistemas de solução, responsabilidade social, relacionamento superior com o cliente, nicho especializado, qualidade superior e valor superior. A proposição de valor deve ser real, crível, viável, relevante e sustentável.
- A qualidade superior, que demonstrou trazer o retorno sobre as ações, precisa ser continuamente abordada por processos e programas e transferida em percepções da qualidade.
- Uma posição de valor precisa comunicar de forma eficaz e ser sustentada por uma vantagem de custos, que pode basear-se em ofertas pouco essenciais, operações, escalas econômicas e/ou curva de experiência.

Para discussão

1. Considere três segmentos, como hotéis, eletrodomésticos ou automóveis. Entre as diversas empresas da indústria, identifique quais proposições de valor estão representadas em suas estratégias. Havia proposições múltiplas? Avalie. Elas são bem-sucedidas ou provavelmente serão?
2. Considere três entre as seguintes opções estratégicas: solução de sistemas, responsabilidade social corporativa, relacionamento superior com o cliente, qualidade e valor. Para cada uma das delas, pense em duas empresas não mencionadas no livro que as tenham adotado. Qual das duas empresas agiu melhor em relação aos quatro desafios da estratégia empresarial apresentados no início deste capítulo? Discuta por que e como aquela empresa pôde fazer melhor.
3. Avalie a estratégia de qualidade do Lexus em relação aos desafios da estratégia empresarial. Como o Lexus poderia acrescentar mais personalidade e emoção à sua marca? Pense em modelos que obtiveram uma reputação de qualidade e uma personalidade forte.
4. Escolha uma oferta de produto ou serviço. Como você desenvolveria questões para uma pesquisa com clientes que medisse a qualidade de forma contínua? Como você aplicaria a pesquisa?
5. Considere o experimento NetAlbum. Qual explicação você proporia?

Notas

1. Fred Geyer, "Brand Challenge: Renovate Before It's Too Late", Prophet Web *Site*, March 2009.
2. Stan L. Friedman, "Corporate America's Social Conscience", *Fortune*, June 23, 2003, p. S6.
3. Ibid., p. S4.

4. "Esso—Should the Tiger Change Its Stripes?" *Reputation Impact*, October 2002, p. 16.
5. David A. Aaker and Robert Jacobson, "The Financial Information Content of Perceived Quality", *Journal of Marketing Research*, May 1994.
6. Valarie A. Zeithaml, *Service Quality*, Boston: Marketing Science Institute, 2004.
7. Jena McGregor, "When Service Means Survival", *Business Week*, March 2, 2009, pp. 26–40.
8. Jennifer Aaker, Susan Fournier, and S. Adam Brasel, "When Good Brands Do Bad", *Journal of Consumer Research*, June 31, 2008, pp. 1–18.
9. Daisuke Wakabayashi, "Panasonic Reaches Wide—and Low—With Appliances for Emerging Markets", *Wall Street Journal*, July 9, 2009, p. B1.
10. Timothy M. Laseter, Patrick W. Houston, Joshua L. Wright, and Juliana Y. Park, "Amazon Extracting Value from the Value Chain", *Strategy and Business*, First Quarter 2000, pp. 94–105.
11. Lawrence D. Milligan, "Keeping It Simple, The Evolution of Customer-Business Development at Procter & Gamble", remarks at the AMA Doctoral Symposium, Cincinnati, July 1997.

CAPÍTULO 9

Construindo e administrando o valor da marca

"Você não quer ser apenas o melhor dos melhores. Você quer ser considerado o único que faz o que você faz."
— **Jerry Garcia, The Grateful Dead**

"Você não pode montar um *case* de negócios no qual você seja o que não é."
— **Jeff Bezos, Amazon**

"O segredo do sucesso é a constância de propósito."
— **Benjamin Disraeli**

Uma estratégia empresarial é viabilizada pelos ativos da marca. A marca dá a uma empresa a permissão de competir em mercados de produtos e serviços, e isso representa uma proposição de valor da estratégia de negócios. Assim, é estrategicamente crucial desenvolver, refinar e alavancar os ativos da marca.

Existem inúmeros casos sobre o poder que a marca tem de melhorar o desempenho financeiro, mas uma pesquisa sólida também mostra que, em média, a construção de marcas gera um retorno em termos de ações. Na verdade, o efeito da marca no retorno das ações é tão grande quanto o da contabilidade RSI em configurações tão diversas como Internet e empresas de alta tecnologia. Além disso, esforços para estimar o valor dos ativos da marca quando comparados a outros ativos intangíveis – como pessoas e TI – e ativos tangíveis revelam que os ativos da empresa representam a partir de 15% (Toyota e GE) a mais de 75% (BMW e Nike) do valor da empresa. Mesmo o número mais baixo é estrategicamente significativo.

O valor da marca é o conjunto de ativos e passivos ligados à marca. A conceptualização do valor da marca, que ocorreu no final dos anos 80, foi fundamental porque mudou a forma como o marketing era percebido. Onde a imagem da marca poderia ser delegada a um gerente de propaganda, o valor da marca – como um ativo-chave da empresa – precisava ser elevado à parte da estratégia de negócios, ao alcance do CEO. Sua gestão era estratégica e visionária em vez de tática e reativa, tinha orientação de longo prazo em vez de curto prazo e envolvia diferentes conjuntos de métricas. Ela mudou realmente o papel do marketing e dos responsáveis pelas áreas de marketing (CMO).

Existem três tipos de ativos da marca – consciência da marca, lealdade à marca e associações à marca (ver Figura 9.1). Cada um desses tipos cria vantagens competitivas excelentes e cada um precisa ser gerenciado ativamente.

Consciência da marca

A consciência da marca é muitas vezes tida como certa, mas pode ser um ativo estratégico essencial. Em alguns setores que possuem paridade de produtos, a consciência – a terceira VCS mais mencionada (ver Figura 7.3) – provê uma diferença competitiva sustentável. Ela serve para diferenciar as marcas em uma dimensão de familiaridade/lembrança.

A consciência da marca pode fornecer uma série de vantagens competitivas. Primeiro, a consciência oferece à marca um senso de familiaridade e as pessoas gostam daquilo que lhes é familiar. Para produtos com baixo envolvimento, como sabão ou goma de mascar, a familiaridade pode levar à decisão de compra. Testes de sabor de produtos como bebidas tipo cola e manteiga de amendoim mostram que marcas com nomes conhecidos podem afetar as avaliações, mesmo que a pessoa nunca tenha comprado ou usado a marca.

Segundo, a consciência de nome pode sinalizar presença, comprometimento e substância – atributos que podem ser muito importantes, mesmo para compradores de itens industriais de grande valor e para compradores de produtos de consumo duráveis. A lógica é que, se um nome é reconhecido, deve haver uma razão. A campanha "Intel Inside" foi marcadamente bem-sucedida ao criar a percepção de tecnologia avançada e rendeu um preço *premium* significativo para a Intel por mais de uma década, mesmo que os

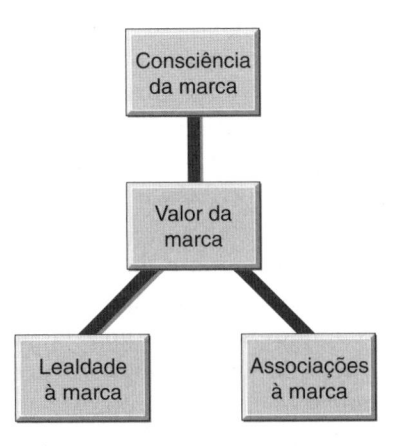

Figura 9.1 Valor da marca.

anúncios nada comuniquem sobre a empresa ou o produto. O poder da consciência pura estava em jogo.

Terceiro, a relevância de uma marca irá determinar se ela é recordada em um momento-chave do processo de compra. O passo inicial ao selecionar uma agência de propaganda, um carro para fazer test-drive ou um sistema de computador é decidir quais marcas considerar. O caso extremo é o domínio do nome, em que a marca só é recuperada quando a classe do produto é mencionada. Considere os lenços Kleenex, a água sanitária Clorox, o Band-Aid, a gelatina Jell-O, os giz de cera Crayola, o sal Morton, os trens Lionel, o cream cheese Philadelphia, o suco de vegetais V-8, a Netflix, a TiVo e o molho de carne A-1. Em cada caso, quantas outras marcas você pode nomear? Como você gostaria de competir com a marca dominante?

A consciência de marca é um ativo que pode ser extremamente durável e sustentável. Pode ser muito difícil desalojar uma marca que atingiu um nível de consciência dominante. A consciência dos clientes em relação à marca Datsun, por exemplo, era tão forte quanto aquela em relação à sua sucessora, a Nissan, quatro anos após a empresa ter mudado seu nome.[1] Um estudo sobre consciência de marcas de liquidificadores feito 20 anos depois que a GE havia parado de fabricar o produto descobriu que a marca GE era a segunda marca preferida.[2] Outro estudo de familiaridade solicitou a construtores de casas que citassem quantas marcas pudessem lembrar: cada um mencionou, em média, 28 nomes. A idade das marcas foi surpreendente: mais de 85% contavam mais de 25 anos e 36%, mais de 75 anos.[3]

Há uma grande diferença entre reconhecimento (ter ouvido falar da marca X) e lembrança sem ajuda (quais marcas de carros utilitários você pode nomear). Às vezes, o reconhecimento de marcas maduras não é nem mesmo desejável quando a lembrança é baixa. Na verdade, marcas com grande reconhecimento e baixa lembrança são determinadas como marcas cemitério. Sem a lembrança elas não estão no jogo, seu alto reconhecimento significa que são consideradas notícias de ontem, e, então, é difícil que ganhem visibilidade e energia.

Consumidores são bombardeados todos os dias por mais e mais mensagens de marketing e, por causa disso, o desafio de construir a consciência e a presença (de uma forma econômica e eficaz) é excelente, especialmente considerando a fragmentação e a confusão que existem na comunicação de massa. Um caminho para a visibilidade é estender a marca para mais categorias de produtos. Por essa razão, empresas como a 3M, a Sony, a Toshiba e a GE têm uma vantagem porque produtos com escopo muito amplo geram uma maior exposição da marca. Outro caminho é ir além dos canais de mídia normais usando promoção de eventos, publicidade, amostragem e outras técnicas que chamam a atenção. Por exemplo, considere o impacto do patrocínio da Samsung às Olimpíadas, as lojas de exposição Niketown e o relógio Swatch de 165 metros, pendurado em arranha-céus de Frankfurt e Tóquio, o programa da

Nestlé Buitoni Club. Todas essas empresas conseguiram aumentar seus níveis de consciência de forma muito mais eficaz do que se tivessem se baseado apenas em propaganda de mídia de massa.

Lealdade à marca

Um ativo permanente para alguns negócios é a lealdade da base de clientes estabelecida (listada no item 10 na lista de VCSs na Figura 7.3). Concorrentes podem duplicar ou superar um produto ou serviço, mas ainda enfrentam a tarefa de fazer clientes trocarem de marcas. A lealdade à marca, ou a resistência à mudança, pode ser baseada no simples hábito (não há motivação para mudar de um posto de gasolina familiar ou supermercado), preferência (pessoas gostam de verdade da mistura para bolo ou seus símbolos, talvez por que são baseadas na experiência de uso ao longo do tempo), ou por questões de custos de substituição. Estes últimos podem ser uma consideração para um usuário de *software*, por exemplo, quando um investimento substancial já foi feito em treinamento para aprender um sistema específico de *software*.

Uma base existente de clientes leais fornece uma vantagem competitiva sustentável enorme. Primeiro, isso reduz os custos com marketing de fazer negócios, já que os clientes existentes normalmente são fáceis de manter – o que é familiar é confortável e seguro. Manter os clientes existentes felizes e reduzir sua motivação em mudar é normalmente considerado mais barato do que tentar alcançar novos clientes e convencê-los a tentar outra marca. É claro, quanto maior for a lealdade, mais fácil será manter os clientes satisfeitos.

Segundo, a lealdade dos clientes existentes representa uma barreira de entrada substancial para os concorrentes. Recursos significativos são necessários quando se entra em um mercado com clientes existentes que precisam ser atraídos de uma marca estabelecida a qual eles são leais ou mesmo apenas satisfeitos. O potencial de lucro para o entrante é, assim, reduzido. Para que a barreira seja eficaz, entretanto, concorrentes potenciais precisam conhecê-la; eles não podem alimentar a ilusão de que os clientes estão vulneráveis. Portanto, os sinais da forte lealdade dos clientes, como os seus grupos de interesse, podem ser úteis.

Terceiro, uma base de clientes relativamente grande e satisfeita oferece uma imagem de marca como um produto aceito, de sucesso duradouro que irá incluir o serviço e melhorias do produto. Um conjunto de clientes leais também dá segurança a outros clientes. Os clientes encontram conforto no fato de que outras pessoas também escolheram a marca.

Finalmente, a lealdade à marca proporciona o tempo para responder a movimentos competitivos – o que dá à empresa um espaço para respirar. Se um concorrente desenvolve um produto superior, um seguidor leal irá dar à empresa o tempo que precisa para responder a esse produto, encontrando um correspondente ou neutralizando a oferta. Com a alta lealdade à marca, a empresa pode dar-se ao luxo de adotar uma estratégia de seguidor que seja menos arriscada.

A gestão da lealdade de uma marca é questão-chave para obter sucesso estratégico. As empresas que administram bem a lealdade à marca provavelmente:

- Medem a lealdade dos clientes existentes. Essa medida deve incluir não apenas indicadores sensíveis de satisfação como também medidas de relacionamento entre o cliente e a marca. A marca é respeitada? As pessoas gostam da marca? Ela é confiável? A última medida é: o cliente recomenda a marca a outras pessoas?
- Conduzem entrevistas de saída com aqueles que abandonam a marca, a fim de localizar pontos de vulnerabilidade.
- Possuem uma cultura do cliente, em que as pessoas na organização têm a capacidade e a motivação de manter o cliente satisfeito.
- Medem o valor de um cliente de forma que compras futuras sejam valorizadas.
- Recompensam clientes leais com programas de compra frequente ou benefícios especiais não esperados ou *premium*.
- Fazem os clientes sentirem que são parte da organização, talvez por meio de clubes de clientes.
- Mantêm comunicação contínua com os clientes, utilizando mala-direta, Internet, números gratuitos e uma organização sólida de gestão de clientes.
- Gerenciam pontos de contato do cliente para garantir que a marca não falhe em contextos-chave.
- Protegem o relacionamento com a base de clientes leais durante períodos econômicos difíceis, quando há pressão sobre os orçamentos de marketing.

Associações à marca

As associações relacionadas a uma empresa e suas marcas podem ser parte-chave de ativos comerciais duradouros, já que demonstram a posição estratégica da marca. A associação à marca nada mais é do que a ligação direta ou indireta realizada na memória do cliente com relação à marca (ver Figura 9.2). Assim, o McDonald's pode ser associado a Ronald McDonald, às crianças, aos Arcos Dourados, à Casa Ronald McDonald, ao molho de saladas do Newman's, à diversão, ao serviço rápido, aos passeios em família ou aos Big Macs. Todas essas associações servem potencialmente para tornar o McDonald's interessante, memorável e atraente aos olhos dos seus clientes.

Os atributos do produto e os benefícios ao cliente são associações que possuem relevância óbvia por que mostram a razão de comprar o produto e, assim, fornecem a base para a lealdade à marca. A Heinz é o ketchup mais lento de se derramar (o mais espesso), a Bayer tem ação mais rápida, a Texas Instruments tem o chip mais rápido, Jaguar é estilosa, a Volvo é duradoura e segura e o Walmart oferece bom preço. As empresas adoram fazer jus aos seus produtos, por uma boa razão. Elas sempre se envolvem em disputas barulhentas, ou alegações, para convencer os clientes de que suas ofertas são superiores em algumas dimensões importantes: a Brand One é o cereal com mais fibras ou o Boeing é o avião que percorre maiores distâncias.

Há diversos problemas que dependem de associações com atributos e benefícios. Primeiro, uma posição baseada em algum atributo é vulnerável a uma inovação que dê ao concorrente mais velocidade, mais fibra ou maior alcance. Nas palavras de Regis McKenna, o guru de marketing do Vale do Silício, "você sempre pode ser superado".

Segundo, quando as empresas começam uma especificação falando dos concorrentes, elas sempre acabam perdendo credibilidade. Depois de um tempo, os clientes começam a duvidar que qualquer aspirina seja mais eficaz ou tenha ação mais rápida do que outra. São tantas as alegações conflitantes que todas elas são ignoradas.

Terceiro, as pessoas nem sempre tomam decisões baseadas em uma determinada especificação. Elas podem achar que pequenas diferenças em alguns atributos não são importantes, ou simplesmente não ter motivação ou capacidade para processar informações em tal nível de detalhes.

Marcas fortes vão além dos atributos dos produtos para desenvolver associações em outras dimensões que possam ser mais verossímeis e difíceis de copiar. É útil entender algumas dessas outras dimensões e aprender como elas

Associações	Marcas
Atributos/Benefícios	Volvo, Crest
Design	Jaguar, Calvin Klein
Soluções de sistemas	Siebel, IBM
Programas sociais	Avon, McDonald's
Relacionamento com o cliente	Nordstrom's, Ritz Carlton
Especialista no nicho	Ferrari, Gold Violin
Qualidade	Lexus, Hertz
Valor	Walmart, Hyundai
Categoria do produto	TiVo, Toyota's Prius
Amplitude da linha de produtos	Amazon, Marriott
Intangíveis organizacionais	3M, Accenture
Benefícios emocionais e autoexpressivos	BMW, Jaguar, Tiffany's
A experiência	Nike, Heineken
Ser global	Visa, Ford
Ser contemporâneo	MySpace, Apple
Personalidade da marca	MetLife, Singapore Airlines

Figura 9.2 Associações à marca.

podem ser utilizadas pelas empresas para criar relações com seus clientes e pontos de diferenciação.

As proposições de valor descritas no último capítulo, juntamente com atributos ou benefícios – *design*, soluções de sistemas, programas sociais, relacionamento com o cliente, nicho especializado, qualidade e valor – são todos candidatos proeminentes para associações reais ou almejadas. Outros adicionais, todos com capacidade comprovada para levar a empresa ao sucesso, serão descritos para proporcionar uma direção para o escopo de associações potenciais.

Categoria do produto

A escolha de uma categoria ou subcategoria à qual um negócio irá se associar pode ter grandes implicações estratégicas e táticas para a empresa. A Schweppes posicionou sua tônica na Europa como um refrigerante para adultos, e a popularidade de bebidas adultas "new age" levou-a a uma posição dominante. Nos Estados Unidos, porém, a Schweppes (talvez querendo evitar a força tremenda da Coca e da Pepsi) posicionou sua entrada como uma bebida mista utilizada em drinques alcoólicos, procedimento que a relegou a um participante minoritário quando o mercado mudou. As barras energéticas tornaram-se um grande negócio ao criar uma categoria separada da dos doces. Por outro lado, a Wasa Crispbread expandiu seu mercado posicionando-se como uma alternativa ao pão, em vez de ficar em uma categoria com bolos de arroz e Ry-Krisp. A Siebel criou a categoria Gestão de Relacionamento com o Cliente (CRM) e beneficiou-se com essa associação.

Mantendo a relevância

Como sugerido no Capítulo 4, o conceito de relevância pode ajudar na difícil tarefa de administrar uma categoria em desenvolvimento com subcategorias emergentes e recuadas. A relevância está, em essência, sendo percebida como associada à categoria de produto na qual o cliente está interessado. No Brand Asset Valuator, um gigantesco estudo sobre marcas globais feito pela Young & Rubicam, a relevância foi uma das quatro principais dimensões identificadas (juntamente com diferenciação, estima e conhecimento). Se uma empresa perde relevância, a diferenciação pode não importar mais.

A capacidade de uma empresa manter a relevância varia ao longo de uma linha, como mostrado na Figura 9.3. Em um extremo estão os negligenciadores de tendência – empresas que não seguem tendências ou as interpretam mal, talvez porque estejam muito focadas em modelo de negócio predeterminado. Tais empresas são sempre caracterizadas por ter uma capacidade inadequada de análise estratégica, inflexibilidade organizacional e/ou uma estratégia fraca de portfólio de marcas; elas acabam despertando um tanto surpresas ao descobrir que seus produtos não são mais relevantes. No outro extremo da

```
Negligenciadores de tendência  ⇄  Seguidores de tendência  ⇄  Condutores de tendência
```

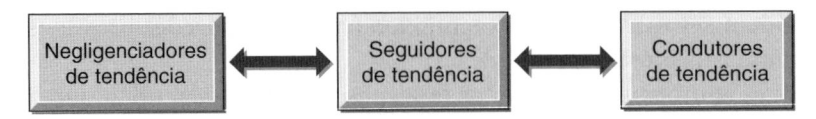

Figura 9.3 Permanecendo relevante.

linha estão os condutores de tendência, empresas que na verdade impulsionam as tendências que definem a categoria (ou subcategoria). Entre os dois extremos estão os que respondem às tendências, aqueles que acompanham de perto as tendências e a evolução das categorias e subcategorias, assegurando que seus produtos se mantenham atualizados.

Virgin Atlantic Airlines, IBM e Schwab têm sido condutoras de tendência. A Virgin criou novas subcategorias ao introduzir e possuir novos serviços, como massagem na primeira classe. A IBM definiu uma nova categoria com os serviços de *e-business*, suportados por enormes recursos de construção de marca. O OneSource da Schwab definiu uma nova subcategoria de empresas de serviços de corretagem.

Os que respondem às tendências – aquelas empresas que reconhecem tendências, avaliam-nas com exatidão e depois implementam uma resposta – podem sustentar o sucesso em mercados dinâmicos. Algumas marcas de moda, como Tommy Hilfiger, foram ágeis para manter-se a par das tendências da moda. A Barbie vem mudando com o tempo, de uma astronauta em 1965 para uma cirurgiã em 1973 e uma candidata presidencial em 1992, até aparecer no filme "Barbie e o Quebra-Nozes" em 2001 e o lançamento da Barbie alta-costura em 2004. A posição da L.L. Bean passou de caçar, pescar e acampar a uma imagem mais ampla, relevante para adeptos de caminhadas, mountain-bike, esquis e esportes aquáticos, o núcleo de seu mercado. Adaptando-se rapidamente à era digital, a Fuji Film tornou-se uma líder com seu sensor de imagem de alta qualidade Super CCD para câmaras digitais, além de vários produtos como impressoras de fotos digitais.

Responder às tendências de forma bem-sucedida, porém, não é fácil. Como sugerido no Capítulo 4, pode ser difícil identificar e avaliar as tendências e separá-las de meros modismos. Também é difícil responder a subcategorias emergentes, especialmente se elas começam pequenas e se a empresa e a marca existentes já estiverem estabelecidas. Considere, por exemplo, a dificuldade que McDonald's, Burger King, KFC e outras gigantes do *fast-food* tiveram para responder à tendência de alimentação saudável. Elas não eram boas em desenvolvimento e entrega de produto nessa área porque isso não está em seu DNA: elas não têm o pessoal e a cultura necessários para serem bem-sucedidas. Além disso, suas marcas se tornam um compromisso quando as empresas tentam mudar percepções estabelecidas há décadas. Assim, o McDonald's, após diversos esforços sem sucesso para criar saladas apareceu não apenas com saladas que funcionavam, mas como sobremesas saudáveis para pais preocupados, e até com um café gourmet, oferecendo uma alternativa à Starbucks.

Amplitude da linha de produtos

Uma oferta de produtos ampla sinaliza substância, aceitação, liderança e frequentemente a conveniência de comprar várias coisas em um só local. Por exemplo, a posição estratégica e o marketing da Amazon nunca foram sobre venda de livros, mesmo no começo, quando era apenas uma livraria (a Amazon evitava se chamar books.com). Ao contrário, ela se posicionou ao prometer uma experiência de compra superior baseada na "maior seleção da Terra" – um leque de escolhas tão amplo que os clientes não teriam razão para procurar em qualquer outro lugar. Essa posição permitiu à Amazon entrar em diversos mercados de produto, embora também pressionasse a empresa a atender a todas as jurisdições.

A amplitude também funciona bem como uma dimensão para outras empresas, como Chevrolet, Walmart e Black & Decker. Entretanto, mesmo sob uma marca forte, ampliar a oferta de produtos oferece riscos. A empresa pode se aventurar em áreas de negócios em que lhe faltam capacidades e competências, e a marca pode se deteriorar e os recursos necessários em outros lugares podem ser consumidos na tentativa.

Intangíveis organizacionais

Como já observado, associações a atributos e benefícios podem ser, muitas vezes, facilmente copiadas. Por outro lado, é difícil copiar uma organização, que é definida exclusivamente por seus valores, cultura, pessoas, estratégias e programas. Atributos organizacionais, como ser global (Visa), inovador (3M), orientado por qualidade (Cadillac), voltado para o cliente (Nordstrom) ou envolvido com a comunidade ou questões sociais (Avon), ou preocupado com o ambiente (Toyota), são geralmente mais duradouros e resistentes às alegações competitivas do que atributos associados ao produto.

Um estudo de laboratório com câmeras demonstrou o poder de um atributo intangível. Os clientes viam duas marcas de câmeras, uma delas posicionada como tecnicamente mais sofisticada e a outra, como mais fácil de usar. Especificações detalhadas de cada marca, que também eram fornecidas, mostravam claramente que a marca mais fácil de usar na verdade também tinha tecnologia superior. Quando as pessoas viam as duas marcas juntas, a marca fácil de usar era classificada como superior em tecnologia por 94% dos respondentes. Porém, quando essa marca foi mostrada dois dias depois da exposição à suposta (mas não de fato) marca mais sofisticada, apenas 36% dos respondentes achavam que ela tinha a melhor tecnologia. O uso da tecnologia como atributo abstrato dominou as especificações reais.

Benefícios emocionais e autoexpressivos

Outra forma de ir além das alegações de atributo/funcionais é criar uma posição baseada em benefícios emocionais ou autoexpressivos.

Benefícios emocionais estão relacionados à capacidade da oferta de fazer o cliente sentir algo durante a compra ou a experiência de uso. As marcas mais fortes quase sempre oferecem benefícios emocionais. Assim, o comprador ou usuário pode sentir-se:

- Seguro em um Volvo
- Entusiasmado em uma BMW
- Energizado ao assistir TV
- Importante na Nordstrom's
- Saudável quando bebe Evian
- Acalentado quando compra ou lê um cartão da Hallmark
- Forte e resistente ao dirigir uma Ford Explorer

Os benefícios emocionais estão relacionados com declarações como "eu me sinto": Eu me sinto energizado, Eu me sinto aquecido, Eu me sinto elegante. Para ver se um benefício emocional pode desempenhar um papel na diferenciação de uma marca, teste a pergunta "eu me sinto" com clientes. Se os clientes leais assumidos mencionarem constantemente um determinado benefício emocional associado ao uso da marca, então ele deve ser considerado parte da posição estratégica da marca.

Benefícios autoexpressivos refletem a capacidade de comprar e usar uma oferta para fornecer um veículo por meio do qual a pessoa possa se expressar. Para demonstrar isso, uma pessoa pode expressar o autoconceito de ser:

- aventureira ou ousada ao ter esquis Rossignol
- moderna por comprar roupas da Gap
- sofisticada por usar Ralph Lauren
- bem-sucedida, no controle e um líder por dirigir um Lincoln
- econômica e despretensiosa por comprar na Kmart
- competente por usar o Microsoft Office
- cuidadosa por preparar aveia Quaker Oats para o filho de manhã

Benefícios autoexpressivos estão relacionados com declarações como "Eu sou...": Eu sou bem-sucedido, Eu sou jovem, Eu sou um grande atleta. Para ver se um benefício autoexpressivo pode desempenhar um papel na diferenciação da marca, teste a pergunta "eu sou" com clientes leais e veja se surge algum benefício autoexpressivo constante ao usar a marca.

Por que algumas obras de arte contemporânea são vendidas a preços astronômicos? Por que um tubarão empalhado valeria US$ 40 milhões e ficaria pendurado no New York Metropolitan Museum of Art? Por que um conjunto retangular de manchas coloridas criado por uma equipe de artistas poderia ser vendido por US$ 600 mil? A qualidade não é objetiva, com certeza. Especialistas poderiam não concordar sobre se um quadro semelhante a uma pintura com gotas de Jackson Pollock encontrado no mercado de pulgas é autêntico. Dependendo do seu veredito, a pintura valeria alguns milhares ou US$ 40 milhões. O mesmo quadro! Como um artista cria uma marca capaz de capturar um preço *premium*? A resposta não é simples mas, sem dúvida, benefícios autoexpressivos desempenham um papel predominante.

A experiência

A experiência de usar a marca poderia incluir benefícios emocionais ou autoexpressivos sem qualquer vantagem funcional, mas, quando uma experiência combina as duas coisas, ela em geral é mais ampla e mais compensadora. A experiência com a Nordstrom inclui vários fatores (como o produto, o piano, o ambiente e o serviço) que se combinam para garantir um momento prazeroso, satisfatório e fazer uma declaração sobre compras e vendas na loja. A experiência de usar Nike combina benefícios funcionais, emocionais e autoexpressivos para proporcionar uma intensidade de conexão que as marcas concorrentes não têm. Muitas marcas fortes oferecem os três tipos de benefícios.

Além da amplitude de suas ofertas, a Amazon também está posicionada em relação à experiência que proporciona. Sua promessa é criar uma experiência de compra de classe mundial que seja eficiente e divertida. A seleção rápida e fácil, o pedido com um clique, lembranças para ocasiões especiais, a garantia de compra segura e entregas confiáveis estão por trás da experiência que a Amazon cria. Tal experiência também garante benefícios emocionais ao oferecer a animação da descoberta de um livro, CD ou presente que é exatamente aquilo que você procurava (como destacado por sua recomendação personalizada de item). O Rio Amazonas, representando a palavra final em descoberta e aventura, fornece uma metáfora inspiradora. Um dos desafios da marca Amazon é assegurar que esse aspecto emocional não seja submerso pelos benefícios funcionais que o *site* propicia.

Ser global

O Citigroup é uma instituição financeira global. O Visa é um cartão de crédito global. A Toyota é uma empresa automotiva global. Ser global garante benefícios funcionais, no sentido de que você pode ter acesso aos serviços do Citigroup ou do Visa em qualquer lugar. Também garante prestígio e a certeza de saber que a empresa tem as aptidões empresariais para concorrer de forma bem-sucedida em outros países. A consciência de que a Toyota é forte nos Estados Unidos, por exemplo, ajuda a empresa na Europa, onde, não fosse por isso, os clientes poderiam vê-la como um participante modesto. Mais informações sobre associações globais e estratégias são oferecidas no Capítulo 13.

Ser contemporâneo

A maioria das empresas estabelecidas enfrenta o problema de permanecer ou tornar-se contemporânea. Uma empresa com uma herança antiga tem um determinado crédito por ser confiável, segura, amiga e até mesmo inovadora, se isso for parte de sua tradição. No entanto, ela também pode ser percebida como "a marca do seu pai (ou do seu avô)". O desafio é ter energia, vitalidade e relevância no mercado de hoje – para ser parte do cenário contemporâneo. A resposta geralmente significa fugir da armadilha do benefício funcional. Técnicas para incluir energia ao negócio serão exploradas no Capítulo 10.

Lane Bryant, um varejista para mulheres de tamanho grande, desenvolveu uma imagem desalinhada e apologética que impedia seu crescimento. Para inovar, a empresa desenvolveu uma posição estratégica nova e contemporânea. Ela divulgou a mensagem com roupas novas, até sensuais; um desfile de moda Lane Bryant em Nova York; lojas revitalizadas; e uma nova porta-voz, a rapper e atriz Queen Latifah, em anúncios, no *site* e em um programa de registro de votação. Ironicamente, uma empresa irmã da Lane Bryant, a Victoria's Secret, teve de se reposicionar anteriormente, passando de uma marca excessivamente destacada (Frederick's of Hollywood) a uma mais direcionada, embora à margem do mercado principal.

Personalidade da marca

Assim como ocorre com os seres humanos, uma empresa com personalidade tende a ser mais memorável e admirada do que uma que é branda, nada mais do que a soma de seus atributos. E, assim como as pessoas, as marcas podem ter várias personalidades, como ser profissional e competente (CNN e McKinsey), de alto nível e sofisticada (Jaguar e Tiffany's), confiável e genuína (Hallmark e John Deere), excitante e ousada (Porsche e Benetton) ou ativa e firme (Levi's e Nike). Certamente, a Virgin é uma marca cuja posição estratégica inclui uma personalidade forte.

A Harley-Davidson tem uma personalidade forte, refletindo uma pessoa máscula, que ama a América, que procura liberdade e que está disposta a quebrar as normas de confinamento social. A experiência de pilotar uma Harley (ou mesmo a associação que se faz ao se usarem roupas Harley-Davidson) ajuda algumas pessoas a expressar uma parte de sua personalidade, o que resulta em lealdade intensa. Mais de 250 mil pessoas pertencem a um dos 800 Grupos de Proprietários de Harley (GPH). Duas vezes por ano, adeptos de todo o país se reúnem para uma experiência de união. A Harley é muito mais do que uma motocicleta; é uma experiência, uma atitude, um estilo de vida, um veículo para expressar "quem sou eu".

A Joie de Vivre é uma empresa de San Francisco cujos hotéis são inspirados em um tema que reflete uma personalidade. O hotel "Rolling Stone", em

Virgin Atlantic Airlines

Em 1970, Richard Branson e alguns amigos fundaram a Virgin como uma pequena loja de venda de discos por correio em Londres, Inglaterra. Em meados dos anos 1980, esse começo modesto havia levado a uma cadeia de lojas de discos e ao maior selo independente de música do Reino Unido, com artistas tão diversos e importantes como Phil Collins, Sex Pistols, Boy George e Rolling Stones. Na década de 90, havia mais de uma centena de "megastores" da Virgin, muitas fazendo uma declaração significativa da marca com os seus letreiros, tamanho e *design* de interior. Em fevereiro de 1984, Branson decidiu fundar a Virgin Atlantic Airlines, para tornar as viagens aéreas divertidas e agradáveis para todas as classes, e não apenas para os passageiros de primeira classe. Desafiando as probabilidades, no final dos anos 1990, era a companhia aérea número dois na maioria dos mercados e rotas a que atendia. Mais do que isso, desfrutava do mesmo nível de consciência do consumidor e de reputação de empresas internacionais muito maiores, incluindo companhias aéreas orientadas para serviço como a Singapore Airlines. O sucesso da Virgin Atlantic se deve, em parte, a sua imagem ao oferecer qualidade de serviços, valor ao dinheiro, ser considerada "azarão" e ter uma personalidade marcante.

Qualidade de serviço extraordinária

A Virgin oferece um serviço de qualidade e, mais importante para a sua percepção, muitas vezes impressiona os clientes com suas experiências originais e que tiram um "Uau!" dos passageiros. A Virgin foi pioneira no uso da poltrona-cama, em 1986 (a British Airways veio, nove anos depois, com a poltrona-berço), no serviço de limusine em cada ponto do voo (ou no de motocicleta para voos curtos), em massagens durante o voo, poltronas especiais para crianças, TVs individuais para passageiros da classe executiva, check-in mais rápido nos aeroportos e na criação de novas classes de serviço. A empresa oferece aos passageiros de primeira classe um terno novo, sob medida, que estará pronto no destino, massagistas ou esteticistas, além de facilidade para tomar um banho ou tirar uma soneca.

Valor ao dinheiro

A classe superior da Virgin Atlantic tem o mesmo preço da classe executiva, mas é equivalente ao serviço de primeira classe de muitas outras companhias aéreas. A classe intermediária é oferecida ao preço da classe econômica, e a maioria dos bilhetes da classe econômica da Virgin é vendida com desconto. Embora esse preço mais baixo seja uma vantagem clara para o consumidor, a Virgin não enfatiza a posição de preço em sua promoção. Preço baixo não é a mensagem da companhia.

O "azarão"

O modelo de negócios da Virgin é direto. A companhia geralmente ingressa em mercados e segmentos que têm participantes grandes, já estabelecidos (como British Airways, Coca-Cola, Levi Strauss, British Rail e Smirnoff), os quais de certa forma podem ser retratados como complacentes, burocráticos e não receptivos às necessidades dos clientes. Em contrapartida, a Virgin se apresenta como uma inovadora que se preocupa, inova e representa uma alternativa atraente e viável para os clientes. Quando a British Airways tentou evitar que a Virgin ganhasse rotas, a Virgin pintou a British Airways como um valentão se interpondo no caminho de uma empresa mais jovem, sincera, que oferecia melhor valor e serviço.

(continua)

A personalidade da Virgin

A marca Virgin tem uma personalidade forte, talvez marcante, que reflete, em grande parte, suas inovações de serviço vistosas e os valores e ações de Richard Branson. A Virgin, se fosse uma pessoa, seria percebida como alguém que:

- exibe as regras
- tem um senso de humor que pode ser ofensivo às vezes
- é inquieta, querendo atacar o que está estabelecido
- é competente, sempre faz um bom trabalho e tem altos padrões

Curiosamente, essa personalidade se estende a alguns extremos, da competência a ousadia, diversão, transgressão de regras – uma realização invejada por outras empresas. A chave não é apenas a personalidade de Branson em si, mas também o fato de a Virgin assumir cada faceta dessa personalidade.

A Virgin é um exemplo marcante de como um conjunto de associações pode permitir a uma empresa ir muito além do que seria considerado um escopo aceitável de operações. Em vez de se restringir a discos e entretenimentos, a Virgin usou suas associações para ir além, partindo de lojas de discos e chegando a companhias aéreas, refrigerantes à base de cola (Virgin Cola), a vodca (Virgin Vodka), a serviços ferroviários (Virgin Rail), aos jeans (Virgin Jeans) e dezenas de outras categorias. Em cada ramo de negócios, as associações da Virgin atuam no sentido de garantir diferenciação e vantagem.

Na verdade, a decisão de ampliar a Virgin, uma empresa então associada ao rock e à juventude, para uma companhia aérea poderia ter se tornado um disparate lendário se tivesse dado errado. Porém, como a companhia aérea foi bem-sucedida e conseguiu fornecer valor com qualidade, aptidão e inovação, a marca Virgin principal desenvolveu associações que não estavam restritas a um único tipo de produto. Os elementos da posição estratégica da Virgin – qualidade de serviços extraordinária, valorização do dinheiro, personalidade, exclusividade – trabalham com um grande grupo de produtos e serviços. A Virgin tornou-se uma marca "estilo de vida", com uma atitude cuja relação poderosa com os clientes não é baseada apenas em benefícios funcionais dentro de uma determinada categoria de produto.

O sucesso da Virgin foi conduzido, em parte, por uma visibilidade pura, baseada, sobretudo, em uma publicidade gerada pessoalmente por Richard Branson. Para o lançamento da Virgin Bride, uma companhia que organiza casamentos, ele apareceu vestido de noiva. Na abertura da primeira megastore da Virgin nos Estados Unidos, em 1996, localizada na Times Square, em Nova York, Branson (um balonista com vários recordes mundiais) foi baixado, em uma gigantesca bola prateada, de uma altura de 30 metros. Essa e outras proezas se transformaram em publicidade gratuita para a Virgin, ajudando a marca em todos os contextos.

Branson se superou em seu papel. Empregando humor britânico e o gosto popular em zombar do sistema, ele acabou se tornando querido para os consumidores. Sem nunca se desviar dos valores básicos da marca, ele conquistou lealdade e confiança. Quando a rádio BBC perguntou a 1.200 pessoas quem elas achavam que estaria mais qualificado para reescrever os Dez Mandamentos, Branson veio em quarto lugar, depois de Madre Tereza, do Papa e do Arcebispo de Canterbury. Quando um jornal diário britânico fez uma pesquisa para saber quem estava mais qualificado para se tornar o próximo prefeito de Londres, Branson ganhou com uma vitória esmagadora.

Phoenix, atrai personalidades do rock e de outras áreas de entretenimento com seu senso irreverente e sua decoração de aventura. O hotel Rex "New Yorker" é alinhado e sofisticado, com sensibilidade literária. O hotel Comodoro, "luxo dos anos 20", com seu Café Titanic, parece uma festa saída diretamente do Grande Gatsby. O hotel Bijou, "palácio do cinema", tem um cinema em miniatura na recepção, acompanhado por retratos dramáticos de Hollywood.

Identidade da marca

Criar e gerir uma marca requer uma estratégia de marca, o coração da identidade da marca, que fornece a direção, o propósito e o significado da marca.

A identidade da marca é um conjunto de associações que a empresa pretende criar ou manter e a imagem externa almejada da marca. Essas associações representam o que a marca pretende mostrar e implica a promessa feita aos clientes pela empresa. Ela difere da imagem da marca, pois pode incluir elementos que não estão presentes na imagem atual (agora você faz caminhões e carros também) ou entrar em conflito com isso (você aspira ter uma reputação de qualidade que seja superior às percepções atuais).

A identidade da marca pode ser melhor explicada em três etapas, que presumem que uma análise estratégica abrangente foi realizada. O cliente, o concorrente e a análise interna são cruciais para o desenvolvimento da identidade da marca.

1. O que a marca representa

A primeira etapa é criar um conjunto de 6 a 12 associações distintas que são desejadas pela marca. O processo começa a partir da listagem de todas as associações desejadas a partir do que se sabe sobre os clientes, concorrentes e a estratégia de negócios daquele ponto em diante. Uma lista de mais de 20 é mostrada na Figura 9.4 para uma empresa *B2B* cujo nome é Ajax. Na realidade, a lista geralmente vai de 50 a 100. Durante esse processo, não há esforço para zerar as categorias de associações, embora haja um esforço para se certificar que os intangíveis organizacionais e as dimensões de personalidade são, ao menos, levadas em consideração.

Esses itens são, então, agrupados, e cada grupo recebe um rótulo. A Ajax foi criada com um conjunto de seis de aquisições, cada qual continuou a operar de forma autônoma. Ficou claro, porém, que os clientes preferiam uma empresa de solução única com muitas capacidades. Uma estratégia para a nova Ajax foi orientar seus serviços para soluções mais amplas para o cliente e obter suas unidades operacionais para trabalharem em conjunto sem problemas. A estratégia representou uma mudança significativa na cultura e nas operações. Com relação à identidade da marca, os elementos "parceria com os clientes", "soluções personalizadas", "colaborativo" e "próximo dos clientes"

Criação de valor	Compreensão aprofundada dos clientes
Flexível	Próximo dos clientes
Engenhoso	Trabalho em equipe
Dinâmico	Parceria com os clientes
Capacidade abrangente	Colaborador
Compromisso com a excelência	Comunicação aberta
Melhor da categoria	Multicultural
Nível mundial	Parceiro de partilha de riscos
Realiza a tarefa	Mão de obra diversificada
Experiente	Tecnologia que funciona
Seguro	Global
Competente	Audacioso (sem arrogância)
Direto	Saúde mundial

Figura 9.4 Lista parcial de associações desejadas pela Ajax.

foram agrupados e receberam o nome de Soluções de Equipe, que se tornou um dos oito elementos da marca. O objetivo da marca era oferecer uma cara aos clientes que combinasse com a nova estratégia.

2. A identidade essencial

A segunda etapa é priorizar os elementos de identidade da marca. Os mais importantes e potencialmente mais impactantes são classificados como elementos de *essência da identidade*. A identidade essencial será o padrão primário que determinará os rumos dos programas de construção da marca. Eles serão o foco dos investimentos da marca, já que são mais importantes para o sucesso dos negócios que estão apoiando. O equilíbrio dos elementos são chamados de *identidade estendida*. Eles servem para ajudar a definir a marca, tomar decisões sobre quais ações e programas serão compatíveis com a marca e dirigir programas menores que terão menor impacto e utilizarão recursos modestos.

Ao desenvolver a identidade essencial e a estendida, quatro critérios devem nortear o processo. Os elementos de identidade procurados são:

- **Repercutir junto ao mercado-alvo.** No fim das contas, o mercado dita o sucesso e, assim, a identidade deve repercutir junto aos clientes. É válido pensar sobre como os clientes se relacionam com a marca ao longo do tempo em vez de simplesmente pensar o que impulsiona suas decisões de compra. Além disso, é interessante considerar benefícios emocionais e autoexpressivos, além dos funcionais.
- **Diferenciar-se dos concorrentes.** A diferenciação é sempre a chave para vencer. Deve haver alguns pontos de diferenciação na identidade da mar-

ca para que haja sempre uma resposta para a questão sobre como a marca é diferente.
- **Conquistar a paridade onde os concorrentes possuem uma vantagem que atrai os clientes.** Nem sempre é necessário ser diferente ou melhor em todas as dimensões. Pode haver algumas dimensões em que o objetivo é simplesmente tão próximo que a dimensão não é mais a razão para não comprar a marca. A Hyundai não precisa, por exemplo, igualar-se à Toyota em qualidade; ela apenas precisa estar perto o suficiente para que sua imagem de qualidade não impeça a compra.
- **Refletir a cultura e a estratégia do negócio.** Em última análise, a marca precisa permitir e apoiar a estratégia do negócio. Especialmente quando a estratégia representa uma mudança do *status quo* e requer uma mudança na imagem da marca, e a identidade da marca precisa refletir essa nova estratégia. A identidade da marca deve também suportar e refletir a cultura e os valores da empresa porque é a organização que precisa entregar a promessa da empresa.

3. A essência da marca

A identidade essencial resume, de forma compacta, a visão da marca. No entanto, sempre é útil dar ainda mais foco ao criar a essência da marca, um pensamento único que captura o coração da marca. O propósito de uma essência é comunicar a marca internamente. Assim, enquanto há momentos em que um slogan externo, criado para comunicar a mensagem do dia externamente, pode e representa a essência, isso muitas vezes não é o caso. A Figura 9.5 mostra a identidade final da marca Ajax, incluindo a essência da marca.

Uma boa essência da marca capturará muito da identidade da marca de uma perspectiva diferente, irá oferecer uma ferramenta para comunicar a identidade e irá informar e inspirar aqueles que estão dentro da organização. Pense na frase "transformando futuros", a essência da marca da London School of Business. Ela oferece um guarda-chuva sobre o que a LBS é e o que ela faz de uma forma que é edificante e que inspira os estudantes, os alunos antigos, os doadores e os professores e funcionários. Outra escola de Administração, a Haas School of Business da UC Berkeley, tem como sua essência a frase "liderança por meio da inovação", que também reúne um conjunto de programas e valores de uma forma que inspira.

A chave para a escolha da essência é focar no que a marca é e no que ela faz para os clientes. O primeiro, como o "luxo casual" da Banana Republic ou a essência da Lexus, refletida na frase "busca apaixonada da perfeição" tendem a envolver benefícios funcionais; o último, como a American Express "faça mais" ou a BMW "a formidável máquina de dirigir", tendem a olhar para benefícios emocionais e autoexpressivos.

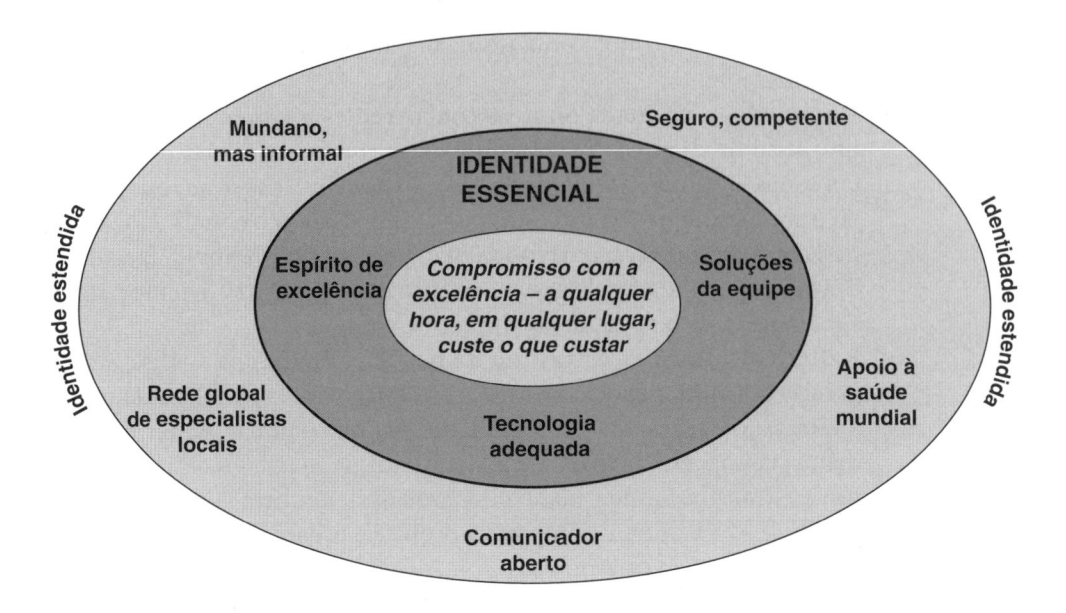

```
                    Seguro, competente
     Mundano,
     mas informal
                IDENTIDADE
                ESSENCIAL

   Espírito de    Compromisso com a      Soluções
   excelência     excelência – a qualquer  da equipe
                  hora, em qualquer lugar,
                  custe o que custar
                                              Apoio à
   Rede global                                saúde
   de especialistas    Tecnologia            mundial
   locais              adequada

                    Comunicador
                    aberto
```

Figura 9.5 Identidade da marca Ajax.

Pontos de prova e iniciativas estratégicas

A identidade da marca deve refletir não somente o que atrai os clientes. Além disso, a empresa precisa querer investir nisso e criar produtos e programas que entregam o que prometem. Para isso, cada elemento da identidade precisa ter pontos de prova e/ou iniciativas estratégicas associadas.

Pontos de prova são programas, iniciativas e ativos já existentes que dão substância à posição estratégica, ajudando a comunicar seu significado. L.L. Bean tem uma posição em relação aos entusiastas dos esportes ao ar livre. Os pontos de prova incluem a herança da marca de atividades ao ar livre, uma loja-âncora com equipamentos para essas atividades e a experiência e o profissionalismo dos funcionários de contato com os clientes. A Nordstrom tem uma posição direcionada ao serviço ao cliente seguindo os seguintes pontos de prova:

- reputação atual para o serviço ao cliente
- política que associe um serviço pessoal ao cliente, em vez de a uma área de produto
- política de retorno atual que seja bem-conhecida e que tenha credibilidade
- programa de compensação que faça o cliente experimentar a prioridade
- qualidade da equipe e do programa de recrutamento e seleção
- política de empoderamento permitindo respostas inovadoras às preocupações dos clientes

Uma lacuna entre o que a marca apresenta hoje, mesmo considerados os pontos de prova, e aquilo que promete com base na posição estratégica pode levar aos imperativos estratégicos. Um imperativo estratégico é um investimento em um ativo ou programa que seja essencial para o cumprimento da promessa aos clientes. Que ativos e competências organizacionais estão implícitos na posição estratégica? Quais investimentos são necessários para entregar o que é prometido ao cliente?

Se um banco regional aspira a ter uma boa relação com seus clientes, por exemplo, dois imperativos estratégicos podem ser necessários. Primeiro, pode ser necessário criar um banco de dados de clientes, de forma que a pessoa de contato com o cliente tenha acesso a todos os dados da conta deste. Segundo, pode ser necessário um programa para melhorar as aptidões interpessoais desses funcionários (incluindo treinamento e mensuração).

O papel da identidade da marca

A necessidade de articular a identidade da marca introduz disciplina e clareza no processo de formulação da estratégia. A estratégia final é geralmente mais precisa e elaborada como resultado. No entanto, a identidade da marca e a posição têm outros papéis mais explícitos a desempenhar.

Um desses papéis é conduzir e guiar as iniciativas estratégicas em toda a organização, desde operações até ofertas de produto e seleção de projetos de P&D. O impulso geral captado pela posição estratégica deve implicar certas iniciativas e programas. Por exemplo, dado que queremos ser uma empresa de comércio eletrônico, que ferramentas e programas os clientes esperam de nós? Iniciativas e programas que não avançam a identidade e a posição devem ser retardados ou eliminados.

Um segundo papel é direcionar o programa de comunicação. A identidade estratégica e a posição que verdadeiramente diferencia o produto e repercute no cliente irá fornecer não apenas energia e eficácia à comunicação externa, mas consistência através do tempo, devido à sua perspectiva de longo prazo nas unidades organizacionais que tendem a seguir seu próprio ritmo.

O terceiro papel é dar suporte à expressão dos valores e da cultura da organização para os funcionários e parceiros de negócios. Tal comunicação interna é tão vital para o sucesso como atingir os clientes. Lynn Upshaw, um consultor de comunicação em San Francisco, sugere que se façam duas perguntas aos funcionários e parceiros de negócios:

- Você sabe qual é a função do negócio?
- Você se importa?

A não ser que a resposta a essas perguntas seja sim – ou seja, os funcionários e parceiros de negócios entendem e acreditam na estratégia empresarial –, é improvável que a estratégia exerça todo o seu potencial. Muitas empresas vagam sem direção, aparentemente sem representar nada em particular. Sem ter um sentido organizacional e uma posição estratégica sólida, elas parecem estar sempre gritando "em liquidação", presas a algum negócio ou engajadas na expansão promíscua do canal.

Identidades de marca múltiplas

Insistir arbitrariamente em que uma identidade da marca pode ser aplicada a todos os produtos ou segmentos de mercado pode ser contraproducente. Antes disso, deve-se considerar a possibilidade de adaptar isso a cada contexto. Uma técnica é aumentar a identidade da marca para torná-la apropriada a um contexto específico. Por exemplo, no Japão, a Honda é associada à juventude e à velocidade, ao passo que, nos Estados Unidos, é mais orientada para a família, mas as duas posições compartilham um foco em qualidade e especialização em motor. Outro é definir um dos elementos de identidade da marca de forma diferente em contextos diferentes. A qualidade para a GE Capital pode ser diferente da qualidade da GE Appliances, mas os altos padrões se aplicam às duas.

A posição da marca

A posição da marca representa os objetivos de comunicação – que partes da identidade são ativamente comunicadas ao público-alvo. A conceptualização da posição da marca independente da identidade da marca libera esta última a se tornar uma rica marca aspiracional com imagem texturizada. A identidade da marca não precisa ser uma visão compacta apropriada para orientar a comunicação.

A posição da marca será inerentemente mais dinâmica do que a identidade da marca. Conforme a estratégia e o contexto do mercado evoluem e os objetivos da comunicação são cumpridos, novos tornam-se apropriados. Uma série de quatro ou cinco posições ao longo de muitos anos pode ser necessária para alcançar a identidade da marca.

Uma escolha fundamental que se coloca aos estrategistas é se criar uma posição inspira confiança ou é desejável. No caso da Ajax, a energia e a qualidade top da empresa era lendária e criou uma proposição de valor com componentes funcionais e emocionais. A posição de uma marca associada pode inspirar confiança, ser convincente e relativamente fácil de implementar. No entanto, não moveria uma agulha para apoiar a nova estratégia. A posição em torno da colaboração e de soluções em equipe, por outro lado, seria a favor da estratégia, mas não inspiraria a confiança para uma empresa conhecida por ser arrogante, direcionada por silos, que seria cara e talvez até mesmo inviável. A escolha depende das respostas dadas a duas perguntas. A empresa tem programas para entregar a nova promessa? O mercado está pronto para aceitar a empresa modificada? Se a resposta para ambas as perguntas for não, pode ser prudente adiar a posição aspiracional.

Outra escolha de posicionamento é até que ponto enfatizar diferenciações e paridades. A resposta dependerá da direção que afetará o mercado-alvo. Se a marca tem uma imagem bem-estabelecida sobre um ponto de diferenciação (como o valor para a Kmart, a segurança para a Volvo), pode ser mais eficaz tentar criar um ponto de paridade em outra dimensão (qualidade da Kmart ou estilo da Volvo).

Pontos-chave

- Valor da marca, elemento fundamental para qualquer negócio, consiste da consciência da marca, da lealdade à marca e das associações à marca.
- A consciência dá uma sensação de familiaridade e credibilidade e é mais provável que um cliente considere a marca.
- A base principal de clientes leais reduz o custo do marketing, é uma barreira para a concorrência, apoia a imagem positiva e fornece tempo para a equipe responder aos movimentos da concorrência.
- As associações à marca podem e devem ir além dos atributos e os benefícios incluem essas associações como personalidade da marca, intangíveis organizacionais e associações de categorias de produtos.
- A identidade da marca representa associações inspiradoras. A parte mais importante disso, a identidade principal, deve ser apoiada por pontos de prova e imperativos estratégicos e deve ser direcionada por programas estratégicos, incluindo o desenvolvimento de produto.
- Enquanto a identidade representa associações aspiracionais de longo prazo e é multidimensional, a posição representa objetivos de comunicação de curto prazo e mais focados.

Para discussão

1. Explique como cada uma das três dimensões do valor da marca proveem valor para a empresa. Explique como elas oferecem valor aos clientes.
2. Qual é a diferença entre identidade e posição? Desenvolva declarações de posicionamento alternativas para a Ajax. Inclua um slogan e justifique.
3. Crie uma identidade de marca para a Virgin Atlantic Airlines. Existem dimensões potenciais, particularmente as de alta qualidade e alto serviço, que sejam inconsistentes com sua personalidade? Se forem, como a empresa lida com isso? Como surgiu esse posicionamento? Quais são os pontos de prova? Por que mais marcas não emulam os programas de construção de marca da Virgin?
4. Escolha três marcas de um determinado segmento. Como elas estão posicionadas? Qual é a melhor, na sua opinião? O posicionamento das marcas fornece qualquer benefício emocional ou autoexpressivo? Como

você avaliaria cada estratégia de posicionamento de marca? Crie pontos de prova e imperativos estratégicos hipotéticos para cada marca.

5. Considere o conceito de hotel Joie de Vivre descrito na página 202. Pense em temas estimulados por revistas ou filmes e discuta como você criaria um hotel baseado em cada conceito. Para cada tema, escolha cinco palavras que o reflitam.

Notas

1. David A. Aaker, *Managing Brand Equity*, New York: Free Press, 1991, p. 57.
2. "Shoppers Like Wide Variety of Houseware Brands", *Discount Store News*, October 24, 1988, p. 40.
3. Leo Bogart and Charles Lehman, "What Makes a Brand Name Familiar?" *Journal of Marketing Research*, February 1973, pp. 17–22.

CAPÍTULO 10

Energizando os negócios

"Muitos dos fracassos são causados por pessoas que não perceberam o quão próximas estavam do sucesso antes de cederem."
— **Thomas Edison**

"Nunca se percebe o que foi feito, só se percebe o que ainda precisa ser feito."
— **Marie Curie**

"Onde não há vento, reme."
— **Provérbio português**

Negócios precisam crescer e não apenas por razões financeiras. Com certeza acionistas, funcionários e parceiros procuram melhor as vendas e os lucros. No entanto, o crescimento também traz vitalidade a uma organização, oferecendo desafios e recompensas. Uma organização que não consegue melhorar e crescer pode nem mesmo ser viável. Além disso, melhorar o desempenho por meio do corte de custos e da redução de pessoal pode arriscar a moral de funcionários e parceiros, bem como cortar a força necessária para criar e apoiar as oportunidades de crescimento.

Existem quatro formas de fazer um negócio crescer, como sugerido na Figura 10.1. A primeira, abordada no Capítulo 11, é alavancar os negócios atuais. Isso pode significar pegar os produtos existentes e colocá-los em novos mercados, descobrindo novos produtos e serviços para a base de clientes existente, ou alavancar ativos como o valor da marca ou competências como gerir o canal de supermercado. A segunda, discutida no Capítulo 12, envolve a criação de um novo negócio baseado na descoberta de espaço em branco no mercado pela transformação da inovação, um negócio para o qual uma vantagem competitiva substancial existiria e persistiria. A terceira, apresentada no Capítulo 13, implica tornar-se global, alavancando os negócios em novos países para criar um mercado mais amplo e criar ativos novos e melhorados, e competências que levem à vantagem sustentável em um mercado global.

Figura 10.1 Estratégias de crescimento.

O quarto caminho para o crescimento, assunto deste capítulo, é energizar um negócio existente, um caminho de crescimento atrativo porque uma empresa estabelecida tem mercado e experiência de operação, ativos, competências e uma base de clientes sobre a qual construir. Desenvolver novos produtos ou novos mercados inteiros são inerentemente arriscados e podem levar a empresa para caminhos que podem diluir a estratégia e a cultura existentes. Um negócio existente pode ser energizado a partir de:

- inovação para melhorar a oferta
- energizar a marca e o marketing
- aumentar o uso que os atuais clientes fazem do produto

Inovando a oferta

O objetivo final de um negócio é melhorar a oferta por meio da inovação. Uma inovação, ou melhor, uma série de inovações, dá a sensação de que a empresa é dinâmica, criativa e está sempre melhorando suas ofertas. Inovação significa novo, interessante e energizado.

Uma empresa de serviços pode melhorar a experiência do cliente. O time de beisebol Memphis Redbirds mudou a experiência do público com animadoras de torcida, um mascote chamado Rocky, cinco festas e dois *playgrounds* para crianças – o papagaio P.D. para crianças de até oito anos e a Boardwalk, com uma carona do Rocky Hopper, para crianças mais velhas. Acrescentado a isso estava o Sonic Drive-In Kids Club, cujos membros podem correr nas bases e muito mais. O resultado é uma experiência envolvente e tão exclusiva que gera fidelidade e agitação.

Como uma empresa pode inovar a experiência do cliente? Uma técnica é procurar por todos os pontos de contato, dar um valor a cada um deles no que diz respeito ao impacto no consumidor e ao desempenho e criar programas que transformem áreas problemáticas em pontos de superioridade e as tornem mais visíveis. Outro segredo é manter-se perto do mercado. O que é esperado e o que pode surpreender, ser prazeroso ou mesmo estimular uma reação do tipo "Uau!"?

Uma empresa pode melhorar o produto acrescentando uma nova dimensão, tal como um recurso ou ingrediente. A P&G lançou um fluxo constante de produtos absorventes inovadores, de uma fralda Caterpillar Flex a calça de treinamento Feel 'n Learn à Swaddlers da Pampers, uma fralda para recém-nascidos. Tal atividade proporciona vitalidade e credibilidade ao negócio. A inovação do produto, é claro, não acontece de repente. Ela envolve a compreensão das necessidades não satisfeitas, do apoio organizacional e da habilidade para avaliar melhorias propostas em termos de relevância do cliente.

Extensões de linha podem ser uma fonte de energia. Novos sabores, embalagens, tamanhos ou serviços podem energizar, aumentar o interesse e a criação de novos segmentos. Procure por segmentos que estão contentando-se com a oferta atual e que prefeririam outra opção ou maior variedade. Considere tendências que estão deixando suas ofertas para trás. Extensões da linha precisam balancear os valores e o risco de acrescentar custo, que pode tornar-se um fardo ou fazer os clientes se revoltarem com a confusão criada e a complexidade da linha. A Colgate obteve ganhos significativos quando lançou a Colgate Total, o que simplificou a decisão de compra para os clientes que tinham um leque enorme de escolhas para pastas de dente.

Como a organização pode criar a sensação e a substância de estar continuamente inovando em vez de estar inovando esporadicamente o produto ou o serviço que possa ser rapidamente copiado e misturado a um mercado desordenado, resultando em uma vantagem transitória? A resposta básica é criar uma cultura organizacional que construa a inovação dentro da estratégia do negócio e que veja isso como base para a vitória ao longo do tempo. Com certeza, essa é uma verdade para a maioria das empresas, como mostra a Business Week – Apple, Google, Toyota, Microsoft, Nintendo, IBM, HP, Research in Motion, Nokia, Walmart, Amazon e P&G.[1] Essas empresas também se tornaram especializadas em alcançar outras empresas fora de sua organização – mesmo empresas em outros países – para melhorar a sua capacidade de inovar. A P&G tem como objetivo basear a metade de suas inovações fora da empresa, um objetivo que irá dobrar potencialmente sua capacidade de P&D. Além disso, as empresas são boas em aplicar o *branding* de suas inovações.

Definindo o *branding* da inovação

As inovações, não importa o quão emocionantes, novas e relevantes sejam, não irão energizar o negócio a não ser que sejam comunicadas ao mercado. Ser inovador não garante que a empresa seja percebida. De alguma forma, as inovações precisam ser associadas a uma marca e precisam ter um impacto prolongado. Uma inovação que influencie por poucos meses tem um valor limitado e normalmente representa a perda da oportunidade de criar um ativo de longo prazo.

Definir o *branding* da inovação pode fazer a diferença. Isso pode reforçar o impacto de uma inovação e estender sua vida útil às mentes dos clientes. Quando a inovação não é divulgada, o impacto normalmente tem vida curta, quando ela ocorre. Colocar a etiqueta "melhorado" ou "novo" na caixa do detergente Tide provavelmente não vai criar um ponto de diferenciação duradouro.

A Amazon desenvolveu um poderoso recurso, a habilidade de recomendar livros e outros itens baseado nos interesses dos clientes, como mostra o histórico de compra deles e o histórico de compras daqueles que compraram ofertas parecidas. Mas eles nunca divulgaram. Quão trágico é isso? Como resultado, o recurso se tornou basicamente uma *commodity* que é esperada como características de muitos *sites* de comércio eletrônico. Se a Amazon tivesse divulgado e então gerenciado ativamente aquela marca, melhorando o recurso ao longo do tempo, ele teria se tornado um ponto de diferenciação duradouro que hoje teria um valor inestimável. Eles perderam uma oportunidade de ouro. Eles não cometeram o mesmo erro com a One-Click, uma marca de serviço que desempenha um papel-chave de definir a Amazon no que se tornou um mercado confuso.

O problema ao deslizar inovações para ofertas existentes é a duplicação. Primeiro, o mercado é feito daqueles que não estão motivados ou pelo menos não são capazes de resolver reclamações e as razões por trás dessas reclamações. Essas pessoas desenvolvem uma estratégia de copiar que ignoram reclamações que são vistas como confusas e competitivas. Como resultado disso, reclamações do tipo "novo e melhorado" simplesmente desaparecem no meio da confusão. Segundo, qualquer melhoria visível tem a probabilidade de ser rapidamente copiada ou parecer ser copiada pelos concorrentes, de forma que qualquer crença de que um ponto único de diferenciação foi atingido, irá diminuir à medida que aumentar a percepção dos concorrentes de igualar a oferta.

A marca muda tudo isso. Uma nova oferta pode ter sua própria marca (Netflix), marca endossada (iPod da Apple) ou submarca (Glad Press'n Seal). Além disso, uma inovação que representa um recurso (On-Star da Cadillac), ingrediente (hidratante suave da Dove) ou serviço (esquadrão Geek da Best Buy) também poderiam ser divulgados diretamente. Uma marca oferece várias funções poderosas, muitas das quais voltam para o valor básico de uma marca em qualquer contexto. Uma marca, como resumido na Figura 10.2, permite que a propriedade da inovação aumente a credibilidade e a legitimidade, melhore a visibilidade e ajude a comunicar fatos, por vezes, detalhados.[2]

Em primeiro lugar, uma marca oferece o potencial de possuir uma inovação porque a marca é um indicador único da fonte da oferta. Com o investimento apropriado e a administração ativa da inovação e da marca, o potencial de propriedade pode ser estendido a um futuro indefinidamente. Um concorrente pode reproduzir a oferta ou sua nova funcionalidade, ingrediente ou

Capítulo 10 – Energizando os negócios

Branding da inovação

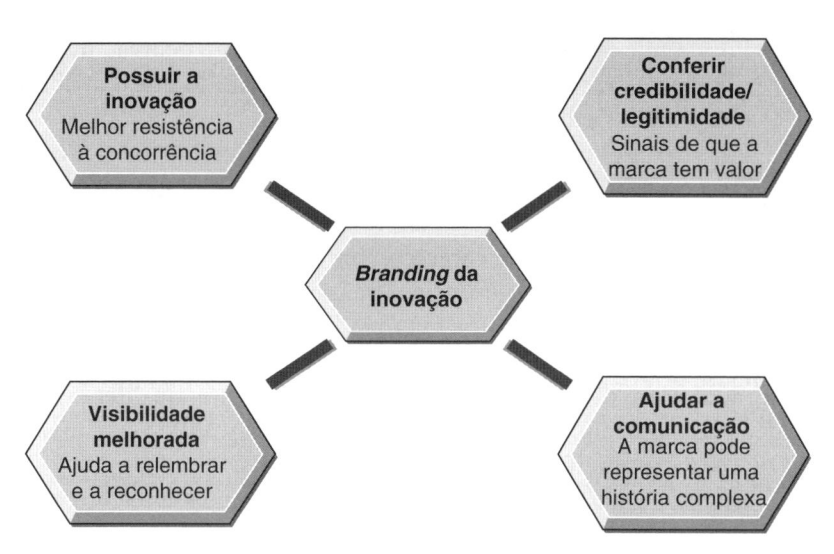

- **Possuir a inovação** — Melhor resistência à concorrência
- **Conferir credibilidade/legitimidade** — Sinais de que a marca tem valor
- **Visibilidade melhorada** — Ajuda a relembrar e a reconhecer
- **Ajudar a comunicação** — A marca pode representar uma história complexa

Figura 10.2 Por que inovar a marca?

serviço, mas se for divulgada, o concorrente precisará superar o poder da marca. Outra empresa pode copiar as características objetivas do iPod da Apple ou da Cama Celestial da Westin mas haverá apenas um produto autêntico e este produto é aquele que carrega o nome da marca. Na verdade, às vezes é possível ter uma marca tão forte que receba os créditos pelas inovações de outros. A Dolby pode ser um exemplo disso. Um avanço na tecnologia de áudio pode ser atribuído à Dolby não importa onde ele se origine.

Em segundo lugar, a marca pode conferir credibilidade e legitimidade a um posicionamento. Um posicionamento sem marca – como "melhor tecido" ou "motor mais confiável" – provavelmente será interpretado como outro exemplo de exagero. A marca diz especificamente que o benefício vale a pena, que não é apenas significativo mas impactante. O observador instintivamente irá acreditar que deve haver uma razão para que o recurso tenha marca. A Subaru há muito tempo enfatizou tração nas quatro rodas e muitas marcas de carros oferecem esse recurso. A Audi, no entanto, tem uma versão com sua marca, a Quattro, o que dá a eles a credibilidade e a relevância que outras marcas não têm. Basicamente, existem carros com tração nas quatro rodas e existe a Quattro.

A capacidade de uma marca acrescentar credibilidade foi mostrada em um estudo sobre os atributos de marca. Carpenter, Glazer e Nakamoto, três pesquisadores acadêmicos importantes, descobriram que a inclusão de um atributo com marca (como o preenchimento "Alpine Class" de uma jaqueta, a "Authentic Milanese" para massas e a "Studio Designed" para CDs) afetam de forma importante a preferência do cliente entre as marcas de preço *premium*.[3] Os respondentes foram capazes de justificar o preço mais alto por causa dos atributos da marca. De forma extraordinária, o efeito ocorreu mesmo quando os respondentes receberam a informação implicando que o atributo não era relevante para as suas escolhas.

Em terceiro lugar, o nome da marca pode ajudar a inovação visível porque oferece um rótulo para a "novidade". Como resultado dessa ação, provavelmente será mais fácil atingir maiores escores de retorno e reconhecimento em torno da nova oferta ou característica da marca, ingrediente ou serviço. É muito mais fácil lembrar o nome de uma marca, como a Redbird's Boardwalk ou a Rocky Hooper do que os detalhes de um novo recurso ou serviço. Na verdade, uma das características de um bom nome de marca é ser facilmente lembrado. Além disso, o trabalho de ligar a um ponto de diferenciação a uma marca principal também é muito mais fácil. A marca iPod será mais lembrada do que se fosse chamada de MP3 Player da Apple.

Quarto, uma marca torna a comunicação mais eficiente e viável. Um novo produto ou característica de produto, por exemplo, mesmo que seja considerado um avanço por seus desenvolvedores, pode causar uma enorme falta de interesse entre o público-alvo. Mesmo quando a comunicação registra, isso pode ser percebido como complexo demais para assegurar o processamento e a ligação com uma oferta. O ato de dar um nome ao produto ou recurso pode ajudar ao fornecer um veículo que resume muitas informações sem aprender os detalhes. Um nome como Enxaguante Bucal Oral B dá a oportunidade de cristalizar características detalhadas, tornando mais fácil compreender e lembrar-se do produto. Imagine se a Chevron tentasse explicar porque a "gasolina Chevron" era diferente sem usar a marca Techron. Essa ação não seria nem convincente, nem tampouco viável.

Existe um perigo em usar demais a marca, de estabelecer marcas em inovações que não garantirão os investimentos. Portanto, há um "yin e yang" ao utilizar marcas na inovação que se baseia na inspiração clássica de Shakespeare – utilizar a marca ou não utilizar a marca. A solução é exigir que qualquer inovação que possua marca deve ter três características. Primeira, deve ser um avanço significativo, não uma melhoria menor. Segunda, deve ser significativa o suficiente para afetar a compra e a fidelidade dos clientes. Terceira, deve merecer um compromisso a longo prazo para construir e gerir a marca.

O conceito de diferenciador de marca oferece outro olhar, mais formal, sobre a inovação da marca.

Diferenciadores de marca

Um diferenciador de marca **é uma ativamente gerida, característica da marca, um ingrediente ou tecnologia, serviço ou programa que cria um ponto de diferenciação significativo e impactante para a oferta da marca em um período prolongado de tempo.**

Por exemplo, em 1999 a cadeia de hotéis Westin criou a "Cama Celestial", com um colchão projetado para o cliente (pela Simmons) com 900 molas, um cobertor aconchegante adaptado para o clima, um edredom confortável, lençóis de alta qualidade e cinco travesseiros de pena de ganso. A Cama Celestial se tornou um diferenciador da marca em uma categoria cheia de desafios de diferenciação.

Um diferenciador da marca não ocorre simplesmente colocando-se um nome em uma característica. A definição sugere critérios que precisam ser cumpridos. Um diferenciador de marca, especialmente, precisa ser significativo (ou seja, precisa importar aos clientes) e impactante (ou seja, não deve ser uma diferença trivial). A Cama Celestial era importante porque atendia ao propósito fundamental de um quarto de hotel – garantir uma boa noite de sono. Ela também era impactante. Durante seus primeiros cinco anos de vida, os hotéis que a possuíam tiveram um aumento de 5% na satisfação do cliente, uma notável melhoria na percepção de limpeza, decoração do quarto e manutenção, além de aumento na ocupação.

Um diferenciador de marca também precisa garantir a gestão ativa ao longo do tempo e justificar a construção de esforços para a marca. Deve ser um alvo em movimento. A Cama Celestial recebeu um tratamento ativo e crescente para programas de construção da marca. A recepção da cama foi tão forte que a Westing começou a vender milhares delas por ano. Imagine vender uma cama de hotel. Imagine a confusão. Além disso, em 2005, a cama foi disponibilizada na Nordstrom, no departamento do lar. O conceito foi estendido para o Banho Celestial, com chuveiros duplos e sabonete e toalhas. O Catálogo "Celestial" *on-line* é um espaço para se conectar e encomendar todos os produtos da marca.

A Cama Celestial foi desenvolvida e é propriedade da Westin. Nem sempre é possível desenvolver produtos e marcas, em parte porque o tempo e os recursos podem não estar disponíveis e, em parte, porque é simplesmente difícil. Uma alternativa é explorar alianças para criar diferenciadores de marca com credibilidade instantânea. O Ford Explorer Eddie Bauer Edition, por exemplo, foi uma oferta que vendeu mais de um milhão de veículos por mais de duas décadas. Ele foi bem-sucedido desde o início porque a marca Eddie Bauer foi estabelecida, fazendo associações ao estilo, conforto e ar livre. A Ford nunca poderia ter alcançado esse sucesso com a sua própria marca (o Ford Explorer LeatherRide, por exemplo). Seria difícil imbuir uma marca com os benefícios autoexpressivos oferecidos pela marca Eddie Bauer, mesmo se os recursos necessários para a construção da marca e tempo estivessem disponíveis.

Um diferenciador da marca, como sugerido pela Figura 10.3 e pela definição, vai ser uma característica, um ingrediente ou tecnologia, um serviço ou um programa que afeta a oferta. Uma característica da marca, como o OnStar da General Motors, muitas vezes fornece uma forma gráfica para sinalizar o desempenho superior. O sistema OnStar fornece notificação automática de air bag para agências de assistência rodoviária, localização de veículos roubados, serviços de emergência, abertura das portas à distância, diagnóstico remoto e serviços de concierge.

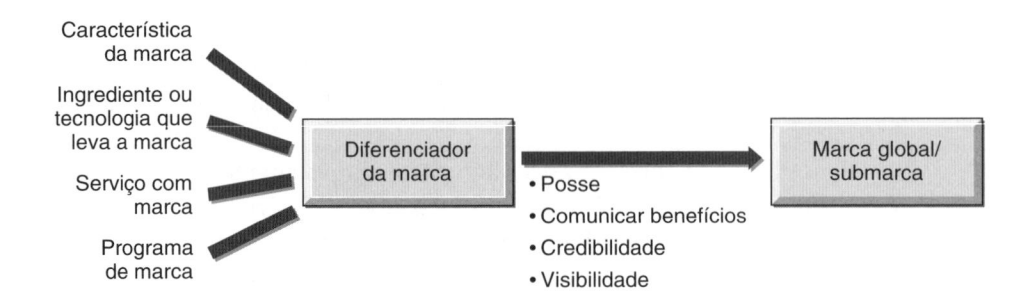

Figura 10.3 Diferencidores da marca.

Característica da marca
Ingrediente ou tecnologia que leva a marca
Serviço com marca
Programa de marca

Diferenciador da marca
- Posse
- Comunicar benefícios
- Credibilidade
- Visibilidade

Marca global/submarca

Um ingrediente que leva marca (ou um componente ou tecnologia) como a Techron da Chevron ou a Intel Inside pode acrescentar credibilidade mesmo se os clientes não compreendam como o ingrediente funciona, apenas porque alguém acredita que pela marca o produto vale a pena. Um serviço com marca como a Tide Stain Detective, que oferece a remoção de informações do *site* Tide Web, oferece um reforço ao produto e credibilidade à Tide. Um programa de marca como o Harley-Davidson Ride Planner pode oferecer uma forma de aprofundar as relações com os clientes.

Energizar a marca e o marketing

A melhor forma de energizar um negócio é melhorando a oferta por meio da inovação. Entretanto, o caminho nem sempre está aberto. Em muitos casos, inovações de sucesso, mesmo com esforços bem-fundamentados e orçamentos adequados, são ilusórios e pouco frequentes. E inovações que realmente fazem a diferença, que ultrapassam aqueles que simplesmente mantêm a posição no mercado, são ainda mais raras. Além disso, alguns negócios concorrem em categorias de produtos que são ou maduras ou chatas, ou ambos. Se você faz cachorro-quente ou vende seguros, é difícil pensar em novas ofertas que possam energizar o mercado. Então, a necessidade é procurar além das ofertas por maneiras de tornar a marca interessante, envolvente, dinâmica, entusiasta e até um assunto para a conversa. A seguir, algumas sugestões.

Envolva o cliente. Programas que envolvem o cliente elevam o nível de energia da marca e do negócio. A Coca-Cola Zero, por exemplo, pediu que fãs de basquete fizessem uploads dos vídeos e fotos mais fanáticos que tivessem torcendo pelos seus times favoritos; os vencedores foram apresentados em um show especial antes da final do campeonato. O *site* da Betty Crocker Mixer Web convida seus membros a falarem com especialistas e conectarem-se com outros membros que gostam de cozinhar. A Bikers pode postar imagens da

Métodos de pensamento criativo

Nem todas as estratégias de crescimento são óbvias. Na verdade, as estratégias óbvias podem ser até secundárias em termos de probabilidade de impacto e sucesso, então, é útil procurar por ideias revolucionárias. Métodos e conceitos do pensamento criativo podem ajudar nesse processo. Entre as diretrizes sugeridas, as mais frequentes são:

- Busque o pensamento criativo em grupos, já que perspectivas variadas e experiências diferentes podem estimular resultados inesperados.
- Comece com exercícios de aquecimento para quebrar o gelo. Para tornar uma fantasia aceitável, por exemplo, peça às pessoas que identifiquem qual animal expressa a personalidade delas e imitar o som que esse animal faz. Para ampliar a mente, peça a alguém que comece uma história baseando-se em duas palavras aleatórias (p. ex., azul e vela); em seguida, peça que o grupo crie uma posição para a marca baseando-se na história.
- Foque em uma tarefa específica, como por exemplo como construir ou explorar um ativo (o nome da marca, por exemplo) ou a competência (como a capacidade de desenvolver itens de plástico coloridos).
- Desenvolva opções sem julgá-las. Aprenda a evitar avaliar alternativas no momento em que as cria; isso é a chave para o pensamento criativo.
- Envolva-se em pensamentos laterais para mudar a perspectiva do problema. Faça uma lista de associações à marca ou de definições de uso e faça grupos de dois para utilizar como ponto de partida; quanto mais incongruente for o agrupamento, melhor; você pode simplesmente escolher um objeto ou atividade aleatórios (como um tigre ou piquenique) para estimular uma nova linha de pensamento.
- Avalie as opções com base no potencial de impacto, sem levar em conta o quanto as opções são viáveis.
- Envolva-se em um segundo estágio de pensamento criativo com o objetivo de melhorar as chances de sucesso de uma opção atrativa – possivelmente uma com alto potencial de impacto que pareça ser muito cara ou muito difícil de implementar.
- Avalie as escolhas finais não apenas racionalmente ("O que dizem os fatos?") mas emocionalmente ("O que o seu interior diz?").
- Crie um plano de ação para ir adiante.

sua última corrida no *site* da Harley. A BMW tem pistas que permitem que você dirija os carros deles.

Vá ao varejo. Uma marca pode contar melhor a sua história se puder controlar o contexto. A loja da Apple é boa parte do sucesso de seus produtos e da marca porque apresenta a linha Apple de uma forma completamente engajada com o estilo da marca. Os equipamentos de golfe TaylorMade vão até clubes de golfe para demonstrar e vender seus tacos de golfe, uma forma mais presente de experimentá-los do que dentro de uma loja de artigos esportivos. A Target criou o bazar de 30 dias "Bullseye Bazaar" em Chicago para lançar a coleção Tracy Feith Clothing, a linha de alimentos da Archer Farms e os móveis da Target disponíveis apenas na Target *on-line*.

Divulgue eventos. Divulgar eventos pode ser uma forma de ganhar visibilidade e até atrair conversas. Considere as aventuras de balonismo da Virgin

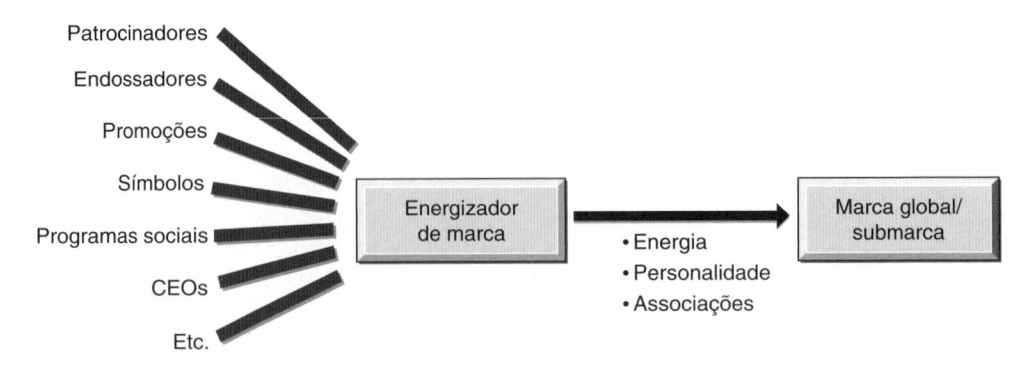

Figura 10.4 Energizadores de marca.

de Richard Branson ou os curtas da BMW criados por diretores famosos, ou o cobertor Snuggie (o cobertor que você veste) dado a personalidades da mídia. Em cada caso, milhões foram investidos na marca para enfatizar sua conexão e a vitalidade.

Ofereça promoções para atrair novos clientes. Enquanto clientes pre-existentes podem ver a marca como um chapéu velho, os novos clientes não causam somente crescimento nas vendas, mas dão novos olhos. É claro, é difícil atrair clientes, especialmente se a marca já é bem-conhecida. A Denny's encaminhou o problema ao dar de graça mais de dois milhões de Grand Slam Breakfasts em um dia, com a ajuda do comercial de um Super Bowl e de um boca a boca *on-line*. Cafés da manhã grátis avançaram.

Outra técnica, muito diferente de tentar tornar a marca ou negócio interessante ou envolvente, é encontrar algo com energia e acrescentá-lo à sua marca para construir um programa de marketing em torno da conexão. Encontrar um energizador de marca.

Energizadores de marca

Um energizador de marca **é um produto de marca, um patrocinador, um endossador, uma promoção, um símbolo, um programa social, um CEO ou outra entidade que, por associação, significativamente melhora e energiza a marca. O energizador de marca e sua associação com a marca são geridos ativamente durante um período prolongado.**

Como a Figura 10.4 e a definição sugerem, um energizador de marca pode ser uma variedade de entidades de marca e deve ter várias características. Primeiro, o energizador da marca deve ter energia e vitalidade em vez de ser desanimado. Um energizador de marca eficiente deve se sair bem quando perguntado sobre como seria descrito:

- interessante *versus* obsoleto
- jovem *versus* maduro
- interessante *versus* chato

- dinâmico *versus* estagnado
- contemporâneo *versus* tradicional
- assertivo *versus* passivo
- envolvente *versus* separado

Segundo, o energizador de marca precisa estar conectado com a marca principal, mesmo que, diferente do diferenciador da marca, ele não seja parte da oferta da marca principal e não prometa qualquer benefício funcional. Essa tarefa de conexão pode ser difícil e cara. Mesmo o coelho da Energizer, um dos ícones mais conhecidos nos Estados Unidos, de alguma forma está associado com a Duracell em vez de com a Energizer, apesar da exposição por um longo período.

Um caminho para a conexão é utilizar uma submarca, como a Casa Ronald McDonald, em que a marca principal se conecta pelo nome. Uma segunda forma é selecionar um programa ou atividade sobre a marca que torne a conexão mais fácil de ser estabelecida. Um programa voltado para bebês requer poucos esforços para ser associado à Gerber. Uma terceira opção é simplesmente forjar a ligação construindo, de forma coerente, utilizando recursos de associação, como a MetLife fez com os personagens do Charlie Brown.

Terceira, um energizador de marca deve aumentar substancialmente, assim como energizar, a marca e não deve depreciar ou prejudicá-la por ser um produto sem marca ou deixar os clientes desconfortáveis. Marcas diferenciadas, marcas "azarão" como a Virgin, a Apple ou a Mountain Dew, que são percebidas como peculiares, já de saída, possuem uma margem de manobra maior. Marcas "sênior", ao contrário, podem desenvolver energizadores de marca mais ousados do que as marcas principais mas com muitas opções limitadas.

Quarto, os problemas de encontrar e gerenciar energizadores de marca internos leva empresas a procurá-los fora da organização. O desafio é encontrar um energizador de marca externo que esteja relacionado com o estilo de vida dos clientes, que terá as associações necessárias para renovar e melhorar, que não esteja vinculado aos concorrentes, que possa ser relacionado com a marca e que represente uma aliança gerenciável. A tarefa requer disciplina e criatividade.

Quinto, energizadores da marca (como os diferenciadores de marca) representam um compromisso de longo prazo; as marcas envolvidas devem esperar ter uma vida longa e merecer investimentos de construção de marca. Se os energizadores são desenvolvidos internamente, o custo da construção da marca terá de ser amortizado durante um período longo o suficiente para torná-lo proveitoso. Se eles tiverem recursos externos, o custo e o esforço para relacioná-los à marca principal também demandarão tempo. E eles precisam ser gerenciados ativamente ao longo do tempo, de forma que possam continuar sendo bem-sucedidos desempenhando seus papéis. Os conceitos de energizadores e diferenciadores de marca não oferecem fundamentos para acrescentar marcas indiscriminadamente.

Existem muitos tipos de energizadores de marca. Alguns dos mais úteis incluem patrocínios, símbolos, endossadores (*endorsers*), promoções, programas e até mesmo CEOs.

Patrocínios de marca

O patrocínio correto, bem-orientado, pode energizar uma marca e criar uma forte relação com o cliente. Considere um produto não utilitário, como óleo de motor e uma marca respeitada como a Valvoline. Essa marca normalmente teria problemas para criar interesse e energia, sem mencionar se tornar uma parte importante da vida da pessoa. Poucas pessoas sentiriam-se motivadas a ler anúncios sobre óleo para motor, que é percebido por muitos como um produto indiferente. No entanto, com patrocínios a Valvoline se tornou parte da cena da NASCAR, e tudo mudou.

O programa de corridas da Valvoline é multidimensional. A Valvoline não só patrocina a NASCAR como também tem uma equipe de corrida. No *site* da Valvoline, um *site* voltado para aqueles que estão envolvidos com corridas, o visitante pode ter acesso à agenda da NASCAR e outros circuitos de corrida; além disso, pode saber os resultados das últimas corridas, junto com imagens e entrevistas. A seção "Por trás das portas da garagem" fornece informações e análises. O visitante pode adotar a equipe de corridas da Valvoline na NASCAR e saber de suas atividades atuais e classificações recentes. Além disso, é possível mandar cartões de felicitação utilizando a Valvoline, comprar algum equipamento de corrida da Valvoline, fazer download de fundos de tela de corrida da Valvoline e se inscrever para a *newsletter* semanal (TrackTalk), que dá atualizações sobre os circuitos de corrida. A Valvoline, assim, se torna associada intimamente com a experiência da corrida, muito mais do que ser um logo em um carro.

O segmento principal de clientes da Valvoline são aqueles que trocam o próprio óleo, que estão muito envolvidos com carros e que vivem para as corridas da NASCAR. O programa de corridas da Valvoline tem o potencial de influenciar esse grupo por muitos anos. Em um nível mais básico, oferece credibilidade e associações de ser um líder na tecnologia de óleos de motor. As equipes top não usariam Valvoline se não fosse superior – existe muita sobrecarga para o desempenho do motor. Mas existem possibilidades mais sutis. O cliente, ao escolher a Valvoline, pode receber benefícios autoexpressivos, que é uma maneira de associar-se, tangencialmente, com os melhores pilotos e equipes. E a pesquisa mostra que possui benefícios tangíveis. Um estudo descobriu que 47% do público dos Estados Unidos tem interesse em assistir a uma corrida da NASCAR. Em outra pesquisa, 60% dos fãs da NASCAR declararam confiar nos produtos dos patrocinadores (comparados a 30% dos fãs da NFL) e mais de 40% troca de marca quando a empresa se torna um patrocinador.[4]

Um patrocínio pode oferecer o máximo de relevância, movimento de uma marca para uma posição aceitável, quando não uma posição de liderança. Uma empresa de *software* tentando fazer, sem sucesso, uma reentrada no mercado europeu se torna um líder percebido dentro de poucos meses quando patrocina uma das três melhores equipes de corrida de bicicleta. Parte do avanço da Samsung de ser apenas uma marca coreana para se tornar um importante participante no mercado dos Estados Unidos era o seu patrocínio nas Olimpíadas. Esse patrocínio fala muito sobre a marca, mais do que a propaganda de um produto poderá dizer. Dados confirmam que patrocínios bem-concebidos e bem-administrados podem fazer a diferença. A liderança da Visa em sua superioridade percebida entre cartões de crédito foi de 15% antes das Olimpíadas, para 30% durante as Olimpíadas, para 20% um mês após os jogos acabarem – variações enormes em atitudes que normalmente são bastante estáveis.[5]

Um problema significativo do patrocínio – na verdade, de qualquer energizador de marca externo – é relacioná-lo com a marca. A DDB Needham's Sponsor-Watch, que mede essa relação, demonstrou que a confusão com o patrocínio é comum.[6] Dos 102 patrocinadores oficiais das Olimpíadas, que foram observados desde 1984, apenas metade construiu um elo (definido por ser percebido por pelo menos 15% e por ser pelo menos 10% mais alto do que o do concorrente que não era patrocinador – critérios muito exigentes). Aquelas empresas bem-sucedidas na criação de associações, como a Visa e a Samsung, envolviam o patrocínio em um conjunto de atividades voltadas para a marca, incluindo promoções, eventos de publicidade, conteúdo do *site*, *newsletters* e propaganda por tempo prolongado.

Embora a maioria dos patrocinadores sejam externos à empresa, existem casos de patrocínios controlados internamente. O Adidas Streetball Challenge é um evento de fim de semana centrado em torneios locais de basquete de três pessoas e com lance livre, dança de rua, eventos de grafite e demonstrações de esportes radicais, acompanhados por música ao vivo de bandas de hip-hop e de rap. O Challenge foi direto ao ponto adequado dos clientes, uma festa. E estava relacionado a Adidas pela sinalização da marca e do apoio e a Adidas forneceu jaquetas e bonés. Isso revitalizou a Adidas em um momento crucial de sua história. Possuir um patrocínio significa que o custo adiante é controlável e previsível e que o evento pode evoluir com o tempo.

Endossadores (*Endorsers*)

Uma marca pode ser carente de energia, mas há muitas personalidades que são contemporâneas, possuem marca, energia e são interessantes. Tiger Woods, líder nos endossos, empresta sua credibilidade como jogador de golfe e atleta, sua energia e sua aura de campeão. Ele está ligado a eventos e propagandas, e usa símbolos durante torneios de golfe. Alguns, como a Nike (Nike Tiger Woods Golf Clubs), a Gatorade (Gatorade Tiger), a Electronics Arts (Tiger Woods PPA Tour 08) e a Tatweer (Tiger Woods Dubai) deram o nome dele a produtos. A Buick é uma marca que por quase 10 anos, até a crise econômica, utilizava Tiger Woods para tornar a marca mais aceitável para uma nova geração de motoristas.

Escolher e engajar um endossador é a primeira parada crítica na criação da estratégia de energização da marca. Há uma série de considerações. Um endossador deve ter:

- Uma imagem atraente.
  - Visibilidade junto ao público-alvo (baixa visibilidade pode limitar seu impacto).
  - Atraente, admirado (apenas a admiração pode e é transferida para a marca endossada).
  - Sinceridade (haverá a desconfiança de que o endossante está fazendo isso por dinheiro e falta sinceridade ao acreditar no produto?).
  - Novo, sem muita exposição (o impacto de um endossante pode ser diluído pela superexposição).
- Associações com a marca.
  - Correspondência com as metas de identidade da marca.
  - Correspondência natural com a marca (a relação faz sentido?).
  - Confiança de que associações positivas podem ser alavancadas e que as negativas podem ser administradas.
- Potencial para uma relação de longo prazo (por quanto tempo o endossante terá as associações desejadas e qual é a probabilidade de que a relação perdurará?). Uma personalidade correta vestirá corretamente; Tiger Woods vem sendo associado a muitas das suas marcas por mais de 10 anos.
- Potencial para a criação de programas envolvendo o endossante.
- Custo-benefício e disponibilidade, que precisa levar em conta o custo dos programas que envolvem o endossante.

Atividades promocionais da marca

A Kraft's Oscar Mayer Wienermobiles dá uma energizada a uma categoria muito chata. Existem oito veículos com formato parecido ao de Oscar Mayer Wiener em turnê pelos Estados Unidos, com placas de licenças com escritos como "Cachorro-quente". Elas se transformam em eventos e festas e apoiam o concurso anual para encontrar uma criança que cante o jingle da Oscar Mayer. A Wienermobile, que vem mostrando bater todas as vendas de produto, também existe na Web, onde visitantes podem fazer uma turnê da Oscartown mostrando o Museu Oscar, o mercado Oscar e a prefeitura da cidade. A marca Wienermobile, a partir da sua relação com a categoria do produto, também se relaciona com a Oscar Mayer.

Símbolos memoráveis de marcas

Marcas que são abençoadas com símbolos fortes e relevantes como a Pillsbury Doughboy, a Maytag, a P&G's Mr. Clean, a Redbird's Rocky ou a Michelin podem administrar ativamente os seus símbolos e utilizá-los como energizadores da marca.

Tais símbolos podem dar personalidade até para as marcas mais insossas. Eles também podem sugerir atributos. O Doughboy é otimista, bem-humorado e significa novidade e qualidade excelente. O Maytag é relaxado, confiante e simboliza a confiabilidade na Maytag. O boneco da Michelin é forte e positivo, refletindo segurança. O Mr. Clean é forte e confiável. O símbolo da Rocky é divertido, amigável e repleto de energia.

Os símbolos podem ser concedidos ou desenvolvidos. A MetLife adotou os personagens do Charlie Brown em 1985. Seu objetivo era dar uma abordagem aos seguros que fosse calorosa, iluminada e não ameaçadora – algo difícil de se conseguir em um contexto de uma indústria que é percebida por muitos como chata, gananciosa e burocrática. Os personagens familiares e engraçados serviram de veículo para os objetivos enquanto despertaram interesse e energia. A aparição do Snoopy no *site* da empresa, em um balão (que custou US$ 2,5 milhões por dia), em anúncios, ou mesmo o logo, também serve para inibir o que os psicólogos chamam de contra-argumento. A tendência natural de ser cínico em relação à propaganda de uma companhia de seguros foi reduzida pela MetLife com a presença do simpático Snoopy, em parte porque não faz sentido discutir com um personagem de desenho animado.

Outra tática é introduzir ou reforçar uma personalidade animada e bem-humorada. A maioria dos concorrentes levam a sério suas ofertas, e um negócio que é levado de forma leve, muitas vezes, se destaca. Especialmente no caso da indústria de seguros. A Aflac fez grandes progressos na parte de conscientização desenvolvendo o pato da Aflac e a MetLife se beneficiou com as associações feitas com os personagens do Charlie Brown.

É importante compreender o papel do símbolo. Ele serve para criar personalidade? Para sugerir ou reforçar associações? Para ser um veículo que introduz humor e carisma a uma mensagem que, de outra forma, seria desinteressante? Para despertar o interesse e dar visibilidade como o pato fez pela Aflac? Com o papel em mente, é possível procurar proativamente ou desenvolver o caminho certo.

Programas sociais da marca

Programas sociais da marca podem dar retorno ao servir de base para a construção do relacionamento com o cliente baseado na confiança e no respeito. No entanto, esses programas também podem energizar a partir da criação de ideias e de programas interessantes e até mesmo paixão, resultados tangíveis e oportunidades para o envolvimento do cliente. Considere a energia criada pelo Cruzada contra o Câncer de Mama da Avon, um programa com substância (eles levantaram mais de US$ 550 milhões para a luta contra o câncer de mama) e envolvimento incrível não só com os participantes das caminhadas, mas também com a família dos membros e patrocinadores. Essa energia e interesse nunca poderiam ter surgido com os novos produtos da Avon, por mais diferentes que eles possam ser. E com a marca da Avon, ou seja, seu histórico está ligado à Avon.

A criação de programas sociais de marca pode ter um custo realmente baixo já que os dólares para filantropia que estejam sendo gastos sem foco ou impacto podem ser transferidos para programas sociais de marca. No entanto, eles também são extremamente difíceis de criar; existem empresas que gostariam de criar um programa de caminhadas como a Avon, mas simplesmente não conseguem criar um. Kellie McElhaney, Diretora do Centro de Negócios Responsáveis na Haas School da UC Berkeley, sugeriu vários princípios para orientar o desenvolvimento de um programa social da marca:[7]

Conheça a si mesmo. O objetivo é criar programas de marca autênticos e eficazes. Idealmente, devem apoiar a estratégia de negócios, ser formulados com base nos ativos e competências da empresa e melhorar a imagem da marca. Isso significa que a empresa deveria tratar de questões básicas a respeito de quem ela é, quais são os seus pontos fortes e fracos e o que ela quer representar.

Ajuste-se bem. Será mais fácil ser autêntico, estar conectado ao programa e ser eficaz se houver um ajuste. O programa da Avon atinge uma das principais preocupações do seu mercado-alvo e reflete um relacionamento com seus clientes que vai além do produto. O mesmo pode ser dito sobre a Smiles Crests' Healthy (cuidados dentários de baixo custo para crianças carentes), o relacionamento da Home Depot com a Habitat for Humanity e o programa Mulheres Reais da Dove. Por outro lado, a associação da Ford com a fundação do câncer de mama "Susan G. Komen for the Cure" (com suas doações ligadas à compra de um Mustang com acabamento cor de rosa) não tem combinação lógica.

Divulgue a marca. Se o programa possui uma marca visível e forte, a probabilidade de as pessoas lembrarem e reconhecerem a marca será muito maior. A Whirlpool está ligada ao programa Habitat for Humanity, um programa de construção de casas para pessoas carentes, uma marca forte. Outro desafio é relacionar a marca do programa com a marca que o está cedendo energia. No caso da Home Depot isso é feito na comunicação dentro da loja e com promoções, além de ter funcionários envolvidos com o trabalho em projetos da Habitat. Uma marca própria como a Casa Ronald McDonald ou a Cruzada contra o Câncer de Mama da Avon possui a vantagem de ter uma marca corporativa como parte do programa de marca.

Crie uma conexão afetiva. Uma conexão afetiva, normalmente, estabelece uma comunicação muito mais forte do que um conjunto de fatos e lógica. A mensagem é mais forte e mais simples. Além disso, uma conexão afetiva tende a melhorar o relacionamento entre a marca ao qual está ligada e o cliente. Assim, a Pedigree Adoption Drive, com as fotos de cães adoráveis, provoca uma resposta afetiva. A Casa Ronald McDonald apresenta um programa que ajuda crianças com problemas de saúde graves e suas famílias.

Dissemine o programa. Há uma série de empresas que estão gastando muito dinheiro em programas que são desconhecidos pelos seus clientes e, muitas vezes, até mesmo pelos seus funcionários. Para alcançar os objetivos ao promover uma causa social, energizando os funcionários e aumentando a reputação de uma marca corporativa, o programa precisa ser divulgado. Isso envolve o acesso ao conjunto correto de veículos de comunicação, incluindo *site*, redes sociais, relações públicas e funcionários ativos. Cuidado em tornar isso muito complexo, muito detalhado, ou muito quantitativo. Símbolos compreensíveis, slogans e histórias é o que é necessário. Metáforas podem ajudar – muito CO_2, por exemplo, pode ser ligado a uma banheira que está pela metade e que, no fim, vai transbordar.

Envolva os clientes. O envolvimento é a melhor forma de ganhar adeptos e defensores. A Method, fabricante de produtos de limpeza ambientalmente seguros, tem um programa de embaixadores da marca, em que os clientes que aderem obterão produtos, camisetas e informações com razões para que seus amigos usem o produto. A caminhada contra o câncer de mama da Avon envolve milhares de pessoas a cada ano, quer como participantes quer como simpatizantes.

CEOs de marca

Algumas empresas possuem CEOs de marca que podem servir para capturar ou ampliar a força de uma marca, ou até criar energia que possa ser transferida para a marca. Lee Iacocca ajudou a salvar a Chrysler transmitindo confiança e competência quando clientes e investidores acreditavam que a empresa entraria em colapso. As acrobacias nada usuais de Richard Branson (algumas envolvendo balões de ar quente) têm servido para grande parte da força e da personalidade da marca Virgin. Herb Kelleher personificou a marca da Southwest Airlines com a expressão colorida e visível de sua cultura. Steve Jobs e Bill Gates foram responsáveis por muito da força da Apple e da Microsoft com suas lideranças de pensamento. O CEO certo com a mensagem correta pode muitas vezes criar notícias com credibilidade, sendo capaz de ter acesso à mídia. Para ser um energizador, entretanto, o CEO precisa ter energia no que diz respeito a ideias, uma personalidade diferenciada e estar na empresa por tempo suficiente para tornar-se um representante reconhecido da marca.

A necessidade de energia

Relevância e diferenciação há muito tempo foram consideradas basilares para o sucesso de uma marca. Mas estudos recentes envolvendo a gigantesca base de dados da Young & Rubicam – BAV (Brand Asset Valuator) – 70 métricas de marca para cada uma das 40 mil marcas espalhadas por 44 países – descobriu que outro componente é necessário – a energia.[8] Uma análise do banco de dados total de 1993 a 2007 mostrou que valores de marca, medidos pela confiabilidade, estima, qualidade percebida e conscientização, vêm caindo acentuadamente ao longo dos anos. Por exemplo, nos últimos 12 anos, a confiabilidade caiu quase 50%, a estima caiu 12%, a qualidade percebida caiu 24% e, de forma impressionante, até mesmo a consciência caiu 24%. Apenas as marcas com energia permaneceram saudáveis e mantiveram sua capacidade de trazer retorno financeiro.

Na verdade quase todas as marcas precisam de energia, especialmente as marcas tradicionais no mundo, tais como AT&T, John Deere, Dow, Brooks Brothers, Toshiba e Pillsbury, que geralmente são retratadas como confiáveis, honestas, seguras, acessíveis e, muitas vezes inovadoras. Mas frequentemente essas marcas lutam contra impressões de que são antiquadas, inatingíveis e monótonas, uma impressão que pode afetar a sua relevância em alguns segmentos. A solução para esse perfil comum é injetar energia e vitalidade. A necessidade de energia para amadurecer marcas respeitadas é especialmente necessária para o segmento-chave mais jovem, a força vital do futuro.

Aumentando o uso pelos clientes preexistentes

Tentativas de aumentar a participação de mercado tendem a afetar diretamente os concorrentes e, dessa forma, precipitar respostas deles. A alternativa de tentar aumentar o uso entre os clientes atuais é geralmente menos ameaçador para os concorrentes.

Ao desenvolver programas para aumentar o uso, é importante começar fazendo algumas perguntas fundamentais sobre o usuário e o sistema de consumo no qual o produto está envolvido. Por que o produto ou o serviço não é utilizado mais? Quais são as barreiras para aumentar sua utilização? Quem são os usuários leves? Eles podem ser influenciados para usar mais? E os grandes usuários?

O uso mais intenso pode ser precipitado de duas formas, a partir do aumento da frequência de uso ou da quantidade utilizada. Em ambos os casos, existem diversas abordagens que podem ser eficazes (ver Figura 10.5). Todas têm por base tornar-se obcecado com o que estimula o uso e utilizar a experiência em si.

Motivar os usuários principais a utilizar mais o produto

Usuários principais normalmente são o alvo mais produtivo. Muitas vezes, é mais fácil fazer um detentor de dois ingressos para a temporada de futebol comprar quatro ou seis do que fazer um participante ocasional de jogos comprar dois. É válido observar o usuário que mais utiliza o produto a cada subsegmento – um tratamento especial pode solidificar e expandir esse uso em uma quantidade representativa. Exemplos incluem Schwab's Gold Signature Services, jantares especiais e serviço de correio oferecidos pelo Chase Manhattan para as suas maiores contas, ou o tratamento de primeira classe oferecido aos grandes apostadores nos cassinos de Las Vegas.

Facilitar o uso

Perguntar por que os clientes não utilizam um produto ou serviço com maior frequência pode levar a técnicas que facilitam o uso do produto. Por exemplo, um suporte da Dixie para copos ou para toalhas de papel encoraja o uso ao reduzir o esforço de utilização. Embalagens que podem ser colocadas diretamente nas micro-ondas tornam o uso mais conveniente. Um serviço de reserva pode ajudar aqueles que precisam selecionar um hotel ou um serviço similar. O clássico, mas há muito adormecido, fogão Crock-Pot, presente em 80% das casas, mas utilizado apenas por 20% dos clientes. Um produto da moda no início dos anos 70, ele foi vítima das refeições fora de casa, mas está retornando rapidamente, em parte devido ao desejo que está voltando de se ter refeições feitas em casa, com o mínimo de preparação. Um catalisador disso é a linha de pratos congelados Banquet, chamada de Banquet Crock-Pot Classics, que tornaram muito mais fácil o processo de cozinhar em um Crock-Pot.

Fornecer incentivos

Pode-se fornecer incentivos para aumentar a frequência de consumo. Promoções como viagens com milhagem dupla oferecidas pelas companhias aéreas com planos de viajantes frequentes podem aumentar a utilização. Um restau-

Estratégia	Exemplos
Motivar os usuários principais a utilizar mais o produto	Premiar com mais ingressos da temporada
Facilitar o uso	Recipientes apropriados para micro-ondas
Fornecer incentivos	Milhas para quem voa frequentemente
Retirar ou reduzir as razões para não comprar	Xampu neutro para uso frequente
Providenciar lembretes	Enviar *e-mail* lembrando os próximos aniversários
Posicionar para o uso regular	Fio dental após as refeições
Encontrar novos usos	*Snowmobiles* para entregas

Figura 10.5 Aumentando a utilização em mercados de produtos já existentes.

rante de *fast-food* pode oferecer uma bebida grande com desconto se ela for comprada juntamente com uma refeição. Um desafio é estruturar o incentivo de forma que a utilização aumente sem criar um veículo para debilitar a competição de preço. Incentivos de preço, como dois pelo preço de um, podem ser eficientes, mas também podem estimular a retaliação de preço.

Retirar ou reduzir as razões para não comprar

Um negócio, muitas vezes, atinge um limite porque existem compradores em potencial que começam a ter razão para não comprar o produto ou comprar mais. Assim, embalagens de salgadinhos com 100 calorias dão aos clientes uma forma de consumir sem perder o controle de seus hábitos alimentares. A Hyundai abordou o problema da insegurança no trabalho com a oferta de tirar o fôlego de comprar de volta um carro se o comprador perder o seu emprego. Um xampu suave pode ser usado diariamente.

Providenciar lembretes

Para alguns contextos de uso, a consciência ou a lembrança de uma marca é a força motriz. As pessoas que conhecem uma marca e a utilizam podem não pensar em usá-la em determinadas ocasiões sem um lembrete.

As comunicações com lembretes podem ser necessárias. Um programa de *e-mail* para lembrar os clientes da Wine.com sobre os próximos aniversários pode assegurar que eles comprem um presente. Diversas marcas, inclusive a Jell-O, têm conduzido campanhas publicitárias buscando tirar seus produtos do armário e colocá-los na mesa. Não basta que as pessoas tenham receitas se elas nunca as utilizam. Funções de manutenção de rotina, como consultas ao dentista ou lubrificação do carro, são facilmente esquecidas, de modo que os lembretes podem fazer a diferença.

Posicionar para o uso regular ou frequente

Dê uma razão para o uso mais frequente. Nos *sites*, o que funciona é ter informações frequentemente atualizadas. As pessoas acessam o My Yahoo para ver as últimas notícias ou como estão indo suas ações a cada minuto, quando está acontecendo algo importante. Outros incentivos podem incluir uma nova tira a cada dia em um *site* para adolescentes, ou um quadro com as melhores práticas em um *site* de consultoria de marca.

A imagem de um produto pode passar da de utilizado ocasionalmente à de utilizado frequentemente por meio de uma campanha de reposicionamento. Por exemplo, as campanhas publicitárias da Clinique para o hidratante "duas vezes por dia" e "três copos de leite por dia" representam esforços para mudar a percepção dos produtos envolvidos. O uso de programas como Clube do Livro do Mês, Clubes de CD, Clubes de DVD e serviços de entrega da flor do mês ou da fruta do mês podem transformar compradores eventuais em frequentes.

Encontrar novos usos

A detecção e a exploração de um novo uso funcional para uma marca podem rejuvenescer uma empresa que vem sendo considerada decadente há anos. A Jell-O, por exemplo, começou estritamente como sobremesa, mas encontrou grandes fontes de novas vendas em aplicações como saladas Jell-O. Outra história clássica é a do bicarbonato de sódio Arm & Hammer, que viu suas vendas anuais crescerem 10 vezes ao persuadir as pessoas a usar seu produto como desodorizante de refrigerador. Uma campanha publicitária inicial de 14 meses elevou o uso de um desodorizante de 1 para 57%. A marca subsequentemente foi estendida a outros produtos desodorizantes, dentifrícios e sabão em pó. Um processo químico usado em campos de petróleo para separar o resíduo do petróleo encontrou uma nova aplicação quando foi utilizado em fábricas de água para eliminar o óleo indesejado. A Kraft encorajou pessoas a usarem cream cheese em bagels, em biscoitos ou aipo no lanche.

Novos usos podem ser melhor identificados mediante pesquisas de mercado conduzidas para determinar exatamente como os clientes usam uma marca. Entre os usos que emergem, diversos podem ser selecionados para adoção. A aplicação de monitoramento do cliente permitiu à BenGay saber que muito do seu volume estava direcionado para quem sofre de artrite. Foi desenvolvida uma estratégia de marketing separada e o resultado foi uma onda de crescimento. Outra tática é olhar as aplicações dos produtos concorrentes. A ampla utilização de passas levou a Ocean Spray a criar cranberries secos, que podem ser encontrados em biscoitos e cereais como Müeslix, com o selo "feito com o verdadeiro cranberry Ocean Spray" na embalagem. Eles também estão sendo vendidos como lanche sob a marca Ocean Spray Craisins.

Algumas vezes, pode haver um grande intercâmbio para uma empresa capaz de providenciar aplicações que não estejam atualmente em uso. Assim, estudos de aplicações correntes podem ser inadequados. Empresas como a General Mills patrocinaram concursos de receita com o objetivo, entre outros, de criar novos usos para um produto e descobrir uma nova "receita clássica". Para que o produto possa ser utilizado de diversas maneiras, como rótulos adesivos, pode ser válido realizar sessões formais de brainstorming ou outros exercícios criativos.

Se alguma área de aplicação é descoberta que poderia criar vendas substanciais, ela precisa ser avaliada. É necessário considerar a possibilidade de que um concorrente assumirá uma área de aplicação, seja por meio de melhoria do produto, de propaganda pesada ou da participação em uma guerra de preços. A marca pode alcançar uma vantagem sustentável em sua nova aplicação para justificar a construção do negócio? A Ocean Spray é associada a cranberries, o que pode proteger a sua entrada com um lanche feito com cranberry, mas o nome da empresa vai ser menos útil na aplicação de alimentos processados, como biscoitos ou cereais.

Pontos-chave

- Energizar um negócio existente é fonte produtiva de crescimento porque evita os riscos de aventurar-se em novas áreas competitivas, o que requereria novos ativos e competências.
- Melhorar a oferta por meio da inovação é sempre o melhor caminho para o crescimento e a lucratividade. No entanto, inovações podem representar vantagens de curta duração, a menos que tenham marca. Uma marca confere noção de propriedade, credibilidade, visibilidade e comunicação. Um diferenciador de marca é uma ativamente gerida característica da marca, um ingrediente ou tecnologia, serviço ou programa que cria um ponto significativo e impactante de diferenciação para a oferta da marca em um período prolongado.
- Às vezes, a inovação não é viável e, assim, a energização da marca/marketing ou a criação de um energizador de marca é a melhor opção. Um energizador de marca é um produto de marca, uma promoção, um patrocínio, um símbolo, um programa ou outra entidade que, por associação, melhora significativamente e energiza a marca – o energizador de marca e sua associação com a marca é ativamente administrado durante um longo período.
- Crescer com menor vulnerabilidade para responder competitivamente também pode se dar a partir do aumento do uso do produto pelo estímulo da maior parte dos clientes a usarem mais, tornando a utilização do produto mais fácil, removendo ou reduzindo as razões pelas quais o produto não é comprado, incentivando o uso, comunicando para lembrar, posicionando por uso frequente e descobrindo novos usos.

Para discussão

1. Por que a Apple, o Google, a Toyota, a Microsoft, a Nintendo, a IBM, a HP, o Walmart, a Amazon e a P&G são considerados inovadores? A marca desempenha um papel nisso? Para quais marcas? Que outras marcas você citaria? Por quê? Que papel o *branding* desempenha nessas marcas de acordo com a sua opinião?
2. Pense em marcas muito diferentes. Elas possuem diferenciadores de marca? Caso não possuam, como elas atingem essa diferenciação? Ela será duradoura?
3. Pense em alguns diferenciadores de marca. Quão diferenciados eles são? Os clientes se importam com isso? Os diferenciadores são impactantes? Eles foram administrados ao longo do tempo? Eles possuem suporte? Avalie o Best Buy's Geek Squad.
4. Pense em algumas marcas que têm alta energia. O que lhes dá energia? Isso continuará no futuro?

5. Pense em algumas marcas que fizeram a diferença e que têm energizadores de marca. Avalie essas marcas considerando se elas estão "na marca", energizadas e ligadas à marca principal.
6. Usando as instruções para o pensamento criativo, pense em como você iria aumentar o uso de produtos ou serviços se você fosse o gerente da:
    a. Doritos
    b. Charles Schwab
    c. GAP

Notas

1. "Do Ideas Cost Too Much?", *Business Week*, April 20, 2009, pp. 46-47.
2. Diferenciadores de marca e energizadores de marca são introduzidos e discutidos com mais detalhes no Capítulo 5 de David Aaker, *Brand Portfolio Strategy*, New York: The Free Press, 2005.
3. Gregory S. Carpenter, Rashi Glazer, and Kent Nakamoto, "Meaningful Brands from Meaningless Differentiation: The Dependence on Irrelevant Attributes", *Journal of Marketing Research*, August 1994, pp. 339-350.
4. Kevin Lane Keller, *Strategic Brand Management*, 2nd ed. Saddle River, NJ: Prentice Hall, 2003, p. 317.
5. James Crimmins and Martin Horn, "Sponsorship: From Management Ego Trip to Marketing Success", *Journal of Advertising Reaserch*, July-August 1996, pp. 11-21.
6. Ibid.
7. Kellie A. McElhaney, *Just Good Business*, San Francisco: Berrett-Koehler Publishers, 2008.
8. John Gerzema and Ed Lebar, *The Brand Bubble*, San Francisco: Jossey-Bass, 2008, Chapters 1 and 2.

CAPÍTULO 11

Alavancando os negócios

"Resultados são obtidos ao explorar oportunidades, não ao resolver problemas."
— **Peter Drucker**

"Quanto mais oportunidades aproveito, mais oportunidades se multiplicam diante de mim."
— **Sun Tzu**

"O momento mais perigoso vem com a vitória."
— **Napoleão**

Em última análise, oportunidades de crescimento que estão fora do negócio existente precisam ser exploradas. Embora seja arriscado deixar o conforto do que é familiar e comprovado, isso também acaba com o limite máximo de potencialidades de crescimento da empresa. Quando você decide aumentar os negócios, praticamente existe um potencial ilimitado de crescimento.

O objetivo discutido neste capítulo é o de alavancar um negócio existente para um mercado de novos produtos. Os ativos e competências do negócio, especialmente, são fontes potenciais de vantagem em um novo mercado. Os recursos em torno das capacidades de marketing, gestão de distribuição, desenvolvimento e fabricação de produtos, P&D e valor da marca estão entre as bases do potencial de vantagem para um novo negócio em crescimento. A ideia é construir sobre o negócio principal, a fim de criar uma sinergia. O desafio, no entanto, é atingir a sinergia real com o impacto real na proposição de valor do cliente, nos custos ou nos investimentos. Muitas vezes, a sinergia aparente não se realiza.

O espectro de escolhas disponíveis pode ser caracterizado geralmente sobre a forma como eles são retirados do negócio principal. Aqueles que estão perto irão representar risco menor e ter a maior chance de alavancar os ativos e competências do negócio para atingir uma vantagem real. Conforme mais distância é permitida a partir do negócio atual, surgem mais oportunidades, assim como as chances de risco. Pode ser difícil obter o conhecimento necessário e a competência operacional para desenvolver um negócio de forma bem-sucedida se estiver muito distante de suas capacidades principais. É claro, criar um novo núcleo de negócio pode criar uma vantagem enorme, e correr o risco de se distanciar do negócio principal pode resultar em um bom retorno. Mas o risco deve ser visualizável e fazer parte da análise.

Existem muitas maneiras de gerar opções de crescimento que alavanquem o negócio principal. Processos de pensamento criativo, introduzidos no Capítulo 10, podem ajudar. Bons resultados aparecem frequentemente a partir de boas opções postas na mesa, em vez de tomar ótimas decisões entre as medíocres. Exercícios de pensamento criativo pode ser melhor aproveitados em torno do conjunto de perguntas a seguir, que se mostram uma boa fonte de opções.

- Quais ativos e competências podem ser alavancados?
- Quais extensões da marca são possíveis?
- O escopo da oferta pode ser expandido?
- Existem novos mercados viáveis?

Após discutir essas perguntas, algumas questões sobre avaliação de opção serão tratadas e, finalmente, o conceito crucial de sinergia será analisado.

Quais ativos e competências podem ser alavancados?

O foco nos ativos e competências começa a partir da criação de um inventário com o objetivo de identificar os pontos fortes reais do negócio. Ao fazê-lo, a discussão no Capítulo 3 sobre identificar e avaliar ativos e competências pode ser útil. Quais são os principais ativos e competências que sustentam o negócio principal? Quais são suas características? Quão forte é cada uma?

O segundo passo é encontrar uma área de negócios em que os ativos e competências possam ser aplicados para a geração de uma vantagem. Uma linha de cartões de cumprimentos vendidos em farmácias pode ter uma capacidade artística e um ativo de distribuição que podem ser alavancados. Que outros itens que estão na farmácia podem empregar talentos artísticos? Existem itens na farmácia que os varejistas têm dificuldade de obter, por qualquer razão? Um problema no varejo pode revelar uma oportunidade.

Um exercício produtivo é examinar cada ativo em busca de excesso de capacidade. Alguns ativos estão sendo subutilizados? Uma empresa jurídica que considerou essa questão aproveitou o excesso de espaço em seu escritório para oferecer serviços de contabilidade. Uma cadeia de supermercados com espaços obsoletos entrou na área de venda de bebidas. Uma fábrica de cookies passou a produzir *muffins*. Se a iniciativa de crescimento puder usar o excesso de capacidade, o resultado poderá ser uma vantagem de custo substancial e sustentável.

O passo final é identificar os problemas de implementação. Ativos e competências podem exigir adaptações ao ser aplicados a empresas diferentes.

Além disso, pode ser necessário encontrar ou desenvolver novas capacidades. Negócios principais existentes são, às vezes, mais bem-aproveitados a partir de uma aquisição, porque desenvolver um negócio internamente pode não ser econômico ou mesmo viável. Quando estão envolvidas aquisições, duas organizações com diferentes sistemas, pessoas e culturas terão de ser reunidas. Muitos esforços para obter sinergia falharam devido a dificuldades de implementação.

Conforme a lista parcial apresentada no Capítulo 3, existe uma ampla variedade de ativos e competências exportáveis. Para dar cor às oportunidades, considere o seguinte: habilidades de marketing, capacidade de vendas e distribuição, capacidade de *design* e fabricação e habilidades de P&D.

Habilidades de marketing

Uma empresa sempre possui ou não habilidades fortes de marketing para um determinado mercado. Assim, um motivo frequente para expandi-la em mercados novos é exportar ou importar habilidades de marketing. A Black & Decker desenvolveu e explorou um programa agressivo de novos produtos (p. ex.: parafusador sem fio e HandyChopper), marketing de consumo eficaz (para marcas como Spacemaker, Dustbuster e ferramentas sem fio Thunder-Volt), além de serviços a clientes e relações com revendedores intensificadas. A aquisição da Ernhart, com suas fechaduras de porta, torneiras decorativas, iluminação externa e racks, deu à Black & Decker uma oportunidade de aplicar suas habilidades de marketing e impulso de distribuição a uma empresa que não tinha uma cultura de marketing.

Aplicar habilidades de marketing nem sempre é tão fácil como parece. A Philip Morris, que comercializa de forma bem-sucedida a Miller Lite e outras marcas, falhou com a Seven Up, quando a empresa tentou posicionar como um refrigerante sem cafeína, em resposta aos interesses saudáveis dos consumidores. Depois de uma batalha de sete anos, a Philip Morris desistiu e vendeu a linha. Entre os problemas da Philip Morris estavam a reação dos concorrentes, que empurravam bebidas sem cafeína para o mercado, o poder das engarrafadoras e distribuidoras já existentes e o apelo limitado de bebidas à base de limão. A Coca-Cola cometeu um erro semelhante quando criou o Wine Spectrum e falhou nos esforços para superar a Gallo, em parte por causa do controle da Gallo sobre a distribuição.

Capacidade em vendas ou distribuição

Uma empresa com grande capacidade de distribuição pode adicionar produtos ou serviços que podem explorar essa capacidade. Assim, a força de distribuição da Black & Decker ajudou a alavancar as linhas Ernhart. Uma *joint-venture* entre Nestlé e Coca-Cola na área de chás enlatados combinou o poder de distribuição da Coca com o conhecimento de produto e a marca Nestlé.

As empresas de comércio eletrônico, como a Amazon ou a Wine.com, geralmente têm operações cuja capacidade pode ser aumentada ao se acrescentar um botão de acesso a outro grupo de produto. O resultado pode ser vendas e margens adicionais para compensar os custos fixos da operação.

Capacidade de *design* e produção

A capacidade de *design* e produção pode ser a base para entrar em uma nova área de negócios. A capacidade de projetar e fabricar pequenos motores ajudou a Honda a ser bem-sucedida na área de motocicletas e conduziu sua entrada na área de cortadores de grama, motores de popa e vários outros produtos. A capacidade de fabricar produtos pequenos foi fundamental para a Sony quando ela passou de produto a produto na área de eletrônicos de consumo. A experiência da Schwinn com bicicletas forneceu uma base para a comercialização da elegante bicicleta elétrica Tailwind, que possui uma carga rápida de 30 minutos.

Habilidade de P&D

A especialização em certa tecnologia pode resultar em novos negócios baseados nessa tecnologia. A pesquisa inicial da GE gerou muitos negócios bem-sucedidos. Por exemplo, sua pesquisa na área de turbinas para geração de eletricidade foi a base para sua área de motores para aeronaves, e sua pesquisa em lâmpadas foi a base para aquilo que se transformou em um negócio de instrumentação médica. A P&G aplica tecnologia ativamente de uma área de negócio a outra, como a tecnologia de fragrância aplicada a detergentes para criar inovação incremental e de mudança de cenário. Geralmente os avanços em uma área de negócio tendem a vir de tecnologias que pertencem a outras indústrias. A criatividade, muitas vezes escassa, é necessária para oferecer oportunidades para a tecnologia básica, e a capacidade de P&D apoia isso.

Obtendo economias de escala

A expansão de produto-mercado pode, às vezes, resultar em economias de escala. Duas pequenas empresas de produtos de consumo, por exemplo, podem não conseguir, separadamente, manter uma equipe de vendas eficaz, programas de desenvolvimento ou teste de produtos ou sistemas de armazenagem e logística. Porém, a combinação dessas empresas pode permitir a operação em um nível eficiente.

Extensões da marca

Um ativo exportável comum é uma marca forte e estabelecida – um nome com visibilidade, associações e fidelidade entre um grupo de clientes. O desafio é tomar esse ativo de marca e usá-lo para ingressar em novos mercados. O nome pode cumprir a tarefa de estabelecer um novo produto mais viável e eficiente, pois facilita o desenvolvimento de fatores como consciência, confiança e interesse.

A Lenox, fabricante de porcelana fina, explorou sua imagem tradicional de alta qualidade e seu sistema de distribuição ao expandir-se para áreas de joalheria e presentes. A H&R Block acrescentou serviços jurídicos à sua cadeia de serviços de imposto de renda, esperando ganhar sinergia explorando (e melhorando) a sua marca. Um fabricante de botas para esqui acrescentou esquis e depois roupas para esquiar, impulsionando a marca.

Muitas empresas construíram negócios grandes e diversos em torno de uma marca forte, incluindo Sony, HP, IBM, Mitsubishi, Siemens, GE, Schwab, Virgin e Disney. Mais de 300 empresas carregam o nome Virgin e todas se beneficiam com a perspicácia em relações públicas de Richard Branson, seu proprietário. A Mitsubishi tem seu nome em centenas de produtos, cada qual contribuindo com dois benefícios que são, muitas vezes, pouco valorizados: a exposição do nome e a vitalidade cumulativa do novo produto.

A Disney, fundada em 1923 como uma empresa de desenho animado que tinha Mickey Mouse (que ficou famoso no desenho animado Steamboat Willie) como seu ativo inicial, pode ser a empresa mais bem-sucedida em alavancar sua marca. Nos anos 1950, a companhia construiu a Disneylândia e lançou um programa de TV ligado ao parque temático (The Wonderful World of Disney), mudando drasticamente a marca ao torná-la mais rica e mais profunda do que antes. Particularmente depois de levar a Disneylândia para a Flórida, Paris e Japão e estabelecer suas próprias lojas, resorts e um cruzeiro marítimo, a Disney pode providenciar uma experiência que vai muito além de assistir a desenhos. Como resultado desse poder de marca, o canal Disney se tornou forte, diferenciado na TV, uma conquista incrível, se considerarmos o que outros puseram no ar.

É instrutivo observar por que a Disney se saiu tão bem com uma estratégia agressiva de extensão de marca. Primeiro, desde o início a empresa sabia o que representava – entretenimento mágico para a família, executado com uma excelência constante. Tudo o que a Disney faz reforça essa identidade de marca; ao ingressar na área de filmes para o público adulto, ela o fez sob o nome Touchstone, e não Disney. Segundo, a empresa tem uma orientação incansável e intransigente voltada para a excelência operacional, que começou com a preocupação fanática de Walt Disney com detalhes nos primeiros desenhos e parques temáticos. Esses últimos são tão bem administrados que a Disney mantém escolas para outras empresas que querem aprender como manter a energia e a consistência. O lançamento do cruzeiro foi adiado, apesar dos custos astronômicos, até que tudo fosse considerado perfeito. Terceiro, a organização administra ativamente um conjunto de submarcas que tem sua própria identidade, incluindo Mickey, Pato Donald, uma montanha (Matterhorn),

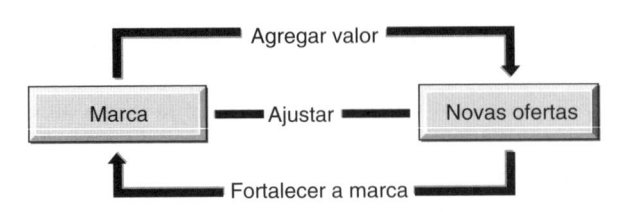

Figura 11.1 Lógica de extensão da marca.

uma canção ("It's a Small World"), personagens de filmes como Mary Poppins ou Rei Leão, e assim por diante. Quarto, a Disney entende a sinergia entre os produtos. O Rei Leão não é apenas um filme, mas suporta um musical da Broadway e um exaustivo conjunto de promoções em redes de *fast-food* e outros lugares.

As opções de extensão da marca podem ser criadas por meio da determinação da imagem atual da marca e de quais produtos e serviços se adequariam a essas associações (ver Figura 11.1). Em que áreas a marca seria considerada relevante? O McDonald's está associado à diversão e crianças, à preparação rápida de alimentos constantes, aos Big Macs e às batatas fritas. A diversão e as crianças podem sugerir um parque temático, uma linha de brinquedos ou uma creche. A marca, é claro, irá evoluir com o tempo, em parte por causa das extensões da marca. Assim, a adição de um submenu ao McDonald's pode permitir que a empresa se aventure em áreas que não fariam sentido antes. A Virgin era uma gravadora e uma companhia aérea cujo nome da marca não fazia sentido. Mas depois que a organização tornou-se não apenas bem-sucedida, mas conhecida pela atitude acima do normal, atendimento ao cliente e inovação e a capacidade de enfrentar concorrentes grandes e estabelecidos, suas novas associações oferecem a base para entrar em uma série de áreas de negócio.

A avaliação de cada alternativa de extensão baseia-se em três questões. Cada uma delas deve ser respondida de forma afirmativa, para que a extensão seja viável.

1. ***A marca se ajusta ao contexto do novo produto?*** Se o cliente sente-se desconfortável e percebe uma falta de ajuste, sua aceitação não virá facilmente. A marca talvez não seja vista como detentora da credibilidade ou experiência necessárias, ou ela pode ter as associações erradas para o contexto. Geralmente, extensões bem-sucedidas não terão uma ou mais bases às quais se adaptarem, como:

- Produto associado – óculos de sol Coppertone, lanternas Duracell Durabeam.
- Usuário comum – roupas para bebês Gerber, The Mint Cookie (Girl Scout) da Blizzard.

- Atributo/benefício distintivo – desodorizador de carpetes Arm & Hammer, Vitamina C Sunkist.
- Especialidade – desempenho da Mr. Clean em lava-carros, Avaliação de Médicos Zaget, academia David Beckman (jogador de futebol).
- Benefícios de personalidade/autoexpressivos – carteiras Pierre Cardin, Hooter's Airline.

Em geral, uma marca que tem laços fortes com uma classe de produto e atributos (por exemplo, Boeing, Netflix ou Kleenex) terá mais dificuldade para se expandir do que uma marca associada a intangíveis como a personalidade da marca. Assim, marcas como a Disney, a Virgin e a Gucci têm permissão para se estenderem mais. Em uma pesquisa da TippingSprung sobre extensões de marca, os clientes não estavam entusiasmados com o vestuário masculino na Burger King, modo de rua hip-hop da Kellogg, a segurança da Allstate Green e a bebida energética Playboy, em parte por causa do problema de adequação.[1]

2. A marca agrega valor à oferta na nova classe de produto? Um cliente deve poder dizer por que a marca seria a sua preferida no novo contexto. Embora navios de cruzeiro sejam difíceis de descrever, qualquer pessoa seria capaz de verbalizar muito claramente como um cruzeiro Disney seria diferente dos demais – teria personagens Disney a bordo, contaria com mais crianças e famílias e forneceria entretenimento mágico para a família. Os óculos de sol da Coppertone, a extensão mais importante na pesquisa da TippingSprung, espera beneficiar-se dos anos de experiência que a Coppertone tem com atividades ao sol.[2] O Mr. Clean Performance Car Washes, a segunda extensão no ranking da mesma pesquisa, confere a credibilidade da marca Mr. Clean a uma área que pode oferecer uma grande variabilidade de serviço. A companhia aérea Hooter promete um serviço de bordo específico para jogadores de golfe indo para um resort.

Se a marca não agregar valor aos olhos do cliente, a extensão será vulnerável à concorrência. Por exemplo, a pipoca de micro-ondas Pillsbury inicialmente se beneficiou do nome Pillsbury, mas ficou vulnerável à entrada de uma marca de pipoca já estabelecida. Assim, embora a Orville Redenbacher tenha entrado posteriormente na categoria de micro-ondas, ela venceu mesmo assim, com um nome que significava qualidade e autenticidade em pipoca. O Savory Classics da Rice-a-Roni não se ajustou à noção do consumidor em relação ao papel da Rice-a-Roni na cozinha. A Arm & Hammer também teve duas falhas, um desodorante em spray, para o qual o nome Arm & Hammer pode ter tido as conotações erradas, e um desinfetante em spray.

Um teste de conceito pode ajudar a determinar que valor é agregado pela marca. Pode-se citar o nome da marca aos potenciais clientes e perguntar se eles seriam atraídos para o produto e por quê. Se eles não puderem articular uma razão específica pela qual a oferta lhes seria atraente, é improvável que a marca agregue valor significativo.

3. *A extensão irá melhorar o nome e a imagem da marca?* Com o foco na extensão, seus impactos na marca podem ser negligenciados. Uma extensão que falha ou que possui associações inadequadas pode prejudicar a marca. O ideal é ter extensões que forneçam visibilidade, energia e associações que deem sustentação à marca. A Coach era um fabricante de bolsas de couro bem-sucedido, embora modesto, até contratar um novo designer e estender sua marca a chapéus, sapatos, a óculos de sol, casacos, relógios e até chapéus de palha para praia, todos com a assinatura "C" em couro. As extensões trouxeram energia para a marca e ajudaram a atrair clientes mais jovens, que foram vitais para o futuro de longo prazo da empresa. As associações da Sunkist com laranjas, saúde e vitalidade são reforçadas pela promoção de bebidas e tabletes de vitamina C à base de suco Sunkist, ao passo que as balas de fruta Sunkist podem representar um risco. Os óculos de sol da Coppertone, o Mr. Clean Performance Car Washes e a companhia aérea Hooter (com seu nome sendo mostrado na aeronave) fornecem visibilidade significativa para a marca. Essas extensões precisam cumprir com a promessa da marca para evitar prejuízo à marca. Os óculos de sol da Coppertone precisam ter proteção solar e não ter apenas um *design* estiloso e o Mr. Clean e a Hooters precisam oferecer a experiência esperada.

Se uma extensão for prejudicar a marca, mas representar uma oportunidade de negócio viável, é necessário encontrar outra opção de nome de marca. Quando a Gap lançou uma cadeia de valor e a denominou de Gap Warehouse, o nome primário da marca corria o risco de ser confundido e prejudicado. A empresa reconsiderou rapidamente a medida e protegeu a marca Gap, mudando o nome da nova cadeia para Old Navy. O uso de submarcas e marcas endossadas desencadeiam alternativas para a criação de uma nova marca, com todos os seus riscos e custos.

Submarcas e marcas endossadas

Submarcas e marcas endossadas se tornam opções quando duas realidades malsucedidas existem. Primeiro, acredita-se que marcas existentes possuem associações equivocadas ou correm o risco de serem prejudicadas pela extensão. Segundo, a organização não tem o tamanho ou os recursos para construir uma nova marca, talvez porque essa tarefa seja muito difícil em um contexto confuso ou porque o negócio não justifica a necessidade de investimento.

Nessa situação, a resposta pode estar no uso de submarcas ou marcas endossadas. A submarca Profile da GE permitiu a General Electric entrar em um segmento *premium* com sua energia de produto e altas margens oferecidas por aquele segmento. De modo semelhante, a submarca Pentium Zeon permitiu à Intel oferecer um microprocessador para servidor de alto nível. Uma submarca permite que a oferta de alguma forma se separe da marca principal e oferece a esta um certo grau de isolamento.

Uma marca endossada oferece uma separação ainda maior. A marca Schwinn deu à bicicleta Johnny G. Spinner uma margem de aprovação com seu endosso. A Marriott precisava entrar na área de hotelaria por se tratar de um ramo gigantesco e crescente. Como seria extremamente caro criar uma marca de destaque nessa área e as marcas existentes eram todas muito desorganizadas para se comprar, a empresa criou a Courtyard by Marriott. O endosso indicava que a Marriott, como organização, estava por trás da marca Courtyard, de forma que os hóspedes podiam confiar em que a cadeia significaria uma experiência confiável. Alavancar uma marca usando-a para alavancar outras marcas resulta em um guarda-chuva confiável.

Expandindo o escopo de oferta

Uma empresa pode ver seus conhecimentos profundos e acesso a um segmento de mercado como um ativo subutilizado. A Dometic, uma empresa sueca pioneira na absorção de refrigeradores caracterizados por sua operação silenciosa, construiu o negócio vendendo esse produto para hotéis para serem usados em minibares e para o segmento veículos de recreação (trailer, motor home, etc.).[3] O sucesso do segmento de veículos de recreação levou a Dometic a acrescentar outros produtos direcionados ao segmento, como ar-condicionado, toldos automáticos, geradores de energia e sistemas para cozinha, saneamento e purificação de água. O escopo do produto foi ampliado da refrigeração para os sistemas interiores de um veículo de recreação, permitindo que a Dometic criasse um sistema de distribuição diretamente com o revendedor, que se tornou uma vantagem competitiva em andamento. A experiência da Dometic mostra como o sucesso no mercado pode ser aproveitado.

Considerando o contexto de uso abrangente, essa é uma ideia poderosa. Assim, em vez de estar no ramo de sucos de laranja, uma empresa pode decidir estar no ramo de café da manhã. Em vez de vender apenas bolas de basquete, ela pode pensar em fazer cestas e quadras. Jack Welch, da GE, disse que empresas dominantes, especialmente em áreas de crescimento lento, devem redefinir seus mercados, buscando um escopo mais amplo, que gere mais oportunidades.

Slywotsky e Wise fizeram uma sugestão similar em seu livro How to Grow When Markets Don't.[4] Eles recomendam identificar e atender às necessidades do cliente que emanavam do uso de produtos existentes. A Cardinal Health, por exemplo, passou da distribuição de medicamentos para farmácias ao gerenciamento de uso de medicamentos e outros controles relacionados para hospitais, além de criar kits de suprimentos médicos para cirurgiões. A Clarke American Checks passou de impressora de cheques a administradora de relações com clientes de bancos, incluindo administração de *call-center* e ajuda aos bancos para sugerir incentivos para aumentar a retenção de clientes. A John Deere, fabricante de equipamentos, decidiu oferecer uma loja com tudo para jardinagem.

Uma análise do conjunto total de tarefas em torno da experiência de uso do cliente é uma boa forma de começar a determinar se existe uma opção viável de crescimento ao expandir o ponto de vista da oferta. A experiência de uso pode ser moldada pela observação exata de quais são as necessidades do cliente ao utilizar o produto ou serviço. Essa tarefa definida para as comidas congeladas da Healthy Choice poderia incluir comprar, pagar, transportar, armazenar, preparar para o uso, usar e descartar. Algumas dessas tarefas podem ser realizadas de maneira mais fácil ou ser limitada pela inserção de um recurso à estratégia do produto? A P&G, por exemplo, tem trabalho com o Walmart para oferecer uma integração total das duas empresas para determinar quais produtos são necessários e onde eles são necessários e organizar o transporte, de forma que os gastos administrativos, a falta de armazenamento e os custos de estoque sejam reduzidos. O resultado líquido é que a P&G possui um escopo que vai além de seus produtos e uma ligação forte com o cliente.

A análise do sistema de consumo pode não resultar em uma solução definitiva. Mas mesmo que duas partes possam ser combinadas, substituídas por uma alternativa ou feitas para funcionar melhor, o resultado pode ser valor agregado ou um ponto de diferenciação para o cliente. Annie Chun criou um kit refeição em que o molho e o macarrão se combinam em um jantar facilmente preparado no micro-ondas. Ao fazer isso, muitos passos são eliminados ou combinados para o cozinheiro, e a facilidade de cozinhar e servir são características atrativas.

Outra perspectiva de expansão do escopo da oferta é simplesmente atender às necessidades adicionais apresentadas pelo cliente. Que outros produtos ou serviços os clientes existentes compram que poderiam ser fornecidos pelas operações da empresa? Redes de *fast-food* expandiram suas ofertas para atrair clientes durante um intervalo de tempo para o qual são capazes de atender. O McDonald's, por exemplo, possui um café gourmet para o lanche da tarde. A Jamba Juice e a Starbucks acrescentaram aveia como atrativo para um café da manhã. A Dometic acrescentou produtos para que os proprietários de veículos de recreação comprassem.

Novos mercados

Um caminho lógico para o crescimento é desenvolver novos mercados duplicando as operações da empresa, talvez com mudanças mínimas de adaptação. Com a expansão de mercado, a mesma expertise e tecnologia, e algumas vezes até a mesma fábrica e instalação de operações, pode ser usada. Assim, há potencial para sinergia e as consequentes reduções em investimento e custos operacionais. Evidentemente, o desenvolvimento de mercado é baseado na premissa de que a empresa está operando de forma bem-sucedida; não há razão para exportar falhas ou mediocridade.

Expansão geográfica

A expansão geográfica pode envolver mudança de uma operação regional para uma operação nacional, mudança para outra região ou expansão para outro país. KFC, McDonald's, GE, IBM e Visa exportaram de forma bem-sucedida suas operações para outros países. A maioria dessas empresas e muitas outras estão contando com países como China, Índia e Rússia para alimentar grande parte de seu crescimento nas próximas décadas. Elas perceberam que o sucesso envolve investimento significativo em logística, infraestrutura de distribuição e construção e adaptação da organização. (o Capítulo 13 irá desenvolver esse assunto).

Passar de local para regional ou nacional é outra opção. Samuel Adams e outras microcervejarias geraram crescimento mediante expansão geográfica. Geralmente, porém, essa expansão é melhor implementada pela conexão, por meio de aliança ou fusão, com um parceiro que já tenha capacidade mais ampla de comercialização.

Expandindo para novos segmentos do mercado

Uma empresa também pode crescer alcançando novos segmentos de mercado. Se os segmentos-alvo forem bem-definidos, sempre haverá uma série de outros segmentos a serem considerados para indicar caminhos para o crescimento. Considere, por exemplo:

- **Canal de distribuição.** Uma empresa pode alcançar novos segmentos ao abrir um segundo ou terceiro canal de distribuição. Um varejista de roupas esportivas poderia vender a escolas por intermédio de uma equipe de vendas diretas. Uma empresa que vende diretamente como a Avon poderia introduzir seus produtos em uma loja de departamentos, talvez utilizando outra marca.
- **Idade.** O xampu para bebês da Johnson & Johnson estava estagnado, até que a empresa prestou atenção a adultos que lavam o cabelo com frequência.
- **Casa *versus* escritório.** Um fornecedor de materiais de escritório deve observar o mercado de home office.

A chave para detectar novos mercados é considerar um amplo leque de variáveis de segmentação. Algumas vezes, olhar para mercados de maneira diferente revelará um segmento importante. É especialmente útil identificar segmentos que não estejam sendo bem atendidos, como o mercado de computadores para mulher ou de moda para pessoas idosas. Em geral, serão buscados segmentos aos quais a marca possa agregar valor. Entrar em um novo mercado sem fornecer nenhum valor incremental ao cliente é muito arriscado.

Avaliando opções de alavancagem do negócio

Não faltarão formas de alavancar negócios existentes. Em última análise, esse tópico precisa ser avaliado para que se observe até que ponto uma ou mais opções devem ser seguidas imediatamente ou dentro de um horizonte de planejamento. Esta seção propõe diversas questões que representam critérios importantes a serem considerados.

Esses critérios são baseados em uma série de estudos sobre iniciativas que alavancaram negócios existentes, conduzido por Chris Zook, da empresa de consultoria Bain (conforme registrados em dois livros, Profit from the Core, com James Allen, e Beyond the Core).[5] No primeiro estudo, estudos de caso foram criados para 25 empresas que obtiveram um crescimento sustentável muito acima do apresentado por seus pares entre 1992 e 2002. No segundo estudo, 12 pares de empresas foram examinadas. Cada par estava dentro do mesmo segmento e possuía pontos de partida semelhantes, mas com trajetórias financeiras muito diferentes durante o período de 10 anos. A base de dados resultante continha 150 tentativas de alavancar um negócio. O terceiro estudo focou-se em 180 tentativas de alavancar um negócio principal proveniente dos Estados Unidos e do Reino Unido. O foco desses estudos era tentar determinar o que estava associado a iniciativas de sucesso utilizadas para alavancar negócios principais.

O produto-mercado é atraente?

Iniciativas de sucesso envolvem uma incursão no mercado que tenha uma fonte de lucro robusta em ascensão. Lembre-se dos modelos dos cinco fatores de Porter introduzido no Capítulo 4. A expansão mais lógica irá falhar se não houver lucros porque a concorrência os controla ou porque as margens foram pressionadas pelo excesso de capacidade ou pela natureza da demanda do cliente. A debandada de empresas de serviços de utilidade pública para as telecomunicações mostrou ser um desastre porque a fonte de lucro estava encolhendo a ponto de tornarem seus empreendimentos economicamente inviáveis. Por outro lado, a expansão controlada de produto da EAS, a empresa de suplementos vitamínicos, estava sempre em áreas em que as margens eram saudáveis. Projetar um mercado para a frente, especialmente um mercado novo com potencial para novos entrantes, é difícil, mas o risco de entrar em um mercado hostil pode ser significativo. Lembre-se da discussão dos riscos apresentados a mercados em crescimento no Capítulo 4.

O negócio principal é bem-sucedido?

Não há razão para estender a mediocridade. Um mercado frágil raramente terá recursos ou ativos e competências para prolongar-se a uma iniciativa de crescimento. As chances de sucesso ao alavancar um negócio foram calculadas em 25% pelos estudos de Zook.[6] E essa porcentagem cai para menos de 8% quando o negócio principal é fraco.⁷ A Budget Rent-A-Car, por exemplo, tentou aplicar uma série de estratégias, sem obter sucesso, para melhorar seu status, incluindo esforços para entrar na área de viagens e de aluguel de caminhões.

O negócio principal pode ser transferido para novo produto-mercado? Quanto de extensão?

A capacidade de um negócio se adaptar a um novo produto-mercado e as chances de sucesso aumentam se o negócio a ser alavancado estiver próximo do negócio principal. A Tesco, uma cadeia de supermercados do Reino Unido, refinou a oferta de varejo melhorando a experiência do cliente no caixa, o estacionamento e os produtos frescos. Eles cresceram em parte pela expansão de farmácias dentro das lojas, estações de produto chamativas, venda de combustível, produtos de cozinha e cafeterias. Cada um desses esforços de alavancagem melhoraram o negócio principal. Essa sinergia é saudável não apenas por causa dos benefícios do negócio principal, mas porque o novo negócio tem maior probabilidade de aproveitar-se dos pontos fortes do negócio principal. Contrastando com a expansão disciplinada, seu concorrente, a Sainsbury, cujo desempenho retardou a Tesco, desviou para longe do seu princípio, investindo numa rede de supermercados no Egito e duas cadeias "faça-você-mesmo" no Reino Unido.

Esse efeito foi quantificado pelos estudos de Zook, nos quais novas iniciativas de negócios foram separadas de seus princípios considerando semelhanças e diferenças entre clientes envolvidos, concorrentes, canais de distribuição, estrutura de custos e ativos e competências. A soma das diferenças poderia variar de 0 a 5 (poderia haver correspondência parcial em algumas dimensões). A probabilidade de sucesso vai de 25% a menos de 10% se a soma das diferenças resultar em 2 ou mais.⁸ A tarefa de adaptar um negócio a um novo mercado é facilmente subestimada, conforme exemplificado pela experiência da FedEx quando tentou reproduzir seu conceito na Europa. Todas as tentativas de estabelecer um sistema de tráfego aéreo na Europa foram inibidas por obstáculos regulatórios. As tentativas de burlar as regulamentações adquirindo empresas com capacidades relacionadas resultaram em uma bagunça – a FedEx, hoje, possui uma empresa de barcos, por exemplo. Ela também não teve a vantagem do primeiro a se mover na Europa, porque a DHL e outras já haviam usado o conceito da FedEx anos antes. A dependência da língua inglesa e a decisão de impor um horário-limite para coleta – 17h – na Espanha (onde as pessoas trabalham até as 20h) causaram problemas adicionais de implementação.

O novo negócio será um sucesso? Ele se tornará um líder de mercado?

A primeira pergunta, que não é trivial, é se o novo negócio pode evitar o fracasso por não ser aceito no mercado por qualquer motivo. A aceitação de novos produtos é baixa. Mesmo para empresas com níveis elevados de competência no mercado e com sinergia real para reforçar a nova entrada, as taxas de insucesso são extremamente elevadas. E nós conhecemos a razão principal para isso. Dezenas de estudos em contextos muito diferentes e em mercados diferentes concluíram que a principal razão para o fracasso é a falta de diferenciação dos novos produtos, uma razão para ter sucesso. Frequentemente, foram considerados produtos do tipo "similares" e foram assim percebidos pelos clientes. Não havia razão para terem sucesso e, de fato, não o tiveram. Deve haver indícios de que clientes valorizarão produtos ou serviços e que a oferta é capaz de enfrentar a resposta de concorrentes existentes e potenciais.

Mesmo avanços reais podem não ser percebidos pelos clientes. Eles podem interpretar um avanço como uma razão para não comprar o produto. A Clairol falhou com seu condicionador de cabelos Small Miracle, que podia ser usado com vários xampus, em parte porque não conseguiu convencer os clientes de que o produto não permaneceria no cabelo se não fosse enxaguado a cada uso. Mesmo o uso de uma marca estabelecida não pode garantir o sucesso. O conceito de um refrigerante à base de cola sem cor, o Crystal Pepsi, não teve aceitação, e seu surgimento deu uma conotação negativa ao sabor.

O objetivo, é claro, não deve ser simplesmente sobreviver, mas tornar-se um líder do mercado pelo menos com um submercado atrativo. Simplesmente tornar-se o quarto ou quinto, até mesmo o terceiro participante cria o risco de impossibilitar a manutenção com o investimento contínuo necessário. Sem um mercado substancial e sucesso financeiro, os recursos requeridos pela empresa podem ser difíceis de justificar. Sempre há uma competição por recursos, mesmo em organizações ricas.

A estratégia de alavancagem é reproduzível?

Existe grande valor ao criar iniciativas que são reproduzíveis. A reprodutibilidade leva a curvas de aprendizado efetivas, velocidade de execução, simplicidade organizacional, clareza estratégica e capacidade de acertar detalhes. Na base de dados de Zook, cerca de dois terços das empresas mais bem-sucedidas e com crescimento sustentável possuem uma ou duas fórmulas reproduzíveis.[9] A Nike, por exemplo, saiu-se muito melhor ao longo do tempo do que a Reebok. Enquanto a Reebok estava comprando uma empresa de barcos, a Nike estava reproduzindo seu sucesso no basquete indo em direção ao tênis, ao beisebol, futebol americano, voleibol, caminhadas, futebol e golfe. Em todos esses esforços a estratégia foi muito parecida, começando com um endossador confiável, de Michael Jordan a Tiger Woods, e sistematicamente movendo-se de calçados para vestuário, de vestuário para equipamentos.

A miragem da sinergia

Sinergia, como sugerido no Capítulo 7, é uma fonte importante de vantagem competitiva. Porém, a sinergia é normalmente mais miragem do que realidade. Ela geralmente é assumida quando, na verdade, não existe, ou é inatingível ou amplamente supervalorizada.

Sinergia potencial não existe

Os estrategistas sempre manipulam a semântica para iludir a si próprios de que existe justificativa de sinergia. Entretanto, quando um fabricante de produtos embalados comprou a Burger Chef, uma cadeia com 700 lanchonetes, o fato de que as duas entidades estavam tecnicamente na área de alimentos teve poucas consequências. Como a empresa de alimentos embalados nunca conseguiu dominar as habilidades necessárias para administrar os restaurantes, houve uma considerável sinergia organizacional negativa. Laidlaw, uma grande operadora de transporte escolar, entrou no negócio de ambulâncias apenas para descobrir que não tinha a capacidade de operar um negócio do ramo da saúde, que era muito mais complexo e altamente regulado. Uma cadeia de supermercados lutou para se expandir para outros países por causa da falta de fornecedores comuns e as dificuldades para criar um sistema de informação impediu o surgimento de sinergias.

A busca ilusória da sinergia

O conceito de uma empresa de comunicação total integrada que inclua propaganda, marketing direto, pesquisa de marketing, relações públicas, *design*, vendas, promoções e agora comunicações via Internet, é o sonho de muitas organizações há duas décadas. O conceito é que deverá ser criada sinergia ao se oferecer aos clientes esforços de comunicação coordenados e mais constantes e ao se realizarem vendas cruzadas de serviços. Assim, a Young & Rubicam tinha o "ovo inteiro" e a Ogilvy & Mather falava sobre "orquestrações Ogilvy". Apesar da lógica obrigatória e dos esforços consideráveis, tal sinergia é ilusória. Como cada disciplina de comunicação envolvia diferentes pessoas, paradigmas, culturas, medidas de sucesso e processos, os grupos diferentes tinham dificuldade não só para trabalhar juntos, mas até para fazer coisas simples, como compartilhar estratégias e visuais. Sua inclinação era enxergar outras disciplinas como concorrentes inferiores em vez de parceiros. Além disso, eles muitas vezes eram relutantes ao referir os clientes a unidades-irmãs que, suspeita-se, apresentavam resultados inferiores, o que criou questões de propriedade da relação com o cliente.

As empresas com pelo menos algumas histórias de sucesso creditadas a elas – a Young & Rubicam, a Denstu e a McCann Ericson – possuem um conjunto de modalidades de comunicação como marketing direto, relações públicas, comunicações na Internet e propaganda em uma organização, com locais compartilhados e liderança nas relações com o cliente. Essas empresas certificam-se de que existe uma equipe de liderança que é forte e que tem credibilidade com espaço exclusivo e uma equipe voltada para medir o desempenho. Mesmo com esses ativos, o sucesso sustentável é muito raro. Quando uma equipe virtual é criada com empresas diferentes sob um mesmo guarda-chuva, mesmo que estejam dentro da mesma empresa de comunicação, o sucesso é ainda mais raro.

As lições aqui apresentadas são que a sinergia não acontece simplesmente, apesar da lógica e da motivação. Ela pode exigir inovação real na implementação – não apenas uma tentativa esforçada.

A sinergia potencial existe, mas é inatingível

Às vezes, existe um potencial real de sinergia, mas dificuldades de implementação – normalmente muito maiores do que se espera – inibem ou bloqueiam a realização dessa sinergia. Quando duas organizações (talvez dentro da mesma empresa) possuem culturas, estratégias e processos diferentes, existem problemas significativos a serem superados. O esforço para combinar a United Airlines, a Westin Hotels and Resorts e a Hertz em uma organização foi um caso clássico no qual os problemas operacionais, juntamente com a confusão presente da marca, condenaram a ideia. Tem havido esforços para criar empresas de multisserviços em telecomunicação e empresas de entretenimento totalmente integradas para obter sinergias.

Mesmo quando o progresso ocorre, a paciência e os recursos podem não durar tempo suficiente para presenciarem o sucesso. E isso pode levar um longo tempo. O desafio final de integração ocorre quando um grupo de entidades se integra para oferecer uma solução completa ao cliente. Lou Gerstner indicou que a integração de país, produto e de serviços na IBM para oferecer soluções integradas ao cliente era seu legado mais importante.[10] Ele também observou, entretanto, que levou cinco anos para atingir o progresso que foi feito. As sinergias esperadas da fusão da Daimler-Benz e da Chrysler nunca se materializaram; elas finalmente desistiram e se envolveram em uma separação cara.

O potencial de sinergia é supervalorizado

O risco de comprar uma empresa em outra área, mesmo em uma área relacionada, é que a sinergia potencial pode parecer mais atraente do que de fato é. Talvez incentivada por seu sucesso com o Gatorade, a Quaker Oats comprou a Snapple, em 1994, por US$ 1,6 bilhão, apenas para vendê-la dois anos depois, por meros US$ 300 milhões. A Quaker tinha dificuldades de distribuição e era incapaz de assumir uma marca de personalidade peculiar no mercado de bebidas populares (o seu programa foi baseado em propaganda para pedestres e uma doação de amostragem gigante). Além disso, o fato de que a Quaker pagou muitas vezes mais do que a Snapple realmente valia foi uma desvantagem fatal.

A aquisição da The Learning Company – uma fabricante de *software* para crianças, com títulos como Reader Rabbit, Learn to Speak e Oregon Trail – parecia ser um passo lógico para a Mattel, uma empresa de brinquedos poderosa, com a Barbie entre suas propriedades. No entanto, menos de um ano e meio depois de pagar US$ 3,5 bilhões por ela, a Mattel praticamente entregou a The Learning Company para livrar-se de perdas com a operação.

Um estudo com 75 pessoas de 40 empresas que eram experientes no processo de aquisição levou a diversas conclusões. Primeiro, poucas empresas fazem uma análise de risco rigorosa, observando os resultados mais e menos favoráveis. Quando as vibrações otimistas existem em abundância, é bastante inteligente olhar para o lado negativo: o que pode dar errado? Segundo, é útil definir um preço máximo que nunca será ultrapassado. Evite ficar deslumbrado demais com um potencial de sinergia que você, no final, pagará mais do que jamais poderá recuperar.[11]

Pontos-chave

- A alavancagem de ativos e competências envolve identificá-los e determinar de forma criativa em quais áreas de negócio eles podem contribuir.
- As extensões da marca devem ajudar e serem melhoradas com a nova oferta, além de serem percebidas como adequadas a isso.
- O negócio pode ser alavancado pela introdução de novos produtos no mercado ou pela expansão do mercado para produtos existentes.
- A entrada em um novo produto-mercado é arriscada, já que a nova oferta pode falhar na aceitação do mercado ou em recursos necessários. A probabilidade de sucesso aumenta se o negócio principal for saudável, se o novo produto do mercado for atrativo (os concorrentes serão lucrativos), se o modelo de negócio for reproduzível, se a liderança do mercado for uma possibilidade e se a extensão a partir do negócio principal for pequena.
- A sinergia pode ser uma miragem. Frequentemente, ela não existe ou existe, mas é inatingível ou supervalorizada.

Para discussão

1. Escolha um segmento e um produto ou serviço. Adote o processo de pensamento criativo, como destacado na página 221 do Capítulo 10) para gerar uma oferta melhorada. Faça o mesmo para criar uma oferta totalmente nova que use um ou mais ativos e competências da empresa.
2. Avalie as seguintes propostas de extensão.

    Bank of America indo para a segurança de casas

    Crest indo para uma rede de consultórios odontológicos

    Caterpillar indo para o ramo de automóveis

    Snackwells indo para academias

    Mr. Clean indo para para lava-carros

    Hooters indo para companhias aéreas
3. Escolha a oferta de uma marca, como Southwest Airlines. Liste vinte produtos ou serviços que sejam opções alternativas de extensão. Inclua alguns que sejam uma ampliação. Avalie cada opção de extensão usando os três critérios listados no capítulo.

4. Considere as seguintes fusões ou aquisições. Em que casos a sinergia seria logicamente possível? O que inibiria essa sinergia? Considere operações, cultura e valor agregado.
    a. Citicorp adquire Providian (uma empresa de cartões de crédito que atende a segmentos de baixa renda)
    b. Pepsi (a dona da Frito-Lay) adquire Quaker Oats
    c. A Toyota adquire a Jeep
5. Avalie as decisões de extensão da Starbucks: colocar a Starbucks dentro da United Airlines, abrir uma Starbucks na livraria Barnes & Noble, abrir uma Starbucks em redes de supermercados como a Safeway, licenciar o sorvete da Starbucks para a Dreyer, oferecer aveia, vender café solúvel em supermercados.
6. Identifique e avalie um conjunto de empresas que alcançou sinergia e outro conjunto que não conseguiu fazê-lo.

Notas

1. "TippingSprung Publishes Results for Fifth Annual Brand-Extension Survey", PRWEB, January 7, 2009.
2. Op. cit.
3. Chris Zook, "Finding Your Next Core Business", *Harvard Business Review*, April 2007, p. 70.
4. Adrian Slywotsky and Richard Wise, *How to Grow When Markets Don't*, New York: Warner Business Books, 2003.
5. Chris Zook with James Allen, *Profit from the Core*, Boston: Harvard Business School Press, 2001; Chris Zook, *Beyond the Core*, Boston: Harvard Business School Press, 2004.
6. Zook, *Beyond the Core*, p. 22.
7. Ibid, p. 112.
8. Ibid, pp. 87–88.
9. Ibid, p. 36.
10. Louis V. Gerstner, Jr., *Who Says Elephants Can't Dance*, New York: Harper Business, 2002, pp. 251–252.
11. Robert G. Eccles, Kirsten L. Lanes, and Thomas C. Wilson, "Are You Paying Too Much for That Acquisition?" *Harvard Business Review*, July–August 1999, pp. 136–143.

CAPÍTULO 12

Criando novos negócios

"A maneira mais eficaz de lidar com a mudança é ajudar a criá-la."
— **I. W. Lynett**

"Só os paranoicos sobrevivem."
— **Andrew Grove, ex-CEO da Intel**

"O inesperado é a melhor fonte de inspiração."
— **Peter Drucker**

A Enterprise Rent-A-Car, que ultrapassou a Hertz em vendas durante os anos 90, teve vendas de US$ 10,1 bilhões em 2008 comparados a US$ 6,7 bilhões da Hertz e foi muito mais lucrativa. A Enterprise, fundada em St. Louis, em 1957, focou-se no mercado de aeroporto, atendendo aos viajantes a passeio e (mais importante) a empresas que precisavam oferecer um carro a clientes cujo carro estava no conserto, um mercado que a Enterprise criou e sustentou. Com o slogan "Nós vamos buscá-lo", suas lojas baratas próximas às saídas de aeroportos eram dirigidas por gestores empreendedores motivados, em parte, por um sistema de bônus ligado à satisfação do consumidor. Foi somente no final dos anos 80, quando já estava alcançando a Hertz, que a Enterprise começou sua campanha nacional e entrou no campo visual de seus concorrentes, que corriam atrás do mercado principal, voltado a viajantes a negócios que queriam um carro no aeroporto.

O Cirque du Soleil começou em 1984 com alguns artistas de rua. Um circo tradicional com animais, trapezistas, palhaços, malabaristas e barracas estava voltado para famílias e crianças. Os concorrentes estavam sempre aprimorando as apresentações e o ambiente. O Cirque du Soleil ("Nós reinventamos o circo") era qualitativamente diferente, atraindo um grupo de clientes diferentes – clientes adultos e corporativos, que pagariam um preço significativamente mais alto. Os artistas eram acrobatas talentosos, os palhaços eram mais sofisticados e havia uma história que motivava a atuação, como uma produção teatral. Além disso, muitos dos custos foram eliminados: havia apenas um palco, sem animais, sem estrelas e sem concessões de corredor. O circo era tão diferente que tornou o circo tradicional irrelevante e mudou o que o cliente estava comprando.

A Yamaha revitalizou o mercado decadente de pianos ao desenvolver o Disklavier, que funcionou como outros pianos, exceto que também incluiu um sistema de controle eletrônico, criando, assim, uma versão moderna de um piano velho. O sistema de controle eletrônico permitia que um desempenho fosse gravado e armazenado na memória. Isso proporcionou uma experiência profissional com o piano (com um artista que não cobrava ou se cansava) em casa, no lobby do hotel, no restaurante ou em qualquer lugar onde o entretenimento fosse bem-vindo.

Durante o último século, a indústria automobilística experimentou uma dezena ou mais de inovações que criaram novas áreas de negócios – o Modelo T, o carro fechado, o portfólio da GM desde Chevrolet a Cadillac, o financiamento, a transmissão automática, o Ford Thunderbird original, o VW Fusca, os carros japoneses confiáveis e baratos dos anos 70, as minivans, os utilitários e os carros híbridos. Em cada caso, os inovadores atingiram lucros acima da média que se estenderam por anos. Especialmente a minivan da Chrysler, lançada em 1983 alcançando mais de 200 mil vendas no primeiro ano, manteve-se na liderança na categoria por pelo menos uma década e contribuiu de maneira fundamental para a sobrevivência da empresa.

O novo negócio

É natural procurar por crescimento a partir da renovação de negócios atuais ou alavancando esses negócios utilizando novos produtos ou mercados com as técnicas descritas nos últimos dois capítulos. A organização entende os negócios existentes e provavelmente tem programas em mente para melhorar as margens, vencer a concorrência, melhorar a experiência do consumidor, atualizar os produtos e alavancar seus ativos e competências.

No entanto, existe outra rota estratégica, que precisa ser compreendida, quando não empregada – atalhar por áreas de negócios estabelecidas com seus limites fixados e criar um novo negócio o qual, por definição, não será concorrente direto, pelo menos inicialmente. Essa rota, conforme ilustrada pela Enterprise, pelo Cirque du Soleil, pela Yamaha e pelas principais inovações dentro da indústria de automóveis, envolve a mudança do que o cliente está comprando por meio da criação de um novo mercado ou submercado. Normalmente isso se baseia em uma inovação transformacional que muda o mercado pela introdução de uma estratégia empresarial qualitativamente diferente daquela que a precedeu.

Considere os novos segmentos que surgiram recentemente, como os fundos mútuos, os celulares, os smartphones, os servidores, as redes de café, os *snowboards*, o aluguel de vídeos, as redes de notícias 24 horas, os cinemas multiplex, as entregas expressas, o desconto do varejo em várias categorias, os utilitários, as comidas com pouco carboidrato, as comidas orgânicas e assim por diante. Cada uma dessas inovações foi apoiada por grandes retornos, às vezes por um longo período, para seus participantes. Se a empresa pode desenvolver ou participar de tal arena emergente e fazer isso de forma bem-sucedida, o crescimento e os lucros irão seguir essas estratégias.

Kim e Mauborgne sugerem que esses novos negócios ingressam em "oceanos azuis", um espaço que contém todas as arenas de negócio não em existência, mas em um espaço de mercado desconhecido.[1] Por outro lado, os "oceanos vermelhos" são mercados estabelecidos em que os limites e parâmetros de operação são estabelecidos e aceitos. Ao competir em um oceano azul, o desafio é criar uma demanda que não existe e tornar a concorrência irrelevante. Em oceanos vermelhos o objetivo é vencer a concorrência, para melhorar a participação de mercado. Conforme os oceanos vermelhos ficam lotados, excesso de capacidade, comoditização e baixas margens são muitas vezes encontradas.

Negócios bem-sucedidos no oceano azul, normalmente, são baseados em inovações significativas que criam um novo modelo de negócio. A inovação é, com maior frequência, conceitual e não tecnológica, embora o avanço tecnológico, como o das miniusinas siderúrgicas, possa ser um orientador da inovação. Ela pode basear-se em uma ideia inovadora como os fundos mútuos, uma nova forma de produto como o iPod, um novo benefício como as entregas do eBay, um novo conceito como o cidade-a-cidade sem serviços adicionais da Southwest Airlines ou um novo canal, como a Netflix que usa o correio e a Internet para distribuir filmes alugados.

A inovação, frequentemente, envolve um salto qualitativo de valor. As inovações que possam ser drásticas, mas que não levem a um salto de valor, raramente direcionam para uma nova área de negócios. O valor atingido pode ter um componente de custo, bem como entregar benefícios ao cliente. Na verdade, enquanto nas estratégias do oceano vermelho existe uma substituição entre diferenciação e custo, nas estratégias de oceano azul em empresas como a Enterprise e o Cirque du Soleil muitas vezes é possível conseguir um baixo custo e a diferenciação.

O conceito de "novidade" não é preto e branco (ou azul e vermelho). Existe um espectro, desde a criação de uma nova categoria até algo menos drástico. Um indicador chave é o clima competitivo – o período em que há pouca ou nenhuma competição, e a habilidade dos concorrentes de se tornarem um fator quando entram no mercado. Um negócio que estabeleça uma nova categoria pode não ter concorrentes, talvez por uma década ou mais, como foi o caso da Enterprise, do Cirque du Soleil e da CNN, o primeiro canal de notícias 24 horas. Outro indicador é o quão diferente a estratégia empresarial é das anteriores – o mercado atendido, os produtos e serviços oferecidos, a proposição de valor, os ativos e competências empregados, a entrega do serviço e as estratégias funcionais. Muitos desses negócios, discutidos no último capítulo, representam, de alguma forma, a novidade por que alguns elementos da estratégia eram novos e diferentes e subcategorias estabelecidas tinham concorrência pequena ou reduzida.

No caso da Enterprise e do Cirque du Soleil, o negócio poderia ser descrito como radicalmente diferente porque diferia em tantas dimensões estratégicas do que viera antes e porque a concorrência havia sido subjugada. Especialmente, novos ativos e competências precisaram ser desenvolvidos.

Existem evidências sugerindo que os negócios de oceano azul possuem retornos financeiros atrativos. Em um estudo realizado por Kim e Mauborgne feito sobre 150 movimentos estratégicos durante um século, 14% que foram categorizados como oceano azul contribuíram com 38% das receitas e com 61% dos lucros do grupo.[2]

Estudos das dinâmicas das empresas ofereceram evidências de apoio. Da S&P 500 em 1957, apenas 74 empresas ainda existiam em 1997, e essas empresas tiveram desempenho 20% abaixo da média da S&P durante esse período – significando que novas empresas desempenharam um nível mais alto.[3] A McKinsey coletou dados de mais de mil empresas (todas com vendas acima de 50% em uma indústria) de 15 indústrias por 40 anos. Um resultado foi que novos entrantes na base de dados (84% das empresas eram novos entrantes em algum ponto) atingiram um retorno maior por ação do que a média da indústria para os primeiros 10 anos após a entrada.[4] O retorno *premium* foi de 13% no primeiro ano, caindo 3% no quinto ano e nunca mais subindo a esse nível nos cinco anos seguintes. Além disso, houve uma correlação extremamente alta entre a novidade da indústria (definido como o número de novas empresas entrantes menos o número de empresas abandonando o setor durante o período de sete anos) e a lucratividade da indústria. Assim, já que empresas novas têm mais probabilidade de trazerem novos modelos de negócio do que os negócios existentes, a implicação é que negócios em oceano azul obterão maiores lucros.

O fato é que as empresas com negócios estabelecidos lutam para crescer e prosperar não importa o quão excelente sua administração seja. Uma análise da base de dados de cerca de 1.850 empresas de sete países seguidas por 10 anos revelou que apenas 13% das empresas foram capazes de atingir um crescimento modesto (5,5% de crescimento real) e metas de lucratividade (excedendo o custo do capital) por um período de 10 anos.[5] Se uma empresa se saiu bem durante muitos anos, as chances são altas de que irá fracassar em seguida.

Existem muitas barreiras para o sucesso a longo prazo em mercados de produtos existentes. Primeiro, a concorrência responde de forma mais rápida e mais vigorosa do que nunca. É difícil transformar uma vantagem do produto em uma posição sustentável no mercado ou em um ponto de diferenciação. Segundo, as inovações incrementais são difíceis de esconder por causa do fenômeno do "mundo plano" e da tecnologia da informação. Uma estratégia empresarial em mercados de produtos estabelecidos é transparente. Terceiro, os mercados são tão dinâmicos que é fácil ficar para trás e se tornar menos relevante. Quarto, o excesso de capacidade, que parece surgir em indústrias estabelecidas conforme as empresas tomam decisões baseadas nos seus objetivos de crescimento, que coletivamente são irreais e que resulta em pressão no preço e na margem do produto. Assim, apesar do risco, novos modelos de negócios, no fim, são a melhor esperança para o crescimento sustentável e o sucesso financeiro.

A vantagem do inovador

A principal razão para que novos negócios inovadores ganhem mais do que a média das empresas é a vantagem do inovador. A inovação pode criar o que muitas vezes é denominada de vantagem do primeiro movimento ou vantagem pioneira, baseada em diversos fatores. Primeiro, os concorrentes com frequência serão inibidos a responder em tempo hábil. Eles podem acreditar que os novos negócios irão canibalizar seus negócios existentes. Assim, os concorrentes da Chrysler contiveram sua resposta à minivan porque queriam proteger seu negócio com as camionetas. A Chrysler foi "abençoada" com uma posição fraca de suas camionetas e, assim, tinha menos a perder. Além disso, eles poderiam se preocupar com o impacto em sua marca; a Xerox não queria estar associada a copiadoras desktop de baixa qualidade que estavam sendo oferecidas pela Canon, muito embora a Xerox tivesse acesso a uma de suas afiliadas japonesas, a Fuji-Xerox. Por causa dessas duas preocupações, as empresas são tentadas a minimizar o impacto de longo prazo de uma inovação e tentam se convencer de que é uma moda passageira.

Segundo, os concorrentes, com frequência, simplesmente não são capazes de responder. Eles podem estar se aproximando tecnologicamente, especialmente se a tecnologia está evoluindo ou se patentes estão envolvidas. Às vezes, pode haver monopólios naturais (uma área pode suportar apenas um cinema multiplex, por exemplo). As limitações organizacionais são mais comuns. Responder a uma inovação pode requerer modificações na cultura organizacional, nas pessoas e nos sistemas, o que pode ser impossível. Muitos varejistas tentaram reproduzir o atendimento ao cliente da Nordstrom mas não tiveram sucesso porque embora pudessem copiar o que a Nordstrom fez, não puderam reproduzir o que a Nordstrom era como organização – seu sistema de recompensas, sua cultura, legado, organização de loja e muito mais.

Terceiro, o inovador pode criar a fidelidade do cliente baseado na exposição e na experiência com seu produto ou serviço. Se o conceito e a experiência forem satisfatórios, pode não haver incentivo para que o cliente arrisque tentar algo diferente. O inovador também pode ganhar o valioso rótulo de ser "autêntico". Esse foi um fator ao encarar concorrentes como a Kirin quando tentou reproduzir o sucesso da Asahi Dry Beer no Japão. Os custos de substituição dos clientes, talvez envolvendo compromissos de longo prazo, podem criar uma desvantagem distintiva para um seguidor. Ou pode haver externalidades de rede. Se uma grande comunidade começa a usar serviços como o eBay, pode ser difícil para um concorrente criar uma comunidade competitiva.

Para captar a vantagem pioneira, é importante atingir o mercado primeiro e investir para construir posição. Embora altos preços iniciais sejam uma forma atraente de obter margem e recuperar custos de desenvolvimento, uma estratégia de preço baixo pode servir para construir e aumentar a barreira aos seguidores. Estes terão o benefício de ver a inovação, mas sempre precisarão criar uma oferta significativamente melhor para ter a chance de desbancar o primeiro a se mover entre sua base de usuários. Assim, é útil tornar a base de usuários o maior possível.

Descobriu-se que os verdadeiros pioneiros do mercado não sobreviveram, talvez porque entraram antes que a tecnologia estivesse em uso ou porque foram eliminados por outros concorrentes.[6] Pioneiros como a Dreft, com o detergente para roupas, daguerreotipo na fotografia, a Star em lâminas seguras e a Harvard Graphics na apresentação de *software* não capitalizaram, ou não puderam capitalizar, seu status de primeiro a se mover. Por outro lado, Golder e Tellis descobriram que os primeiros líderes do mercado, empresas que assumiram a liderança durante a fase inicial de crescimento do produto, tiveram um índice mínimo de fracasso e uma participação média de mercado de quase três a dos pioneiros do mercado e alta taxa de continuidade e liderança.[7] Eles notaram que os primeiros líderes de mercado bem-sucedidos tendiam a compartilhar determinadas características:

- ***Consideração do mercado de massa***. Enquanto pioneiros como a Ampex, em gravadores de vídeo, ou a Chux, em fraldas descartáveis, cobravam preços altos, os primeiros líderes de mercado (a Sony e a Matsushita, em gravadores de vídeo, ou a P&G, em fraldas descartáveis) precificaram suas ofertas para o mercado de massa. A Timex em relógios, a Kodak em filmes, a Gillette em aparelhos de barbear, a Ford em automóveis e a L'eggs em malharia feminina usaram uma visão de mercado de massa para alimentar seu sucesso.

- **Persistência gerencial.** Os avanços tecnológicos dos primeiros líderes sempre exigiram anos de investimento. A P&G precisou de uma década de pesquisa para planejar a entrada bem-sucedida da Pampers, e as empresas japonesas gastaram duas vezes esse tempo para desenvolver o gravador de vídeo.
- **Comprometimento financeiro.** Disposição e capacidade para investir são fundamentais quando a recompensa está no futuro. Por exemplo, quando a Rheingold Brewery lançou a cerveja light Gablinger's, ela tinha um futuro promissor, mas problemas financeiros em outros setores levaram a empresa a tirar recursos da marca. Em contrapartida, a Philip Morris investiu substancialmente na Miller Lite por cinco anos, a fim de atingir e manter uma posição dominante.
- **Inovação constante.** É evidente que a liderança de longo prazo exige inovação contínua. A Gillette aprendeu sua lição no início dos anos 1960, quando a empresa inglesa Wilkinson Sword lançou uma lâmina de barbear de aço inoxidável que durava três vezes mais do que a lâmina de aço carbono da Gillette. Esta, depois de enfrentar uma queda acentuada em participação de mercado, voltou ao seu legado inovador, do Trac II a Atra, Sensor, Mach 3 e, finalmente, Fusion.
- **Alavancagem de ativos.** Os primeiros líderes de mercado, em geral, têm posições dominantes em uma categoria relacionada, o que lhes permite explorar sua rede de distribuição e uma marca poderosa para atingir economias de escala. A Diet Pepsi e o Tab, da Coca-Cola, por exemplo, conseguiram usar as vantagens de distribuição e marca para tirar o mercado de cola diet da pioneira Royal Crown Cola.

Ser o pioneiro e conquistar o mercado ou submercado em ascensão faz mais do que conferir uma margem competitiva naquele mercado. Isso também leva à percepção de ser inovador. Ganhar a percepção de ser inovador é uma prioridade para quase todos os negócios porque isso dá energia e credibilidade aos novos produtos. Mas poucas marcas dão a partida e atingem esse objetivo. Na Figura 12.1, observe as 15 primeiras marcas na escala de inovação, conforme classificou a base de dados da BAV (Brand Asset Valuator da Y&R) em 2007, abrangendo mais de 3 mil marcas.[8] Quase todas

1. Bluetooth	6. DreamWorks	11. Disney
2. Pixar	7. TiVo	12. Google
3. iPod	8. iMac	13. Swifter
4. Imax	9. Discovery Channel	14. Wikipedia
5. Microsoft	10. Blackberry	15. Dyson

Figura 12.1 Inovação percebida — 2007.

O que fazer e o que não fazer na inovação segundo Peter Drucker[9]
O que fazer:
• Analisar as oportunidades • Sair e procurar, perguntar e ouvir • Manter tudo simples, focado • Começar pequeno – tentar fazer uma coisa específica • Buscar a liderança do mercado
O que não fazer:
• Tentar ser esperto • Diversificar, fragmentar ou fazer muitas coisas de uma só vez • Tentar inovar para o futuro

criaram e/ou dominaram um novo submercado utilizando uma inovação transformacional.

Administrando as percepções da categoria

Quando uma nova categoria ou subcategoria de produtos surge, como iPods, *smartphones*, Pringles ou carros híbridos, os inovadores precisam estar conscientes de que seu desafio não é apenas criar uma oferta ou uma marca, mas administrar a percepção dessa nova categoria ou subcategoria. Um novo negócio mudará o que as pessoas estão comprando. Em vez de comprar um carro, alguns clientes estarão procurando por um híbrido. Conforme novos entrantes aparecem, tipos diferentes de híbridos surgirão. Assim, a Toyota, primeira líder no mercado de híbridos, tem a oportunidade de administrar as percepções da categoria enquanto, simultaneamente, relaciona a si mesma à categoria como a marca principal, uma marca com autenticidade e capacidade de entrega. Para um negócio inovador, o foco não recai apenas sobre qual marca comprar (a questão principal), mas sim qual categoria ou subcategoria de produto comprar (a questão relevante).

Para administrar as percepções de uma categoria, existem algumas diretrizes. Primeiro, pode ser necessário focar-se em atributos e benefícios funcionais de início para se certificar de que a categoria e sua proposição de valor são comunicáveis. Os benefícios emocionais e autoexpressivos podem ter um status secundário no início. Segundo, rótulos como minivan, vídeo-câmera, utilitários, etc., ajudam, a menos que marcas que deram o primeiro passo como a TiVo ou a Xerox se tornem o verdadeiro rótulo da subcategoria. A propósito, essas diretrizes se aplicam sempre que a categoria é nova no mercado, mesmo que esteja estabelecida em outro lugar. Por exemplo, muitas categorias de produtos (como vans) são novidade na China muito tempo depois de terem se estabelecido no mundo ocidental.

Criando novas áreas de negócios

O primeiro passo para a criação de uma nova área de negócios é colocar as ideias na mesa e refinar as melhores a fim de obter conceitos de negócios em potencial. Boas ideias têm maior probabilidade de acontecerem se forem valorizadas pela organização e se houver um processo que as estimule. A GE estabeleceu a meta de que cada negócio deveria gerar grandes ideias em tecnologia, conceitos que levem uma ideia de US$ 50 milhões aos US$ 100 milhões em um futuro previsível. Como resultado, tempo e recursos levaram à geração de uma ideia.

No último capítulo, o ponto de partida eram os ativos e competências da empresa e como eles poderiam ser alavancados. Neste capítulo, o ponto de partida é a relação dos clientes com as ofertas. De que forma as ofertas são desapontadoras? Quais são as necessidades não atendidas? De quais atividades o produto ou serviço existente faz parte e quais são as metas?

Novas ideias de negócios podem vir de qualquer lugar. No entanto, a história dos empreendimentos em oceano azul contêm padrões que podem sugerir possibilidades. Entre elas estão as inovações tecnológicas, indo de componentes a sistemas, necessidades não atendidas, nichos de submercados, tendências do cliente e a criação de um ponto de preço drasticamente mais baixo.

Inovação tecnológica

Uma nova tecnologia – como lâminas descartáveis, notebooks, um novo tecido ou carros híbridos – pode direcionar a percepção do submercado. Ao criar uma subcategoria de cerveja seca, a Asahi Super Dry Beer fez a Kirin, a marca de cerveja líder, irrelevante para um segmento significativo e crescente no Japão. Sendo um participante menor com menos de 10% do mercado em 1986, a Asahi cresceu, para ganhar a liderança na participação de mercado no final dos anos 90, grande parte por ter tomado as partes da Kirin. A Kirin finalmente preparou seu retorno pela introdução da Kirin Ichiban, uma cerveja com formulação diferente, e tomou a liderança da subcategoria de baixo malte, happoshu, uma cerveja produzida com ingredientes que garantiram impostos bastante baixos, e outra cerveja sem malte com imposto ainda menor, denominada a terceira cerveja. Surpreendentemente, considerando a média de introdução de três novos produtos por mês e os dólares do marketing gastos no mercado japonês de cerveja a cada ano durante 30 anos, três das quatro mudanças nos esforços de marketing foram causadas por essas inovações: cerveja seca, Kirin Ichiban e cerveja com baixo malte. A quarta mudança foi causada pelo reposicionamento da Asahi na subcategoria cerveja seca. A dinâmica de participação no mercado foi completamente explicada pelo surgimento ou evolução de subcategorias.

A inovação tecnológica pode tomar várias formas. A inovação de embalagem levou o Go-Gurt, da Yoplait, o iogurte em tubo que as crianças sorvem, a criar um novo negócio com um mercado-alvo diferente, proposição de valor e concorrentes diferentes daqueles dos fabricantes de iogurte convencionais. A inovação de *software* criou a categoria *on-line* de leilão do eBay, em que uma série de imitadores tinha dificuldades de combinar desempenho operacional e massa crítica de usuários estabelecida pelo eBay.

De componentes a sistemas

Uma maneira clássica de mudar o mercado é se deslocar de componentes a sistemas. A ideia é observar o sistema em que o produto ou serviço está inserido, para expandir percepções horizontalmente. A Siebel, por exemplo, modificou o que as pessoas compravam criando o gerenciamento de relacionamento com o cliente (CRM), que combina uma série de *software* (como gerenciamento de *call-center*, programas de fidelidade, mala direta, aquisição de clientes, serviço ao cliente, automação da força de vendas, entre outros) em um único pacote. Já não era mais suficiente oferecer o melhor programa de mala direta, porque as empresas agora estavam comprando algo mais abrangente e simplesmente não estavam interessadas em programas únicos que requeriam treinamento específico e que não estaria relacionado a outros problemas complementares.

A oferta de espaço para cargas nos aviões da KLM é uma *commodity* que está se tornando um negócio de margem reduzida.[10] Após estudar o sistema total de necessidades para os clientes que estavam transportando produtos perecíveis, a KLM determinou que o valor significativo poderia ser adicionado para oferecer não apenas espaço para carregamento mas uma solução de transporte que incluiria uma responsabilidade de ponta a ponta para o produto. Esses clientes, importadores e varejistas, estavam passando pelo processo de deterioração, e nunca foi possível determinar quem, na cadeia logística, era o responsável. Sob a iniciativa Fresh Partners, a KLM oferecia uma "cadeia refrigerada" ininterrupta, desde o produtor até o ponto de entrega, com três níveis de serviço – fresco regular, fresco e superfresco (em que os produtos têm a garantia de terem uma temperatura específica do caminhão até o local de armazenamento e, depois, do avião até o local de armazenamento e do caminhão até o varejista). Empresas importadoras de orquídeas da Tailândia e salmão da Noruega estavam entre aquelas utilizando o serviço. Essa iniciativa permitiu que a KLM se deslocasse do negócio de *commodities* para um negócio que pudesse obter margens atrativas baseadas no valor entregue aos clientes.

Necessidades não atendidas

Necessidades não atendidas são um *insight* quando traduzidas em produtos ou serviços, já que têm uma grande probabilidade de ser relevante ao cliente e levar a um novo negócio. Quando Saturn e Lexus, por exemplo, mudaram a forma como os clientes interagiam com vendedores de carros, eles estavam considerando uma necessidade significativa não atendida. O resultado fez algumas das outras marcas se tornarem menos relevantes em um segmento importante. A Betty Crocker's Hamburger Helper abordou a necessidade de ter uma prateleira estável para a preparação das refeições.

A Cemex, uma empresa do ramo de concreto, percebeu que seus clientes tinham muito dinheiro direcionado para a entrega previsível porque o concreto é altamente perecível.[11] Como resultado disso, a Cemex criou capacidades para usar sistemas digitais que permitiam aos motoristas ajustarem em tempo real os padrões de tráfego e modificar os horários dos clientes. Agora a empresa pode entregar o produto em minutos e processar as mudanças nos pedidos rapidamente. Isso atendeu a uma necessidade não satisfeita, e um modelo de negócios totalmente novo que levou a Cemex da sua posição de concorrente regional para a terceira maior empresa de concreto no mundo, atendendo em 30 países.

Os clientes nem sempre são uma boa fonte de informações para alguns tipos de necessidades não atendidas, especialmente aquelas que envolvem benefícios emocionais e autoexpressivos. Dessa forma, o *insight* de pessoas criativas e bem informadas pode ser necessário. Os atrativos de um utilitário, por exemplo, não resultam necessariamente dos benefícios funcionais. Além disso, os clientes passam por um momento difícil em torno das limitações que a oferta atual coloca, e pode não ser muito útil sair de um cavalo para um carro ou para um avião. Assim, na análise do cliente, é importante para o analista ter amplitude e profundidade, e é aí que se destaca a pesquisa etnográfica.

A pesquisa etnográfica (ou antropológica), introduzida no Capítulo 2, é uma boa maneira de descobrir e analisar necessidades não satisfeitas. Apenas observar o cliente em seu habitat nativo pode oferecer um ponto de vista novo e perspicaz sobre os problemas que os clientes estão enfrentando.

Nichos de mercado

O mercado pode ser dividido em nichos, sendo que cada nicho tem sua própria marca dominante. O mercado de barras energéticas, criado pela PowerBar, ultimamente fragmentou-se em uma variedade de submercados, incluindo barras desenvolvidas para mulheres (Luna), de alta quantidade de proteínas (Balance), baixa quantidade de calorias (Pria) e barras com sabor de doce (Balance Gold).

Um nicho pode ser definido por uma aplicação. A Bayer ajudou a definir uma nova subcategoria – utilizar a aspirina infantil regularmente para evitar ataques cardíacos – com seu Bayer 81 mg. A empresa tentou definir mais profundamente a subcategoria introduzindo Enteric Safety Coating para tranquilizar aqueles que poderiam estar preocupados com os efeitos do uso de uma aspirina regular no estômago.

Um nicho também pode ser definido por uma posição única que apela para um submercado diferente. No Reino Unido, a minivan Ford Galaxy estava posicionada longe das supermães ou das saídas em família. Foi apresentada como espaçosa e confortável, como a viagem aérea de primeira classe e, portanto, adequada para executivos ocupados. A Starbucks, de forma parecida, criou uma experiência diferente de venda de café que tornou seus concorrentes irrelevantes.

Tendências do cliente

Uma tendência do cliente pode ser um direcionador de um submercado. A expressão "encontre um desfile e coloque-se à frente dele" tem alguma aplicabilidade. Isso fez parte da estratégia da Whole Foods com comidas orgânicas e do iPod da Apple com o compartilhamento de músicas.

É ainda melhor se tendências múltiplas podem ser acessadas porque a concorrência ficará mais difusa. As tendências duais em relação ao bem-estar e ao uso de ervas e suplementos naturais têm apoiado uma nova categoria, a de bebidas refrescantes saudáveis. Essa área, agora, contém um conjunto de subcategorias, como chás enriquecidos, bebidas de frutas, bebidas à base de soja e água. A pioneira e a líder desse submercado é a SoBe, que começou em 1996 (com o SoBe Black Tea 3G, que continha ginseng, ginkgo e guaraná) e agora tem uma linha extensa de chás, sucos e bebidas energéticas. As grandes empresas de bebidas ignoraram essa tendência por muito tempo e têm participado de um jogo frustrante e caro para tentar acompanhar o mercado. A Annie Chun desenvolveu uma linha de comida asiática em potes que capitalizou uma série de tendências, incluindo o crescimento das comidas asiáticas, da alimentação saudável, da conveniência e da qualidade das refeições.

Criando um ponto de preço drasticamente mais baixo

Muitos negócios de oceano azul ocorrem quando uma oferta parece ser mais simples e mais barata do que a de empresas estabelecidas. Clayton Christensen, um pesquisador de estratégia famoso de Harvard, estudou uma grande variedade de indústrias com colegas e desenvolveu duas teorias sobre inovações disruptivas. A sua pesquisa está registrada em três livros: The Innovator's Dilemma, The Innovator's Solution (com Michael Raynor) e Seeing What's Next (com Scott Anthony e Erik Roth).[12]

A primeira teoria foi nomeada *inovação disruptiva de segunda linha*, na qual as indústrias são alteradas pelo surgimento de produtos cujo preço parece extremamente baixo. Nessas indústrias, as empresas estabelecidas têm como alvo os melhores clientes e tentam vender-lhes os melhores produtos pelo preço mais elevado. Mais recursos, serviços e confiabilidade estão destinados a obter um nível mais alto de fidelidade e mais margem. As empresas que são bem-sucedidas desenvolvem estruturas, equipes, iniciativas e habilidades criadas para gerar e implementar um fluxo contínuo de "inovações sustentáveis" para melhorar a oferta. Elas investem na construção do relacionamento profundo com seus melhores clientes, com clientes ricos no caso de instituições financeiras. Empresas de produtos de consumo oferecem uma linha de extensões que fornecem variedade e interessam aos clientes leais. Varejistas e outros investem em programas de lealdade.

Esse direcionamento de servir aos clientes mais lucrativos oferece uma abertura na forma de atender clientes de produtos de qualidade inferior. Esses clientes, muitas vezes ignorados ou considerados um incômodo pelas empresas estabelecidas, estão normalmente malservidos e ficariam felizes com um produto mais simples, barato que tivesse um desempenho satisfatório. Capitalizando essa oportunidade, as empresas (normalmente as que são novas na indústria) se engajam na "inovação disruptiva de segunda linha". Elas introduzem um lançamento que é mais fácil de usar e bem mais barato. Normalmente, o produto entrante é tão inferior e seu atrativo se dirige a um número limitado de aplicações e clientes, que as empresas responsáveis consideram marginais de qualquer forma. Mas, muitas vezes, essas empresas melhoram sua oferta com o tempo e se tornam concorrentes na área mais ampla do mercado. Um estudo dos pontos de venda, onde o crescimento de vendas mudou repentinamente para um declínio prolongado, em algumas das 500 empresas por 50 anos, mostrou que a causa principal, ocorrida em 23% dos casos, foi a inovação disruptiva de segunda linha.[13]

As miniusinas de aço na década de 60, inicialmente, faziam aço de baixa qualidade, atendendo ao mercado de vergalhões (usados como reforço do concreto da construção civil) que não requeria alta qualidade e era um negócio de margem baixa, pouco atrativo. Ao longo das décadas, no entanto, eles melhoraram sua tecnologia e seus produtos e começaram a desafiar os competidores em uma frente ampla. Existem muitos exemplos parecidos. As empresas de carro japonesas entraram no mercado no final dos anos 60 e ofereceram uma opção para os compradores que não precisavam de recursos e de benefícios de autoexpressão das grandes empresas americanas. O mercado de copiadoras nos anos 70 foi modificado pela estratégia de inovação disruptiva de segunda linha da Canon, que atendeu às necessidades de pequenos negócios que não precisavam dos produtos da poderosa Xerox.

A equipe de Christensen também adiantou uma segunda teoria, de que inovações disruptivas de novos mercados destinavam-se a não clientes. Em muitos mercados, grandes grupos de não clientes ou não compram por causa dos produtos ou consideram os serviços muito caros ou complexos, ou compram muito menos do que gostariam porque o processo de compra é inconveniente. Uma oferta mais acessível com preço justo pode abrir o mercado. O Macintosh da Apple atraiu novos usuários para o mercado de computadores e o varejo *on-line* de ações em bolsa permitiu aos corretores prosperar. A câmera de uso único criou um novo mercado assim como a Kodak Brownie havia feito um século antes. Fundos com índices de vanguarda de baixo custo atraíram novos clientes para a indústria. Não clientes têm sido tipicamente ignorados pelas empresas estabelecidas que, novamente, tendem a focar seus esforços nos principais clientes (*heavy users*), a clientela mais lucrativa.

Uma opção de preço mais atrativa pode apelar aos segmentos de segunda linha e de não clientes simultaneamente. A Southwest Airlines tinha como alvo não apenas clientes que procuravam uma companhia aérea de valor, mas também pessoas que poderiam ser atraídas de seus automóveis, um segmento que foi ignorado pelas companhias aéreas atuais. A Dell Computer também teve sucesso tanto ao servir o mercado de segunda linha como ao atrair novos usuários.

Avaliação – real, vitória, vale a pena

A avaliação de uma inovação grande ou transformacional é difícil porque irá desviar-se da zona de conforto e da base de conhecimento de um negócio. Uma abordagem avaliativa disciplinada e estruturada é útil não apenas para oferecer uma decisão final como para identificar as barreiras para o sucesso de forma que possam ser enfrentadas. A estrutura "real, vitória, vale a pena" sugerida por George Day da Wharton envolve o seguinte conjunto de questões:[14]

- O mercado é real? Há necessidade ou as pessoas querem o produto? O cliente poderá e irá comprá-lo? O tamanho do mercado é adequado? O transportador pessoal da Segway foi uma inovação técnica engenhosa, mas não resolveu problemas de transporte para qualquer mercado-alvo.
- O produto é real? Existe um conceito claro que irá satisfazer o mercado? O produto pode ser fabricado? Colocar usinas nucleares no oceano levantou barreiras para a construção.
- O produto pode ser competitivo? Ele possui uma vantagem competitiva, uma que seja sustentável? Se um concorrente pode copiar ou neutralizar o produto novo, pode ter apenas uma janela curta para estabelecer uma base de clientes leais.
- Nossa empresa pode ser competitiva? Temos ativos e competências superiores? Gestão adequada? O sucesso da animação digital da Pixar dependeu de uma mistura única de cultura e pessoas; não teria funcionado na maioria das companhias cinematográficas.

- O produto será lucrativo com um risco aceitável? A previsão de RSI é aceitável? Previsões de vendas excessivamente otimistas e expectativas de preço irreais precisam ser consideradas.
- O lançamento do produto dá sentido à estratégia? Combina com a estratégia global? A diretoria irá apoiar essa ação? A 3M lançou uma tela de computador que abriu o mercado para os filtros antirreflexo.

Mantendo o limite

O objetivo é manter o domínio em um novo submercado e os retornos que vêm junto com esse domínio. Não é tão fácil quando o sucesso desperta concorrentes. Aqueles que mantiveram domínio possuem uma ou mais características. Alguns, como a Apple, continuam a inovar, sendo um alvo em movimento. Outros, como a Snuggles e a Asahi Dry, são uma escolha "autêntica". Ainda, outros como o Cirque du Soleil criaram barreiras de entrada significativas em termos de competências e escala. E existem aqueles, como a Southwest Airlines, que cercam sua inovação com uma personalidade. A lista segue, mas precisa existir um limite para evitar que a inovação transformacional se torne uma vitória de curto prazo.

Das ideias ao mercado

O retorno por criar um novo negócio bem-sucedido é enorme. Historicamente, a maioria das empresas financeiramente bem-sucedidas basearam-se na criação de um novo negócio. Ainda, poucas empresas podem ter uma história de criação de múltiplos novos negócios. Acontece que não é fácil para uma organização ser bem-sucedida com um negócio estabelecido e ainda oferecer um ambiente que irá promover novas ideias de negócio e permitir que eles prosperem. Entretanto, é exatamente isso que é exigido quando o mercado se torna dinâmico. O desafio é criar uma organização que possa distinguir-se entre os negócios existentes e que, ainda, permita um novo negócio, especialmente um negócio transformacional, para sobreviver, senão prosperar. Nos termos do Capítulo 8, a adaptabilidade estratégica precisa desempenhar um papel mais proeminente, tanto na complementação ou talvez no compromisso estratégico ou no oportunismo estratégico.

A maioria das organizações não possui uma mistura saudável de inovação transformacional e incremental. Um estudo concluiu que a porcentagem de inovação em portfólios de desenvolvimento caiu de 20,2% para 11,5% de 1990 a 2004.[15] E da metade dos anos 90 até 2004, o percentual total de vendas, por causa de inovações, caiu de 32,6% para 28%. Por que deveria haver esse viés em direção às inovações incrementais "pequeno i"? Para responder a essa pergunta, voltamo-nos à discussão de diversas razões pelas quais as organizações falham ao apoiar inovações transformacionais em um nível ideal.

Vieses fatais inibindo a criação de novos negócios

Compreender os diversos vieses que inibem as empresas de inovar em novas áreas de negócios é o primeiro passo para lidar com eles. Esses vieses podem ser expressos em termos de seis maldições – pressão do curto prazo, silo, sucesso, participação de mercado, comprometimento e tamanho.

A maldição da pressão financeira de curto prazo. Quando a organização vai bem, existe uma pressão para a criação de crescimento e de margens em curto prazo, em parte direcionadas pelo desejo de retorno acionário e em parte direcionadas por gestores com períodos curtos no cargo. Os resultados de curto prazo podem ser obtidos da melhor forma direcionando fundos de P&D para sustentar uma inovação e focar esforços na melhoria do modelo de negócios, realçando a proposição de valor e melhorando a eficiência e a produtividade. Criar uma nova plataforma de negócios é arriscado e caro e provavelmente resultará em problemas financeiros de curto prazo. Uma nova empresa, talvez fundada com capitalistas empreendedores, terá um horizonte de tempo para começar a lucrar.

A maldição do silo. O poder de silos de produto dentro das organizações frequentemente leva à delegação de inovação e de desenvolvimento da corporação para a unidade "silo", em parte para ganhar responsabilidade e capacidade de financiamento. Os silos, por sua natureza, têm recursos limitados e estão focados em uma linha de produto específica com sua base de clientes associada, operações, ativos e competências. O objetivo natural é responder a oportunidades para melhorar a oferta ou para alavancar um negócio existente. Uma inovação transformacional irá requerer mais recursos, frequentemente irá precisar operar entre silos existentes e pode ser uma ameaça ao fluxo existente de lucros.

A maldição do sucesso. Quando os tempos são bons e o negócio vai bem, recursos devem estar disponíveis para se tomar riscos e criar novas áreas de negócios. No entanto, curiosamente, a complacência geralmente ganha o dia. Por que mudar se o negócio atual está gerando crescimento e lucro? Por que não investir em algo certo, para tornar os custos ainda menores e os lucros ainda maiores? É muito mais fácil mudar quando existe uma crise do que quando as coisas vão bem, embora durante uma crise tanto recursos quanto tempo podem ser escassos.

A maldição da participação de mercado. Quando uma inovação transformacional está direcionada para um cliente marginal ou não cliente, existe a tendência de ignorar a ameaça ao negócio mais básico. A estratégia natural é focar-se nos clientes bons, que geram altas margens. Se novos conceitos roubam clientes marginais, e daí? Aqueles clientes não eram mais do que um incômodo mesmo. Além disso, não parece inteligente investir em uma oferta que irá matar a galinha dos ovos dourados. Por que investir em uma oferta que possa canibalizar seu negócio?

A maldição do comprometimento. Empresas com boa participação de mercado e com sucesso frequentemente têm um foco em túnel em sua visão estratégica. Nos termos do Capítulo 7, elas se envolvem em um compromisso estratégico e investem vigorosamente em inovação incremental para reduzir custos, melhorar a oferta e satisfazer o cliente leal. As pessoas contratadas, a cultura criada, os sistemas desenvolvidos e a estrutura organizacional empregada a todos os funcionários são destinados à tarefa de tornar o mercado existente melhor. Nesse contexto, é difícil para qualquer conceito de novo negócio obter recursos ou investimento sério dentro da empresa.

A maldição do tamanho. Um novo negócio, por definição, começará pequeno. Se uma empresa teve sucesso e cresceu até atingir um tamanho significativo, irá procurar por conceitos de negócio que possam fazer a diferença para os acionistas. O McDonald's, por exemplo, está impedido de tentar novos conceitos de restaurante porque mesmo um conceito de sucesso expandido de forma agressiva terá impacto nas finanças; o negócio principal é, simplesmente, grande demais. Como resultado, ele ficou preso ao modelo que não abarcava tendências dos clientes. A Coca resistiu a vender água e outras bebidas em parte porque era muito improvável que tais empreendimentos pudessem afetar materialmente o valor de suas ações. Um problema relacionado é que um negócio enorme como o McDonald's ou a GE construiu ativos, processos e organizações que não estão adaptadas para administrar negócios pequenos. Uma empresa de salgadinhos certa vez anunciou que não era capaz de lidar com um negócio que estivesse abaixo dos US$ 250 milhões. Isso a inibiu de participar em áreas com crescimento potencial.

Tornando novos negócios viáveis em organizações estabelecidas

O problema básico é que um novo negócio, especialmente um que seja transformacional, irá requerer uma organização que seja muito diferente daquela utilizada no negócio principal. Irá precisar de pessoas, sistemas, uma cultura e uma estrutura que precisa se adaptar rapidamente a uma área de mercado emergente, que, quase por definição, seja muito diferente do negócio principal.

Uma abordagem é criar uma organização separada, seja adquirindo um inovador da indústria e mantendo sua autonomia, seja criando uma entidade autônoma dentro da estrutura corporativa. Em ambos os casos, a organização separada será livre – na verdade, encorajada a ser – para criar suas próprias pessoas, sistemas, cultura e estrutura. Naturalmente, essa organização pode tomar emprestado elementos da empresa principal, como sistemas de contabilidade ou talvez habilidades de marketing, mas precisa estar comprometida com a visão estratégica da nova organização enquanto ainda é um empreendimento e é flexível. Conforme o negócio amadurece, a ligação com o negócio principal se torna maior.

Outra abordagem é criar uma organização dual dentro da mesma empresa. As pessoas que se destacam em adaptabilidade e mudança na empresa iniciante, assim como aquelas que têm mostrado serem boas em inovação incremental, precisarão se desenvolver lado a lado. Um grupo mais diversificado de pessoas será o resultado mais provável. Valores culturais de empreendedorismo precisarão ser tolerados dentro da organização. Experimentação e tentativa e erro terão de ser aceitos, quando não incentivados. Diferentes sistemas de controle de custos e métricas de desempenho serão necessários. Os novos empreendimentos provavelmente irão exigir uma organização mais "achatada".

O desenvolvimento de uma organização dual é difícil e requer uma gestão ativa. No entanto, é possível e pode resultar no fornecimento de novos empreendimentos com acesso a ativos e competências significativas e, ao mesmo tempo, levar energia para os negócios principais.

De qualquer forma, uma empresa inovadora precisa ter recursos. A razão para que a maioria dos novos negócios tenha sucesso como empresas iniciantes é ter acesso a dinheiro vindo do mercado de ações e de capitalismo empreendedor. Empreendimentos financiados internamente estão, muitas vezes, em desvantagem na obtenção dos recursos necessários. Muitas vezes, os executivos em grandes empresas afirmam ter bolsos profundos, mas braços curtos.

Para superar a falta de recursos, a diretoria tem de assumir o compromisso de crescer por meio da inovação interna e de disponibilizar recursos para esse objetivo. Assim, um novo empreendimento será capaz de lutar com outros empreendimentos novos para obter esses recursos, e não com as unidades de negócios existentes. É exatamente isso que faz a GE com o seu programa de incentivo e apoio a iniciativas inovadoras. Outra chave para a disponibilidade de recursos é o processo disciplinado para desinvestir negócios que não vão ser o futuro da empresa, para que eles não exerçam prioridade sobre os recursos futuros. O Capítulo 14 discute o processo de decisão de desinvestimento.

Pontos-chave

- Ao longo do tempo, negócios que são novos e diferentes o suficiente para terem reduzido ou não a competição ganharão muito mais do que a média de lucros.
- O inovador tem o potencial para criar uma posição de marketing porque os concorrentes temem prejudicar o próprio negócio, não podem alcançar a tecnologia ou acreditam que é muito caro competir com uma empresa que possui uma base de clientes estabelecida. Muitas vezes, não é o inovador, mas o primeiro líder do mercado que apresenta essas desvantagens.

- Ao criar um novo negócio, torna-se importante gerir as percepções da categoria.
- Um novo negócio pode basear-se em inovação tecnológica, movendo-se de componentes a sistemas, satisfazendo necessidades não atendidas, criando um nicho no mercado, atendendo às tendências do cliente ou estabelecendo um preço drasticamente baixo.
- Existem tendências organizacionais que impedem o desenvolvimento de novos negócios. Essas tendências podem ser descritas pela maldição da pressão financeira de curto prazo, maldição do silo, maldição do sucesso, maldição da participação de mercado, maldição do comprometimento e maldição do tamanho.

Para discussão

1. Por que a Hertz ou a Avis começaram um negócio próximo ao aeroporto direcionado a empresas de seguros e a turistas? Quais as vantagens que eles tiveram sobre a Enterprise? Por que a Steinway não apresentou um órgão eletrônico? Por que a Barnum e a Bailey não criaram o Cirque du Soleil?

2. Para revitalizar a marca da Reebok entre as mulheres, a empresa que criou a loucura em torno da aeróbica duas décadas atrás lançou o Jukari Fit to Fly, um programa de exercícios desenvolvido com o Cirque du Soleil. Uma peça do equipamento, a Fly Set, permite que a pessoa voe no ar pendurada em um trapézio baixo. O objetivo é inventar uma nova moda de fitness em estabelecimentos esportivos com um programa que seja apoiado pela linha de roupas da Reebok.
    a. Esse é um novo negócio transformacional?
    b. Avalie os prós e contras da Reebok.

3. Pense em alguns negócios novos transformacionais, como a Starbucks, a TiVo ou a Amazon.
    a. Como cada um se diferenciou do negócio que o precedeu? O que era parecido? Ordene-os em termos de "novidade", partindo de verdadeiramente transformacional a substancial (alguns elementos em comum, mas diferentes o suficiente para criar uma nova subcategoria).
    b. Era uma vantagem inovadora? Quanto tempo durou e por quê?
    c. O negócio surgiu de um negócio estabelecido? Se não foi esse o caso, por que não?
    d. De onde veio a ideia para o negócio? Se você não sabe, tente especular.

4. Considere alguns novos negócios que administraram bem a percepção de categoria. Considere outros que não conseguiram fazer isso bem.

5. Quais empresas mudaram a partir de componentes para sistemas de ofertas? Elas obtiveram a vantagem de inovação?

Notas

1. W. Chan Kim and Renee Mauborgne, *Blue Ocean Strategy*, Boston: HBS Press, 2005, Capítulo 1.
2. Ibid., p. 7.
3. Richard Foster and Sarah Kaplan, *Creative Destruction*, New York: Doubleday, 2001, p. 8.
4. Ibid., p. 47.
5. Chris Zook and James Allen, *Profit from the Core*, Boston: HBS Press, 2001, p. 11.
6. Peter N. Golder and Gerard J. Tellis, "Pioneer Advantage: Marketing Logic or Marketing Legend?" *Journal of Marketing Research*, May 1993, pp. 158–170.
7. Gerard J. Tellis and Peter N. Golder, "First to Market, First to Fail? Real Causes of Enduring Market Leadership", *Sloan Management Review*, Winter 1996, pp. 65–75.
8. Susan Nelson, "Who's Really Innovative", *Marketing Daily*, September 2, 2008.
9. Entrevista de James Daly com Peter Drucker, "Sage Advice", *Business 2.0*, August 22, 2000, p. 139.
10. O exemplo é recontado em James C. Anderson and James A. Narus, "Selectively Pursuing More of Your Customer's Business", *MIT Sloan Management Review*, Spring 2003, pp. 43–49.
11. Rita Gunther McGrath and Ian C. MacMillan, "Market Busting", *Harvard Business Review*, March 2005, pp. 81–89.
12. Clayton M. Christensen, *The Innovator's Dilemma: When New Technologies Cause Great Firms to Fail*, Boston: Harvard Business School Press, 1997; Clayton M. Christensen and Michael E. Raynor, *The Innovator's Solution: Creating and Sustaining Successful Growth*, Boston: Harvard Business School Press, 2003; Clayton M. Christensen, Scott D. Anthony, and Erik A. Roth, *Seeing What's Next: Using the Theories of Innovation to Predict Industry Change*, Boston: Harvard Business School Press, 2004.
13. Matthew S. Olsen, Derek van Berer, and Seth Verry, "When Growth Stalls", *Harvard Business Review*, March, 2008, pp. 51-61.
14. George S. Day, "Is It Real? Can We Win? Is It Worth Doing", *Harvard Business Review*, December, 2007, pp. 110-120.
15. Robert G. Cooper, "Your NPD Portfolio May Be Harmful to Your Business Health", *PDMA Visions*, April 2005.

CAPÍTULO 13

Estratégias globais

"A maioria dos gestores é míope. Mesmo que o panorama competitivo atual se amplie para um horizonte global, eles veem melhor aquilo que conhecem melhor: os clientes geograficamente próximos de casa."
— **Kenichi Ohmae**

"Uma força poderosa conduz o mundo para uma convergência, e essa força é a tecnologia... O resultado é uma nova realidade comercial – o surgimento de mercados globais para produtos de consumo padronizados em uma escala nunca antes imaginada."
— **Theodore Levitt**

"Meus empreendimentos não estão em um fundo confiável, nem em um único lugar."
— **William Shakespeare,** *O mercador de Veneza*

A realidade global. Poucos negócios podem fugir da realidade de que clientes, concorrentes e mercados possuem uma faceta global. Para competir com sucesso, as empresas precisam de estratégias globais.

Estratégias globais precisam criar uma vantagem competitiva, mas também precisam ser oportunistas e flexíveis frente a uma complexidade incrível. Considere o Grupo Danone, cujas primeiras marcas foram a Dannon Yogurt, Evian Waters e Lu Biscuits, todos entre os líderes mundiais em suas categorias. A Danone comprou uma empresa de biscoitos brasileira e empresas de água na Indonésia e nos Estados Unidos, associou-se a uma empresa de água turca local e tinha uma *joint-venture* com a Nestlé (um grande concorrente) que incluíam biscoitos na República Checa. Antes de a Danone dar aos três produtos uma responsabilidade global, havia uma divisão Ásia-Pacífico que comercializava todos os produtos na Ásia. Na Indonésia, a bebida láctea de baixo custo foi desenvolvida e distribuída através dos mesmos caminhos que carregavam suas bebidas, mas um problema contínuo era que a maioria das inovações tendia a surgir na Europa e não se adequavam bem a outros mercados. A posição da Danone associada à saúde funciona melhor em alguns países do que em outros. E essa é apenas uma amostra das opções estratégicas e das questões de implementação que uma empresa global enfrenta.

Uma estratégia global representa uma perspectiva mundial na qual as inter-relações entre os mercados dos países são baseadas na criação de sinergias, economias de escala, flexibilidade estratégica e oportunidades para alavancar informações, programas e economias de produção. Uma estratégia global é diferente de uma estratégia multidoméstica ou multinacional, casos em que estratégias separadas são desenvolvidas para diferentes países, implementadas de forma autônoma e geridas como portfólios de negócios independentes.

Uma estratégia global pode resultar em vantagem estratégica ou em neutralização da vantagem de um concorrente. Por exemplo, produtos ou programas de marketing desenvolvidos em um mercado podem ser usados em outro. Ou uma vantagem de custo pode resultar de economias de escala geradas pelo mercado global ou de acesso à mão de obra ou materiais de baixo custo. Operar em vários países pode aumentar a flexibilidade e também as vantagens competitivas sustentáveis (VCSs). Investimentos e operações podem ser substituídos em resposta a tendências e desenvolvimentos emergentes em todo o mundo ou a concorrentes que estejam similarmente estruturados. As fábricas podem localizar-se em locais que facilitem o acesso a mercados, driblando barreiras comerciais.

Mesmo que a estratégia global não seja apropriada para uma empresa, fazer uma análise externa global pode ainda ser útil. Conhecer concorrentes, mercados e tendências de outros países pode ajudar uma empresa a identificar oportunidades, ameaças e incertezas estratégicas importantes. Uma análise externa global é mais complexa, evidentemente, devido às diferentes culturas, riscos políticos e sistemas econômicos envolvidos.

Uma estratégia global exige a abordagem de várias questões, incluindo as seguintes:

1. Quais são as motivações (objetivos) de uma estratégia global?
2. Até que ponto as ofertas de produtos e serviços devem ser padronizadas para os vários países?
3. Até que ponto a marca e as atividades de marketing (como posição da marca, propaganda e preço) devem ser padronizados entre os países?
4. Como uma presença global pode ser expandida com sucesso?
5. Até que ponto as alianças estratégicas devem ser usadas para se entrar em novos países?
6. Como a marca deve ser administrada globalmente?

Todas essas questões serão exploradas à sua vez. A próxima seção, na qual são apresentadas as motivações para estratégias globais, será seguida de discussões sobre padronização *versus* customização, como selecionar países nos quais entrar, o uso de alianças para desenvolver estratégias globais e administração de marketing global.

Motivações subjacentes às estratégias globais

Uma estratégia global pode resultar de diversas motivações além do simples desejo de se querer investir em mercados estrangeiros atrativos. O diagrama dessas motivações mostrado na Figura 13.1 traz um resumo do escopo e do caráter das estratégias globais. Compreender quais motivações são prioritárias irá informar quais estratégias globais devem ser desenvolvidas e como o sucesso deve ser medido.

Obtendo economias de escala

As economias de escala podem resultar da padronização do produto. O conceito de carro mundial da Ford, por exemplo, permite que processos como *design* do produto, ferramentaria, produção de peças e teste de produto sejam expandidos para uma base de vendas muito maior. A padronização do desenvolvimento e da execução de um programa de marketing também pode ser uma fonte importante de economias de escala. Considere a Coca-Cola, que desde os anos 50 usa uma estratégia de marketing – marca, fórmula concentrada, posicionamento e tema de propaganda – que é literalmente a mesma em todo o mundo. Apenas o adoçante artificial e a embalagem diferem entre os países.

As economias de escala também podem resultar da padronização de programas de marketing, operações e produção. Marcas que compartilham propaganda (mesmo quando ela é ajustada para mercados locais) estendem

Figura 13.1 Motivações da estratégia global.

a produção e o esforço criativo a vários países e, consequentemente, a uma base de vendas maior. Uma empresa também se beneficia quando os custos fixos envolvendo TI e tecnologias de produção podem ser distribuídos entre os países.

Associações de marcas globais

Ser global cria a imagem de ser global, o que acaba sendo uma vantagem significativa. Um estudo de associações realizado sobre marcas globais envolveu entrevistas qualitativas com 1.500 consumidores de 41 países, seguidas por um estudo quantitativo que incluiu uma escala de preferência de três marcas líderes em seis categorias de produtos.[1] O resultado demonstrou que associações com a ideia de ser global surtiu impacto na preferência. Na verdade, 44% da variação de preferência foi causada pelo fato de que consumidores acreditam que marcas globais apresentam maior qualidade, em parte porque tendem a ter as últimas inovações. Outras duas associações, o prestígio de ser global e a responsabilidade social, também influenciam a preferência, mas muito menos (12 e 8%, respectivamente) do que dimensões de qualidade.

Inovação global

Ser global significa que a inovação ao redor da construção da marca, do novo produto e as melhorias do produto podem ser adquiridas em qualquer lugar. Na P&G, por exemplo, o posicionamento de sucesso do Pantene ("Para o cabelo que brilha") veio da P&G de Taiwan, e a proteção feminina

---

Indicadores de que estratégias deveriam ser globais

- Os principais concorrentes nos mercados importantes não são domésticos e têm presença em vários países.
- A padronização de alguns elementos do produto ou da estratégia de marketing representa oportunidades para economias de escala.
- Os custos podem ser reduzidos e a eficácia aumentada, por meio da localização de atividades de valor agregado em diferentes países.
- Há potencial para usar o volume e os lucros de um mercado a fim de subsidiar o ganho de posição em outro.
- As barreiras comerciais inibem o acesso a mercados que valham a pena.
- Um nome global pode ser uma vantagem, sendo que o nome está disponível em todo o mundo.
- A posição da marca e sua propaganda de apoio funcionarão em vários países e não serão apropriadas para outros.
- Os mercados locais não exigem produtos ou serviços sobre os quais a operação local teria uma vantagem.

de nível médio de preço, com a marca Naturella, contendo o ingrediente camomila, veio da P&G do México. A embalagem preta da Coca-Cola Zero veio da Austrália e do Reino Unido. A colaboração de outras empresas está se tornando importante para as companhias mais globais. A P&G tem pessoas ao redor do mundo coordenando o desenvolvimento de esforços de empresas que possuem uma relação de colaboração com a P&G. Como resultado, o orçamento da P&G e sua capacidade são altamente alavancadas. A IBM e outras empresas estão criando grandes centros de P&D na Índia para terem acesso ao talento, mas também para participar na vitalidade intelectual da região.

Acesso à mão de obra ou a materiais de baixo custo

Outra motivação para a estratégia global é a redução de custo que resulta do acesso a recursos de diversos países. Pode haver diferenças de custo substanciais em relação a matérias-primas, talento em P&D, mão de obra para montagem e fornecimento de componentes. Assim, um fabricante de computador pode comprar componentes da Coreia do Sul e da China, obter matérias-primas da América do Sul e montar o produto no México e em cinco outros países do mundo, para reduzir custos de mão de obra e transporte. O acesso à mão de obra e a materiais de baixo custo pode ser uma VCS, especialmente se for acompanhado pela capacidade e flexibilidade de mudar quando o fornecimento estiver ameaçado ou quando surgir uma alternativa mais atrativa.

Acesso aos incentivos de investimento nacional

Outra forma de obter vantagem de custo é ter acesso a incentivos de investimento nacional, que países utilizam para atingir objetivos econômicos dirigidos a indústrias ou a áreas desvalorizadas. Diferentemente de outros meios para alcançar mudanças no comércio, como cotas e tarifas, os incentivos são bem menos visíveis e objetáveis pelos parceiros comerciais. Assim, o governo britânico ofereceu aos fabricantes de carros japoneses um bônus em dinheiro para instalarem uma fábrica no Reino Unido. Os governos de Irlanda, Brasil e diversos outros países oferecem dinheiro, redução de impostos, terras e construções para seduzir empresas que possam instalar suas fábricas lá.

Subsídios cruzados

A presença global permite que a empresa tenha subsídios cruzados, para usar recursos acumulados de um lado do mundo para enfrentar uma batalha com a concorrência do outro lado.[2] Considere o seguinte: uma empresa usa o fluxo de caixa gerado em seu mercado doméstico para atacar um concorrente que esteja orientado domesticamente. Por exemplo, no início dos anos 70, a Michelin usou sua base de lucro europeia para atacar o mercado da Goodyear nos Estados Unidos. O competidor defensivo (nesse caso, a Goodyear) pode reduzir preços ou aumentar propaganda nos Estados Unidos a fim de contra-atacar, mas, ao fazê-lo, sacrificará margens em seus maiores mercados. Uma alternativa é atacar o agressor em seu mercado doméstico, onde ele tem mais a perder. Dessa forma, a Goodyear foi lutar na Europa, para abocanhar uma parte da base de lucro da Michelin.

O conceito de subsídios cruzados implica que é útil manter a presença no país de um concorrente. A presença deve ser grande o suficiente para tornar a ameaça de retaliação significativa. Se a participação for de apenas 2% ou equivalente, o concorrente poderá ignorá-la.

Escapando das barreiras comerciais de localização

A localização estratégica das fábricas de componentes e montagem pode ajudar na obtenção de acesso aos mercados, superando barreiras comerciais e promovendo boa vontade. A Peugeot, por exemplo, possui fábricas em 26 países, da Argentina ao Zimbábue. Ter fábricas de montagem final em outro país é uma boa forma de conseguir tratamento comercial favorável e boa vontade, pois garante uma presença visível e gera economias em transporte e armazenagem do produto final. Assim, a Caterpillar opera fábricas de montagem em cada um de seus principais mercados, incluindo Europa, Japão, Brasil e Austrália, em parte para superar as barreiras comerciais. Um elemento importante da estratégia da Toyota é terceirizar uma parte significativa do custo de seus carros nos Estados Unidos e na Europa, para evitar sentimentos contrários à dominação estrangeira.

Acesso a mercados estrategicamente importantes

Alguns mercados são estrategicamente importantes por causa do seu tamanho ou potencial, ou por causa do seu fornecimento de matéria-prima, estrutura de custo de mão de obra ou tecnologia. Pode ser importante ter presença nesses mercados, mesmo se tal presença não for lucrativa. Por causa de seu tamanho, o mercado dos Estados Unidos é crucial para os setores nos quais as economias de escala são importantes, como os de automóveis ou eletrônicos de consumo.

Algumas vezes, um país é importante porque é fonte de novas tendências e desenvolvimentos em uma indústria. Uma empresa da indústria da moda pode se beneficiar de sua presença em países que historicamente estão à frente nesse setor. Ou uma empresa de alta tecnologia pode querer ter operações em um país que esteja à frente em campos relevantes. Por exemplo, uma empresa de eletrônicos sem presença no Vale do Silício terá dificuldade para manter-se a par dos desenvolvimentos tecnológicos e das estratégias dos concorrentes.

Algumas informações adequadas podem ser obtidas por observadores, mas as empresas que possuírem grupos de projeto e produção locais tenderão a ter um conhecimento mais íntimo de tendências e fatos.

Padronização *versus* customização

Marcas padronizadas ganharam um amplo crédito como estratégia devido ao clássico artigo de Ted Levitt publicado em 1983 na Harvard Business Review, "The Globalization of Markets", que citou três razões pelas quais isso daria certo.[3] Primeiro, as forças de comunicação, transporte e viagem estavam diminuindo o isolamento dos mercados, levando a uma homogeneidade de gostos e desejos do consumidor. Segundo, as economias de simplicidade e padronização – especialmente em relação a produtos e comunicação – representavam vantagens competitivas obrigatórias contra aquelas existentes nas estratégias localizadas. Terceiro, os clientes sacrificariam preferências a fim de obter alta qualidade com preços mais baixos. O artigo deu uma sustentação acadêmica para a premissa lógica de que a padronização deve ser a meta de uma empresa global.

Pringles, Visa, MTV, Sony, Dove, Vodafone, BP, DeBeers, Heineken, Nike, McDonald's, Pantene, Disney e IBM são motivo de inveja porque elas parecem ter gerado empresas globais com um alto grau de similaridade no que diz respeito à marca de produto, posição, estratégia de propaganda, personalidade, embalagem e aparência e sentimento. A Pringles, por exemplo, representa "diversão", um ambiente social, frescor, menos gordura, um pote que pode ser fechado depois de aberto e a batata inteira em qualquer lugar do mundo. Além disso, a embalagem, os símbolos e a propaganda da Pringles são quase os mesmos mundialmente. A marca Disney de entretenimento para a família é implementada por parques temáticos, filmes e personagens que são extraordinariamente uniformes entre os países.

Essas marcas "padronizadas" não são sempre tão idênticas em todo o mundo, como se poderia pensar. O McDonald's tem menus, propaganda e arquitetura de loja diferentes em vários países. A Pringles usa diferentes sabores em diferentes países, e as execuções de propaganda são feitas sob medida para a cultura local. A Heineken é uma cerveja especial, para apreciar com os amigos em qualquer lugar – exceto em casa, na Holanda, onde ela é mais do que a principal cerveja. Visa já teve até logotipos diferentes em alguns países (como a Argentina), e a Coca-Cola tem um produto mais doce em áreas como o sul da Europa. Independentemente dessas variações, porém, as marcas que se moverem em direção ao limite global do espectro global local demonstram algumas vantagens reais.

Uma oferta padronizada pode obter economias de escala significativas. Por exemplo, quando a IBM decidiu trocar inúmeras agências de propaganda por apenas uma no intuito de criar uma campanha global única (ainda que necessitasse de alguma adaptação de mercado para mercado), uma motivação era atingir eficiências. A tarefa de desenvolver embalagem, um *site*, promoção ou patrocínio também será efetiva em custo quando for dividida entre vários países. As economias de escala entre países podem ser cruciais para patrocínios com relevância global, como a Copa do Mundo ou as Olimpíadas.

Contudo, talvez o mais importante seja a maior eficácia resultante de melhores recursos. Quando a IBM substituiu seu grupo de agências pela Ogilvy & Mather, ela imediatamente se tornou o proverbial elefante que pode sentar-se onde quiser. Como cliente mais importante da O&M, ela dispõe dos melhores talentos da agência, de cima a baixo. Como resultado, as chances de uma campanha bem-sucedida aumentam muito.

A exposição em diversos mercados produz outras eficiências. A divulgação na mídia, quando existe, permite à marca padronizada comprar propaganda de forma mais eficiente. Clientes que viajam podem ser expostos à marca em diferentes países, novamente tornando o trabalho de campanha mais difícil. Tal exposição é particularmente importante para produtos relacionados a viagens, como cartões de crédito, companhias aéreas e hotéis.

Uma marca padronizada também é mais fácil de administrar. O desafio fundamental da gestão de marca é desenvolver uma identidade de marca bem-articulada (o que você gostaria que sua marca representasse) e encontrar formas de fazer dessa identidade um condutor de todas as atividades de construção de marca. A ausência de estratégias múltiplas torna essa tarefa menos formidável com uma marca global. Além disso, sistemas e estruturas organizacionais mais simples podem ser usados. A posição de "aceitação no mundo inteiro" do Visa é muito mais fácil de administrar do que dezenas de estratégias específicas para cada país.

A chave para uma marca padronizada é encontrar uma posição que funcione em todos os mercados. A Sprite, por exemplo, tem a mesma posição globalmente – honesta, sem exageros, sabor refrescante. Isso é baseado na observação de que crianças de todos os lugares estão cansadas de exageros e promessas vazias e que estão prontas para seguir seus próprios instintos. O slogan da propaganda da Sprite ("Imagem não é nada. Sede é tudo. Obedeça à sua sede") ressoa em todo o mundo. Em uma cena de um anúncio da Sprite, crianças estão discutindo por que seu ídolo do basquete toma Sprite.

Diversas posições genéricas parecem viajar bem. Uma delas é ser o "melhor", a escolha superior. Marcas caras como Mercedes, Montblanc, Heineken e Tiffany podem cruzar fronteiras geográficas porque os benefícios autoexpressivos envolvidos se aplicam à maioria das culturas. Outra é a posição do país. Por exemplo, a posição "americana" de marcas como Coke, Levi's, Baskin-Robbins, KFC e Harley-Davidson funcionará em qualquer lugar (exceto talvez nos Estados Unidos). Um benefício puramente funcional como "Pampers seca, bebê feliz" também pode ser usado em mercados múltiplos.

Nem todas as marcas de luxo, ou americanas, ou que tenham um forte benefício funcional, podem ser globais.

A padronização pode vir de uma decisão centralizada de se criar um produto global. A Canon, por exemplo, desenvolveu uma copiadora que tem um *design* comum em todo o mundo, para maximizar economias de produção. Infelizmente, a copiadora não pôde usar o tamanho padrão de papel no Japão, resultando em uma inconveniência substancial para o cliente. O risco inerente em um verdadeiro objetivo de padronização global é que o resultado será um compromisso. Um produto e um programa de marketing que se ajustem a quase todos os mercados podem não ser exatamente certos para lugar nenhum; tal resultado é uma receita para o fracasso ou para a mediocridade.

Outra estratégia é identificar um país líder, um país cujo mercado seja atraente porque é grande ou está crescendo, ou porque a marca tem uma vantagem natural lá. Um produto é feito para maximizar suas chances de sucesso naquele país, depois é exportado para outros mercados (talvez com pequenas modificações ou refinamentos). Uma empresa pode ter diversos países líderes, cada um com seu próprio produto. O resultado é um grupo de marcas globais, com cada marca baseada em seu próprio país sede. A Nissan adota essa técnica há muito tempo, desenvolvendo uma frota corporativa de carros para o Reino Unido, por exemplo, e depois a oferecendo a outros países. A Lycra, marca de um ingrediente de 35 anos da DuPont, tem países líderes para cada uma das várias aplicações do produto, todas sob o slogan global "Nada se movimenta como a Lycra". Dessa forma, o gerente de marca brasileiro também é líder global em biquínis, o gerente de marca francês faz o mesmo com relação à moda, e assim por diante.

Liderança global, marcas não padronizadas[4]

O fato é que uma marca global padronizada nem sempre é ideal ou até mesmo viável. Contudo, atraídas pelo aparente sucesso de outras marcas, muitas empresas são tentadas a globalizar sua própria marca. Muito frequentemente, a razão implícita é, de fato, o ego executivo e uma percepção de que uma marca padronizada é a escolha de líderes empresariais bem-sucedidos.

Tais decisões são sempre implementadas por um decreto simples – de que apenas programas globais padronizados serão usados. A consolidação de toda a propaganda em uma única agência e o desenvolvimento de um tema de propaganda global são marcos típicos do esforço. Mesmo quando é desejável ter uma marca padronizada, entretanto, uma debandada cega em direção a essa meta pode ser o curso errado e até resultar em danos significativos para a marca. Há três razões para isso.

Primeiro, podem não existir, de fato, economias de escala e de escopo. A promessa de aparecer na mídia há muito tem sido exagerada, e criar comunicação localizada às vezes pode ser mais barato e mais eficiente do que adaptar execuções "importadas". Além disso, mesmo uma excelente agência global ou outro parceiro de comunicação pode não ter um desempenho excepcionalmente bom em todos os países.

Segundo, a equipe de marca pode não conseguir encontrar uma estratégia para suportar uma marca global, ou mesmo assumir que exista uma. A equipe pode não ter as pessoas, as informações, a criatividade ou as habilidades de execução e, dessa forma, acabar criando uma abordagem medíocre. Encontrar uma estratégia superior em um país já é desafiador o suficiente sem impor a restrição de que a estratégia tem de ser usada em todo o mundo.

Terceiro, uma marca padronizada pode não ser ideal ou viável quando há diferenças fundamentais entre mercados. Considere os seguintes contextos, nos quais uma marca global padronizada faria pouco sentido:

- *Diferentes posições de participação de mercado*. No Reino Unido e na Alemanha, o lançamento da nova van da Ford, o Galaxy, foi afetado por sua posição de mercado em cada um dos países. Como marca de carro número um no Reino Unido e com uma imagem de qualidade superior, a Ford tentou expandir o apelo do Galaxy para além do público-alvo, até o mercado corporativo. Assim, o Galaxy no Reino Unido tornou-se uma "não van", e seu espaço foi comparado a uma viagem aérea de primeira classe. Na Alemanha, porém, onde a Volkswagen tinha uma posição dominante, o Galaxy tornou-se a "alternativa mais inteligente".
- *Contextos diferentes de governo*. O Galaxy também enfrentou no Reino Unido (e não na Alemanha) o fato de que, por causa do sistema tributário, as corporações forneciam carros aos seus funcionários como uma forma de compensação com taxas menos onerosas. Como resultado disso, um modelo na faixa de preço do Galaxy precisou recorrer a compradores corporativos ou não se tornaria relevante considerando a faixa de preço do Galaxy para um segmento maior de compradores. A posição entre as supermães não funcionaria, mas uma viagem de primeira classe é uma boa justificativa para a inclusão da van entre os veículos considerados para a compra.
- *Diferentes imagens de marca*. Honda significa qualidade e confiança nos Estados Unidos, onde possui um legado de conquistas baseado no índice J.D. Powers. No Japão, porém, onde qualidade é um diferenciador bem menos importante, a Honda é um participante de corridas de carro com uma personalidade jovem e cheia de energia.
- *Diferentes motivações do cliente*. A Olay, da P&G, foi fundada na Índia por pessoas que queriam uma pele com aparência mais suave do que uma pele com aparência mais jovem, como foi o caso na Europa e nos Estados Unidos. As sopas Campbell descobriram uma demanda pequena para sopas prontas para servir na Rússia e na China, países que amam sopa, mas se saiu melhor ao lançar as sopas pré-prontas e os caldos. De acordo com um estudo realizado em 2008, 78% dos consumidores na China

mencionaram que os benefícios à saúde são importantes no momento da compra de alimentos, comparados a 55% nos Estados Unidos. No Reino Unido e na Argentina, o número foi menor do que 50% e na Alemanha essa porcentagem chegou a apenas 34%.[5]

- ***Diferentes canais de distribuição.*** O canal de distribuição pode afetar a oferta e a estratégia de marketing. Na China, atingir as zonas rurais pode envolver muitos níveis de distribuição, de forma que é difícil controlar a marca utilizando métodos que funcionariam nos Estados Unidos, onde o canal de distribuição tende a ser mais curta e mais clara. Nos Estados Unidos, o sorvete é vendido a granel para que as pessoas os consumam em casa, mas em muitos países o sorvete é vendido principalmente em embalagens para consumo individual.
- ***Diferentes estágios das tendências dos clientes.*** Uma marca pode não estar no mesmo estágio em todos os países, embora uma tendência comum de cliente exista em cada país. A valorização do vinho varia de país para país. Na China, essa valorização existe mas é embrionária e afeta a estratégia de "ir ao mercado" de uma empresa como a E. & J. Gallo Winery – que não usa as ofertas *premium* no mercado chinês. As tendências de saúde e alimentação saudável estão mais avançadas nos Estados Unidos do que em muitos outros países.
- ***Estágio social-econômico diferente.*** Para alguns mercados, como o da Índia rural ou em algumas partes da China e da África, a maioria dos produtos e das marcas vendidas no Ocidente são simplesmente irrelevantes. Quando uma área não tem eletricidade ou quando não é confiável, o perfil do produto e as preferências de atributos mudam drasticamente. Ou mesmo quando o orçamento doméstico é uma pequena fração daquele presente em países desenvolvidos, as restrições norteiam os hábitos de compra.
- ***Forte patrimônio local.*** A Nestlé e a Unilever muitas vezes mantêm uma marca local adquirida simplesmente porque ela é significativa para a base de clientes leais ao legado da marca e porque a conexão com a comunidade local pode não ser transferida a uma marca global. Relacionamentos com marcas locais podem ser poderosos, especialmente em contextos em que a incidência de propaganda seja baixa e em que os relacionamentos históricos são, portanto, mais pesados.
- ***Posições previamente utilizadas.*** Uma posição superior para uma barra de chocolate é possuir associações com leite e a imagem de um copo de leite sendo despejado em uma barra. O problema é que diferentes marcas já usavam essa posição em diferentes mercados (por exemplo, Cadbury no Reino Unido e Milka na Alemanha).
- ***Diferentes respostas dos clientes a execuções e símbolos.*** Também existem preocupações táticas. Uma propaganda do uísque Johnnie Walker

na qual o herói vai a uma corrida de touros em Pamplona foi eficiente em alguns mercados, incluindo o espanhol, mas pareceu imprudente na Alemanha e muito espanhola em outros países. A atitude com relação a bebidas e alimentos *diet* fora dos Estados Unidos é bastante diferente, e essa é uma das razões pelas quais se vê "light" em vez de "diet" em produtos alimentícios.

Uma estratégia empresarial global é frequentemente maldirigida. A prioridade não deve ser o desenvolvimento de marcas padronizadas (embora tais marcas possam ocorrer), mas liderança de marcas padronizadas, marcas fortes em todos os mercados. Uma eficiente e proativa gestão de marca global deve ser direcionada a melhorar marcas em todos os lugares por meio da alocação global de recursos de construção de marca, criando sinergias globais, desenvolvendo processo de planejamento de marketing comum, melhorando a comunicação entre países, estimulando medidas de desempenho comuns e coordenando e alavancando as estratégias em cada país. O Capítulo 15 fala sobre isso.

Expandindo a área de atuação global

A motivação para ser naturalmente global leva a iniciativas globais para a expansão da área de atuação de mercado da empresa, uma tarefa que pode ser confusa e difícil. O desenvolvimento estratégico fica muito mais difícil quando o contexto dado está em uma linguagem diferente, uma cultura estranha, novos concorrentes e canais e diferentes tendências e forças de mercado. Existem muitos caminhos que levam ao fracasso. Um estudo com cerca de 150 iniciativas de expansão internacional durante um período de cinco anos mostrou que menos da metade conseguiu evitar o fracasso. No entanto, a análise daquelas que sobreviveram sugere que o sucesso normalmente vinha acompanhado por quatro condições.[6]

- **Um núcleo forte**. Um mercado doméstico forte fornece recursos e experiências que podem ser aproveitadas na expansão geográfica. É raro que uma empresa encontre o sucesso no exterior sem ter sucesso no mercado interno.
- **Uma fórmula de expansão que possa ser repetida**. Quando o mesmo modelo funciona de país a país, o risco de entrada é reduzido. A Avon, por exemplo, utiliza seu modelo direto em todos os lugares e refinou a execução até tornar-se uma ciência.
- **Diferenciação do cliente que viaja**. Quando os mesmos segmentos são o alvo e o mesmo produto e posição funcionam entre países, não há necessidade de pesquisar o mercado e de reinventar a oferta toda vez que se for fazer a entrada em um novo país. Nike, Pampers e Heineken, por

exemplo, foram capazes de diferenciar suas marcas da mesma forma em todos os lugares.
- **Economia da indústria.** É importante reconhecer se a participação global ou se a participação local irá impulsionar o sucesso. Algumas indústrias, como a de lâminas de barbear ou de computadores, por exemplo, oferecem vantagens de custo na escala global. Outras indústrias, como as de cerveja, cimento e *software*, são melhor recompensadas localmente. Um erro seria esperar a escala global em uma indústria de escala local.

Na medida em que qualquer uma dessas questões esteja faltando, a tarefa se tornará mais difícil, mas as considerações estratégicas podem se tornar imperativas para encontrar o sucesso.

Em que país entrar?

Uma vez que a empresa tenha decidido tornar-se global, optar por qual país ou países entrar – e em que sequência – é um desafio importante. Ingressar em qualquer novo mercado pode ser arriscado e consumir recursos que poderiam ser usados para fazer investimentos estratégicos em outros lugares. Uma consequência frequentemente não prevista da expansão global é que mercados saudáveis, especialmente o mercado doméstico, são postos em risco por esse desvio de recursos. Assim, é importante selecionar mercados para os quais a possibilidade de sucesso seja alta e o fluxo de recursos seja minimizado.

A seleção do mercado começa com diversas dimensões básicas:

- O mercado é atrativo quanto a tamanho e a crescimento? Há tendências de mercado favoráveis? Para muitas empresas, China e Índia sempre parecem atraentes simplesmente por seu tamanho e potencial de crescimento.
- A empresa pode agregar valor ao mercado? Os produtos e o modelo de negócios serão um ponto de diferenciação representando um benefício relevante para o cliente? A Tesco desenvolveu um sistema de entrega baseado na Internet que acrescenta valor em muitos mercados.[7]
- Quão intensa é a concorrência? Há outras empresas bem-entrincheiradas, com seguidores leais? E elas estão comprometidas a defender sua posição? A Tesco, maior varejista do Reino Unido, descobriu que a expansão para a França não era atraente, devido à concorrência já estabelecida, enquanto que os países da Europa Oriental apresentavam uma concorrência bem menor. Como resultado, a Hungria foi o primeiro país da Europa continental no qual a Tesco entrou.[8]
- A empresa pode implementar seu modelo de negócios no país, ou existem barreiras operacionais ou culturais? Qual a viabilidade de quais-

quer adaptações necessárias? A Marks & Spencer, um varejista do Reino Unido que vende alimentos, roupas e produtos em geral, tentou exportar para o continente suas ofertas e o modelo de suas lojas, mas descobriu que essas ofertas tinham pouco apelo para os europeus.
- Existem incertezas políticas que acrescentariam risco? Além dos riscos óbvios da instabilidade política, existem questões mais sutis. A Coca e a Pepsi foram pegas de surpresa na Índia quando uma entidade não governamental afirmou ter encontrado resíduos de pesticidas em seus produtos. Apesar dos protestos das empresas e provas de que as acusações eram infundadas, seus negócios caíram 12% e suas imagens foram prejudicadas. Uma acusação falsa de contaminação também prejudicou de maneira similar a área de cosmética da P&G na China.
- É possível atingir uma massa crítica? Geralmente, é fatal entrar em países que não têm o potencial necessário para suportar os esforços de marketing e distribuição necessários para o sucesso.

O fracasso surpreendente do Walmart na Alemanha mostra o poder das últimas três dimensões.[9] Em 2006, a empresa desistiu de 10 anos de esforços para conquistar o sucesso na Alemanha, após uma sequência de erros e equívocos. Por exemplo, o primeiro CEO falava apenas inglês e insistiu que seus gerentes fizessem o mesmo. O próximo CEO tentou gerir

---

O marketing na China

Um estudo da "Adverstising Age", realizado por Normandy Madden, um pesquisador de mercados em desenvolvimento, proporcionou alguns alertas às empresas ocidentais que entram na China:[10]

- A China não é um país único. Pelo contrário, parece mais com dezenas de países, cada um com suas próprias especificidades no poder de compra, nas motivações e nos canais de distribuição. Encarar a China como um mercado único é como acreditar que a Europa é uma entidade homogênea.
- Os bens de consumo ocidentais são populares e oferecem benefícios autoexpressivos, mas isso não significa que os chineses não estão fundamentados por sua cultura e suas tradições confucionistas.
- O consumidor chinês tem consciência de preço, é exigente e bem-informado, em parte por causa do crescimento da Internet. Cuidado ao subestimá-los.
- Não subestime as marcas locais. Em muitas categorias, as marcas locais foram simples espectadores no começo, mas com o crescimento do mercado, passaram a ser concorrentes, quando não se tornaram líderes.
- Os meios de comunicação de massa na China possuem limitações: a audiência incluirá muitos que são incapazes de comprar algumas marcas, e a programação não convence. Quanto mais eficaz for o caminho, mais focado será o marketing ao utilizar eventos, amostras, promoções ou marketing digital.

o negócio do Reino Unido. As poucas horas de compras disponíveis na Alemanha e o fato de alemães não quererem ajuda na loja foram apenas algumas das condições para que o Walmart tivesse problemas de adaptação. O Walmart também pareceu subestimar os principais concorrentes na Alemanha, o que não forneceu muita abertura para a oferta de valor. Por fim, o Walmart falhou em atingir a economia de escala necessária para justificar sua infraestrutura. O fracasso do Walmart na Alemanha e o fato de ser fraco em outros lugares do mundo torna visível a dificuldade de exportar até os modelos de negócios bem-sucedidos, especialmente aqueles que se baseiam em escala.

Uma estratégia de entrada sequencial nos países apresenta inúmeras vantagens. Ela reduz o comprometimento inicial, permite que o produto e o programa de marketing sejam melhorados com base na experiência de países precedentes, além de possibilitar a criação gradual de presença regional. Outros fatores, porém, indicam que a expansão global deveria ser feita na frente mais ampla possível. Primeiro, as economias de escala, um elemento-chave de estratégias globais bem-sucedidas, serão percebidas mais rapidamente e constituirão um fator mais importante. Segundo, a capacidade dos concorrentes de copiar produtos e posições de marca – uma ameaça muito real na maioria das indústrias – será inibida, porque a vantagem do pioneiro ocorrerá em mais mercados. Terceiro, a padronização, é mais viável porque pode ser planejada antes que decisões locais fragmentem os programas de marketing e *branding*.

Alianças estratégicas

As alianças estratégicas desempenham um papel importante nas estratégias globais, uma vez que é comum as empresas não terem o principal fator de sucesso para um mercado. Tal fator pode ser distribuição, marca, organização de vendas, tecnologia, capacidade de P&D ou capacidade de produção. Resolver essa deficiência internamente pode exigir muito tempo e dinheiro. Quando as incertezas de operação em outros países são consideradas, uma aliança estratégica é a alternativa natural para reduzir o investimento, a inflexibilidade e o risco inerentes.

Uma aliança estratégica é uma colaboração que alavanca as forças de duas ou mais organizações para atingir metas estratégicas. Há um comprometimento de longo prazo envolvido. Não se trata simplesmente de um mecanismo tático para fornecer uma solução de curto prazo para um problema – terceirizar um componente para o qual surgiu um problema temporário de fabricação, por exemplo. Além do mais, isso implica que as organizações participantes irão contribuir e adaptar os ativos ou competências necessárias para a colaboração e que esses ativos ou competências serão mantidos com o tempo. Os resultados da colaboração devem ter valor estratégico e contribuir para um empreendimento viável que possa resistir a ataques competitivos e mudanças ambientais.

Uma aliança estratégica fornece o potencial de atingir um objetivo estratégico ou uma tarefa – como conseguir distribuição na Itália – de forma rápida, barata e com um potencial de sucesso relativamente alto. Isso é possível porque as empresas envolvidas podem combinar os ativos e competências existentes, em vez de ter de criar novos ativos e competências internamente.

Uma aliança estratégica pode assumir várias formas, desde um acordo informal até uma *joint-venture* formal. O acordo mais informal pode ser simplesmente tentar trabalhar em conjunto (vendendo nossos produtos por meio de seu canal, por exemplo) e permitir que surjam sistemas e formas organizacionais à medida que as alianças se desenvolvem. Quanto mais informal o arranjo, mais rapidamente ele pode ser implementado e mais flexível será. À medida que mudam as condições e as pessoas, a aliança pode ser ajustada. O problema geralmente está no comprometimento. Com poucas barreiras de saída e pouco comprometimento, poderá haver um baixo nível de importância estratégica e uma tentação de retroceder ou de desistir quando surgirem dificuldades.

Motivações para alianças estratégicas

As alianças estratégicas podem ser motivadas por um desejo de atingir alguns dos benefícios de uma estratégia global, como destacado na Figura 13.1. Por exemplo, uma aliança estratégica pode:

- *Gerar economias de escala*. O investimento fixo que a Toyota fez no projeto de um carro e seus sistemas de produção foi disseminado para outras unidades devido a uma *joint-venture* com a GM na Califórnia, que durou cerca de 25 anos.
- *Ganhar acesso a mercados estratégicos*. A montadora italiana Fiat associou-se à Chrysler para ter acesso ao mercado dos Estados Unidos.
- *Superar barreiras comerciais*. A Inland Steel e a Nippon Steel construíram conjuntamente uma avançada usina de aço frio em Indiana. A Nippon forneceu tecnologia, capital e acesso às fábricas de automóveis japonesas nos Estados Unidos. Em troca, ganhou conhecimento local e, mais importante, a capacidade de lidar com cotas de importação.

Talvez uma aliança estratégica seja necessária mais frequentemente para compensar a ausência ou a fraqueza de um ativo ou a competência necessárias. Assim, uma aliança estratégica pode:

- *Completar uma linha de produtos para atender a nichos de mercado.* Ford, General Motors e Chrysler têm, por exemplo, se baseado em alianças para fornecer os principais componentes de sua linha de produtos. A relação de longo tempo da Ford com a Mazda resultou em muitos modelos Ford, assim como em acesso a alguns mercados do Extremo Oriente. Quando a Mazda decidiu não produzir uma minivan, a Ford procurou a Nissan em busca de ajuda. Uma única empresa não consegue fornecer a amplitude de modelos necessária em um mercado grande como o dos Estados Unidos.
- *Ganhar acesso a uma tecnologia necessária.* Enquanto a Fiat ganhou acesso ao mercado dos Estados Unidos, a Chrysler ganhou economia em designs de carros.
- *Usar o excesso de capacidade.* A *joint-venture* da GM/Toyota usou uma fábrica ociosa da GM na Califórnia.
- *Ganhar acesso a instalações de produção de baixo custo.* Uma série de empresas, de Walmart à Dell, possuem alianças na China para originar produtos.
- *Acessar um nome ou uma relação com o cliente.* A NGK adquiriu participação em uma subsidiária da GE cuja linha de produtos tinha se tornado obsoleta, a fim de ter acesso ao nome GE e reputação no mercado de equipamentos elétricos nos Estados Unidos. Uma moldadora de injeção nos Estados Unidos juntou-se à Mitsui para obter acesso às operações de produção japonesas nos Estados Unidos que prefeririam fazer negócios com fornecedores japoneses.
- *Reduzir o investimento exigido.* Em alguns casos, a contribuição de uma empresa para uma *joint-venture* pode ser em tecnologia, sem exigência de qualquer recurso financeiro.

A chave: manter valor estratégico para os colaboradores

Um grande problema com as alianças estratégicas ocorre quando a contribuição relativa dos parceiros se torna desequilibrada com o tempo e um dos sócios não tem mais ativos ou competências com que contribuir. Isso aconteceu em muitas parcerias envolvendo empresas norte-americanas e japonesas nas áreas de eletrônicos de consumo, maquinário pesado, equipamentos geradores de energia, equipamentos fabris e equipamentos para escritório.

O resultado, quando a empresa norte-americana fica sem habilidades ou se esvazia e não participa mais ativamente do empreendimento, pode ser devido, em parte, à motivação dos sócios. As empresas de outros países são motivadas a adquirir habilidades; elas consideram embaraçoso não ter uma tecnologia e trabalham para corrigir as deficiências. As empresas norte-americanas são motivadas a fazer dinheiro terceirizando elementos da cadeia de valor, a fim de reduzir custos. Elas começam terceirizando a montagem e passam a componentes, componentes de valor agregado, projeto de produto e, finalmente, às principais tecnologias. O parceiro norte-americano é então deixado apenas com a função de distribuição, enquanto que as empresas estrangeiras retêm os principais elementos do negócio, como refinamento de produto, *design* e produção.

Uma técnica para proteger ativos e competências é estruturar a situação de forma que a gestão operacional seja compartilhada. Compare, por exemplo, a instalação de produção conjunta Toyota/GM, na qual a GM está envolvida no processo de produção e seus refinamentos, com o esforço da Chrysler de vender um carro Mitsubishi projetado e fabricado no Japão. No último caso, a Mitsubishi acabou desenvolvendo seu próprio nome e rede de concessionárias e hoje vende seus carros diretamente. Quando a motivação de uma aliança for evitar investimento e atingir retornos atraentes de curto prazo, sem desenvolver ativos e competências, a aliança não terá êxito.

Outra abordagem é proteger os ativos de um parceiro por meio do controle do acesso. Muitas empresas japonesas têm uma transferência de informações coordenada. Tal posição evita um fluxo de informação descoordenado e impróprio. Outras empresas impõem condições claras no acesso à parte da linha de produto ou à parte do *design*. A Motorola, por exemplo, libera sua tecnologia de microchip à sua parceira Toshiba somente quando esta cumpre sua promessa de aumentar a penetração da Motorola no mercado japonês. Outras ainda continuam melhorando os ativos envolvidos, de forma que a dependência dos parceiros continue. Evidentemente, o problema de proteger ativos é mais difícil quando o ativo pode ser comunicado por meio de um desenho. É de certa forma mais fácil quando um sistema complexo está envolvido – quando, por exemplo, o ativo é excelência na produção.

Um segundo conjunto de problemas envolve a evolução da aliança. Com alianças estratégicas, pelo menos dois grupos de sistemas empresariais, pessoas, culturas e estruturas precisam ser reconciliados. Além disso, a cultura e o ambiente de cada país devem ser considerados. Os japoneses, por exemplo, tendem a usar um processo de decisão de consenso que se baseia em uma atividade de pequenos grupos para grande parte de sua energia; essa técnica é bem diferente daquela usada por gestores nos Estados Unidos e na Europa. Além disso, os interesses de cada parceiro podem não estar sempre no mesmo nível. Muitas alianças que poderiam ter dado certo falharam porque os parceiros simplesmente tinham estilos e objetivos fundamentalmente incompatíveis.

Quando uma *joint-venture* é estabelecida como uma organização separada, pesquisas têm mostrado que as chances de sucesso serão maiores se:

- A *joint-venture* tiver permissão de evoluir com sua própria cultura e valores – as culturas existentes dos parceiros provavelmente não funcionarão, mesmo que sejam compatíveis entre si.
- A gestão e a estrutura de poder dos dois parceiros forem equilibradas.
- Os líderes do empreendimento estiverem na administração para segurar a peteca durante os tempos difíceis. Sem pessoas comprometidas para fazer o negócio acontecer, ele não irá acontecer.
- Forem desenvolvidos métodos para resolver problemas e permitir mudanças com o tempo. É irreal esperar que qualquer estratégia, organização ou implementação existam sem desenvolvimento e mudança. Os parceiros e a organização precisam então ser flexíveis o suficiente para permitir que a mudança ocorra.

As alianças são uma parte muito difundida da estratégia empresarial (os 500 maiores negócios globais têm, cada um, uma média de 60 grandes alianças), mas precisam ser ativamente administradas. Um estudo com cerca de 200 corporações descobriu que as mais bem-sucedidas na agregação de valor mediante alianças empregavam pessoas que coordenavam todas as atividades relacionadas à aliança dentro da organização.[11] Essa função deve se basear em experiências anteriores para dar orientação aos que estão criando e administrando novas alianças. Uma empresa, por exemplo, tem "35 regras gerais" para administrar alianças, desde sua criação até seu término. Funcionários dedicados à aliança também aumentam a visibilidade externa (descobriu-se que o anúncio de uma aliança influencia o preço das ações), coordenam o pessoal interno e a gestão da aliança, bem como ajudam a identificar a necessidade de mudar ou terminar uma aliança.

Gestão do marketing global

A gestão de um programa de marketing global é difícil. O país ou região, muitas vezes, são amplamente autônomos. O gestor de cada país ou região tende a pensar que seus locais são diferentes; já outros, especialmente aqueles dentro do "marketing central", não conseguem entender a cultura, os clientes, a distribuição, os concorrentes, etc. do seu país. Como resultado disso, a tendência é haver pouca alavancagem de programas bem-sucedidos de país a país ou mesmo pouca comunicação sobre problemas comuns e programas de sucesso. Além disso, a experiência em cada área, como comunicação pela Internet, patrocínios, pesquisa de mercado, etc., tende a ser limitada pela escala.

O desafio para as equipes de marketing global é mudar isso – criar cooperação e comunicação onde tem havido concorrência e isolamento. No Capítulo 15, os problemas que organizações com "silos" apresentam às equipes de marketing são melhor abordadas e formas práticas de tornar o marketing mais eficiente em um mundo fragmentado serão discutidas.

Pontos-chave

- Uma estratégia global considera e explora as interdependências entre operações em diferentes países.
- Entre as motivações que conduzem à globalização estão obter economias de escala, ter acesso à mão de obra ou materiais de baixo custo, aproveitar os incentivos nacionais para subsídios cruzados, superar barreiras comerciais, acessar mercados estratégicos, melhorar a inovação da empresa e criar associações globais.
- Uma marca padronizada nem sempre é ideal. Podem não existir economias de escala, a descoberta de uma estratégia global (ou mesmo assumir que exista uma) pode ser difícil, ou o contexto (por exemplo, diferentes posições de participação de mercado ou imagens de marca) pode tornar tal marca impraticável. No entanto, a gestão do negócio deve ser comum entre os países – todos usando os mesmos processos de planejamento e medidas de desempenho.
- As empresas que obtêm sucesso ao expandir seu alcance global normalmente possuem um mercado principal forte, uma fórmula de expansão que pode ser repetida, uma diferenciação do cliente que viaja e a compreensão de uma escala local *versus* uma escala global. A seleção de qual país entrar deve envolver uma análise de atratividade do mercado e a capacidade da empresa de ser bem-sucedida naquele mercado.
- As alianças estratégicas (colaboração de longo prazo alavancando os pontos fortes de duas ou mais organizações para atingir metas estratégicas) podem permitir que a organização supere a falta de um fator de sucesso importante, como marca ou distribuição. Um fator importante para o sucesso de longo prazo das alianças estratégicas é que cada parceiro contribua com ativos e competências e obtenha vantagens estratégicas.
- A gestão global da marca precisa incluir o movimento das unidades de negócio fragmentadas em países da concorrência e isolamento para a cooperação e comunicação.

Para discussão

1. Avalie as vantagens de se tornar global. O que seria mais importante para um banco?
2. Quais produtos teriam maior probabilidade de serem padronizados em todos os países? Por quê? Que produtos têm menor probabilidade?
3. Escolha um produto como os da Cadillac ou produtos ou serviços da Sara Lee Deli como o Mr. Clean Performance Car Wash ou uma companhia de seguros para casas ou automóveis que sejam oferecidos em um número reduzido de países. Avalie as vantagens de expandir para uma presença mais global.
4. Para um determinado produto ou serviço, como a pasta de dentes Crest ou o Scion da Toyota, como você avaliaria os países que seriam mais atrativos? Seja específico. De que informações você precisaria e como você poderia obtê-las? Priorize os critérios que seriam úteis ao decidir em que países entrar.
5. Para marcas como Bank of America, Pantene ou Ford, como você criaria programas de sucesso para construção de marca – por exemplo, patrocínios, promoções ou propaganda? Como você alavancaria esses programas?
6. Selecione uma empresa. Como você a aconselharia a encontrar um parceiro de aliança para conseguir distribuição na China? Quais conselhos você daria para a gestão dessa aliança?
7. Qual é a vantagem de uma equipe de marca global? Quais são os problemas de utilizar uma equipe para criar e administrar uma estratégia global?

Notas

1. Douglas B. Holt, John A. Quelch, and Earl L. Taylor, "How Global Brands Compete", *Harvard Business Review*, September 2004, pp. 68–75.
2. Gary Hamel and C. K. Prahalad, "Do You Really Have a Global Strategy?" *Harvard Business Review*, July–August 1985, pp. 139–148.
3. Theodore Levitt, "The Globalization of Markets", *Harvard Business Review*, May–June 1983, pp. 92–102.
4. O material nesta seção foi retirado do Capítulo 5 do livro *Spanning Silos* de David Aaker, Boston: Harvard Publishing Company, 2008.
5. Karlene Lukovitz, "Brands Lose Relevance in Food-Buying Decisions", *Marketing Daily*, October 21, 2008.

6. James Root and Josef Ming, "Keys to Foreign Growth: Four Requisites for Expanding Across Borders", *Strategy & Leadership*, Vol. 34, No. 3 (2006), pp. 59-61.
7. Victoria Grifith, "Welcome to Your Global Superstore", *Strategy+Business*, Vol. 26, 2002, p. 95.
8. Ibid.
9. "Heading for the Exit", *Economist*, August 5, 2006, p. 54.
10. Normandy Madden, "Looking to Grow in China? Ad Age Has 10 Surefire Tips", *Advertising Age*, May 4, 2009, pp. 3, 30.
11. Jeffrey H. Dyer, Prashant Kale, and Harbir Singh, "How to Make Strategic Alliances Work", MIT *Sloan Management Review*, Summer 2001, pp. 37-43.

CAPÍTULO 14

Estabelecendo prioridades para negócios e marcas – as opções de saída, exploração e consolidação

"Não há nada tão inútil como fazer eficientemente aquilo que não deveria ser feito de forma alguma."
— **Peter Drucker**

"Se você quer ter sucesso, duplique seu índice de fracassos."
— **Thomas Watson, fundador da IBM**

"Qualquer um pode segurar o leme quando o mar está calmo."
— **Publilius Syrus**

Todas as empresas, da Mercedes à GE, da Nestlé à Marriott à Intel, devem encarar suas unidades de negócio como um portfólio. Algumas devem receber investimento porque são "estrelas" na geração de caixa no presente e continuarão sendo no futuro. O investimento é necessário para mantê-las saudáveis e para explorar oportunidades de crescimento. Outras precisam de investimento por que são estrelas do futuro da empresa, embora agora tenham mais potencial do que vendas e lucros. Identificar unidades de negócio prioritárias, as que merecem recursos financeiros e de gestão, é peça chave para uma estratégia de sucesso.

Igualmente importante, talvez mais importante, é identificar aquelas unidades de negócio que não são prioridades. Algumas delas assumem o papel de gerar caixa através de estratégia de exploração ou de colheita. Essas unidades, chamadas de "vacas leiteiras", não devem absorver mais investimentos destinados a fazer crescer o negócio. Ainda, outras unidades devem ser desinvestidas ou fechadas ou passar pelo processo de fusão porque não possuem potencial para se tornar estrelas ou vacas leiteiras – seu potencial de lucro pode ser insatisfatório, ou pode lhes faltar ajuste com o impulso estratégico de seguir adiante. Essas decisões, que são estratégica e organizacionalmente difíceis, muitas vezes, são fundamentais para o sucesso organizacional ou mesmo para a sobrevivência da empresa.

Uma questão relacionada é lidar com muitas marcas, eliminando-as ou agrupando-as. A estratégia de marca e a estratégia empresarial estão intimamente relacionadas porque a marca, muitas vezes, representa o negócio. Como resultado disso, a estratégia de marca é frequentemente um bom veículo para desenvolver e esclarecer uma estratégia empresarial. Muitas marcas, assim como muitas unidades de negócio, resultam em confusão e ineficiência. A empresa pode suportar apenas algumas marcas, e a proliferação de marcas, muitas vezes, cresce a ponto de paralisar a organização. No setor de automóveis, existem mais de 300 marcas, que resultam em confusão, sobreposição, ineficiência e, o pior, incapacidade de alavancar marcas promissoras. Com certeza, uma razão por trás da reestruturação da GM foi que havia muitas marcas com o resultado que algumas recebiam pouco investimento e o potencial de economias de escala não era realizado.

Começamos com uma visão geral do portfólio estratégico e então discutimos as opções estratégicas de exploração e desinvestimento. Então, o capítulo volta-se para o problema da perspectiva da estratégia da marca e explora como os portfólios da marca podem ser reduzidos de forma que mais foco na marca seja possível e a clareza pode ser melhorada tanto na estratégia de marca, quanto na estratégia empresarial que a acompanha.

O portfólio de negócios

A análise de portfólio de unidades de negócio surgiu na metade dos anos 60 com a matriz crescimento-participação de mercado. A análise foi criada e extensivamente utilizada pela empresa de consultoria BCG. O conceito era posicionar cada negócio de uma empresa em uma matriz bidimensional, como mostra a Figura 14.1. A dimensão da participação de mercado (na realidade, a proporção da participação de mercado em relação à participação do maior concorrente) era uma medida resumida dos pontos fortes da empresa e das vantagens de custo resultantes das economias de escala e da experiência de fabricação. A dimensão de crescimento foi defendida como o melhor indicador de atratividade do mercado.

A matriz crescimento-participação de mercado, elaborada pela BCG, é associada a um conjunto de caracteres coloridos representando as recomendações estratégicas. De acordo com a lógica da BCG, as "estrelas", elementos importantes no negócio que merecem qualquer investimento necessário, localizam-se na participação mais alta, no quadrante de crescimento mais alto, enquanto as "vacas leiteiras", a fonte do caixa, ocupam a participação mais alta, no quadrante mais baixo. Além disso, temos os "cães" (ou "abacaxis"), potenciais armadilhas de caixa e candidatos à liquidação, na participação baixa de crescimento, no quadrante baixo, e as "crianças problema" (ou "incógnitas"), que têm muita necessidade de caixa, mas que, no fim, podem tornar-se "estrelas", localizadas na participação mais baixa, quadrante mais alto de crescimento.

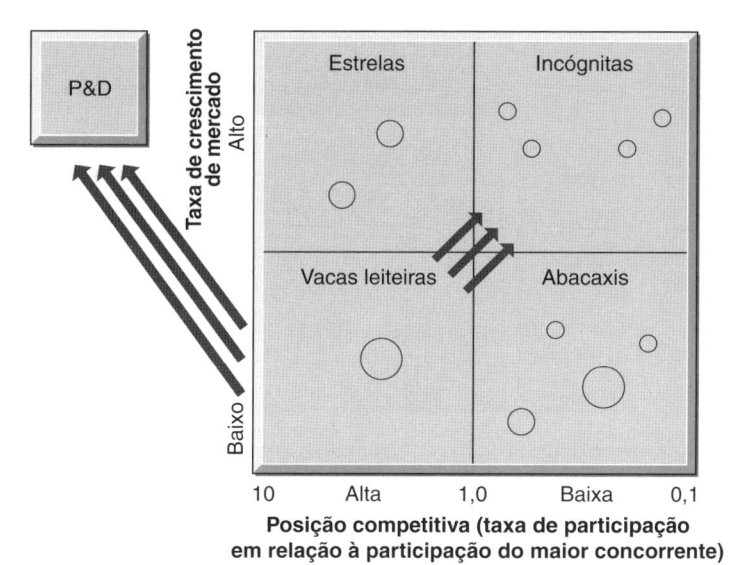

Figura 14.1 A matriz de crescimento-participação de mercado.

O modelo de BCG de crescimento-participação de mercado, embora simples e ingênuo em suas análises e recomendações, foi muito influente naquela época. Sua contribuição duradoura foi tornar visível a questão da alocação entre as unidades de negócios, e que alguns negócios devem gerar caixa para dar suporte a outros. O modelo também introduziu a curva de experiência (discutida no Capítulo 10) na estratégia e mostrou que, sob algumas condições, a participação de mercado pode levar a uma vantagem baseada na curva de experiência.

Um modelo de portfólio mais rico, mais realista, desenvolvido pela GE e a McKinsey, também avalia o negócio em duas dimensões – atratividade do mercado e posição competitiva. Cada uma dessas dimensões, conforme sugerido na Figura 14.2, é mais rica e mais robusta do que aquelas utilizadas no modelo da BCG. A decisão de investimento novamente é sugerida pela posição na matriz. Um negócio que seja favorável nas duas dimensões, normalmente, deve ser um candidato a crescimento utilizando ferramentas abordadas nos últimos quatro capítulos.

Quando as avaliações da atratividade do mercado e da posição competitiva forem desfavoráveis, as opções de exploração ou de desinvestimento devem ser levantadas. É claro, mesmo em um ambiente hostil, as rotas para a lucratividade podem ser encontradas. Talvez o negócio possa se voltar para novos mercados, para submercados em crescimento, para ofertas *superpremium*, novos produtos, novas aplicações, novas tecnologias ou marketing revitalizado. Quando a posição da matriz não é claramente negativa ou positiva, a decisão de investimento requererá um estudo mais detalhado.

Atratividade de mercado

	Alta	Média	Baixa
Alta	1	1	2
Média	1	2	3
Baixa	2	3	3

Posição do negócio; sua capacidade de competir

1. Investir/crescer
2. Investimento seletivo
3. Colher/desinvestir

Avaliando a capacidade de competir
- Organização
- Crescimento
- Participação por segmento
- Lealdade do cliente
- Margens
- Distribuição
- Habilidades tecnológicas
- Patentes
- Marketing
- Flexibilidade

Avaliando a atratividade de mercado
- Tamanho
- Crescimento
- Níveis de satisfação de clientes
- Concorrência: quantidade, tipos, eficiência, comprometimento
- Níveis de preço
- Lucratividade
- Tecnologia
- Regulamentações governamentais
- Sensibilidade às tendências econômicas

Figura 14.2 A matriz atratividade no mercado-posição do negócio.

Desinvestimento ou liquidação

Existem três elementos que levam à decisão de desinvestimento além do lucro escasso esperado e atual. O primeiro é a demanda do mercado. Talvez a estimativa da demanda fosse muito otimista, em primeiro lugar, ou talvez a demanda estivesse lá, mas se deteriorou conforme o mercado amadureceu e a empolgação desapareceu. O segundo é a intensidade da concorrência. Novos concorrentes podem ter emergido ou concorrentes existentes podem ter sido subestimados ou podem ter melhorado sua oferta. O terceiro é a mudança na orientação estratégica da organização, uma mudança que afeta o ajuste do negócio. A empresa pode não ser mais um ativo sinérgico ou o negócio pode não ser mais uma ligação com o futuro. Na verdade, o negócio pode não ser apenas uma forma de desperdiçar recursos, mas uma distração para a cultura interna e para a imagem externa da marca.

Todos esses fatores apareceram em cena quando a Home Depot tomou uma decisão dolorosa após 17 anos de esforços: fechar lojas, suas 34 Expo *Design* Centers, que levavam produtos bem-acabados incorporados a um serviço de *design* sofisticado e *displays* inspiradores.[1] Introduzidas no começo dos anos 90 como uma forma de obter uma margem maior e plataforma de crescimento, a ideia era introduzir economias de cadeia a uma indústria voltada para mães e pais apoiada pela influência da compra e ativos logísticos da Home Depot. Mesmo durante o *boom* imobiliário, o conceito deve ser esforçado, talvez porque a imagem da Home Depot de funcionalidade e valor ficou no caminho da entrega de benefícios autoexpressivos que caracterizavam a Expo; talvez porque a cultura do *design* simplesmente não combinava organizacionalmente; e talvez porque a comunidade do *design* mostrou ser mais difícil do que seus concorrentes imaginavam. Quando a construção de novas casas registrou forte queda, a demanda, tal como era, secou. Além disso, a Home Depot, no meio da recessão, precisou afinar sua estratégia para focar-se em seu negócio principal e a Expo precisou ir embora.

Conseguir fazer e implementar uma decisão de saída pode ser saudável e revigorante. O custo da oportunidade de superinvestir em um negócio, e apoiar-se em empreendimentos que não estão desempenhando seu papel e que nunca desempenharão, pode ser prejudicial e até desastroso. Além disso, esse custo pode muitas vezes estar escondido porque é protegido pela não decisão. Quando um negócio que não está contribuindo para a lucratividade futura e para o crescimento absorve recursos na empresa – não apenas no capital financeiro, mas também no talento, a moeda mais importante da empresa – aqueles negócios que representam o futuro da empresa sofrerão. Talvez ainda pior, alguns negócios com potencial de serem plataformas importantes para o crescimento serão deixados de lado ou irão morrer de fome, vítimas de falsas esperanças e da teimosia, mal-entendida como lealdade.

Jack Welch, o CEO lendário da GE, acreditava que identificar o talento do futuro quase era o seu trabalho mais importante e igualmente importante era identificar aqueles que não se encaixavam nos planos futuros e deixá-los buscar carreiras em outro lugar. Ele acreditava que a empresa seria mais forte, e que as pessoas envolvidas se beneficiariam disso a longo prazo. Ele sentia o mesmo sobre as unidades de negócio. Welch, durante seus primeiros 4 anos como CEO da GE, desinvestiu 117 unidades de negócios, o que chegou a 20% dos ativos da corporação. Tal programa de desinvestimento de ativos pode gerar caixa a um preço justo (ao contrário de uma venda forçada), liberar talento administrativo, ajudar a reposição da empresa para cumprir sua visão estratégica e acrescentar vitalidade. A empresa vendida também se beneficia, já que muitas vão entrar em ambientes que lhe darão mais suporte, não apenas em relação a ativos e competências, mas também a comprometimento com o sucesso. É saudável cortar negócios. Sempre haverá unidades de negócios a serem cortadas. Um estudo da Bain & Company estima que de 181 iniciativas de crescimento que envolviam mover-se de um negócio adjacente para um negócio principal (tendo coisas demais em comum com o negócio principal, como clientes, tecnologia, distribuição, etc.) apenas 27% foram consideradas bem-sucedidas e aproximadamente o mesmo número foram fracassos totais.[2]

Sobre produtos de consumo, um estudo da Procter & Gamble mostrou que o número de novos produtos testados que ainda estavam nas prateleiras dois anos depois era de apenas 10 a 15%.[3]

Como se falou no Capítulo 12, atingir crescimento sustentável é raro, e, quando isso acontece, normalmente o crescimento é alimentado por novos negócios. Na teoria desenvolvida por James Brian Quinn, um teórico da área da estratégia, e outros teóricos sobre como encontrar o desenvolvimento bem-sucedido de novos negócios, deve-se "deixar mil flores desabrocharem", cuidar das que floresceram e deixar o resto murchar. O segmento de capital de risco vive utilizando o mantra: se você financiar 10 empreendimentos, dois irão emplacar e representarão amplo sucesso. Para uma ideia emplacar, muitos empreendimentos precisam ser financiados. A chave para a receita que leva muitas tentativas para encontrar o sucesso é estabelecer um processo e ter a vontade de fechar unidades de negócio que não estejam impulsionando o crescimento no futuro. Sem esse processo, mil flores irão resultar em um jardim repleto de plantas que não são saudáveis.

Muitas empresas evitam as decisões de venda até que essas decisões se tornem óbvias e sejam impostas à empresa por forças externas. Além de desperdício de recursos, decisões de desinvestimento tardias resultam em preços mais baixos sendo obtidos com o negócio. Quanto mais dolorosa for a decisão de desinvestimento, mais tempo as forças que criam o declínio de um negócio continuarão a exercer pressão, muitas vezes aumentando sua influência. O resultado é um valor em queda, frequentemente acompanhado de mais perdas. Um estudo mostrou que organizações que ativamente administram essas decisões através de avaliação sistemática do ajuste estratégico e do potencial futuro de cada área de negócio, tomando decisões de venda regularmente ou colocando unidades de negócios em estado probatório, são mais lucrativas.[4] Quando qualquer um dos seguintes tópicos estiver presente, uma saída estratégica deverá ser considerada:

Posição do negócio

- A posição do negócio é fraca – os ativos e competências não são adequados, a proposição de valor está perdendo importância ou a participação do mercado está em terceira ou quarta posição e decaindo frente à forte concorrência.
- A empresa agora está perdendo dinheiro, e as projeções futuras não são boas.

Atratividade do mercado

- A demanda dentro da categoria está decaindo em um ritmo acelerado e não há segmentos de demanda duradoura acessíveis ao negócio. É improvável que o ressurgimento da categoria ou de uma subcategoria ocorra.

- Espera-se que as pressões de preço sejam extremas, causadas por concorrentes determinados com altas barreiras de entrada e por falta de lealdade à marca e de diferenciação de produto.

Adequação estratégica

- A direção estratégica da empresa mudou e o papel do negócio se tornou supérfluo ou mesmo indesejado.
- Os recursos financeiros e de gestão da empresa estão sendo absorvidos, quando poderiam estar sendo empregados de forma mais efetiva em outro lugar.

Barreiras de saída

Mesmo quando a decisão parece clara, pode haver barreiras de saída que precisam ser consideradas. Algumas envolvem corte de custos. Uma área de negócios pode dar suporte à outra, dentro da empresa, ao fornecer parte de um sistema, dar suporte ao canal de distribuição, ou usar o excesso de capacidade de fábrica. O rompimento de contratos de longo prazo com fornecedores e com grupos de mão de obra pode ser caro. O negócio pode ter o compromisso de oferecer peças de reposição e serviço de *backup* para varejistas e clientes, e pode ser difícil conseguir fornecedores alternativos aceitáveis.

Uma decisão de saída pode afetar a reputação e a operação de outro negócio da empresa, especialmente se o negócio está visivelmente ligado à empresa. Dessa forma, a GE estava preocupada com o impacto que sua decisão de descontinuar pequenos aparelhos eletrodomésticos poderia ter em seus negócios de lâmpadas e grandes aparelhos com varejistas e clientes. Levando ao extremo, fechar um negócio pode afetar o acesso a mercados financeiros e influenciar a opinião de distribuidores, fornecedores e clientes sobre as outras operações da empresa.

Se houver qualquer razão para acreditar que o mercado pode mudar, tornando o negócio mais atrativo, a decisão de saída poderia ser adiada ou modificada para explorar ou manter uma decisão. Permanecer no negócio pode ser um jogo de contingências.

Vieses inibindo a decisão de saída

Existem vieses psicológicos bem documentados para analisar um negócio. Um viés é relutar a abandonar. Pode haver uma ligação emocional com uma empresa que faz parte da "família" há anos ou que foi o negócio original no qual o resto da empresa se baseou. É difícil voltar as costas para um amigo tão valoroso, especialmente se isso significa demitir pessoas boas. O orgulho gerencial também pode entrar em ação. Os gerentes profissionais sempre se veem como solucionadores de problemas e relutam em admitir uma derrota. Diversas anedotas descrevem empresas que tiveram de mandar vários executivos para fechar uma subsidiária. Com muita frequência o executivo seria convencido de que uma reviravolta era possível, apenas para depois perder tempo com o esforço.

Outro obstáculo é chamado de viés de confirmação.[5] Pessoas naturalmente procuram por informações que sirvam de base para sua posição e descontem a informação de desconformidade, qualquer que seja o contexto. As audiências para os observadores políticos partidários não representam um corte transversal, mas pessoas envolvidas que buscam aqueles que apoiem suas crenças. Vieses de confirmação podem ser um rompante na avaliação de um negócio a que alguns possuem ligações emocionais e profissionais. Informações que confirmem que o negócio pode ser salvo têm mais probabilidade de serem descobertas e valorizadas do que informações em desconformidade. Questões feitas em pesquisa de mercado podem ser imparciais, talvez inadvertidamente, para prover um futuro otimista para o negócio. Quando há incerteza, o viés pode se tornar grande. Quando se estiver predizendo o futuro das vendas e os custos do projeto, por exemplo, números extremos podem ser apresentados como plausíveis. Essa tendência é vista nas grandes decisões governamentais, como para o financiamento de um avião militar ou para a construção de uma ponte.

Outro viés lida com a escala de compromisso. Em vez de considerar os investimentos anteriores como custos irrecuperáveis, existe um viés a ligá-los às decisões futuras. Assim, a decisão de investir US$ 10 milhões ou mais é enquadrada como para salvar um investimento anterior de US$ 100 milhões.

Os três vieses foram considerados quando a Tenneco Oil Company tomou algumas decisões que ajudaram a levar ao seu fim.[6] A Tenneco Oil era uma empresa saudável, entre as 20 primeiras na Fortune 500 mas, digamos, tirou a derrota das garras da vitória. Eles tinham uma divisão, a J.I. Case, um fabricante de equipamentos agrícolas e de construção, que estava indo muito mal. A Case possuía produtos fracos, distribuição fraca, custos altos e um mercado com participação de 10% e em queda, segmento com baixa lucratividade e com excesso de capacidade que foi dominado pela John Deere. Em vez de enfrentar a realidade, a Tenneco dobrou sua velocidade de queda com a compra da International Harvester, uma concorrente da Chase, que possuía 20% do mercado e estava à beira da falência. O mercado não melhorou, as sinergias não se materializaram em tempo hábil e as perdas das empresas de equipamento combinado foram substanciais enquanto o fluxo do lucro das operações de energia vacilava conforme o preço do petróleo caia. Esses eventos, juntamente com a alta alavancagem resultou no fim da Tenneco Oil; a empresa foi vendida em pedaços. Uma série de más decisões foram tomadas não por uma análise objetiva, mas pelos vieses combinados com a ilusão de que o sucesso e o fluxo de caixa dependem fortemente da continuidade de eventos externos.

Injetando objetividade em decisões de desinvestimento

Para lidar com esses vieses, as decisões precisam ser mais objetivas em termos de processos e de pessoas. O processo deve ser transparente e convincente, encorajando a discussão a ser profissional, centrada em questões chave e desencorajando reações emocionais viscerais. Ele ajuda se for aplicado a um espectro de unidades de negócio em vez de apenas às marginais. Bem se sabe que a única maneira de acabar com a defesa de uma fábrica é avaliar tudo e deixar o processo identificar quais não são mais necessárias. Quando os políticos são confrontados com uma evidência objetiva e são solicitados a votar a favor ou contra, torna-se difícil lutar pela "sua base".

Também é útil ter pessoas que intervenham na análise sem uma história que as impeça de serem objetivas. Essas pessoas podem vir de dentro da empresa, mas, às vezes, uma participação de fora, de uma empresa de consultoria ou uma nova contratação, pode ser mais objetiva. Isso também pode ser feito indiretamente. Há a história, repetida muitas vezes, sobre como a Intel tomou a decisão dolorosa de dar as costas ao ramo de memórias, o que representava não somente seu patrimônio como a maior parte de suas vendas. O presidente da Intel, Andy Grove, olhou para o CEO Gordon Moore e perguntou a ele o que um CEO de fora faria. A resposta foi clara – livrar-se das memórias. Assim, os dois homens caminharam simbolicamente até a porta e voltaram, tomaram a decisão de sair do negócio que fora destruído pelos concorrentes asiáticos. Mesmo após tomar a decisão, foi difícil cortar todo o P&D e fechar de vez a divisão. Duas pessoas enviadas para fechar o negócio procrastinaram a tarefa e continuaram a investir; finalmente, o próprio Grove precisou interferir. Acontece que a implementação de uma decisão de saída também é difícil.

Peter Drucker contou uma história sobre o líder de uma empresa em uma indústria especializada que reunia um grupo de pessoas a cada três meses para olhar criticamente para o segmento de oferta da empresa. Esse grupo era formado por jovens gestores e modificado a cada trimestre. Eles abordaram a questão de Andy Grove – se não estivéssemos nesse negócio agora, entraríamos nele? Se a resposta fosse não, uma saída estratégica seria considerada. Se a resposta fosse sim, então, a próxima questão seria se a estratégia empresarial deveria ser utilizada. Um julgamento negativo levaria a propostas de mudança. Uma chave para o sucesso da empresa era que esse processo levava à saída ou à modificação de seus negócios em um período de cinco anos.

A estratégia de exploração

Uma estratégia de exploração ou colheita visa gerar fluxo de caixa ao reduzir investimentos e despesas operacionais, mesmo se isso causar uma redução em vendas e participação de mercado. As suposições implícitas são de que a empresa tem melhores usos para os fundos, que os negócios envolvidos não são cruciais para a empresa, tanto do ponto de vista financeiro, quanto de sinergia, e que a exploração é viável porque as vendas se estabilizarão ou cairão de uma maneira ordenada, sem investimento de suporte. A estratégia de exploração cria e apoia negócios "vaca leiteira".

Há variantes de estratégias de exploração. Uma estratégia de exploração rápida será disciplinada em relação a minimizar gastos com a marca e maximizar o fluxo de caixa de curto prazo, aceitando o risco de uma saída rápida. Uma estratégia de exploração lenta reduz acentuadamente o investimento de longo prazo, mas continuará dando suporte a áreas operacionais como marketing e serviço. Uma estratégia de manutenção proporcionará investimento suficiente no desenvolvimento do produto para manter a posição do mercado, em oposição ao investimento para o crescimento ou para o fortalecimento da posição.

Condições favoráveis e estratégia de exploração

Uma estratégia de exploração seria selecionada em vez de uma estratégia de crescimento se as condições atuais do mercado necessitassem de investimentos para melhorar um ambiente negativo causado pela agressividade da concorrência, pelos gostos do cliente ou outros fatores. Às vezes, é precipitada por um novo entrante que torna um mercado hostil. A Chase & Sanborn já foi líder em café: o programa "Chase & Sanborn Hour", com Edgar Bergen, foi um dos mais populares do rádio em sua época. Entretanto, depois da Segunda Guerra Mundial, a Chase & Sanborn decidiu adotar uma estratégia de exploração, em vez de travar uma cara batalha de retenção de mercado contra a popularidade crescente do café instantâneo e o surgimento da marca Maxwell House da General Foods, que fazia muita propaganda.

Muitas condições suportam a estratégia de exploração em vez da estratégia de saída:

- A posição da empresa é fraca, mas há fidelidade suficiente do cliente, talvez em uma parte limitada do mercado, para gerar vendas e lucros no modo de exploração. O risco de perder posição relativa com uma estratégia de exploração é baixo.
- O negócio não é centrado na atual direção estratégica da empresa, mas tem relevância e alavanca ativos e competências.
- A demanda é estável ou o índice de queda não é excessivamente alto, e bolsões de demanda garantem que esse índice de queda não se precipite de repente.
- A estrutura de preço é estável ao ponto de ser lucrativa para empresas eficientes.
- Uma estratégia de exploração pode ser administrada de forma bem-sucedida.

Uma vantagem de explorar, em vez de vender, é que a estratégia de exploração sempre poderá ser revertida se for baseada em premissas incorretas em relação a potencial de mercado, movimentos competitivos, projeções de custo ou outros fatores relevantes. O ressurgimento de classes de produto que estavam quase mortas ou em queda terminal nos faz parar para pensar. A Oatmeal, por exemplo, teve um aumento acentuado em vendas devido a seu baixo custo e associações com nutrição e saúde. No ramo de vestuário masculino, suspensórios têm mostrado sinais de crescimento. As canetas-tinteiro, inventadas em 1884, foram literalmente mortas pelo surgimento da esferográfica, em 1939. Porém, a combinação de nostalgia com um desejo de prestígio fez voltar o luxo da caneta-tinteiro. Como resultado, a indústria teve alguns anos nos quais as vendas dobraram.

Problemas de implementação

Pode ser organizacionalmente difícil atribuir a unidades de negócio o papel de "vacas leiteiras", porque em uma organização descentralizada (e a maioria das empresas se orgulha de sua organização descentralizada), é natural que os gestores dos negócios que estão gerando dinheiro controlem o dinheiro disponível para as oportunidades de fundos de investimento. A cultura em cada negócio deve ser solicitada ou encorajada a fundar seu próprio crescimento e, é claro, todas as unidades de negócio possuem opções de investimento com acompanhamento. Como resultado, um negócio de rápido crescimento com potencial enorme, mas com baixo potencial de volume de vendas muitas vezes não terá dinheiro necessário. Essa situação requer, às vezes, uma decisão centralizada disruptiva que selecione uma grande unidade de negócio para ser a "vaca leiteira". A ironia é que os maiores negócios envolvendo produtos maduros podem ter alternativas de investimento inferiores, mas como o fluxo de caixa é abundante, seus investimentos continuarão a ser financiados. O efeito líquido é que o dinheiro disponível é canalizado para áreas com baixo potencial e não é enviado para áreas mais atrativas. Uma análise do portfólio de negócios ajuda a dar força na questão da escolha do negócio que deve receber o dinheiro disponível.

Outro problema sério é a dificuldade de contratar e motivar um gestor em uma situação de exploração. A maioria dos gestores de UENs não tem orientação, experiência ou capacidade de implantar uma estratégia de exploração bem-sucedida. Medidas de ajuste de desempenho e as recompensas apropriadas podem ser difíceis, tanto para a organização como para os gestores envolvidos. Pode parecer razoável usar um executivo especializado em estratégias de exploração, mas isso nem sempre é viável, porque tal especialização é rara.

A maioria das empresas alterna os gestores através dos diferentes tipos de situação, e os planos de carreira simplesmente não são voltados para o desenvolvimento de especialistas em exploração.

Existem riscos de mercado associados à estratégia de exploração. Se funcionários e clientes suspeitam de que está sendo usada uma estratégia de exploração, a falta de confiança resultante pode desconcertar toda a estratégia. Como a linha entre uma estratégia de exploração e o abandono é algumas vezes muito tênue, os clientes podem perder confiança no produto da empresa, e o moral dos funcionários pode ser abalado. Os concorrentes podem atacar mais vigorosamente. Todas essas possibilidades podem criar uma queda mais acentuada do que o esperado. Para minimizar tais efeitos, é importante manter a estratégia de exploração o mais discreta possível.

Estratégia de manutenção

Uma variante da estratégia de exploração é a estratégia de manutenção, na qual os investimentos motivados por crescimento são evitados, mas um nível adequado de investimento é empregado para manter a qualidade do produto, instalações de produção e a lealdade do cliente. Uma estratégia de manutenção será superior a uma estratégia de exploração quando os prospectos do mercado e/ou a posição do negócio não é tão desanimadora. Pode haver substanciais e protegidos segmentos de demanda, com margens melhores, uma posição de mercado melhor, uma ligação mais próxima com outras unidades de negócio dentro da empresa ou a possibilidade de melhorar as perspectivas de mercado. Uma estratégia de manutenção é preferível a uma estratégia de investimento quando a indústria não tem oportunidades de crescimento e a estratégia para aumentar a participação de mercado poderia gerar retaliação competitiva. A estratégia de manutenção pode ser uma estratégia de longo prazo para administrar uma "vaca leiteira" ou uma estratégia interina, empregada até que as incertezas de uma indústria sejam resolvidas.

Às vezes, uma estratégia de manutenção pode resultar no "último sobrevivente" lucrativo de um mercado que está em queda mais lenta do que a maioria assume estar. Um sobrevivente forte pode ser lucrativo, em parte porque pode haver pouca concorrência e em parte porque o investimento pode ser relativamente baixo. O ponto principal dessa estratégia é encorajar os concorrentes a sair. Para esse fim, uma empresa pode estar visivelmente comprometida a ser um líder sobrevivente na indústria através do envolvimento em promoção crescente ou mesmo introduzindo melhorias no produto. Isso pode encorajar concorrentes a deixarem a indústria por causa da agressividade dos preços e da redução de barreiras de saída através da compra de seus ativos, assumindo as obrigações de longo prazo ou mesmo comprando o negócio. A Kunz, que fabricava cadernetas de conta corrente para instituições financeiras, conseguiu comprar os ativos do concorrente por um valor tão baixo que o período de retorno foi medido em meses. Como resultado, a Kunz teve anos recordes em uma área de negócios na qual outros já haviam se declarado mortos décadas antes.

Um problema com a estratégia de manutenção é que, se as condições mudarem, a relutância ou lentidão em reinvestir poderá resultar em perda de participação de mercado. Dois grandes fabricantes de lata, a American e a Continental, não investiram no processo de lata em duas peças quando ele foi desenvolvido, porque estavam envolvidos em esforços de diversificação e tentando evitar investimento em sua "vaca leiteira". Como resultado, perderam uma parcela substancial de participação de mercado.

Uma estratégia de manutenção pode ser especialmente problemática se surgir uma inovação disruptiva e a estratégia evitar que a empresa faça os investimentos necessários para manter-se relevante no mercado. Como resultado disso, as empresas podem desacelerar seus processos para converterem-se em empresas de filmes digitais, para reduzirem gorduras trans de produtos de consumo e para adaptarem-se à tecnologia dos híbridos. O resultado pode ser a morte prematura de um negócio do tipo "vaca leiteira".

Priorizando e refinando o portfólio da marca

As marcas são a cara de uma estratégia de negócio e escolher a estratégia de marca correta muitas vezes é o caminho para tomar as decisões corretas de estratégia empresarial. Um dos elementos da estratégia de marca é o agrupamento das prioridades dentro do portfólio da marca, identificando as estratégias das marcas fortes, marcas que desempenham papéis relevantes, marcas que devem receber investimento e marcas que devem ser excluídas.[7]

Um motivo para priorizar as marcas e refinar o portfólio é que esse exercício é uma boa forma de priorizar o próprio portfólio do negócio, já que a marca normalmente é uma representação do negócio. Quando a perspectiva da marca é utilizada, a análise de priorização do negócio pode, às vezes, ser mais objetiva e a conclusão resultante é mais transparente e óbvia. A marca é normalmente o ativo-chave de um negócio e representa sua proposição de valor. Assim, o reconhecimento de que a marca se tornou fraca pode ser um bom sinal de que a posição do negócio também é fraca. Sem a priorização do portfólio da marca, as marcas estratégicas irão perder valor e posição de mercado por causa de marcas marginais que estão absorvendo os dólares da construção da marca e, o pior, os talentos de gestão. Os gestores simplesmente irão seguir o instinto de resolver problemas em vez de explorar oportunidades, e muitas marcas marginais criam uma série de problemas.

Uma segunda razão é que a priorização e o refinamento do portfólio da marca podem corrigir uma confusão debilitadora associada à existência de marcas em excesso. A maioria das empresas simplesmente possuem marcas demais, submarcas e marcas endossadas, todas fazendo parte de estruturas complexas. Algumas marcas podem refletir tipos de produtos, outras valor--preço, outras, ainda, tipos de clientes ou aplicações. As ofertas da marca podem até se sobrepor. A sua totalidade, frequentemente, reflete uma bagunça. Fica difícil para os clientes entenderem o que está sendo oferecido e o que comprar; até mesmo funcionários podem ficar confusos. A estratégia empresarial, portanto, opera com uma enorme desvantagem.

Uma terceira razão é abordar a paralisia estratégica criada pelo excesso de marcas, por um portfólio de marcas confuso e sem prioridades. É muito comum para uma empresa ficar imobilizada pela incapacidade de definir como uma nova oferta ou negócio receberá uma marca. Para dar marca a uma nova oferta ou negócio que impulsione o sucesso, precisa-se entender quais marcas serão estratégicas no futuro e qual será o seu papel e imagem. Atribuir uma marca que não tenha estratégia para o futuro ou cujo futuro não é compatível com a atribuição do negócio pode ser uma desvantagem séria para a estratégia empresarial.

Um passo parcial para reduzir o excesso de marcas é ser mais disciplinado no momento da introdução de novas ofertas e novas marcas, evitando decisões de expansão de negócios *ad hoc* feitas sem um processo sistemático de justificativa. Qualquer nova marca proposta, especificamente, deve representar um negócio que seja substancial o suficiente e que tenha uma vida longa o suficiente para justificar os investimentos de construção de marca, e deve ter uma capacidade única de representar uma empresa – ou seja, não funcionaria com qualquer outra marca.

Controlar a introdução de novas marcas é apenas metade da batalha. É preciso haver um processo objetivo para eliminar ou reintroduzir marcas marginais ou obsoletas depois de terem sobrevivido a sua utilidade. O processo de consolidação estratégica da marca, resumido na Figura 14.3, apresenta esse desafio. Tratam-se de cinco etapas distintas: identificar o conjunto de marcas relevantes, avaliar as marcas, priorizar marcas, criar uma estratégia de portfólio revisada da marca e projetar uma estratégia de transição.

1. Identificar o conjunto de marcas relevantes

O conjunto de marcas vai depender do contexto do problema. Ele pode incluir todas as marcas ou subconjuntos do portfólio. Por exemplo, uma análise para a Ford poderia incluir as marcas Ford, Mercury, Lincoln e Volvo. Ou a marca Ford em seus diferentes contextos – caminhões, utilitários, *crossovers*, compactos e subcompactos – pode ser o foco da análise. Ou a análise pode incluir a marca dentro de um contexto, como as marcas de caminhões F-150, Ranger, E series e Super Duty. Quando as marcas envolvidas dividem papéis similares, fica mais fácil avaliar a força relativa de cada uma.

2. Avaliar a marca

Se as prioridades da marca devem ser estabelecidas, critérios de avaliação precisam ser estabelecidos. Além disso, esses critérios devem ter métricas para

```
┌─────────────────────────────┐
│ Determinar o conjunto de    │
│        marcas relevantes    │
└─────────────────────────────┘
              ▼
┌─────────────────────────────┐
│       Avaliar a marca       │
│  • Valor da marca           │
│  • Força de negócio         │
│  • Adaptação estratégica    │
│  • Opções de marca          │
└─────────────────────────────┘
              ▼
┌─────────────────────────────┐
│     Priorizar as marcas     │
│  • Marcas estratégicas      │
│  • Marcas com papéis        │
│    especializados           │
│  • Papel das vacas leiteiras│
│  • Eliminar                 │
│  • Sob observação           │
└─────────────────────────────┘
              ▼
┌─────────────────────────────┐
│  Desenvolver a estratégia   │
│ de portfólio de marca       │
│ revisada                    │
└─────────────────────────────┘
              ▼
┌─────────────────────────────┐
│  Projetar e implementar a   │
│  estratégia de transição    │
└─────────────────────────────┘
```

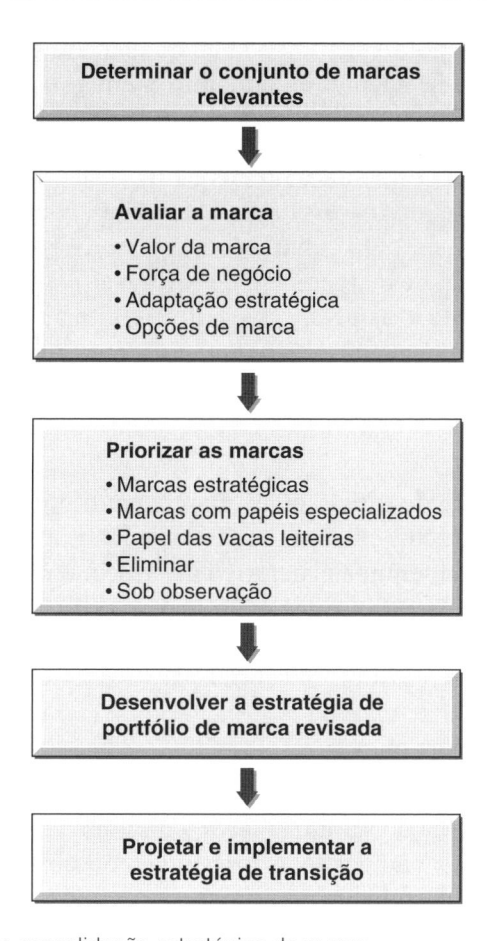

Figura 14.3 O processo de consolidação estratégica da marca.

que as marcas possam ser avaliadas. Uma avaliação altamente estruturada e quantificada dá estímulo e orientação para a discussão e para o processo de decisão. Não deve haver nenhuma ilusão de que o padrão de decisão será a escolha do número mais alto. Os critérios dependem do contexto, mas, em geral, existem quatro áreas ou dimensões de avaliação:

Valor da marca

- Consciência – a marca é bem conhecida no mercado?
- Reputação – a marca é bem conceituada no mercado? Ela é percebida como de qualidade?
- Diferenciação – a marca possui um ponto de diferenciação? Uma personalidade? Falta um ponto de paridade ao longo da dimensão-chave?
- Relevância – ela é relevante para o cliente e para as aplicações de hoje?
- Lealdade – o segmento de clientes leais é grande?

Perspectivas de negócio

- Vendas – a marca conduz a negócios significativos?
- Posição no mercado/participação – essa marca possui uma posição dominante ou de liderança no mercado? Qual é a trajetória?
- Margem de lucro – essa marca contribui com lucros e é provável que continue assim? Ou o mercado e as condições de concorrência, como as perspectivas de margem, são desfavoráveis?
- Crescimento – as perspectivas de crescimento da marca são positivas dentro dos mercados existentes? Se o mercado está em declínio, há nichos de demanda duradoura que a marca pode acessar?

Adaptação estratégica

- Capacidade de extensão – a marca tem o potencial para estender-se a outros produtos ou como uma marca líder ou como um endossador? A marca pode ser uma plataforma de crescimento?
- Adaptabilidade do negócio – a marca leva a um negócio que se adapte estrategicamente com o direcionamento da empresa? Ela apoia um produto ou mercado que é central para a estratégia empresarial futura da empresa?

Opções de marca

- Transferência do valor da marca – o valor da marca pode ser transferido a outra marca no portfólio através da redução da marca a uma submarca ou desenvolvendo um descritor?
- Fusão com outras marcas – a marca pode ser agregada a outras marcas no portfólio para formar uma única marca?

As marcas precisam ser avaliadas em relação aos critérios. As pontuações resultantes podem ser combinadas com a média ou com a repetição de uma pontuação mínima em algumas dimensões. Por exemplo, uma pontuação baixa na adaptação estratégica pode ser o suficiente para sinalizar que o papel da marca precisa ser avaliado. Ou se a marca absorve dinheiro significativo, então pode ser uma candidata à revisão mesmo que aparentemente seja saudável. De qualquer forma, o perfil será importante e o julgamento precisará ser empregado para fazer a avaliação final da força atual da marca.

3. Priorizar marcas

As marcas que devem viver, ser apoiadas e ativamente geridas precisam ser priorizadas ou melhor posicionadas em níveis. O número de níveis dependerá do contexto, mas a lógica é classificar as marcas de forma que os orçamentos significativos para a construção da marca sejam disponibilizados de maneira inteligente. O nível superior incluirá marcas estratégicas poderosas – aquelas com valor existente ou potencial que estão apoiando um negócio significativo ou que possuem potencial para fazer isso no futuro. Um segundo nível pode ser composto por marcas que envolvem negócios menores, talvez um nicho de negócio ou um negócio local, ou marcas com papel especializado como uma marca franqueadora (uma marca de valor que impede os concorrentes vindos de baixo de penetrarem no mercado). Um terceiro nível seria composto pelas marcas "vacas leiteiras", que devem ser geridas com pouco ou nenhum investimento de recursos para a construção da marca.

As marcas restantes precisam receber o papel de descritoras, ser eliminadas, colocadas em observação ou reestruturadas.

- **Tornar-se descritor.** Aquelas marcas que não têm valor, mas que servem para descrever uma oferta são designadas para o papel de descritoras. Podemos entender que o computador Dell Dimension, por exemplo, possui valor na marca Dell. À marca Dimension, sem valor, seria então designado o papel de descritora. O nome da marca poderia ser substituído pelo termo computador de mesa, mas este também poderia ser utilizado para descrever toda a linha de computadores de mesa da Dell.
- **Eliminar.** Se uma marca é considerada pouco adequada ao portfólio porque possui valor baixo ou inapropriado, pouca perspectiva de negócio, baixa adaptação estratégica e problemas de obsolescência, é necessário criar um plano para eliminá-la do portfólio. Vendê-la a outra empresa ou simplesmente eliminá-la tornam-se opções.
- **Sob observação.** Um marca que não está conseguindo cumprir com suas metas de desempenho, mas que tem um plano de mudar essa perspectiva pode ser colocada em observação. Se o plano falhar e a perspectiva continuar a parecer desfavorável, a eliminação deve ser considerada.
- **Fusão.** Se um grupo de marcas puder ser fusionado em um grupo de marca, o objetivo de criar um número menor de marcas que sejam mais focadas irá progredir. A Microsoft combinou os produtos Word, PowerPoint, Excel e Outlook em um produto único chamado Office. As marcas originais do produto são reduzidas a submarcas descritivas.
- **Transferência de valor.** A Unilever transferiu sua participação na Rave, empresa de produtos para cabelos, para a Sauve e sua participação na Surf, produtos detergentes, para a All.

A Nestlé possui um sistema de priorização de portfólio há tempo. As doze marcas globais que estão no primeiro nível recebem todo o foco. Cada uma das marcas globais tem um alto executivo designado como gestor da marca. Esses executivos se certificam de que todas as atividades trazem melhorias para a marca. Eles dão a aprovação final a qualquer extensão da marca e aos grandes esforços na construção da marca. Peter Brabeck, que se tornou CEO, elevou seis dessas marcas – a Nescafé (café), a Nestea (chá), a Buitoni (massas e molhos), a Maggi (cubos de caldo de carne), a Purina (ração para animais) e a Nestlé (sorvetes e doces) – ao nível de prioridade dentro da Nestlé. A Nestlé também identificou 83 marcas regionais que receberam atenção da administração da sede na Suíça. Além disso, há centenas de marcas locais que são consideradas estratégicas, nas quais a sede está envolvida, ou táticas, que são geridas pelas equipes locais.

4. Desenvolver a estratégia de portfólio de marca revisado

Com a definição das prioridades da marca, a estratégia de portfólio da marca precisa ser revisada. Para isso, muitas estruturas do portfólio da marca precisam ser criadas. Isso pode incluir uma estrutura enxuta, com uma única marca líder, como a Sony ou a HP, ou uma estratégia de "casa de marcas", como fez a P&G, que possui mais de 80 marcas de produtos principais. As opções mais promissoras têm maior probabilidade de surgir entre um tipo e outro de estrutura. A ideia é criar estruturas em torno de duas ou três opções viáveis, talvez com duas ou três subopções em cada.

As principais opções para a estrutura do portfólio da marca, junto com subopções, precisam ser avaliadas para saber se elas:

- Suportam a estratégia empresarial em andamento
- Oferecem papéis adequados para as marcas fortes
- Alavancam marcas fortes
- Geram clareza para os clientes e para a equipe da marca

5. Implementar a estratégia

O passo final é implementar a estratégia do portfólio, o que normalmente significa fazer uma transição de uma estratégia existente para uma estratégia alvo. A transição pode ser feita de forma abrupta ou gradual

Uma transição abrupta pode sinalizar uma mudança no restante da estratégia de negócio e de marca; torna-se uma chance única de oferecer visibilidade e credibilidade para que a mudança afete os clientes. Assim, quando o Norwest Bank comprou a Wells Fargo e mudou seu nome de Norwest para Wells Fargo, teve a oportunidade de comunicar novas capacidades que melhorariam a oferta para o cliente. Os clientes da Norwest, especificamente, puderam assegurar-se de que as relações pessoais esperadas não mudariam, mas que poderia também esperar uma melhoria nos serviços eletrônicos bancários, por causa da competência da Wells Fargo nessa área. A mudança de nome reforçou a mudança da organização e a mensagem de reposicionamento. Uma transição abrupta presume que a estratégia empresarial está no lugar certo; caso não esteja, o esforço irá retroceder. Se, por exemplo, a tecnologia da Wells Fargo não pudesse ser entregue, a melhor solução seria atrasar a mudança de nome até que a substância por trás da nova posição pudesse ser entregue.

O caso da Centurion

Um grande fabricante, chamado de Centurion Industries, passou por um processo de consolidação da marca antes de selecionar a estratégia de portfólio a ser seguida. O processo teve início quando o CEO verificou que o portfólio da marca, na divisão principal, era difuso e que o crescimento no futuro e a posição no mercado dependiam da criação de um portfólio mais simples, focado e com marcas poderosas. A divisão cresceu, em parte, pela aquisição, e agora tinha nove marcas de produtos, em que apenas três foram aprovadas pela marca corporativa, a Centurion. As nove marcas serviam uma variedade de produtos-mercados que poderiam ser agrupadas em dois agrupamentos lógicos. Um deles, o grupo empresarial verde, incluía cinco marcas. O outro, o grupo empresarial azul, envolvia quatro marcas. Concorrentes com menos fragmentação da marca e sinergia mais natural desenvolveram marcas mais fortes e estavam desfrutando do crescimento de sua participação.

No grupo empresarial verde, uma avaliação apoiada pela pesquisa com o cliente foi realizada com todas as cinco marcas. Uma delas, a Larson, mostrou ser o maior negócio, com credibilidade substancial e altos níveis de consciência. Além disso, ela poderia ser estendida para cobrir as outras quatro áreas, embora não tivesse presença em qualquer uma delas. Ela tinha um problema de qualidade visível, que, no entanto, estava sendo tratado. A decisão foi tomada: migrar todas as marcas empresariais verdes para a Larson e tornar a questão da qualidade uma prioridade na empresa. A primeira etapa da transição foi endossar três das marcas com a Larson, e a quarta marca foi substituída, o que levou a uma pequena empresa, com a marca Larson. A segunda etapa, que durou dois anos, era converter todas as marcas do grupo empresarial verde para o nome Larson e acrescentar um endosso dado pela marca corporativa.

No grupo empresarial azul, a marca Pacer surgiu a partir da etapa de avaliação da marca, que se mostrou a mais forte, especialmente em termos de consciência, imagem e vendas. Como a Pacer estava em uma área de negócio muito parecida com a das outras três marcas, utilizar a marca Pacer para todo o grupo empresarial azul era viável. No entanto, uma das quatro marcas do grupo azul, a Cruiser, era uma marca de nicho extremamente forte, com uma posição dominante em um mercado relativamente pequeno e que entregava benefícios autoexpressivos significativos a uma base forte de clientes. Assim, foi decidido que a migração da marca Cruiser para a marca Pacer seria muito arriscada, mas que o equilíbrio do grupo azul operaria sob a marca Pacer. Novamente, os avanços da Pacer e da Cruiser seriam endossados pela marca corporativa.

O resultado final foi uma arquitetura envolvendo três marcas em vez de nove, sendo as três marcas constantemente endossadas pela marca corporativa. A decisão crítica foi perceber qual seria a arquitetura da marca mais forte a longo prazo no caso do nicho das marcas migrarem para uma das duas marcas mais amplas. Havia forças e argumentos emocionais, políticos, econômicos e estratégicos contra cada movimento. O fato de uma exceção ter sido permitida tornou a realização e a implementação do caso mais difícil. Foi essencial para a aceitação da organização a utilização de um modelo de avaliação objetiva, o que claramente identificou as dimensões da decisão e facilitou a avaliação. Isso ajudou, e boa parte de cada avaliação foi quantificada a partir de vendas difíceis e de dados de pesquisa de mercado. A visão estratégica da diretoria foi essencial, porque no final das contas os proprietários de algumas das marcas de nicho não estavam acompanhando a situação, e sem um comprometimento da diretoria isso não teria acontecido.

A outra opção é migrar os clientes de uma marca para outra gradualmente, talvez com etapas de intervenção onde a marca se torna uma marca endossada, e então uma submarca, antes de desaparecer. Cada etapa pode envolver muitos anos. Essa opção será utilizada quando:

- Não há notícias sobre a reposição que acompanhará a mudança.
- Os clientes podem não ter alto envolvimento com a classe do produto e pode ser necessário dar tempo para que aprendam e compreendam a mudança.
- Existe um risco de alienar clientes existentes pela ruptura de seu relacionamento com a marca.

Pontos-chave

- A decisão de saída, mesmo que seja psicologicamente e profissionalmente difícil, pode ser saudável para a empresa, porque libera recursos que podem ser utilizados em outro lugar, mesmo para um negócio desinvestido, que pode prosperar em um contexto diferente.
- Uma estratégia de exploração ou de colheita (que gera fluxo de caixa ao reduzir investimentos e despesas operacionais) funciona quando a área de negócios envolvida não é crucial para a empresa financeiramente ou sinergicamente. Para que a exploração seja viável, entretanto, as vendas devem cair de uma maneira ordenada.
- Priorizar e refinar o portfólio da marca proporciona outra perspectiva sobre a priorização dos negócios, pode esclarecer as ofertas da marca e pode remover a paralisia de não poder fazer novas ofertas. Um processo de priorização de cinco etapas envolve identificar o conjunto de marcas relevantes, avaliar as marcas, priorizar marcas, criar uma estratégia de portfólio revisada da marca e projetar uma estratégia de transição.

Para discussão

1. Em 2008, a Ford vendeu a Jaguar para a Tata Motors por US$ 2,3 bilhões, cerca de metade do que custou à Ford em 1989. Os custos fixos, incluindo investimentos em qualidade e produtos, foram estimados em mais de US$ 12 bilhões. Em 2001, a Ford introduziu o Jaguar X Type (para competir com a BMW 3), que agregou vendas, mas afetou a imagem da empresa. Quais análises devem ser realizadas para determinar se a Jaguar deveria ser vendida? A situação seria diferente se fosse outra marca da Ford, a Volvo, que era lucrativa?
2. Considere uma estratégia de venda. Por que é difícil vender uma área de negócios? Jack Welch vendeu centenas de áreas de negócios durante sua gestão. Quais são algumas das motivações que levaram a essas vendas?

3. Identifique marcas que estejam usando uma estratégia de exploração. Quais são os riscos?
4. Como você determinaria se uma empresa tem marcas demais?
5. Na sua opinião, quais são os principais problemas ou questões no processo de consolidação da marca?

Notas

1. Tom Kraeutier, "The Home Depot drops EXPO business", Weblogs, January 27, 2009.
2. Chris Zook, *Beyond the Core*, Boston: HBS Press, 2004, p. 23.
3. Zook, op-cit, p. 24.
4. Lee Dranikoff, Tim Koller, and Antoon Schneider, "Divestiture: Strategy's Missing Link," *Harvard Business Review*, May 2002, pp. 75–83.
5. Um artigo excelente que documenta esse viés e sugere soluções é o de John T. Horn, Dan P. Lovallo, and S. Patrick Viguerie, "Learning to Let Go: Making Better Exit Decisions", *McKinsey Quarterly*, 2006, No. 2, pp. 65–76.
6. Dale E. Zand, "Managing Enterprise Risk: Why a Giant Failed", *Strategy & Leadership*, 2009, Vol. 37, No. 1, pp. 12–19.
7. Este material vem de David Aaker, *Brand Portfolio Strategy*, New York: The Free Press, 2004, Capítulo 10.

CAPÍTULO 15

Dos silos à sinergia – explorando a organização[1]

"O progresso tem início com concepções desafiadoras e é alcançado por instituições realizadoras."
— George Bernard Shaw

"A estrutura segue a estratégia."
— Alfred Chandler Jr.

"Aqueles que implementam os planos devem criar os planos."
— Patrick Hagerty, Texas Instruments

Em 1922, Alfred Sloan, uma lenda na história da Administração, instituiu uma estrutura divisional na GM com a Chevrolet na extremidade baixa, a Cadillac na parte alta e Pontiac, Oldsmobile e Buick no meio. As divisões tinham ofertas distintas e sem sobreposição de preços. Sua advertência na época era de que "A responsabilidade dos CEOs de cada operação não deve ser, de maneira alguma, limitada". De maneira alguma limitada! Total autonomia. O mundo dos negócios tinha agora um método para lidar com a complexidade emergente de múltiplas linhas de produtos. Desde aquela época, a descentralização tem-se refinado e tornou-se a forma de organização dominante. Quase todas as organizações, da Nestlé, passando pela HP, Bank of America, Nissan e Universidade de Stanford se orgulham de serem descentralizadas, com grupos organizacionais autônomos, denominados silos, uma metáfora para uma entidade autônoma.

Há uma boa razão para os silos, frequentemente definidos por produtos ou países, serem amplamente utilizados: eles têm vantagens inerentes enormes. Os gerentes estão próximos do mercado e podem entender as necessidades do cliente. Eles também são íntimos do produto (ou serviço) e da tecnologia e das operações subjacentes, podendo assim fazer uma oferta informada e tomar decisões operacionais. Ter poder para agir rapidamente significa não ter atraso nas tomadas e na implementação de decisões estratégicas, uma característica que é vital em mercados dinâmicos. Além disso, como unidades de negócios distintas podem ser consideradas responsáveis por investimentos e resultados, o desempenho empresarial será conhecido de uma forma mais precisa e menos ambígua. A característica mais impressionante da descentralização, porém, é que ela promove energia e vitalidade incríveis. Os gestores têm poder e estão motivados a inovar, a ganhar vantagem competitiva, fornecendo proposições de valor superiores aos clientes.

Problemas decorrentes dos silos – o caso do marketing

Depender de uma organização descentralizada sem restrições, com silos altamente autônomos, mesmo com todos seus atributos, não é competitivamente viável. Observando os silos de uma perspectiva do marketing, seis problemas específicos ou oportunidades perdidas podem ser associados com a estrutura de silo, conforme a Figura 15.1. Eles oferecem uma lógica não necessariamente para a eliminação dos silos, mas para encontrar maneiras de aproveitar a energia do silo para que as estratégias de negócio e de marketing possam emergir e obter sucesso. É importante compreender esses problemas não só para motivar a mudança, mas para fornecer uma mudança de alvo. O conjunto de problemas de marketing pode ser mais grave, mas há outros problemas sérios, alguns praticamente idênticos, que enfrentam outras funções,

Figura 15.1 Problemas decorrentes da estrutura dos silos frente ao marketing.

tais como a manufatura, operações ou TI. Além disso, a potencial fonte de vantagem competitiva – sinergia pelos silos – é colocada em risco quando os silos não são estendidos.

Recursos de marketing estão mal-alocados. A estrutura dos silos quase sempre leva à má alocação de recursos entre as unidades de produto e unidades de país, equipes funcionais, marcas e programas de marketing com unidades menores ficando subfinanciadas mesmo quando estrategicamente importantes. Equipes de silo são organizacional e psicologicamente incapazes de fazer esses julgamentos entre silos. Eles só querem mais para si e veem outras unidades de silo como competidores. Além disso, tais julgamentos requerem uma análise objetiva e pragmática do potencial do negócio, utilizando dados cruzados entre silos, mais estruturas e métodos especializados que raramente serão desenvolvidos fora de uma unidade central de marketing.

Marcas de silos abrangentes carecem de clareza e conexão. Muitas vezes, uma marca principal, talvez até mesmo a marca corporativa, é compartilhada por muitos, às vezes por todos, grupos de silo. Cada silo está motivado para maximizar o poder da marca sem qualquer preocupação com o papel da marca em outras unidades de negócio. Especialmente quando há sobreposição de mercados, produtos instáveis e estratégias de posicionamento podem prejudicar a marca e resultar em uma debilitante confusão de mercado. Ter uma mensagem de marca mista também torna mais difícil convencer a organização de que a marca significa alguma coisa e que valha a pena ter disciplina em ser fiel a essa mensagem.

Ofertas e programas de silos abrangentes são inibidas ou perdidas. Barreiras de silo, muitas vezes, impedem que programas de marketing sejam compartilhados. O resultado é que os programas de marketing mais eficazes que requerem escala – tais como o patrocínio da Copa do Mundo ou até mesmo uma campanha nacional de propaganda – não são viáveis. Além disso, as barreiras de silo podem prejudicar seriamente o desenvolvimento de ofertas entre silos, em parte porque a execução de colaboração entre silos pode não estar no seu DNA e em parte porque unidades de silo autônomas tendem a olhar para o mercado com uma estreita perspectiva e, muitas vezes, podem perder mudanças no mercado que estão fazendo suas ofertas de silo menos relevantes. No entanto, muitos clientes são atraídos para as ofertas de silos abrangentes. O movimento de produtos para sistemas de soluções tornou-se uma onda. Clientes globais estão demandando, cada vez mais, ofertas e serviços globais.

As competências de gestão de marketing estão enfraquecidas. A qualidade de talento de marketing, suporte especializado e sofisticação de gestão tende a ser fraca e dispersa quando silos estão levando seus negócios autonomamente, em um tempo em que a capacitação especializada é necessária em várias áreas, como no marketing digital, programas de CRM, modelagem eficaz de marketing, tecnologia social, gestão de blog, gestão de patrocínio, relações públicas em um mundo de Internet e daí por diante. Além disso, uma equipe de marketing obsoleta resulta em ineficiências de custo e limita oportunidades de carreira e o desenvolvimento de especialidade.

O sucesso não é alavancado entre os silos. Em uma organização com muitos silos podem resultar bolsões de brilhantismo, mas eles tendem a ser isolados e raramente alavancados. Isso não é suficiente para obter sucesso aqui e ali. "Talvez" e "ocasionalmente" não é bom o bastante. A chave para se passar de bom para ótimo é desenvolver uma organização que irá identificar a excelência de marketing dentro dos silos e ser ágil o bastante para alavancar essa excelência.

A comunicação e cooperação entre silos é fraca ou inexistente. A falta de comunicação e de cooperação entre silos é um problema básico que pode impactar diretamente no desempenho organizacional. Quando *insights* sobre clientes, tendências de marketing, canais ou tecnologia que podem impactar na estratégia não são compartilhados, uma oportunidade pode ser perdida. Quando a cooperação não é levada em consideração ou quando é difícil de ser implementada, programas sinérgicos de sucesso são improváveis de surgir. Além disso, falhas de comunicação e cooperação são uma causa subjacente de muitos problemas decorrentes do silo. Corrigi-los requer não somente métodos e processos, mas também mudar a cultura que inibe.

Abordando os problemas do marketing de silos – desafios e soluções

Optar simplesmente por uma forma organizacional centralizada para se livrar de silos não é uma opção. Primeiro, gerir de forma centralizada uma grande e complexa organização multissilo não é viável. Segundo, como mencionado acima, silos existem porque fornecem responsabilidade, vitalidade e intimidade com clientes, tecnologias e produtos; então eliminá-los não seria uma sábia decisão em geral. A solução, ao contrário, é substituir competição e isolamento por cooperação e comunicação a fim de que a estratégia geral de negócios obtenha sucesso e para que ocorra sinergia na organização. É provável que alguma descentralização seletiva de algumas atividades e decisões possa ser útil durante o processo. Essa é uma tarefa difícil que é geralmente dada a um novo ou revitalizado CMO (*Chief Marketing Officer*).

Os esforços de um CMO e de sua equipe para ganhar credibilidade, impulso e influência representam uma tarefa formidável frente à indiferença ou, mais provavelmente, resistência do silo. Ter êxito e até mesmo sobreviver nesse esforço é, na melhor das hipóteses, incerto. Como resultado, a trajetória dos novos CMOs é curta; descobriu-se que dura em média 23 meses.[2] A incrível curta janela reflete as dificuldades de trabalho dos novos CMOs até mesmo quando a designação é rotulada como um imperativo estratégico.

Em um estudo, foi perguntando a mais de 40 CMOs o que funciona em termos de abordar o problema do silo.[3] Três destaques:

Perceber que os papéis não ameaçadores podem ser poderosos agentes de mudança. O CMO pode tomar o controle de elementos de estratégia e tática dos silos, e esse pode ser o caminho correto em certas circunstâncias. No entanto, há outros papéis menos ameaçadores com risco reduzido de falha que podem ter influência significativa sobre estratégia e cultura enquanto se constrói credibilidade e relacionamentos. O CMO em particular pode assumir o papel de facilitador, consultor ou prestador de serviços. No papel de facilitador, a equipe do CMO pode estabelecer uma estrutura de planejamento comum, promover a comunicação, encorajar e permitir a cooperação, criar bancos de dados e atualizar o nível de talento de marketing em toda a organização. No papel de consultor, o CMO se tornaria um participante convidado no processo de desenvolvimento da estratégia do silo. Como prestador de serviço, as unidades de silos de negócios poderiam "contratar" a equipe do CMO para fornecer serviços de marketing tais como pesquisa de marketing, estudos de segmentação, treinamento ou atividades de marketing como patrocínios e promoções.

Visar aos problemas direcionados pelo silo. O instinto muito comum de forçar a centralização e padronização na organização pode ser disfuncional, resultando até mesmo em uma perda de espaço da equipe do CMO. Reduzir autoridade do silo, fazendo a organização mais centralizada e movendo em direção a ofertas e programas de marketing mais padronizados é muitas vezes seguro e útil. Na verdade, há uma forte tendência nessa direção por uma boa razão. No entanto, essas mudanças não devem ser objetivos em si mesmas, mas sim uma das rotas para um conjunto de metas. Em vez disso, o objetivo deve ser fazer progresso contra problemas direcionados pelo silo, melhorar a comunicação e a cooperação e, portanto, criar ofertas e marcas mais fortes, bem como eficazes estratégias e programas sinérgicos de marketing.

Uso de alavancas organizacionais: estrutura, sistemas, pessoas e cultura. Cada uma dessas rotas envolvem poderosas rotas para mudar uma organização. Elas não são a única chave apenas para a mudança organizacional, mas também a base para a implementação da estratégia.

Alavancas organizacionais e a sua ligação com a estratégia

As organizações podem ser conceituadas através de quatro componentes – estrutura, sistemas, pessoas e cultura. Sua relação com a estratégia e sua implementação foi resumida na Figura 15.2. Os componentes organizacionais precisam ser informados pela estratégia. Para qualquer estratégia empresarial, a estrutura, o sistema, as pessoas e a cultura corretos precisam ser implementadas e estar em funcionamento. Além disso, os quatro componentes precisam ser congruentes uns aos outros. Se um dos componentes for incompatível com os restantes ou com a estratégia, o sucesso será uma casualidade, mesmo se a estratégia for brilhante e oportuna.

A história da Korvette ilustra isso. A Korvette começou como uma loja de descontos, vendendo malas e utensílios de marca por um terço do preço normal no segundo andar de um prédio em Manhattan. A empresa expandiu drasticamente tanto o número de lojas como o de cidades atendidas, aumentou sua linha de produtos acrescentando artigos de moda, móveis e produtos de mercearia e incluiu mais amenidades nas lojas. Essa foi uma estratégia de crescimento justificável, mas não teve apoio das pessoas, estrutura, sistemas ou cultura. O pessoal da Korvette não tinha conhecimento suficiente para trabalhar nas novas lojas e experiência para lidar com novas áreas de produto. Os sistemas gerenciais não eram sofisticados o suficiente para lidar com a complexidade agregada. A cultura de gerenciamento casual, tendo preços baixos como força condutora, não foi substituída por outra cultura forte que fosse apropriada às novas áreas de negócios. Apenas quatro anos depois de ter sido elogiada por um guru do varejo, ela foi fechada.

A história da Korvette ilustra graficamente a importância de tornar a organização internamente coerente e capaz de dar suporte à estratégia. A avaliação de qualquer estratégia deve incluir uma análise cuidadosa dos riscos

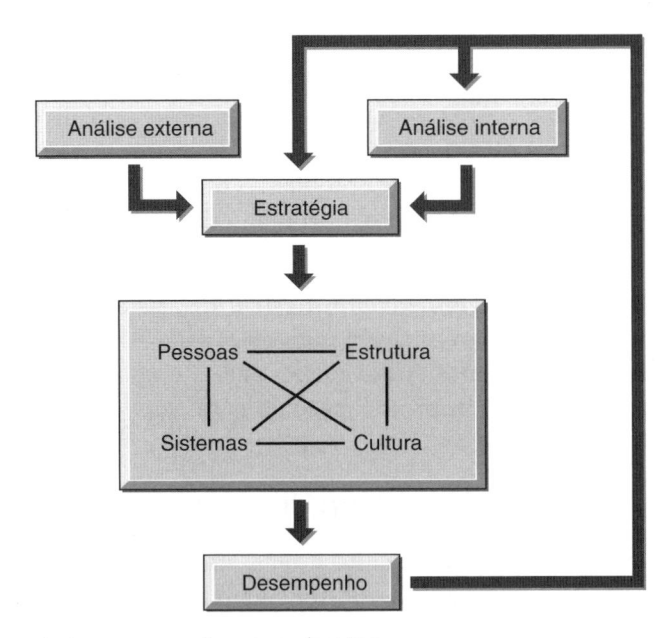

Figura 15.2 Uma estrutura para analisar organizações.

organizacionais e um julgamento sobre a natureza de quaisquer mudanças organizacionais exigidas, seus custos associados e sua viabilidade.

Cada um dos quatro componentes organizacionais pode ser utilizado para resolver qualquer problema organizacional. No final deste capítulo, discutimos como a estrutura, os sistemas, as pessoas e a cultura organizacional podem ser empregados para resolver o problema do silo. Para fazer isso, cada um dos quatro componentes será analisado e exemplificado. Esse exercício também irá mostrar as alavancas que o planejador de uma organização pode utilizar para resolver outros problemas, como o dos silos ao enfrentar o grupo de TI, como cultivar a inovação ou como tornar a organização mais focada no cliente. Na conclusão do capítulo, um panorama da administração estratégica de mercado será apresentado.

Estrutura

A estrutura da organização, que inclui as linhas de autoridade e a forma como as pessoas e as unidades estão agrupadas, pode incentivar a cooperação, o compartilhamento e a comunicação.

Centralize seletivamente

Existe um conjunto de modalidades do marketing e tarefas potenciais que são de responsabilidade do CMO, entre elas propaganda, promoções, patrocínios, *call-centers*, embalagem, relações públicas, marketing digital, estratégia de marca, apresentação visual, pesquisa de mercado e avaliação do desempenho do programa de marketing. Questão: qual delas, nesse conjunto, deve ser centralizada? Daquelas que merecem a centralização, que partes devem ser centralizadas? Por exemplo, pode ser interessante centralizar a estratégia de propaganda e não a mídia ou o setor criativo (aqueles que criam de verdade os anúncios).

Ao fazer o julgamento do que centralizar, o CMO deve avaliar com cuidado as necessidades das unidades silo com o programa a ser centralizado. É necessário que silos tenham uma flexibilidade para ter sucesso no mercado. Decisões de centralização devem se basear em questões como:

- Que programas ou programas potenciais cobrem os mercados? Até que ponto a coordenação é chave para torná-los eficazes? Um patrocínio importante, como das Olimpíadas ou da Copa do Mundo, pode ser o veículo ideal para criar a aceitação de equipes de negócios cruzadas porque são obviamente necessários e úteis nesses casos.
- Onde a especialização funcional se desenvolve melhor? A obsolescência pode ser reduzida? É muito melhor ter um grupo com muita competência em uma área como a propaganda ou o patrocínio do que muitos grupos com talentos e capacidade rasos.

- Que marcas aumentam os mercados? A adaptação de mercado compensa a diluição da mensagem central? A GE Money primeiro resistiu ao tema "imaginação no trabalho", e então, finalmente, passou a acreditar que seria vantajoso aproveitar o valor de um esforço corporativo.
- O que realmente requer conhecimento e gestão local? Existem posições e programas que funcionam entre produtos e mercados? A Pringles, por exemplo, possui diferentes exigências de sabor em diferentes mercados, mas a maioria dos benefícios funcionais e sociais funciona em qualquer lugar.
- Quais desvios no orçamento, linhas de comunicação e autoridade podem ser tolerados? Que batalhas devem ser vencidas? No caso da Visa, a integridade da marca teve a maior prioridade – a energia para lutar batalhas foi direcionada para evitar ofertas de produtos (como cobrança de conversão de moedas) que comprometeriam a promessa da marca.

Utilize equipes e redes de trabalho

O CMO deve procurar empregar alguns dos dispositivos organizacionais disponíveis que irão trazer progresso para a comunicação e cooperação entre silos, como equipes e redes de trabalho. Equipes ou conselhos, como o Conselho de Marca da Chevron, o Conselho de Experiência do Cliente da HP, o Conselho de Excelência em Marketing Global da Dow Corning, o Comitê de Marketing Global da IBM ou a Equipe de Liderança de Marketing Global da P&G são veículos poderosos para criar consistência e/ou sinergia. Talvez ainda mais importante do que isso, as equipes são veículos para a comunicação entre silos e oportunidades para o desenvolvimento de relacionamentos.

Redes de trabalho formais e informais, outra ferramenta-chave da organização, podem basear-se em tema, como grupos de clientes, tendências de mercado, contextos de experiência do cliente, geografias, ou em áreas funcionais, como patrocínio ou marketing digital. Os membros da rede são motivados a manter contato com colegas de outros países para aprender sobre as estratégias com clientes e programas que funcionam em suas lojas. Uma rede formal terá membros participantes, uma estrutura de liderança e uma infraestrutura de apoio, tais como bancos de conhecimento.

Utilize organizações matriciais

Uma organização matricial permite a uma pessoa ter duas ou mais conexões hierárquicas. Diversas unidades de negócios podem compartilhar uma equipe de vendas ao ter os vendedores se reportando a uma unidade de negócios e também ao gerente geral de vendas. O gerente de propaganda de um silo também pode reportar-se a um grupo central de propaganda ou marketing. Um grupo de P&D pode ter uma equipe de pesquisa que se reporte à unidade de negócios e ao gerente de P&D. Como resultado, os vendedores do silo, os gerentes de propaganda e a equipe de pesquisa são suportados por uma massa crítica de funcionários e infraestrutura que lhes permite exceder e ao mesmo tempo ainda fazer parte da unidade de negócios. O conceito de hierarquia dupla exige coordenação e comunicação e muitas vezes parecer ser a solução ideal para uma situação confusa. No entanto, estruturas matriciais podem ser instáveis e estarem sujeitas às pressões políticas. Assim, elas podem criar uma solução pior do que o problema em si.

A organização virtual

A organização virtual é uma equipe especificamente criada para um determinado cliente ou trabalho. Os membros da equipe podem vir de diversas fontes e incluir trabalhadores contratados apenas para aquele projeto. As empresas de comunicação têm utilizado equipes virtuais para proporcionar uma solução de comunicação integrada que envolva talentos de diferentes modalidades. As chances de sucesso são maiores quando as pessoas vêm da mesma organização, como uma agência de serviço completa como a Dentsu, Y&R ou a McCann Erickson. Quando empresas diferentes estão envolvidas, o sucesso é mais difícil.

A WPP, grande empresa de comunicação, fundou uma organização virtual, a Enfatico, para lidar com todas as necessidades de comunicação da Dell. A lógica era que a nova empresa poderia acessar os melhores talentos da WPP pelo mundo, o que incluiu dezenas de empresas excelentes de comunicação e apoio em todas as modalidades. Parecia ser a solução ideal para um problema sério. Apenas um ano depois, a entrada desdobrou-se para a Y&R, a principal agência da WPP. A Enfatico passou por momentos difíceis para realizar trabalhos criativos que fossem excelentes. Conseguir pessoas de origens muito diferentes para trabalhar como uma equipe foi desafiador. Além disso, foi difícil atrair um CEO e grandes talentos para apenas um cliente por causa do risco associado envolvido. A experiência da Enfatico mostra que pedir às pessoas para deixar uma disciplina e uma empresa e entrar em uma nova organização frágil, sem cultura estabelecida, é uma tarefa difícil.

Sistemas

Diversos sistemas de gestão são estrategicamente relevantes. Entre eles estão os sistemas de informação, avaliação e recompensa e planejamento.

Sistema de informação

Criar ou refinar um sistema de informação para um silo abrangente, um sistema que facilite a comunicação e o conhecimento das lojas, é o elemento mais básico e não ameaçador na iniciativa do CMO. O sistema pode compartilhar informações de mercado com *insights* sobre clientes, tendências, ações da concorrência, avanços tecnológicos e as melhores práticas, assim como informações internas sobre processos e métodos, novos produtos e tecnologias, melhores práticas internas e as estratégias e programas. Embora não ofereça ameaças, esse sistema pode ser complexo, afetado por questões organizacionais e difícil de administrar, de modo que a participação é generalizada. Existe uma série de formas para a comunicação ser estimulada entre silos, tais como:

Sessões de compartilhamento de conhecimento. Reuniões formais e informais não resultam apenas na troca de informações, mas criam canais de comunicação pessoal que podem continuar funcionando após as reuniões. As relações pessoais podem criar um nível de conforto, permitindo que seus colegas tenham discussões francas sobre os programas propostos ou problemas que precisam ser abordados. Conversas como essas podem evitar um desastre ou encorajar uma iniciativa. A maioria das empresas têm reuniões presenciais que podem variar de uma vez por trimestre a uma vez a cada dois anos. As últimas são muitas vezes complementadas com reuniões por telefone. A Dell, na verdade, faz todas as suas equipes globais (por exemplo, laptops ou servidores para empresas) realizarem uma videoconferência a cada duas semanas. Essas reuniões são uma grande parte do programa de comunicação da Honda.

Uma universidade de mercado. A Frito-Lay patrocina uma "universidade de mercado" cerca de três vezes por ano, em que 35 ou mais diretores de marketing ou gerentes gerais de todo o mundo ficam em Dallas por uma semana. O objetivo é envolver os silos com a linguagem e os modelos do grupo de marketing central, para promover os conceitos da marca, quebrar a armadilha de "ser diferente" e para semear a empresa com pessoas que "conseguem marcas". Durante a semana, estudos de casos são apresentados por meio de testes de embalagem, propaganda ou promoções que foram bem-sucedidos em um país ou região e, em seguida, repetiram o sucesso em outro país. Esses estudos demonstram que as práticas podem ser transferidas, mesmo frente a uma equipe de marketing local que seja cética. Em Crotonville, local da universidade GE, programas executivos com estudos de casos sobre unidades de silo têm sido a chave para o sistema de comunicação GE.

Central de conhecimento. Um repositório organizado de informação, experiência, análise de casos e *insights* pode ser um ativo sustentável, disponibilizando imediatamente informações úteis para todos os silos. O repositório tem o potencial de tornar o tratamento da informação e a troca em algo produtivo, fácil de usar e eficiente. A MasterCard, empresa que começou cedo com seu compromisso com um "facilitador de compartilhamento de conhecimento" para identificar e disseminar as melhores práticas de marca, creditou ao programa de alavancagem da campanha "Priceless" os resultados eficazes em muitos silos do país.

Centro de excelência. Dentro de uma equipe de marketing central, um grupo vai se concentrar em uma questão específica que abrange silos; tais como a tendência dos clientes, uma subcategoria de produtos emergentes ou uma tecnologia. O centro de excelência poderia ser composto por uma única pessoa ou por dezenas delas. A tarefa seria gerar *insights* profundos sobre a questão e ficar a par dos desenvolvimentos. O centro deve ativamente se comunicar com as equipes do silo, a fim de compartilhar e difundir informações e, assim, servir de catalisador para o fluxo de comunicação e informação. A Nestlé nos Estados Unidos possui diversos centros de excelência envolvidos com temas como mães e filhos, o mercado hispânico e grandes clientes, como a Tesco e o Walmart. Em cada um desses casos, um conselho consultivo foi formado composto por membros dos silos para os quais o tema seria relevante. O conselho dá informações extraídas do silo e participa de reuniões de *insight*.

Sistema de avaliação e recompensa

A avaliação pode direcionar o comportamento e, assim, afetar diretamente a implementação da estratégia. A chave para a estratégia é sempre a capacidade de introduzir medidas apropriadas de desempenho que estejam associadas à estrutura de recompensa.

Uma preocupação é motivar os funcionários a cooperar, comunicar e criar sinergia. O sistema de recompensa pode operar em dois níveis. No nível da avaliação de desempenho individual, a capacidade de ser colaborativo e de desencadear e participar de iniciativas entre silos pode ser medida. Na verdade, o grupo de marketing central da IBM avalia as pessoas em grupos de silo, observando o quanto elas são colaborativas. No nível da organização, recompensas que sejam muito baseadas no desempenho de uma unidade de negócios podem operar contra essa meta de motivação. Como resultado, muitas empresas deliberadamente baseiam uma parte de seus bônus ou avaliações nos resultados de uma unidade maior. A Prophet, uma empresa de consultoria de estratégia de marca com sete escritórios, encoraja o suporte entre esses escritórios, condicionando seus bônus ao desempenho da empresa como um todo. Outra empresa pode centrar-se em desempenho divisional, porque a sinergia entre as divisões não é realista.

Isso também é útil se as recompensas estão em equilíbrio com uma perspectiva de longo prazo, assim como finanças de curto prazo. Assim, medidas como satisfação do cliente, lealdade do cliente, indicadores de qualidade, novos produtos comprados pelo mercado ou produtividade do programa de treinamento podem ser úteis para estimar o progresso de iniciativas estratégicas.

Sistema de planejamento

Um programa padronizado de marca e/ou marketing, que seja praticamente o mesmo em todo o país ou nos silos de produtos, raramente é a melhor situação. O ideal é ter um processo de planejamento de negócios e de marketing, incluindo modelos e estruturas, além de um sistema de informação de apoio que seja o mesmo em todos os lugares. Ter um processo de planejamento comum serve de base para a comunicação pela criação de um vocabulário, de medidas, de informações e de estruturas de decisão comuns. Esse processo também leva ao alto nível de profissionalismo em todas as unidades de silo. A menos que haja um processo de planejamento claro e aceitável com componentes compreensíveis e acionáveis, cada unidade vai seguir seu próprio caminho e, como resultado disso, algumas serão má administradas estratégica e taticamente.

Deve haver um processo que adapte marcas aos contextos do silo. Para evitar que uma marca que abranja silos se torne confusa ou incoerente, a melhor prática organizacional será ter marcas adaptadas aos contextos do silo, mantendo a coerência da identidade da marca. A ChevronTexaco, por exemplo, tem uma identidade principal de marca que consiste em quatro valores – limpeza, segurança, confiabilidade e qualidade. Os mercados de silo são livres para interpretar os elementos fundamentais de acordo com seu próprio mercado. Então, o que é qualidade no contexto de uma loja de conveniência? Ou em um negócio de lubrificantes? Ou na Ásia? Além disso, as unidades de negócios de silo têm a flexibilidade para adicionar um elemento aos quatro fornecidos pela identidade principal. O segmento de lubrificantes poderia adicionar o item "desempenho" e o grupo asiático o item "respeitosamente útil". O resultado é a maior capacidade de ligação com o cliente do silo.

Pessoas

A chave para superar problemas de silo é ter uma equipe do CMO forte composta por talentos de qualidade. Qualquer ligação visivelmente fraca pode ser prejudicial. Um CMO informou que um gerente de propaganda que não tinha competência atrasou o grupo um ano inteiro interagindo com organizações de silo e fazendo recomendações simplórias. Quem entra, e ainda mais importante, quem é convidado a se retirar será observado de perto. Trazer pessoas que são respeitadas pode dar motivação ao grupo; manter pessoas que não se encaixam no papel que deveriam desempenhar pode enfraquecer o grupo.

O problema é que as qualificações necessárias ao grupo central de marketing são excepcionais. Coletivamente, o grupo precisa ter conhecimento sobre marketing, *branding*, mercados, produtos e suas respectivas organizações. Além disso, o grupo precisa ter uma perspectiva estratégica e ser colaborativo, persuasivo, agente de mudança e, especialmente para uma empresa global, ser multicultural. Assim, as pessoas procuradas devem ter o máximo dessas características.

Os bem-informados. Uma eficiente equipe central de gestão de marketing precisa ter, coletivamente, muitos conhecimentos. Alcançar essa amplitude de conhecimentos pode envolver um *mix* de generalistas com *insight*, especialistas e recursos externos, mas é necessário criar competências nas seguintes áreas:

- **Conhecimento de marketing** – estratégia de marketing, ferramentas de comunicação incluindo as novas mídias, avaliação e programas de marketing e gestão.
- **Conhecimento da marca** – marcas, poder da marca, valor da marca, os papéis da marca, estratégia de portfólio de marcas e programas de construção de marca.
- **Conhecimento de mercado** – mercados, culturas dos países, tendências do mercado, dinâmica da concorrência, segmentação de clientes e motivação do cliente.
- **Conhecimento do produto** – atributos do produto ou serviço e suas tecnologias subjacentes mais o fluxo de inovação que vão determinar o futuro dos produtos e serviços.
- **Conhecimento organizacional** – a organização, sua cultura, suas estratégias, seus valores e estrutura de comunicação e influência formal e informal.

Perspectiva estratégica. A equipe do CMO precisa conseguir traçar estratégias a fim de ir além e ser proficiente em um conjunto de táticas e se envolver na estratégia de marketing. Como a equipe irá lidar com um mercado dinâmico, ela também precisará estar de acordo com a adaptação estratégica, a fim de refletir essa dinâmica. Sem talento estratégico, a equipe não será capaz de elaborar estratégias de marketing entre os silos, o que deve ser a meta principal, e não serão candidatos a sentar-se à mesa da estratégia.

Agente de mudança. A equipe do CMO terá de ser um agente de mudança. Isso significa que é preciso capacidade de gerar o sentimento e a essência de ser criativo e inovador. Deve haver uma sensação de energia e de propósito. A vida não vai continuar a ser como era antes. A mudança acontecerá. Existe uma linha tênue entre ser imprevisível e ser um catalisador positivo da mudança, no entanto, a mensagem de mudança deve estar cercada de profissionalismo. Para ser um agente de mudança, pelo menos alguns membros da equipe precisam desempenhar um papel persuasivo, tendo habilidades de comunicação e liderança. A capacidade de colaboração também é necessária, especialmente quando os incentivos são orientados pelo silo.

Multicultural. Quando surge a sobreposição global, a capacidade de trabalhar com línguas e culturas diferentes também deve aparecer. Em especial em um país culturalmente homogêneo, como o Japão, onde poucos cidadãos são proficientes em outras línguas, e torna-se necessário formar uma equipe culturalmente sensível com competências linguísticas apropriadas. O caminho utilizado pela Schlumberger, empresa de serviços em campos de petróleo, é deliberadamente ser a fonte de todas as empresas nacionais ao redor do mundo. Isso resulta em uma das poucas empresas que pode afirmar que seja verdadeiramente multicultural. Outra é fazer as pessoas circularem pelo mundo, como fizeram a Nestlé e a Sony, criando a ausência de pessoas específicas por país. Ainda, outra forma é treinar diretamente as pessoas sobre o conhecimento cultural, os *insights* de mercado, etc., para que suas limitações possam ser reduzidas. Mas isso continuará a ser um desafio para a empresa que tem aspirações globais.

Terceirização: membros internos *versus* membros externos da empresa

A decisão básica é se o CMO e os membros de sua equipe devem vir de dentro ou de fora da empresa. Geralmente, há um forte compromisso. Provavelmente, o membro interno da empresa conhecerá melhor a organização, sua cultura e sistemas, terá uma rede de colegas a quem pedir ajuda e conhecerá os atores por trás do quadro formal da organização – que são as verdadeiras chaves para que as coisas funcionem. Esse membro interno da empresa, portanto, é uma escolha pouco arriscada. No entanto, ele também pode não ter as competências de marketing e a credibilidade de saber o que fazer e como fazer. Ele também pode ser relutante ou mostrar-se incapaz de criar a mudança organizacional necessária.

Um membro externo da empresa que tenha a especialização funcional necessária, experiência e credibilidade pode servir como um agente de mudança, em parte porque ele está menos vinculado às decisões anteriores, aos relacionamentos e às pressões políticas. O problema é que ele, muitas vezes, não possui conhecimento total da cultura e do trabalho estabelecido dentro da empresa, de onde possa obter informações. Essa é a rota mais arriscada, mas que pode ter maior propensão a fazer a diferença quando a organização está precisando de uma mudança. O risco aumenta quando o membro externo está mudando indústrias (p. ex., marketing de produtos de consumo para marketing industrial – B2B) e enfrentando novos e diferentes desafios de marketing. Às vezes, os membros da equipe externos da empresa podem ser agentes mais eficazes da mudança do que os membros internos da empresa.

O equilíbrio entre fontes internas *versus* fontes externas da empresa mostram caminhos para o CMO. Um membro interno da empresa, com um histórico comprovado de agente de mudança e que tenha ou que possa obter credibilidade em marketing e marcas, pode estar disponível. Ou um membro externo da empresa, que demonstrou capacidade de adaptação a organizações, pode ser uma opção para o trabalho. Também é possível utilizar o gerente de marketing. Um membro interno pode começar e ter seu momento, oferecendo uma plataforma ao membro externo para uma mudança mais rápida. Em outras situações, o membro externo que movimenta a organização seria seguido por um membro interno que canalizaria e ampliaria essa energia.

Uma maneira de reduzir as tensões é formar uma equipe mista, com membros internos e externos, como bem fez a GE e como outros têm feito. Um membro externo desempenhando o papel de líder será cercado por membros internos da empresa e, quando ao membro externo for solicitado liderar a mudança, ele terá o apoio de qualquer talento interno que seja necessário. Outra maneira é mudar a cultura no sentido de fazer uma nova estratégia viável e tornar a tarefa do agente de mudança mais fácil.

Melhorando as equipes de marketing

Por diversas razões, uma equipe forte de marketing é necessária em toda a organização, não apenas no grupo central de marketing. Em primeiro lugar, uma presença forte de marketing nos silos irá reduzir a necessidade de justificar a estratégia de marca e de marketing. A conversa pode ser elevada. Em segundo lugar, independentemente do nível de controle central atingido, os silos ainda terão a tarefa de projetar e implementar, o que requer talento.

A Dow Corning tem um Conselho Global de Excelência em Marketing que leva à construção de capacidade de marketing da empresa. O conselho detecta lacunas de capacidade e desenvolve iniciativas para resolvê-las com a contratação de pessoal externo da empresa, iniciativas de formação e programas de tutoria. Eles patrocinaram, por exemplo, um programa de "almoço e aprendizado" em eventos que envolvem almoços. Na GE, o CMO tem um programa de identificação de talentos de marketing em potencial dentro da empresa, com o objetivo de influenciar o caminho de suas carreiras.

Formação e capacitação de pessoas é uma parte fundamental nessa equação. Elas terão que aprender sobre marketing geral, ter habilidades em áreas

---

Estratégia e desenvolvimento de pessoas na GE

Jack Welch, o lendário ex-CEO da GE, criou um sistema e uma cultura para desenvolver estratégia e pessoas durante os seus 20 anos de gestão. Cinco elementos estavam envolvidos:[4]

- Todo mês de janeiro, os principais cinco mil executivos da GE se reuniam em Boca Raton para compartilhar as melhores práticas e estabelecer as prioridades da empresa. (No último encontro, as prioridades incluíam comércio eletrônico, globalização e qualidade 6-Sigma). O evento era disponibilizado a toda a organização via Internet.
- A cada trimestre, os principais executivos se encontravam em reuniões de dois dias, conduzidas por Welch e focadas em iniciativas relacionadas à agenda estabelecida em Boca Raton. Esse era o local ideal para que futuros líderes surgissem, ganhassem respeito e demonstrassem crescimento.
- Duas vezes por ano, Welch e outros se concentravam em necessidades de pessoal para cada área de negócios, como, por exemplo, a maneira de lidar com os 20% de funcionários do topo e os 10% da base de cada unidade.
- Além disso, sessões semestrais (uma na primavera e uma no outono) olhavam para cada área de negócios com um horizonte de três anos.
- O esforço total era suportado pela arquitetura social de informalidade da GE, franqueza, diálogo substantivo, comportamento sem fronteiras, ênfase em acompanhamento e julgamentos baseados em dimensões qualitativas do negócio.

funcionais do marketing, conhecer modelos de processo e sistemas de informação, além de entender de estratégias de marca e marketing, bem como as justificativas para que tais estratégias existam. O primeiro passo é entender as lacunas de conhecimento de cada membro da equipe de marketing. O papel de um CMO pode ser avaliar o talento de marketing nos silos das organizações e envolver-se nas carreiras desses talentos, incluindo orientá-los para seguirem o programa de treinamento adequado.

Cultura

A cultura organizacional direciona o comportamento e é a cola que mantém tudo junto. Se a cooperação e a comunicação entre os silos tem que substituir a competição e o isolamento, a cultura geralmente precisa mudar. Como sugerido na Figura 15.3, uma cultura organizacional envolve três elementos: um conjunto de valores compartilhados que definem prioridades, um conjunto de normas de comportamento e símbolos e ações simbólicas. Cada um tem um papel fundamental a desempenhar na contratação de pessoas para trabalhar em conjunto nos silos.

Valores compartilhados

Valores compartilhados ou crenças dominantes sustentam uma cultura, especificando o que é importante. Em uma cultura forte, os valores serão amplamente aceitos e literalmente todos serão capazes de identificá-los e descrever sua lógica.

Valores compartilhados podem ter diversos focos. Eles podem envolver, por exemplo:

Figura 15.3 Cultura organizacional.

- Um ativo ou competência importante que seja a essência da vantagem competitiva da empresa: seremos a agência de propaganda mais criativa.
- Um foco operacional: a SAS centrava seu desempenho na pontualidade.
- Um resultado organizacional: asseguraremos índice zero de defeitos ou 100% de satisfação do cliente.
- Ênfase em uma área funcional: a Black & Decker passou de uma empresa com foco em produção a uma abordagem orientada pelo mercado.
- Um estilo de gestão: essa é uma organização informal, horizontal, que promove a comunicação e encoraja o pensamento não convencional.
- A crença na importância das pessoas como indivíduos.
- Um objetivo geral, como a crença em ser o melhor ou ser comparado ao melhor.

Para uma organização fazer progressos nos problemas de silos, a cooperação e a comunicação terão de se tornar um dos valores compartilhados. Isso significa que todos os funcionários e parceiros precisam conhecer a prioridade e acreditar nela.

Normas

Para fazer uma diferença real, a cultura deve ser forte o suficiente para desenvolver normas de comportamento – regras informais que influenciem decisões e ações em toda a organização, sugerindo o que é apropriado e o que não é. O fato é que normas fortes podem gerar muito mais controle eficaz sobre o que é realmente feito ou não em uma organização do que um conjunto muito específico de objetivos, medidas e sanções. As pessoas podem sempre burlar as regras. O conceito de normas é que as pessoas não tentarão evitá-las porque elas serão acompanhadas por um comprometimento de valores compartilhados.

As regras podem variar em duas dimensões: a intensidade ou a quantidade de aprovação/reprovação atrelada a uma expectativa e o grau de consenso ou de consistência compartilhado por essa regra. Culturas fortes somente aparecem quando a intensidade e o consenso existem.

As normas encorajam um comportamento consistente com valores compartilhados. Dessa forma, em uma cultura de qualidade de serviço, um esforço extraordinário de um funcionário, como alugar um helicóptero para consertar um componente de comunicação (uma lenda na FedEx), não pareceria fora de contexto ou arriscado; ao contrário, seria algo que a maioria das pessoas naquela cultura faria em circunstâncias similares. Além disso, o trabalho relaxado que afetasse a qualidade seria informalmente policiado pelos colegas de trabalho, sem ter como base um sistema formal. Uma empresa de produção não usa inspetores ou supervisores de controle de qualidade. Cada pessoa na linha de produção é responsável pela qualidade de seu trabalho e por manter o local de trabalho limpo. Tal política não funcionaria sem o suporte de uma cultura forte.

Com uma cultura em torno da cooperação e da comunicação, as pessoas instintivamente poderão chegar e comunicar-se com os silos. O espírito de equipe se tornaria natural. Quem tivesse um comportamento centrado no silo e prejudicial à organização como um todo iria se sentir desconfortável, ou pior.

Símbolos e ações simbólicas

Culturas corporativas são, em grande parte, desenvolvidas e mantidas pelo uso de símbolos e ações simbólicas consistentes e visíveis. Na verdade, os métodos mais óbvios de afetar o comportamento, como mudança de sistemas ou estruturas, são sempre muito menos eficazes do que ações simbólicas aparentemente triviais.

Vários símbolos e ações simbólicas estão disponíveis. A seguir, discutimos alguns dos mais úteis.

O fundador e a missão original

As raízes únicas de uma corporação, incluindo o estilo pessoal e a experiência de seu fundador, podem ser símbolos extremamente potentes. A cultura forte da L. L. Bean se deve principalmente ao envolvimento de seu fundador com atividades ao ar-livre e seus produtos originais para o caçador e o pescador. O conceito de entretenimento desenvolvido por Walt Disney, a filosofia orientada ao cliente de J. C. Penney, a cultura da inovação da HP simbolizada pela garagem utilizada por Don Hewlett e David Packard, a personalidade de Richard Branson, da Virgin e as tradições de produto e propaganda iniciadas pelos fundadores da Procter & Gamble continuam a influenciar as culturas de suas empresas muitas gerações depois.

Modernos modelos de papéis

Modernos heróis e modelos de papéis ajudam a comunicar, personalizar e legitimar valores e regras. Lou Gerstner tornou-se um símbolo da nova cultura focada em marketing da IBM, que substituiu uma organização centrada em silos de país e de produto pela organização centrada no cliente. Outros exemplos são os gestores da 3M, que de forma determinada correram atrás de suas ideias, apesar dos contratempos, até que conseguiram construir divisões principais, como a divisão da Post-it Notes. Há também os funcionários da Frito-Lay, que mantiveram o atendimento ao cliente mesmo durante desastres naturais.

Rituais

Rituais da vida profissional, desde contratação até almoços ou jantares de aposentadoria, ajudam a definir uma cultura. Uma das primeiras histórias de sucesso no Vale do Silício foi a de uma empresa com uma cultura baseada, em parte, na exigência de que a pessoa se comprometesse, antes de saber seu salário, ao orgulho considerável do ritual da cerveja na sexta-feira à tarde, que servia para quebrar barreiras de silo de produto e barreiras de silo funcional, criando canais de comunicação.

O papel do CEO e de outros executivos

A forma como um CEO e outros executivos utilizam o seu tempo pode ser uma ação simbólica que afeta a cultura. Um executivo de uma companhia aérea que usa duas semanas por mês observando, em primeira mão, o atendimento ao cliente em silos de países sinaliza fortemente para a organização que os programas precisam ser compartilhados. Padrões de reforço consistente podem representar outra importante atividade simbólica. Por exemplo, uma empresa que regularmente reconhece as realizações da atividade entre silos de forma significativa, com suporte visível da alta administração, pode, com o tempo, afetar a cultura. Quando um tipo de pergunta é feito continuamente pelos principais executivos e representa uma parte central das agendas das reuniões e dos relatórios, acaba influenciando os valores compartilhados da organização.

Considerando que o CEO é fundamental para o desenvolvimento da cultura, como você o insere no contexto de reforço de uma cultura por meio da cooperação e da comunicação entre silos? Três sugestões do estudo do CMO:[5]

- Os problemas precisam se tornar visíveis; muitas vezes, eles são ignorados, do jeito como sempre foi feito. Se algumas das ineficiências e opor-

---

Representar a cultura e a estratégia com histórias, não com lista de itens

Pesquisas mostraram que histórias tendem a ser mais lidas e lembradas do que listas. Entretanto, a maioria dos estrategistas empresariais se baseia em listas de itens para comunicar tanto cultura como estratégia. A 3M é uma empresa que baseou sua cultura em histórias clássicas – como a falha inicial de produtos abrasivos levou a inovações de produtos; como a fita com cobertura foi inventada; como um cientista concebeu os blocos Post-it quando seu marcador de páginas caiu fora do hinário; e como a equipe dos blocos Post-it, em vez de desistir em vista das baixas vendas iniciais, atraiu as pessoas para o produto inundando a cidade com amostras. Essas histórias comunicam como a inovação ocorre na 3M e como sua cultura empreendedora opera.

Na 3M, a estratégia empresarial também é comunicada por meio de histórias, e não dos convencionais itens, que tendem a ser genéricos (a meta de aumentar a participação de mercado se aplica a qualquer empresa), omitir suposições cruciais sobre a maneira como a empresa trabalha (o aumento na participação de mercado irá financiar novos produtos ou resultar em novos produtos?) e não especificar as relações causais (se A for feito, B se tornará eficaz). Uma história estratégica envolve diversas fases – preparação do terreno descrevendo a situação atual, introdução do conflito drástico na forma de desafios e questões críticas e resolução com histórias convincentes sobre como a empresa pode superar obstáculos e vencer. Apresentar uma narrativa motiva o público, acrescenta riqueza e detalhes e dá um vislumbre da lógica do estrategista.[6]

tunidades perdidas puderem ser quantificadas, haverá um problema razoável, para o qual a cooperação e a comunicação são parte da solução.
- O CMO precisa se tornar confiável para que haja comprometimento com o seu papel. Uma abordagem é alinhar o papel do marketing com aquele da agenda de prioridades do CEO, focando objetivos de crescimento em vez de extensões da marca, eficiência e objetivos de custo em vez de sinergia de marketing ou escala e construir ativos para dar suporte a iniciativas estratégicas em vez de campanhas de imagem da marca.
- Obter vitórias fáceis. Esses sucessos iniciais muitas vezes envolvem a identificação das unidades organizacionais que irão apoiar (ou pelo menos não irão se opor) a mudança porque precisam de ajuda para resolver um problema ou significativa oportunidade. Eles também podem envolver programas que podem ser implementados "sob o radar". Por exemplo, na Cigna, um gestor de bens imóveis que precisou de obras de arte para um prédio foi convencido a usar recursos visuais da marca. O CEO de uma grande divisão viu o resultado e imediatamente decidiu estender a ideia a todos os prédios.

Uma recapitulação da administração estratégica de mercado

A Figura 15.4 é um resumo das questões levantadas na análise estratégica e no desenvolvimento/refinamento da estratégia. Ela sugere uma pauta de discussão para ajudar uma organização a assegurar que a análise externa e interna tenham a profundidade, a amplitude e o pensamento progressivo necessários, e que o processo de criação e refinamento da estratégia resulte em estratégias vencedoras e sustentáveis.

Pontos-chave

- A descentralização com poderosos grupos de silos pode inibir a sinergia e a eficiência. Para o marketing, a descentralização leva à má alocação de recursos, a marcas confusas, inibe ofertas e programas entre silos, enfraquece equipes de marketing, à falta de sucesso de alavancagem e à cooperação e comunicação inadequadas.
- Ao lidar com o problema, CMOs devem considerar os papéis não ameaçadores, como o de facilitador e consultor de prestação de serviços, e não deve ter como objetivo centralizar e padronizar.
- As alavancas organizacionais são estrutura, sistemas, pessoas e cultura. Cada uma dessas precisam ser coerentes e apoiar a estratégia empresarial.

ANÁLISE DO CLIENTE
- Quais são os maiores segmentos?
- Quais são suas motivações e necessidades não atendidas?

ANÁLISE DA CONCORRÊNCIA
- Quem são os concorrentes atuais e potenciais? Que grupos estratégicos podem ser identificados?
- Quais são suas vendas, sua participação de mercado e seus lucros? Quais são as tendências de crescimento?
- Quais são seus pontos fortes, pontos fracos e estratégias?

ANÁLISE DE MERCADO/SUBMERCADO
- Quão atraentes são o mercado ou o segmento e os seus submercados? Quais são as forças reduzindo a lucratividade no mercado, as barreiras de entrada e de saída, as projeções de crescimento, as estruturas de custo e as perspectivas de lucratividade?
- Quais são os canais alternativos de distribuição e seus pontos fortes relativos?
- Quais tendências da indústria e submercados emergentes são significativas para a estratégia?
- Quais são os fatores-chave de sucesso atuais e no futuro?
- Quais são as incertezas estratégicas e as áreas que precisam de informação?

ANÁLISE AMBIENTAL
- Quais são as forças e tendências tecnológicas, de clientes e governamentais/econômicas que afetarão a estratégia?
- Quais são as principais incertezas estratégicas e as áreas que precisam de informação?
- Que cenários podem ser concebidos?

ANÁLISE INTERNA
- Quais são as nossas estratégias, desempenho, pontos de diferenciação, pontos fortes e pontos fracos, problemas estratégicos e cultura?
- Que ameaças e oportunidades existem?

DESENVOLVIMENTO DA ESTRATÉGIA
- Quais são os segmentos alvo? Qual é o escopo do produto?
- Quais proposições de valor serão o núcleo da oferta? Entre as possibilidades estão atributo ou benefício superior, *design* atraente, soluções de sistemas, programas sociais, relacionamento com o cliente, especialista de nicho, qualidade e valor.
- Quais ativos e competências servirão de base para uma VCS? Como eles podem ser desenvolvidos e mantidos? Como eles podem ser alavancados?
- Quais são as estratégias funcionais alternativas?
- Que estratégias se adequam melhor aos nossos pontos fortes, objetivos e organização?
- Quais direções de crescimento alternativo devem ser consideradas? Como elas devem ser buscadas?
- Qual nível de investimento é mais apropriado para cada produto-mercado – retirada, exploração, manutenção ou crescimento?

Figura 15.4 Desenvolvimento estratégico: uma pauta de discussão.

- A alavanca da estrutura organizacional dá a opção de centralizar seletivamente, utilizar equipes e redes de trabalho, utilizar estruturas matriciais de comunicação e empregar uma organização virtual.
- Os sistemas de gestão envolvem a informação, a avaliação e a recompensa, e os sistemas de planejamento que podem promover a cooperação e comunicação.
- As pessoas na equipe do CMO, que podem ser internas ou externas da empresa, precisam ter conhecimentos sobre marketing, marcas, mercados, produtos e sobre a organização, além de serem estratégicas e atuarem como agentes de mudança.
- A cultura envolve valores compartilhados, regras de comportamento e símbolos e ações simbólicas. O CEO é quem pilota essa cultura e é importante tê-lo a bordo.

Para discussão

1. Quais são as vantagens da descentralização? Algumas pessoas argumentam que é necessário mais centralização para desenvolver e implementar a estratégia em tempos dinâmicos. Expresse sua opinião e ilustre-a com exemplos. Quando você recomendaria que a equipe central usasse um papel facilitador, em vez de impor seus conselhos?
2. O conceito Korvette foi iniciado e administrado por uma pessoa e seu grupo de amigos. Como sua falha poderia ter sido evitada? O problema foi de estratégia (excesso de expansão) ou organizacional? Por quê?
3. O que você faria para mudar a cultura de uma organização para melhorar o nível de cooperação e comunicação?
4. Se você fosse nomeado o novo CMO de uma empresa como a General Mills, que possui silos, o que você faria durante os primeiros 100 dias?
5. Se você fosse o CMO da HP, que possui dezenas de unidades de produto em mais de 100 países, como você decidiria quais elementos de propaganda devem ser centralizados – que elementos de mídia, criação, gestão de contas, estratégia? E a estratégia de marca?
6. Qual forma você acha que seria a melhor de fazer o CEO orientado para as finanças vir a apoiar o marketing e seus esforços para que os silos trabalhassem em conjunto nas ofertas, marcas e programas de marketing?
7. Considere a PowerBar, cuja estratégia é resumida no case da PowerBar. Que implicações para cultura, estrutura, sistemas e pessoas você sugere, considerando a natureza do produto e da empresa? Isso mudaria quando a empresa foi adquirida pela Nestlé?

Notas

1. Este capítulo inspirou-se no material de David Aaker, *Spanning Silos: The New CMO Imperative*, Boston: Harvard Business Press, 2008.
2. Greg Welch, "CMO Tenure: Slowing Down the Revolving Door", Spenser Stuart Blue Paper, 2004.
3. Aaker, op cit.
4. "GE's Ten-Step Talent Plan", *Fortune*, April 17, 2000, p. 232.
5. Aaker, op cit.
6. Gordon Shaw, Robert Brown, and Philip Bromiley, "Strategic Stories: How 3M Is Rewriting Business Planning", *Harvard Business Review*, May–June 1998, pp. 41–50.

CASOS DESAFIADORES DA PARTE II

Reposicionamento estratégico
Hobart Corporation

Embora a Hobart Corporation, fabricante de equipamentos para os setores alimentício (restaurantes e instituições) e varejista (mercearias e lojas de conveniência) há mais de um século, tenha desenvolvido uma reputação sólida de alta qualidade e produtos extremamente confiáveis, ela não é necessariamente vista como um líder da indústria. Porém, tinha credenciais. Além de ser a maior empresa no tocante a vendas, ela também tinha ampla cobertura do setor e suas categorias de produtos, bem como uma rede de serviço respeitável, com cerca de 200 pontos e mais de 1.700 vans de serviço. Os melhores concorrentes excediam em uma determinada categoria de produto (refrigeração, por exemplo) ou eram mais conhecidos em um dos setores da indústria, mas não tinham a amplitude de ofertas da Hobart.

A Hobart estava preocupada com a concorrência de produtos mais baratos que eram fabricados no estrangeiro. A maioria dos clientes continuava comprando os produtos Hobart, mas a ameaça estava crescendo. Além disso, era difícil criar material de propaganda e de feiras que inovasse no grupo. Produtos inovadores que atraíssem a atenção não eram gerados com facilidade.

Em resposta a essas preocupações, a Hobart tentou estabelecer uma marca diferente para o cliente, a qual seria a "líder imaginada" na indústria, e não apenas a líder de produto. Ela queria ser conhecida por ter a melhor qualidade, "e mais". A ideia condutora era oferecer soluções para as questões diárias que os clientes enfrentavam em seus negócios – coisas como encontrar, treinar e manter bons funcionários; manter os alimentos seguros; prover experiências de refeições sedutoras; eliminar custos; reduzir a escassez; e aumentar o crescimento de vendas das lojas. A empresa organizou sistematicamente uma base de conhecimento a fim de abordar esses problemas.

Essa ideia condutora de resolver problemas diários levou a um programa poderoso de construção de marca baseado no slogan "Equipamento seguro, conselho seguro". O principal elemento era uma revista para os clientes, chamada "Sage: Seasoned Advice for the Food Industry Professional" (também disponível via Internet na Sage *on-line*). O tratamento profundo e objetivo da Sage em relação aos problemas e preocupações dos clientes a fazia parecer mais uma publicação de banca de revistas do que uma ferramenta promocional corporativa. Nas feiras do setor, o estande da Hobart tinha um "centro de ideias" no qual as pessoas podiam falar com especialistas do setor, em busca de conselhos para os problemas que enfrentavam em suas empresas. A Hobart realizou seminários com especialistas de renome; "O Estado do Jantar Colegiado" foi um dos tópicos. Internamente, a mensagem de liderança era reforçada em reuniões de departamento e da empresa, bem como por meio de informativos internos.

A Hobart também ofereceu conteúdo útil sobre questões-chave em seu *site*, hobartcorp.com. Os visitantes podiam encontrar trabalhos, sessões de perguntas e respostas com especialistas da indústria, resumos de documentos e outros materiais atualizados semanalmente. Esse programa cresceu, incluindo mais de 100 artigos sobre tecnologia, economia de trabalho, redução da escassez, produtividade, melhoria da segurança alimentar, crescimento de vendas e gestão de custos. A marca estava também na Web e em outros locais, graças à colocação estratégica do conteúdo da Hobart em muitos outros *sites* por pessoas da indústria. Elementos selecionados desse conteúdo da Web eram convertidos em peças impressas e amplamente divulgados.

A Hobart também compartilhava conselhos seguros mediante palestras nos principais eventos do setor, a exemplo do Home Meal Replacement Summit, e artigos para revistas empresariais (p. ex.: "Cold War: Smart Refrigeration Arms Restaurateurs Against Food-Borne Illnesses", na Hotel Magazine). A meta de relações públicas passou a ser a colocação de ideias, em vez da colocação de produto. A Hobart também mudou sua abordagem em relação ao lançamento de novos produtos, passando a enfatizar o modo como cada produto ajuda o cliente a lidar com as principais questões da empresa. Por exemplo, em vez de enfatizar características específicas, como os bicos retraídos da Hobart TurboWash, a empresa comunicava como era fácil a tarefa de esfregar caldeirões e panelas, resultando em funcionários mais felizes nos restaurantes e nas empresas de alimentação.

A propaganda impressa, que já havia sido a principal ferramenta de construção de marca, desempenhava um papel menor, mas ainda importante, centrando-se nos principais problemas dos clientes. Por exemplo, um anúncio mostrava um aviso na pia do banheiro que dizia: "Os funcionários devem lavar as mãos antes de retornar ao trabalho". O texto sob o desenho perguntava: "Precisa de uma técnica mais abrangente para a segurança alimentar?" – e então descrevia as soluções recomendadas pela Hobart.

Para discussão

1. Por que os chefs compram Hobart para suas cozinhas?
2. Qual era a proposição de valor antes do programa "Equipamento seguro, conselho seguro"? Como foi a mudança?
3. Que estratégias funcionais a Hobart adotava?
4. O novo programa absorvia recursos, reduzindo, assim, o esforço para comunicar inovações dos novos produtos. Essa foi uma decisão acertada? Que abordagem tende a criar melhor suporte para a qualidade da imagem?
5. Como os concorrentes podiam se posicionar em relação à proposição de valor da Hobart?

Fonte: Adaptado com permissão da Free Press, uma divisão da Simon & Schuster Adult Publishing Group, de *Brand Leadership*, de David A. Aaker e Erich Joachimsthaler. Copyright © 2000 por David A. Aaker e Erich Joachimsthaler. Todos os direitos reservados.

Alavancando um ativo da marca
Dove

Em 1955, a Unilever (então Lever Brothers) lançou o Dove, que continha um ingrediente patenteado de limpeza profunda na categoria de sabonete. Ele foi posicionado – na época e hoje – como um "sabonete de beleza", com um quarto de creme de limpeza que hidrata a pele enquanto a limpa (em vez de torná-la seca, como os sabonetes comuns). Propagandas reforçavam a mensagem, mostrando o creme sendo colocado no sabonete de beleza. Em 1979, a expressão "creme de limpeza" foi substituída por "creme hidratante". Também em 1979, um dermatologista da University of Pennsylvania mostrou que o Dove secava e irritava a pele menos do que sabonetes comuns. Com base nesse estudo, a Unilever começou a trabalhar agressivamente o Dove junto aos médicos. Em pouco tempo, cerca de 25% dos usuários do Dove diziam que compravam a marca porque um médico a recomendara, aumentando muito a credibilidade do sabonete como hidratante. Em meados dos anos 1980, a Dove tornou-se a marca de sabonete mais vendida e justificava um preço mais alto.

O primeiro esforço para ampliar a marca Dove ocorreu em 1965. A extensão para detergentes lava-louças sobrevive, mas foi frustrante. Como o concorrente líder na época, Palmolive, prometia "amaciar suas mãos enquanto você lava os pratos", a esperança era de que a mensagem do creme de limpeza Dove se traduzisse em uma vantagem competitiva. Contudo, os clientes não viam razão para deixar de usar o bem-posicionado Palmolive e, como a reputação do Dove em hidratação e beleza não implicava limpar pratos, simplesmente não havia vantagem percebida. Depois de ter uma baixa aceitação de mercado para a extensão, o Dove abaixou o preço, criando outra forte tendência para a marca. Quinze anos após seu lançamento, a marca ocupava um fraco sétimo lugar no mercado dos Estados Unidos, com participação de cerca de 3%. O detergente não apenas não conseguiu melhorar a marca Dove, como também, indubitavelmente, inibiu-a de aumentar ainda mais sua franquia durante décadas.

Em 1990, a patente do sabonete Dove venceu, e o arquiconcorrente P&G logo estava testando o sabonete Olay com propriedades hidratantes, um produto lançado em 1993. Um ano depois, aparecia o sabonete para corpo Olay, que logo conquistou mais de 25% de uma categoria de produto de alta margem. Vulnerável, a equipe Dove tardiamente reconheceu que a sua marca era a que deveria ganhar a posição de sabonete hidratante para o corpo. A empresa aparentemente perdeu a chance de ser líder nessa nova subcategoria.

Em resposta ao Olay, a empresa colocou o sabonete Dove Moisturizing Body Wash nas lojas. O produto, entretanto, não estava de acordo com a promessa da Dove, de modo que a reformulação em 1996 foi apenas uma melhoria parcial. Em 1999, porém, a Dove finalmente acertou com a inovadora linha Nutrium, baseada em uma tecnologia que depositava lipídios, vitamina E e outros ingredientes na pele. As avançadas propriedades nutrientes para a pele forneceram uma ajuda suficiente que permitia à Dove cobrar um prêmio de 50% sobre seu sabonete para o corpo. Posteriormente, a marca lançou uma versão do Nutrium com antioxidantes (que supostamente estão associados à redução do envelhecimento), que ajudou o Dove a se igualar ao Olay na categoria de sabonete para o corpo. Ao alavancar o valor da marca, adotar tecnologia inovadora e ser persistente, a Dove conseguir superar uma entrada tardia no mercado.

Os esforços da Dove em higiene para o corpo influenciaram os negócios do seu sabonete, estáveis até meados dos anos 1990 (e, na verdade, tiveram queda em 1996). O lançamento do sabonete para o corpo correspondeu a um crescimento de 30% no sabonete Dove de meados dos anos 1990 até 2001, prova de que a energia e exposição da marca Dove ajudaram, embora o produto fosse de certa forma procurado durante grande parte desse período. Além disso, a submarca Nutrium, estabelecida na categoria de sabonete para o corpo, foi empregada para ajudar os negócios de sabonete. Em 2001, a Unilever lançou o sabonete Dove Nutrium (posicionado como repositor de nutrientes da pele), que tinha preço cerca de 30% mais alto do que o do Dove regular.

Outra batalha, travada em 2000, deu-se na categoria bastante madura de desodorantes – embora a secura, o principal benefício, parecesse contraditória à promessa de hidratação do Dove e o segmento-alvo fosse mais jovem do que o cliente Dove típico. Apesar desses riscos aparentes, a Dove lançou uma linha de desodorantes com uma propaganda não usual (p. ex.: um dos slogans era "Próxima parada, céu das axilas"). O desodorante acabou sendo indicado como um dos principais 10 novos produtos não alimentícios em 2001, acumulando mais de US$ 70 milhões em vendas, com quase 5% de mercado, fazendo da Dove a marca número dois entre os desodorantes femininos. O posicionamento "¼ de creme hidratante", comunicado como protetor da pele sensível das axilas, gerou um destaque para o Dove, o que diferenciou a linha de produto.

Apesar dessa vitória, o Olay da P&G novamente bateu o Dove em um novo mercado no verão de 2000, dessa vez com lenços descartáveis para o rosto, umedecidos com hidratante. A Dove precisou de cerca de um ano para responder com seu Dove Daily Hydrating Cleansing Cloths. Com o sucesso do sabonete corporal por trás, entretanto, a marca Dove era bem apropriada para concorrer nessa categoria.

A próxima extensão de produto foi o Dove Hair Care, cujas características hidratantes foram diretamente receptivas a uma das duas principais necessidades não atendidas na categoria. O diferenciador do produto da marca, Weightless Moisturizers, era um conjunto de 15 ingredientes criados para tornar o cabelo mais macio, mais liso e mais vibrante, sem acrescentar peso. Depois de atingir a posição de top de vendas no Japão e em Taiwan, o Dove Hair Care entrou no mercado dos Estados Unidos, no início de 2003, com uma campanha de lançamento maciça, juntando-se a uma linha de produtos usada por quase um terço das famílias norte-americanas. Dois anos depois, introduziu o Dove Loção Firmadora, formulada com colágeno e algas, com o objetivo de dar ao usuário uma pele mais firme após duas semanas.

Essas extensões contribuíram para o grande sucesso de vendas. Os negócios da marca cresceram, de cerca de US$ 200 milhões em 1990 para mais de US$ 3 bilhões em 2005 (estava fazendo US$ 330 milhões em 2003) para fechar em US$ 4 bilhões em 2008. A expansão geográfica também contribuiu. A Dove estava presente em 80 países em 2008, muito mais do que em 1990, e a presença era mais forte na Europa – onde ganhou 30% do mercado de cosméticos e higiene pessoal –, Ásia-Pacífico, 25%, e América Latina, 11%.

Em 2005, sem grande expansão geográfica ou extensão de marca em vista, a Dove voltou seus olhos para outra forma de adicionar energia à marca. O resultado foi uma campanha publicitária (a primeira criada no Reino Unido) com o slogan "mulheres reais", mostrando mulheres com tamanhos reais em vez de modelos extremamente magras. A Dove lançou campanhas para ensinar e inspirar as meninas a adotarem uma definição mais ampla de beleza e para ter mais autoestima ao serem apoiadas pela propaganda. A nova direção para a marca estava embasada, em parte, pelo estudo global que envolveu 3.200 entrevistas e que revelou que apenas 2% das mulheres se achavam bonitas, 50% das mulheres pensavam que seu peso era muito alto (60% nos Estados Unidos), e dois terços das mulheres tinham a sensação de que os meios de comunicação e a propaganda utilizavam um padrão irreal de beleza. A campanha recebeu enorme exposição na mídia com mais de mil histórias, a maioria (mas nem todas) era positiva – alguns achavam que a campanha seria ineficaz, outros lembravam que a Unilever ainda estava usando modelos em seus outros produtos e ainda outros pensavam que a Dove estava promovendo a obesidade. A campanha impulsionou as vendas em 10%.

Além disso, a Unilever tem um produto para homens chamado Axe (ou Lynx em alguns países), que foi lançado nos Estados Unidos em 2002 como um desodorante spray e que agora cobre géis, xampu, loção pós-barba e outros produtos. A marca Axe foi construída em torno da premissa humorística de que mulheres bonitas ficariam loucas por um homem (ou mesmo um manequim masculino) que usasse o spray Axe. As propagandas e promoções foram amplamente percebidas como sexistas e até mesmo degradantes. Alguns mencionaram que a Unilever estava sendo hipócrita ao reivindicar algum tipo de vitória feminina enquanto tinha a marca Axe reforçando exatamente o oposto do que seria o conceito de "mulher real".

Para discussão

1. Por que a Dove demorou tanto para acordar?
2. Quais foram as chaves para o sucesso que a Dove utilizou para transformar sua marca em um negócio de US$ 4 bilhões? Qual foi o papel do ímpeto de sucesso e os diferenciadores da marca?
3. Qual foi o papel de um concorrente vigoroso? A Dove teria chegado lá sem o empurrão da P&G (ou, mais especificamente, o puxão) na marca?
4. Por que as vendas do sabonete Dove foram afetadas pelos outros sucessos da Dove?
5. O que esse caso lhe diz sobre as vantagens de ser o pioneiro?
6. Qual é a sua opinião sobre a campanha "Beleza Verdadeira"? Será que a existência da marca Axe afetou essa visão?

Fonte: Adaptado com permissão da Free Press, uma divisão da Simon & Schuster Adult Publishing Group, de *Brand Portfolio Strategy: Creating Relevance, Differentiation, Energy, Leverage and Clarity*, de David A. Aaker. Copyright © 2004 por David A. Aaker. Todos os direitos reservados.

Competindo contra o gigante da indústria
Competindo com o Walmart

O Walmart é o maior varejista de todos os tempos. Em 2009, com US$ 450 bilhões em vendas, foi de longe a maior empresa de varejo do mundo. Suas vendas em 2009 representaram mais de 11% do volume total de vendas dos Estados Unidos. Sua participação no mercado total em algumas categorias, como fraldas descartáveis e produtos de cuidado com cabelo, foi bem maior que 25%. O Walmart aparece regularmente na lista da Fortune entre as empresas mais admiradas dos Estados Unidos.

O Walmart foi fundado em Arkansas por Sam Walton em 1962. Seis anos depois ele se expandiu para os estados vizinhos e, em 1970, aventurou-se para além do Sul. Com o tempo, acrescentou outros produtos ao seu escopo, como joias, comida, venda de medicamentos e de produtos automotivos. Em 2009, nos Estados Unidos, já havia cerca de 900 Walmarts, mais de 2.600 Walmart Supercenters e 150 mercados de bairro. Mais de 90% dos americanos vivem a 20 km de uma loja Walmart. Em 1983, o Walmart entrou no negócio de atacado sob a marca Sam's Club; esse conceito cresceu para mais de 500 lojas em duas décadas e em 2009 já possuía mais de 600 lojas. Em 1991, começou sua busca internacional por abrir uma loja no México. Em 2009, a Walmart tinha quase 3.600 lojas em 15 mercados fora dos Estados Unidos e foi o líder de varejo no México e no Canadá.

Durante os primeiros 30 anos do Walmart, Sam Walton foi sua alma e coração. Uma influência inspiradora e visionária que criou estratégias, políticas e valores culturais que fomentaram o sucesso da empresa. Sam Walton passava muito tempo visitando lojas e clientes e encontrando seus "associados" – os funcionários. As visitas sempre forneciam *insights* sobre clientes e *merchandising*, tapinhas nas costas dos trabalhadores e sugestões de melhoria. Ele convocava os gestores para a sede da empresa em Bentonville, Arkansas, para reuniões aos sábados de manhã, o que mantinha o Walmart focado e promovia uma ética de trabalho bem difundida. Sam Waltson também gostava de comemorar os sucessos, uma vez tendo prometido fazer o "hula-hula" em Wall Street se a empresa alcançasse 8% de lucros pré-impostos. Para os funcionários e clientes, Sam Walton era a Walmart.

Em 1962, Walton abriu sua empresa com três crenças básicas – respeito pelo trabalhador individual, atendimento excepcional ao cliente e busca pela excelência. Ele desenvolveu uma série de regras para seus associados. Ele desafiou-os a envolver-se no conceito de "hospitalidade agressiva", para estar sempre com um sorriso no rosto e dar assistência a todos os clientes. A "regra dos três metros" dizia que sempre que um associado estivesse a cerca de 3 metros do cliente, deveria olhar o cliente nos olhos e perguntar se ele precisava de ajuda. Sua "regra do pôr do sol" significava que qualquer tarefa que pudesse ser feita hoje não deveria ser deixada para amanhã, especialmente se a tarefa envolvesse serviço ao cliente. Exemplificando sua crença na capacitação, Walton instituiu o programa Item de Produção de Volume (IPV), no qual um associado deveria escolher um item, planejar um esforço de *merchandising* para ele, monitorar e comunicar os resultados.

Em seu livro, Made in America, 1992 – título que reflete as estratégias de posicionamento do Walmart no começo dos anos 80, bem como um comentário sobre a carreira do fundador – Sam Walton lista os 10 fatores-chave fundamentais para o sucesso. O primeiro é reconhecer seus associados e suas contribuições; o segundo item é compartilhar os lucros com eles. O terceiro fator é conversar com o cliente e ouvir o que tem a dizer. Outro item é exceder as expectativas do cliente ("satisfação garantida" realmente significava alguma coisa para Sam Walton). Ainda outro fator é o de controlar gastos melhor do que os concorrentes; Walton se orgulhava de ser o número um no ranking da relação de despesas com vendas.

Sam Walton oferecia estratégias, bem como carisma. Uma estratégia básica inicial foi levar as lojas de desconto para cidades de cerca de 50 mil pessoas. Enquanto as grandes lojas de desconto estavam lutando pelos pontos principais das grandes cidades, o Walmart tinha as pequenas áreas metropolitanas para si. Segundo, por causa da localização de suas primeiras lojas e de sua sede, a Walmart tinha uma vantagem de custo sobre os funcionários de ponta a ponta. Terceiro, através da criação de centros de distribuição, o Walmart, desde o início, ganhou eficiência operacional e logística. Ao longo do tempo, o Walmart inovou implacavelmente as áreas de armazenagem, logística, tecnologia da informação e operações para criar mais e mais economia. Essa inovação foi feita, parcialmente, em parceria com fornecedores como a P&G.

O Walmart continuou a prosperar após 1992, quando Sam Walton faleceu. Apesar de sua estratégia justa e da conexão com funcionários e clientes terem sido perdidas, muitas de suas ideias tornaram-se institucionais. O *merchandising* agressivo, liderado por associados capacitados e pelos ganhos de marcas registradas, por exemplo, manteve-se como parte do perfil do Walmart. Além disso, houve foco no programa de "varejo e entretenimento", incluindo transmissões ao vivo de música nos departamentos voltados para a casa, eventos promocionais exclusivos em torno de lançamentos de vídeos e exposições de organizações locais. O patrimônio foi construído sobre produtos de marca própria, como comida para cachorro Ol' Roy (que já ultrapassou a Purina como alimento para cachorro mais vendido do mundo), lenços e fraldas White Cloud e as linhas de produtos Sam's Choice e Great Value.

Preços baixos e contenção de custos continuaram a ser o foco – alguns dizem que essa é a obsessão – da gestão do Walmart. A promessa aos clientes de oferecer "Preços Baixos, Sempre" direciona a cultura e a estratégia. Fornecedores são contínua e agressivamente desafiados a reduzir custos. O Walmart irá definir metas de redução de custos, de vez em quando mostrando aos fornecedores como alcançá-las. As operações tornam-se continuamente mais eficientes. O resultado da redução de custo é repassado aos clientes, já que o Walmart não apoia políticas de fornecedores de marca *premium*. As linhas de marcas próprias são muitas vezes provenientes de fábricas estrangeiras, criando vantagens de custo significativas e que não podem ser interrompidas em diversas categorias. O Walmart vê a si mesmo, acima de tudo, como um agente de compras do cliente, e seu objetivo é reduzir os preços. Por algumas estimativas, o Walmart leva uma economia de US$ 20 bilhões por ano aos seus consumidores.

O Walmart também possui detratores significativos. Um conjunto de argumentos, resumidos em uma reportagem de capa da Business Week, questiona se o Walmart é tão poderoso, referindo-se aos postos de trabalho. O Walmart é acusado de apressar o movimento de empregos para o exterior, já que seu foco nos custos levou a empresa a comprar mais de US$ 27 bilhões em mercadorias da China só em 2006 (cerca de 11% do déficit comercial dos Estados Unidos com a China). Alguns chegam a argumentar que os fornecedores, a fim de cumprir as metas de custo do Walmart, são forçados a transferir empregos para a China e outros lugares. Além disso, estima-se que para cada supercenter que o Walmart abre, dois supermercados fecharão. Quando o Walmart entrou em Oklahoma City, por exemplo, trinta supermercados fecharam. Por causa da perda de negócios locais, muitas comunidades resistem à entrada do Walmart. Afirma-se que mesmo os empregos que o Walmart traz são inferiores, já que a empresa tem princípio antissindical e uma política de baixa remuneração; essas têm sido as justificativas para a manutenção de salários baixos nos Estados Unidos e em todas as regiões de varejo local. Em média, um balconista do Walmart em 2001 ganhava menos de US$ 14 mil, o que quer dizer que ele estava abaixo da linha da pobreza, considerando uma família de três pessoas. Os custos do trabalho foram estimados em 20% menores do que os da concorrência, os supermercados sindicalizados, porque os funcionários recebem menos benefícios. Dezenas de processos relacionados a pagamento de horas extras e discriminação sexual têm sido levantadas contra a empresa. Os valores de Sam Walton, descritos em "Made in America" e no "respeito pelo indivíduo" parecem uma memória distante. As iniciativas verdes do Walmart, descritas no Capítulo 6, são destinadas, em parte, a desfazer essa publicidade negativa.

O Walmart também encara algumas preocupações mais intangíveis. Já que controla mais de 15% das vendas de todas as revistas e vídeos/DVD, alguns temem que a empresa exerça uma influência indesejável e arbitrária na cultura. O Walmart decide estocar algumas revistas enquanto bane ou esconde as capas de outras (uma mulher seminua na capa da Rolling Stone é aceitável, mas não na de Glamour e Redbook), e vende apenas vídeos que atendem a padrões aceitáveis familiares. Como resultado disso, alguns produtores de cinema têm se sentido compelidos a criar uma "versão Walmart" de suas produções. Além disso, o poder do Walmart no mercado é tão grande que algumas pessoas temem que ele influencie desmedidamente a concepção de produtos (por exemplo, o *design* específico de um produto pode ser considerado muito caro pelo Walmart). Em uma ampla variedade de áreas de produtos, os fabricantes não podem se dar ao luxo de desviar das especificações estabelecidas pelo Walmart.

O Walmart tem planos de expandir-se radicalmente. O principal veículo para esse crescimento são os Walmart Supercenters, muitas vezes, situados em shoppings onde os locais estão disponíveis a preços baixos, enfrentam menos problemas de zoneamento e desencadeiam menor oposição da vizinhança. A obsessão com preços baixos, custos e eficiência não vai mudar. Na verdade, os fornecedores têm um prazo limite para colocar etiquetas de identificação de radiofrequência em todos os pacotes e cargas para criar um novo nível de eficiência. Haverá uma ênfase maior sobre o crescimento de produtos de marca própria, como a linha Great Value. Um programa para atualizar o Sam's Club, acrescentando produtos de farmácia, ótica, fotografia, combustível e outros serviços, está em andamento.

Para discussão

1. Mercearias e lojas de mercadorias devem esperar desafios mais intensos do Walmart no futuro. Essas empresas precisam entender o Walmart e como ele compete. Quais estratégias levaram o Walmart ao sucesso? Qual foi o papel de Sam Walton?

2. Qual é a provável direção da empresa para além de suas intenções declaradas? Faria sentido para o Walmart expandir sua marca para supermercados autônomos (como a Safeway) ou lojas de conveniência (p. ex.: a 7-Eleven)?

3. O Walmart é positivo ou negativo para seus clientes? Para os fornecedores? Para os funcionários? Para as comunidades? Para os Estados Unidos?

4. Que impacto os programas verdes do Walmart descritos no Capítulo 5, página 100, tiveram na sua imagem?

Considere que dois concorrentes, a Costco e a Wegmans, devem planejar uma estratégia que os levará ao sucesso no ambiente do Walmart.

Wegmans

Há 70 Wegmans Food Markets em Nova York, na Pensilvânia, em Nova Jersey e em Maryland. A Wegmans tem visto suas vendas (incluindo as vendas nas mesmas lojas) crescer de forma constante ao longo dos anos para cerca de US$ 4 bilhões de dólares, com margens muito saudáveis e vendas por metro quadrado – números que são muito mais altos do que outros supermercados. As lojas mais novas têm uma seção enorme de alimentos preparados, uma vasta seleção de alimentos orgânicos, cerca de 500 queijos e uma equipe de funcionários bem informados sobre esses produtos, uma padaria, uma livraria, play centers para crianças, um estúdio fotográfico, uma floricultura, uma loja de vinhos, uma farmácia e uma cafeteira. As compras tornam-se um evento. A paixão da Wegmans pelo show de alimentos. A empresa patrocina aulas de culinária, seleção de vinhos e outros tópicos sobre alimentos, além de ter um serviço de buffet com um menu extenso. O *site* da Wegmans possui uma seção "Comer Bem, Viver Bem", com comentários semanais sobre comida feitos pelo vice-presidente sênior para assuntos de consumo.

A equipe é amigável, útil e comprometida. Muitas vezes, a Wegmans ficou entre as melhores empresas na lista das melhores empresas para se trabalhar eleitas pela Fortune. Eles contratam apenas pessoas que compartilham a paixão por comida e oferecem salários e benefícios muito maiores do que os concorrentes. Como resultado disso, os funcionários não deixam a empresa e ficam entusiasmados com a sua missão de encantar os clientes. O chef de sua padaria já trabalhou no French Laundry em Napa, um dos melhores restaurantes do mundo. Seu grupo de clientes inclui muitos fãs devotos e sua influência é transmitida para novas lojas. Uma loja de Dallas atraiu 15.500 clientes em seu primeiro dia.

No entanto, o Walmart superou esse número. Muitas das lojas Wegmans ficam a 30 km de uma Walmart Supercenter.

Para discussão

1. Quais são os pontos fortes e fracos do Walmart a partir da perspectiva da Wegmans?
2. Quais estratégias a Wegmans deve evitar?
3. Que estratégias permitirão que a Wegmans prospere ou, pelo menos, sobreviva frente às forças do Walmart?
4. Como a Wegmans deve explorar o fator ressentimento do Walmart?

Costco

A Costco começou em 1981, poucos anos antes de o Sam's Club aparecer. Em 2008, ela tinha 512 lojas e vendia US$ 71 bilhões, com cerca de 57 milhões de membros individuais, 5 milhões de membros comerciais e mais de US$ 1,2 bilhão de lucro líquido. O crescimento anual está na faixa de 6 a 10%, e as vendas por loja subiram de US$ 77 milhões em 1996 para US$ 138 milhões em 2006, desempenho muito melhor do que o do Sam's Club, a entrada do Walmart. Ao contrário do Sam's Club, que se concentra no preço, a Costco oferece marcas de luxo, como tacos de golfe Callaway, café Starbucks e joias caras, e por isso atrai um tipo diferente de cliente. A Costco se orgulha de fornecer a experiência de "caça ao tesouro" para seus clientes, que podem procurar por um item especial entre uma seleção de itens que está sempre mudando. Sam's Club está tentando atacar a Costco, acrescentando marcas de luxo e integrando-se mais estreitamente com o Walmart, a fim de conseguir maior poder de compra e eficiência logística.

Para discussão

1. Quais são os pontos fortes e fracos da Sam's Club a partir da perspectiva da Costco?
2. Como a Costco deve reagir à ameaça do Walmart?

Fontes: sites das empresas Walmart, Costco e Wegmans, 2008; relatório anual do Walmart, 2008; Anthony Bianco e Wendy Zellner, "Is Walmart Too Powerful?" *Business Week*, October 6, 2003, pp. 100–110. "Walmart Celebrates Its Growing Market Share", *Fortune*, June 8, 2009.

Criação de uma nova marca para um novo negócio
Arte contemporânea

A arte contemporânea, muitas vezes definida como não tradicional na década de 70, pode vender quantidades incríveis. Damien Hirst, atualmente um dos artistas vivo mais caros do mundo, matou um tubarão e o manteve conservado, flutuando em formol dentro de uma caixa de vidro de grandes dimensões. O título da obra era "A Impossibilidade Física da Morte na Mente de Alguém Vivo". Agora, a obra está no Metropolitan Museum of Art e estima-se valer mais de US$ 12 milhões. Hirst também criou uma matriz quadrada de pontos coloridos para vender por até US$ 1.500.000. Centenas dessas obras foram criadas e vendidas. Embora ainda desconhecido, Hirst vendeu um trabalho para Charles Saatchi, o executivo de propaganda e colecionador, que consistia em moscas eclodindo e sendo atraídas pela cabeça de uma vaca em decomposição somente para serem eletrocutadas por um mata-moscas elétrico no caminho. A obra foi chamada de "Mil anos" e retrata a vida e a morte. Saatchi, que possui mais de 3 mil obras de arte contemporânea, é generoso quanto ao empréstimo dessas obras a museus, contanto que concordem em mostrar outras obras (de modo que possa dizer que foram expostas em um museu).

Existem dezenas de artistas que comandam os preços altos. Alguns exemplos:

- On Kawara pinta uma data como "8 de novembro de 1989" em uma tela. Há cerca de 2 mil desses e um foi vendido por cerca de US$ 500 mil em 2006, em um leilão da Christie. A Christie e Sotheby's são as duas casas de leilão de maior prestígio. Estima-se que uma pintura irá receber 20% a mais se for vendida em um dessas duas casas de leilões, em parte, por causa de sua marca.
- Felix Gonzalez-Torres obteve 355 libras de doces azul e branco embalados individualmente, empilhou-os em uma forma retangular e chamou o resultado de "Lover Boy". A obra foi vendida por US$ 450 mil em 2000.
- Christopher Wool vendeu uma pintura com 15 letras estampadas que formavam a palavra Rundogrundogrun por US$ 1,24 milhão em 2005.
- Em 2008, uma pintura de sete metros de Mark Rothko, que pertencia a David Rockefeller (que a comprou em 1960 por US$ 8.500) foi vendida na Sotheby's por US$ 72,8 milhões, quase três vezes mais do que o recorde anterior de Rothko.
- No final dos anos 50, Leo Castelli abriu uma galeria em Nova York e passou a patrocinar alguns jovens artistas com personalidade, incluindo Jasper Johns, Robert Rauschenberg e Cy Twombly. Ele comprou um dos primeiros trabalhos controversos de Johns, que consistia de nove caixas de madeira, sendo que uma delas era um molde de gesso verde de um pênis. O valor da obra era de US$ 1.200. Ele o vendeu a David Geffen, um colecionador, por US$ 13 milhões em 1993 e agora vale mais de US$ 100 milhões.

- Jeff Koons, famoso por tornar os aspiradores de pó em um objeto de arte, vendeu uma escultura de Michael Jackson e seu macaco de estimação por US$ 5,6 milhões, apesar de haver outras duas cópias da peça. O fato de haver outras duas cópias que pertenciam ao MOMA de San Francisco e a um colecionador de destaque, na verdade, aumentou o valor da terceira peça.
- Tracey Emin criou uma marca e os preços *premium* que surgiram com ela estabeleceram a imagem de uma menina má. Por exemplo, ela posou nua para comerciais, criou uma barraca bordada com os nomes de seus ex-amantes e, aparentemente, apareceu em um programa de televisão tão bêbada que nem lembravam disso.

Por que esses preços? Uma hipótese é que essa arte é objetivamente excepcional e que sua alta qualidade merece um preço *premium*. Isso é falso. Considere o seguinte.

- Uma pessoa chamada Eddie Sanders capturou um tubarão, enquadrou-o e ofereceu-o por apenas US$ 1 milhão, um doze avos do preço da peça de Hirst. Não havia compradores, embora fosse esteticamente semelhante.
- Há uma pintura de Joseph Stalin, inútil, até que Damien Hirst pintou um nariz vermelho sobre o sujeito e assinou seu nome – o quadro, então, foi vendido por US$ 250 mil.
- Um quadro parecido com os de Jackson Pollack foi comprado no mercado de pulgas. Um grupo de especialistas não pôde determinar se o quadro era de fato um Pollack ou não. A mesma pintura poderia valer alguns milhares ou dezenas de milhões, dependendo de sua autenticidade. Um Pollack foi vendido por US$ 140 milhões em 2006, o preço mais alto já pago por uma obra de arte contemporânea.
- Um conselho tenta verificar se Andy Warhol realmente viu e aprovou uma obra de arte. Se isso for confirmado, a peça passa de inútil para altamente valorizada.

Um leiloeiro uma vez disse: "Nunca subestime a insegurança dos compradores de arte contemporânea, e o quanto eles precisam de garantias".

O que torna esses preços ainda mais intrigantes é o fato de que vários desses artistas não fazem o próprio trabalho. Andy Warhol, bem se sabe, fez pouco de sua própria arte. Hirst tem uma equipe de 20 ou mais pessoas que fazem toda a sua obra, incluindo as manchas coloridas. E Jeff Koons, que mantém uma equipe de 80 pessoas, afirmou que é a pessoa da ideia e que não se envolve fisicamente na produção da arte porque não tem as habilidades necessárias.

Então, a questão é: por que esses artistas atraem esses preços? E mais, basicamente, como um pintor cria uma marca que vai desencadear preços tão fantásticos?

Essas perguntas são mais gerais do que podem parecer. Existem muitas empresas para as quais não é possível conhecer objetivamente o valor do produto ou serviço. A maioria dos clientes não tem a informação e, muitas vezes, a capacidade de avaliar os serviços de uma empresa. Também existem produtos, como o óleo de motor, os quais não é possível julgar a qualidade. Mesmo produtos como carros ou computadores são difíceis de avaliar porque são complexos e as especificações não contam toda a história. Além disso, mesmo se uma pessoa tiver tempo para observar os relatos dos clientes, não fica claro se as recomendações refletem os critérios corretos de decisão.

Para discussão

1. Por que a demanda por arte contemporânea aumenta?
2. Por que as pessoas compram arte contemporânea?
3. Como é que um artista desenvolve uma marca? Qual é o papel de um negociante de arte no desenvolvimento da marca?
4. Damien Hirst é famoso por causa de seu trabalho e seu valor chocante por causa de Charles Saatchi, ou porque ele é famoso?
5. Como você desenvolveria uma marca se você fosse um novo serviço de consultoria de investimento? Você pode usar qualquer uma das técnicas que os artistas usam?

Fonte: Este caso foi retirado do material de Don Thompson, *The $12 Million Stuffed Shark: The Curious Economics of Contemporary Art*, London: Aurum Press, 2008.

Barreiras à inovação
Sony *versus* iPod

Um exemplo claro do problema do silo, o fracasso de produtos autônomos e silos funcionais para cooperar, vem do iPod na Sony. O iPod era naturalmente da Sony, ela o perdeu. A Sony vinha sendo a líder em música portátil, do Walkman aos tocadores de CD portáteis até o minidisco. E a Sony, ao contrário da Apple, tinha uma grande presença na música. De modo mais geral, a Sony tem se destacado na inovação transformacional: da Trinitron em 1968 para a BetaMax em 1975; da câmera de vídeo em 1985 para o VAIO em 1997; e para os Discos Blu-ray de 2003. Além disso, foi a empresa que miniaturizou os "rádios" dos anos 50, e nenhuma empresa tem se saído melhor na criação de novas categorias do que a Sony.

Há várias razões para a Sony ter perdido o lançamento do iPod. Esperava-se que o mundo analógico, onde a Sony investiu significativamente e possuía uma vantagem competitiva, inibiria seu compromisso com o digital. Apesar do pronunciamento de Nobuyuki Idei em 1995, o novo CEO da Sony, de que a Sony seria a empresa da Digital Dream Kids – inspiradora, divertida, com produtos excitantes e fazendo parte da revolução digital. Outra razão foi a sua tendência de longo prazo em evitar os padrões da indústria para criar seus próprios produtos. Essa política era arriscada – às vezes, não funcionava, como quando a Betamax perdeu a batalha pelo padrão VCR. Mas às vezes a Sony ganhava – o Blu-ray se tornou o padrão DVD. A principal razão para a Sony perder o iPod foi a paralisação dos silos exatamente no momento errado. Não foi por falta de inovação.

Na grande feira Comdex de Las Vegas, no outono de 1999, a Sony introduziu dois tocadores de música digital, dois anos antes de a Apple trazer o iPod ao mercado. Um deles, desenvolvido pela companhia de áudio da Sony, foi o Memory Stick Walkman, que permitia aos usuários armazenar arquivos de música no cartão de memória da Sony, um dispositivo que se assemelhava a um pacote de goma de mascar. O outro, desenvolvido pela VAIO Company, foi o VAIO Music Clip, que também armazenava música na memória e se assemelhava a uma caneta-tinteiro. Ambos tinham defeitos, mas ofereceram as bases para a nova categoria de produto. Cada um tinha 64 megabytes de memória, o que permitia o armazenamento de aproximadamente 20 músicas e eram muito caros para o mercado em geral. Ambos contavam com um esquema de compressão da Sony chamado ATRAC3. O *software* de conversão de arquivos MP3 com o padrão da Sony não era conveniente e, pior, as transferências eram lentas. Não resta dúvida de que, ao longo do tempo, a Sony teria o potencial para melhorar os produtos e responder a essas limitações. No entanto, o fato de a Sony promover dois dispositivos diferentes criados por dois silos fisicamente independentes confundiu o mercado, assim como a organização Sony.

Houve um terceiros silo envolvido – a Sony Music, uma entidade que deve sua origem com a aquisição da CBS Records em 1988. Junto com a Sony Pictures, faz parte de uma estratégia da Sony de trazer conteúdo para a convergência digital, o esforço para unir todos os componentes digitais oferecendo entretenimento. Empresas que representam computadores, redes de cabos, redes de telefonia, jogos eletrônicos, eletroeletrônicos e computadores estavam todas competindo para ser o campeão da corrida digital. A Sony acreditava que ter conteúdo seria uma vantagem nessa corrida.

Em 1999, a Sony Music acabou por se tornar uma desvantagem em vez de uma vantagem para os participantes da música digital, porque estava preocupada em evitar a pirataria e download ilegal. O sucesso dos novos produtos digitais não era uma prioridade. Como resultado, a empresa inibiu a capacidade dos produtos para dar acesso a uma ampla gama de músicas e levou à utilização do processo de carregamento pesado, que acabou se tornando um fardo.

Três silos foram frustrados com os esforços da Sony de criar uma nova categoria e antecipar o iPod da Apple, que vendeu cerca de 200 milhões de unidades em seus primeiros 9 anos. É provável que um produto que combina energias, recursos e conhecimento de clientes dos três silos e foi melhorado com o tempo teria sido bem-sucedido, e que a entrada do iPod não teria se concretizado.

A Sony já começou o processo de mudança da cultura do silo para que a cooperação e a comunicação substituam a concorrência e o isolamento, e para que a Sony possa retornar ao seu legado de inovação, evitar outra perda como o iPod e liberar um potencial de sinergia. Ironicamente, o Sr. Idei, em 1995, também apelou a todos os funcionários para "colaborar com o espírito de equipe". No entanto, a tarefa não é fácil, porque as questões estão ligadas a estruturas organizacionais e culturas. Esses obstáculos podem ser difíceis, mas não são impossíveis de superar. O Capítulo 15 aborda os problemas dos silos e sugere formas para solucioná-los.

Para discussão

1. Quais são as vantagens dos produtos protegidos por patente, como os da Sony e da Apple, em comparação aos produtos de código aberto, como os da IBM ou da Dell? Como e em que condições fazer produtos protegidos por patente compensam? Considere duas empresas de consultoria. Um publica todos os seus bens intelectuais em livros e artigos e o outro tem um conjunto de caixas. Qual é o melhor modelo?

2. Por que a Sony foi mais lenta para tornar-se digital do que suas aspirações e estratégia sugeriam?

3. O "santo graal" do consumo de eletrônicos é a convergência digital, possuir o centro de comando digital. Você concorda que possuir conteúdo, filmes, música e programas de TV é uma grande vantagem nessa corrida?

4. Por que dois produtos concorrentes da Sony entraram no mercado ao mesmo tempo? Como isso pode ter acontecido? Como isso poderia ter sido evitado? Isso aconteceria em outra empresa?

5. O que a Sony deveria ter feito para corrigir o problema do silo? Como a Sony Music têm se motivado a ser um membro útil da equipe?

Fonte: Sea-Jin Chang, *Sony vs. Samsung*, New York: John Wiley & Sons, 2008, and from the Sony History section of the Sony Web *site*, 2009. Para saber mais sobre os problemas do silo e como resolvê-los, ver Aaker, D. A. *Abaixo os silos: como criar um marketing eficaz e vencedor no segmentado mundo das organizações*. Porto Alegre: Bookman, 2011.

Apêndice

Formulários de planejamento

Um conjunto de formulários-padrão pode ser útil para apresentar as recomendações de estratégia e dar suporte às análises. Eles podem encorajar a consistência da apresentação com o decorrer do tempo e entre as áreas de negócios de uma organização. Podem também fornecer uma lista de verificação de áreas a serem consideradas no desenvolvimento da estratégia e facilitar a comunicação. Os exemplos a seguir pretendem fornecer um ponto de partida para a criação de formulários para um contexto específico. A análise externa no exemplo é baseada no setor de ração animal. Os formulários são apenas para fins ilustrativos.

Formulários de planejamento precisam ser adaptados ao contexto envolvido: o setor, a empresa e o contexto de planejamento. Eles podem ser diferentes, mais curtos ou mais longos, dado um determinado contexto. Formulários para uso com outro tipo de produto – um produto industrial, por exemplo – podem ser modificados para incluir informações como aplicações atuais e potenciais, ou principais clientes existentes ou potenciais.

O setor de ração animal

Seção 1. Análise do cliente

A. Segmentos

Segmentos	Mercado (US$ bilhões)	Comentários
Comida seca para cachorros	7,1	Segmento maior, ofertas nutricionais segmentadas, crescente
Comida enlatada para cachorros	1,8	Feita de carne de verdade e subprodutos, etc.
Comida seca para gatos	3,1	Segundo maior segmento, ofertas nutricionais, crescimento acelerado
Comida enlatada para gatos	2,1	Feita de carne de verdade, níveis altos de sabor e variedade de texturas, etc.
Petiscos para cachorro	1,6	Del Monte domina com Milk-Bone
Especialidade para animais (inclui lojas/veterinárias/fazenda e alimentação)	5,6	Grandes participantes – Science Diet e Iams (inclui consultórios veterinários e lojas de animais, cerca de 70% de comida para cachorros, a maioria comida seca, crescendo a 5%)

B. Motivações do cliente

Segmentos	Motivações
Comida seca para cachorros	Nutrição, conveniência, limpeza dentária, frequentemente melhor valor do que comida em lata
Comida enlatada para cachorros	Para cachorros mimados, sabor e nutrição, variedade
Comida seca para gatos	Nutrição, conveniência, complemento da refeição, limpeza dentária
Comida enlatada para gatos	Sabor, tamanhos convenientes, facilidade para servir, para gatos mimados, variedade de texturas e sabores
Petiscos	Complementam a refeição, recompensa, o animal gosta disso, benefícios nutricionais funcionais (p. ex., controle do tártaro)
Especialidade para animais	Preocupação com a saúde do animal, nutrição científica, ingredientes percebidos como superiores.

C. Necessidades não atendidas

Informação sobre animais

Outras subnecessidades de segmentos (como definido na alimentação humana, p. ex., alergias).

Seção 2. Análise do concorrente

A. Identificação do concorrente

Concorrentes mais diretos: Nestlé Purina Petcare, Iams (P&G), Del Monte, Mars
Concorrentes menos diretos: Hill's Pet food (Colgate-Palmolive)

B. Grupos estratégicos

Grupo estratégico	Maiores competidores	Participação em dólares
(1) Marcas mais populares de grandes empresas:	Nestlé Purina Petcare	33,8%
	Mars	11,7%
	Del Monte	10,3%
	Iams (P&G)	9,5%
(2) Marcas especializadas de alta qualidade:	Hill's (Colgate-Palmolive)	9,5%
	Outras	9%
(3) Marcas próprias	Outras	9,7%

Grupo estratégico	Características/ estratégias	Pontos fortes	Pontos fracos
(1) Marcas mais populares de grande empresas	Produtos populares • Grande portfólio de produtos • Grande variedade de preço para atender às necessidades de muitos • Venda em múltiplos canais • Uso pesado da publicidade • Ênfase em qualidade e variedade	• Economias de escala de produção • Grande presença em supermercados e hipermercados, chegando a aproximadamente 70% do volume de vendas da indústria • Profunda experiência e recursos financeiros globais • Comprometimento com a indústria	• Comprometimento com o alto custo fixo aumenta a pressão competitiva em todos os participantes, que buscam defender sua participação no mercado a partir de promoções, etc. • Percepção como menos nutritiva do que marcas de especialidade • Compartilhamento de marcas próprias crescente no Walmart e em outras empresas

(continua)

Grupo estratégico	Características/ estratégias	Pontos fortes	Pontos fracos
(2) Marcas de comidas para animais especializadas e de alta qualidade	• Estreitamente do foco, linhas de produtos com preços *superpremium* • Grande presença em canais diferentes de supermercados, como consultórios veterinários, criadores de animais e lojas especializadas	• Linha de produtos com foco na saúde, em ingredientes naturais e na nutrição, resultado da forte demanda do cliente; negócio com alta margem de lucro • Vantagem pioneira no segmento de especialidade e de alta qualidade, resultando em um limite perceptivo que as marcas populares têm dificuldade para superar • Venda a partir de canais alternativos, que estão crescendo rapidamente e são menos competitivos, limitando o acesso de outras marcas, sendo uma barreira de entrada	• Custos mais altos de produção e ingredientes • Falta de economias de escala • Pontos para preços *premium* limitam os atrativos do produto
(3) Marcas próprias de comidas animais	• Venda em supermercados e hipermercados sob a designação da marca da casa	• Grande volume e baixos custos unitários • Margens de lucro atrativas para o varejo • Poder da Walmart sendo a número um na categoria de varejo • Ofertas de boa qualidade com elevado valor percebido pelo cliente	• Pouca diferenciação de marca • Fraco valor de marca

C. Principais concorrentes

Concorrente	Características/ estratégias	Pontos fortes	Pontos fracos
Nestlé Purina Petcare	• Líder do mercado, linha de produtos é ampla e profunda • Aumentar mais os rótulos *premium*, com linhas de produto de nicho e atualização do *status* de produtos para o rótulo *premium* • Nomes de marcas poderosas e bem conhecidas, que possuem alta fidelidade do cliente • Ênfase pesada na inovação, sendo pioneiro no mercado de novos produtos • Gastos massivos em promoções e propaganda para aumentar a participação no mercado • Alto comprometimento com a categoria • Recursos financeiros sólidos • A empresa observa os esforços de construção da marca a longo prazo; alto nível de comprometimento à marca • Compromisso global na construção de marcas	• Economias de escala, baixos custos • Eficiência da cadeia de suprimentos • Relações fortes com o varejo • Experiência global e suporte P&D	• Presença fraca no segmento de especialidade • Necessidade de apoiar marcas múltiplas em categorias diversas com recursos limitados

(continua)

Concorrente	Características/ estratégias	Pontos fortes	Pontos fracos
Del Monte	• Ênfase em alimentos para gatos e petiscos para cães, mas compete em todos os segmentos do mercado • Estratégia de produção de baixo custo • Migração para um modelo mais centrado no cliente com aquisições recentes	• Foco em novas marcas e categorias • Aquisição de marcas fortes como a Milk-Bone e a Meow Mix	• Construção relativamente fraca da marca • Exploração de marcas fortes, como a 9-Lives • Falta de inovação de produto em alimentos para cães e gatos
Mars	• Posição de liderança fora dos Estados Unidos • Compromisso com a construção de marcas • Atualização das marcas no supermercado para produtos *premium*	• Experiência em alimentos para cães • Economias de escala, custos baixos com a aquisição de marcas próprias do fornecedor Doane • Recursos financeiros sólidos • Empresas privadas se libertam das pressões de curto prazo	• Falta de experiência e participação de mercado em alimentos para gatos nos Estados Unidos
Hill's Pet Food (Colgate-Palmolive)	• Líder em especialidades e mercados veterinários • Barreiras de entrada nos negócios veterinários para a marca Science Diet	• Principal seguidor das recomendações veterinárias • Melhor posicionamento de produto de mercado de nicho na indústria	• Nenhuma presença em supermercados, onde 35% do volume da indústria é vendido
Iams (P&G)	• Uma marca tradicionalmente de especialidade no mercado, com ênfase nas vendas em lojas especializadas e referência para criadores de animais • Moveu-se de supermercado para hipermercado, com crescimento estimulado	• Recursos financeiros sólidos • Forte valor da marca	• Economias de escala • Penetração limitada de mercado • Variedade limitada de portfólio

D. Matriz de pontos fortes da concorrência

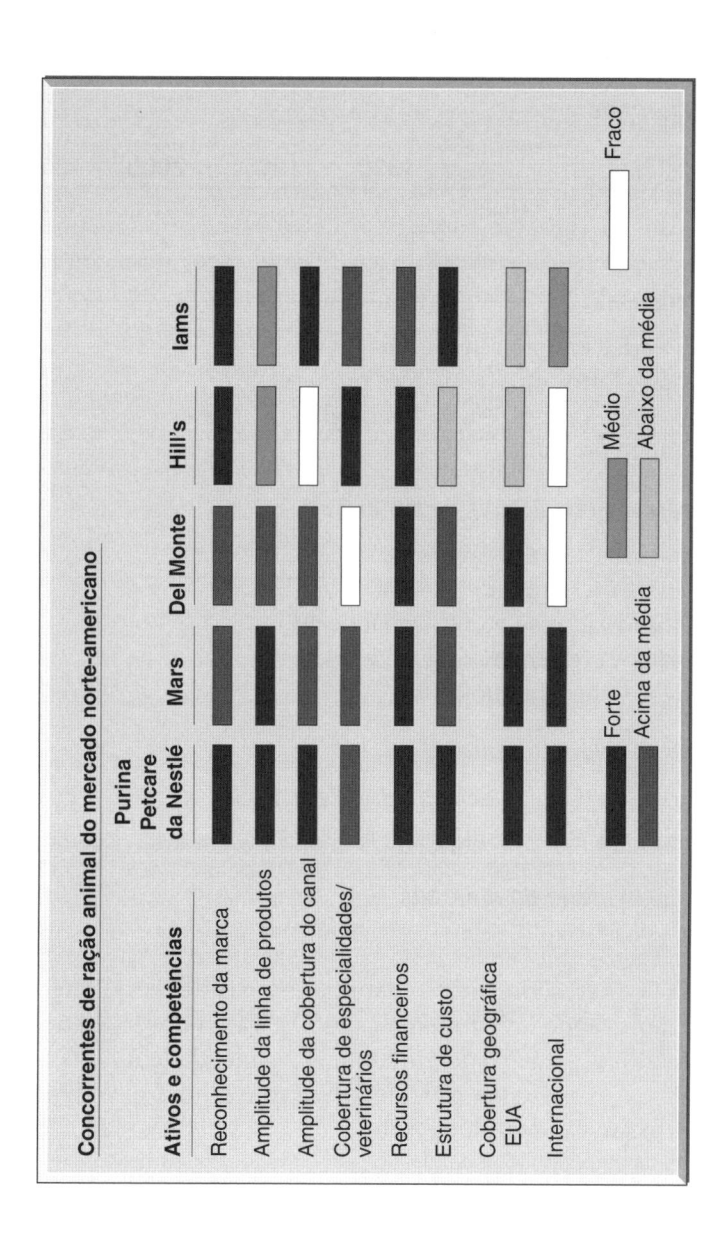

Concorrentes de ração animal do mercado norte-americano

Ativos e competências	Purina Petcare da Nestlé	Mars	Del Monte	Hill's	Iams
Reconhecimento da marca	Forte	Forte	Forte	Forte	Forte
Amplitude da linha de produtos	Forte	Forte	Forte	Acima da média	Acima da média
Amplitude da cobertura do canal	Forte	Forte	Abaixo da média	Fraco	Forte
Cobertura de especialidades/veterinários	Forte	Forte	Forte	Forte	Forte
Recursos financeiros	Forte	Forte	Forte	Acima da média	Forte
Estrutura de custo	Forte	Forte	Forte	Forte	Forte
Cobertura geográfica EUA	Forte	Forte	Abaixo da média	Acima da média	Acima da média
Internacional	Forte	Forte	Abaixo da média	Fraco	Acima da média

Legenda: Forte | Acima da média | Médio | Abaixo da média | Fraco

Seção 3. Análise do mercado

A. Identificação do mercado: *mercado de alimentos para animais nos Estados Unidos*

B. Tamanho do mercado

	1990	1995	2000	2005	2008
Vendas da indústria nos Estados Unidos (US$ em bilhões)	7,7	9,1	11,1	13,9	16,1

Submercados emergentes

- Produtos baseados em dietas especiais
- Walmart e outros produtos de marcas próprias
- Itens focados no bem-estar (p. ex., Naturals)
- Humanização do produto

Crescimento do mercado (em dólares *versus* 2007)

- Crescimento global – crescimento de 9,1%
- Supermercado – crescimento de 6,8%
- Loja especializada – crescimento anual de 6%
- Hipermercados – crescimento anual de 14%
- Medicamentos – crescimento de 9%

Fatores que afetam os níveis de venda

- Crescimento da população de animais de estimação
- Crescimento do número de produtos mais caros

C. Análise da lucratividade do mercado

Barreiras de entrada

- Consciência de marca, orçamento para programas de marketing, acesso a canais de distribuição, grande investimento exigido para produção, ciência e tecnologia.
- Para o segmento especializado em animais – fidelidade à Hill's Science Diet e a outras marcas especializadas; dificuldade de conseguir a recomendação de veterinários e outros fatores de influência.

Entrantes potenciais

- Outros gigantes do mercado, como a Unilever, podem entrar nessa indústria se a considerarem atraente. Porém, a lucratividade de novos entrantes é muito baixa, pois a indústria de ração animal já é muito competitiva, com vários concorrentes, e as barreiras de entrada são altas.

Ameaça de substitutos

- Restos de comida humana

- Comida feita especialmente para cães

Poder de barganha dos fornecedores

- Crescimento. Matérias-primas compartilhadas com mercados de alimentação humana. Consolidação de fornecedores. Exigência de qualidade de ingredientes básicos está aumentando.

Poder de barganha dos clientes

- Mercearias e armazéns têm forte poder de barganha sobre fornecedores de ração animal.
- Lojas especializadas e consultórios veterinários podem ter poder de barganha moderado.
- Hipermercados (especialmente o Walmart, com cerca de 24% do volume nessa categoria) podem ter forte poder de barganha.

D. *Estrutura de custos*

- Empresas diversificadas têm custos mais baixos devido às economias em propaganda, produção, promoção e distribuição.
- Empresas especializadas têm custos mais altos.

E. *Sistema de distribuição*

Principais canais de distribuição

- Supermercados são dominantes quanto à quantidade que movimentam (35%).
- Hipermercados têm cerca de 29% do mercado e estão crescendo rapidamente.
- Rações animais são geradores de tráfego eficazes em supermercados e hipermercados.
- Fazendas de suprimentos agrícolas estão localizadas nos subúrbios.
- Lojas de produtos para animais têm a maior parte das marcas *premium* e algumas marcas populares nacionais.
- Veterinários trabalham apenas com marcas *superpremium*.

Observações/ principais tendências

- As vendas dos veterinários são uniformes e têm margens muito altas, tanto para os produtores como para os próprios veterinários.
- As vendas das lojas especializadas cresceram aproximadamente 6%.
- Esses dois canais captaram a necessidade de alto envolvimento dos clientes em relação a fornecer uma alimentação mais saudável a seus animais.
- Armazéns ganharam uma posição segura nas marcas líderes de mercado.
- Inovações em embalagens precisam ser estudadas; existem necessidades não atendidas no quesito conveniência.
- Inovações de produto estão criando subcategorias.

F. Desenvolvimento e tendências de mercado

- As marcas *premium* e *superpremium* cresceram, e a maioria dos produtores está lançando novos produtos nessa área.
- Grandes fabricantes lançam novos produtos continuamente.

G. Fatores críticos-chave de sucesso

Presente

- Reconhecimento da marca
- Qualidade do produto
- Acesso aos principais canais
- Ganho de participação de mercado em marcas *premium*
- Introdução de novos produtos
- Amplitude da linha de produto
- Programa de marketing
- Redução de custo
- Consciência ou recomendação de especialistas
- Embalagem
- Capitalizar tendências humanas relevantes (naturais; mudança para ser mais saudável, qualidade superior dos ingredientes)

Futuro

- Continuar a captar as tendências dos clientes
- Embalagem
- Seguir as tendências dos distribuidores

Seção 4. Análise ambiental

A. Tendências e eventos potenciais

Fonte	Descrição	Implicação estratégica	Estrutura temporal	Importância
Tecnológica	Novas formas de produtos	Limitada		Baixa
Regulatória	Imposição de padrões de conteúdo	Limitada		Baixa
Econômica	Insensibilidade a mudanças econômicas	Muito limitada		Baixa
Cultural	Animais domésticos como membros da família	Crescimento de marcas *superpremium*	Desde meados dos anos 80	Alta
	Demanda por novos produtos saudáveis	Introdução de produtos saudáveis		
	Diversificadas necessidades dos usuários	Múltiplos segmentos especializados		
Demográfica	A formação de lares está se tornando lenta	Inovação continuada de produtos e de comunicações para manter marcas relevantes	Desde os anos 80	Média-alta
	O número de gatos é crescentemente maior que o de cachorros			
	Os *baby-boomers* estão envelhecendo			
Ameaças	Alta dependência de proteína animal	Risco de doenças animais pode causar impactos severos nos ingredientes	Atual	Média
Oportunidades	Mercado crescente de marcas *premium*	Ainda há margem de crescimento em segmentos especializados	Desde meados dos anos 80	Alta
	Expansão de mercado para marcas próprias			

B. Análise do cenário

Os dois mais parecidos são:

1. Pouco crescimento em lojas especializadas e segmento *superpremium*.
2. Alto crescimento tanto em lojas especializadas quanto no segmento *superpremium*.

C. Incertezas estratégicas fundamentais

- O crescimento na demanda por produtos especializados *superpremium* continuará?
- Que novas categorias irão emergir como mercados significativos?

Seção 5. Análise interna

A. Análise de desempenho

Área	Objetivo	*Status* e comentário
1. Vendas		
2. Lucros		
3. Serviço/Qualidade		
4. Custo		
5. Novos produtos		
6. Satisfação do cliente		
7. Pessoas		
8. Outros		

B. Resumo da estratégia passada

C. Problemas estratégicos

Problema	Possível ação

D. Características de organização interna

Componente	Descrição – Ajuste com a estratégia atual/proposta

*Estrutura, sistemas, cultura e pessoas.

E. Análise do portfólio

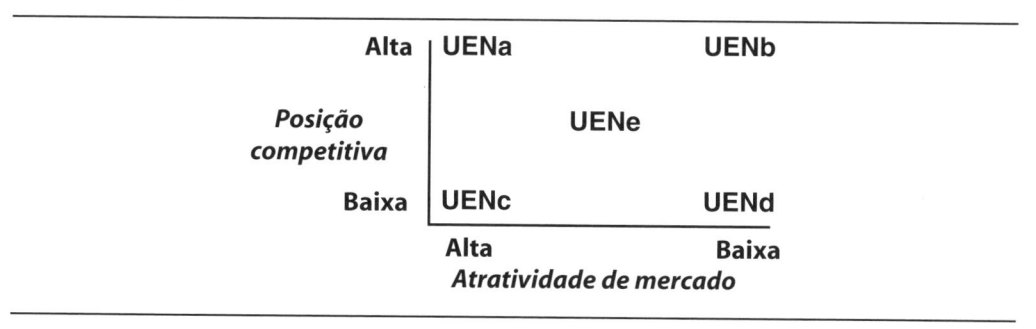

	Alta	UENa	UENb
Posição competitiva		UENe	
	Baixa	UENc	UENd
		Alta	Baixa
		Atratividade de mercado	

Nota: Uma UEN (unidade estratégica de negócios) pode ser definida por produto ou por segmento.

F. Análise dos pontos fortes e fracos

Referência Grupo estratégico	Competências/deficiências de competência, ativos/responsabilidades, pontos fortes/fracos com relação aos grupos estratégicos

G. Projeções financeiras baseadas na estratégia existente

	Passado	Presente	Projetada
Declaração Operacional			
Participação no mercado			
Vendas			
Custo de mercadorias vendidas			
Margem bruta			
P&D			
Venda/propaganda			
G&A do produto			
G&A divisional e corporativo			
Lucro operacional			
Balancete			
Caixa /Recebíveis/ Estoques			
AP			
Ativos líquidos			
Ativos fixos			
Depreciação acumulada			
Ativos fixos líquidos			
Ativos totais – valor contábil			
Ativos pelo valor estimado de mercado			
RSI – Retorno sobre o investimento (base – valor contábil)			
RSI (base – valor de mercado)			
Usos de fundos			
Ativos líquidos			
Ativos fixos			
Lucro operacional			
Depreciação			
Outros			
Recursos necessários			
_____			
_____			
_____			
_____			

Obs.: Recursos necessários podem ser trabalhadores com habilidades ou experiências específicas, ou certas modificações físicas na manufatura.

Seção 6. Resumo da estratégia proposta

A. Escopo do negócio – servido produto-mercado

B. Descrição da estratégia

- Objetivo do investimento   Mercado do produto
    - retirada ☐
    - exploração ☐
    - manutenção ☐
    - crescimento na participação do mercado ☐
    - expansão do mercado ☐
    - expansão do produto ☐
    - integração vertical ☐

- Proposição de valor   Mercado do produto
    - qualidade ☐
    - valor ☐
    - foco ☐
    - inovação ☐
    - global ☐
    - outro ☐

- Ativos e competências que geram VCSs

- Estratégias funcionais

C. Principais iniciativas estratégicas

D. Projeções financeiras baseadas na estratégia proposta

	Passado	Presente	Projetada
Declaração Operacional			
Participação no mercado			
Vendas			
Custo de mercadorias vendidas			
Margem bruta			
P&D			
Venda/propaganda			
G&A do produto			
G&A divisional e corporativo			
Lucro operacional			
Balancete			
Caixa /Recebíveis/ Estoques			
AP			
Ativos líquidos			
Ativos fixos			
Depreciação acumulada			
Ativos fixos líquidos			
Ativos totais – valor contábil			
Ativos pelo valor estimado de mercado			
RSI – Retorno sobre o investimento (base – valor contábil)			
RSI (base – valor de mercado)			
Usos de fundos			
Ativos líquidos			
Ativos fixos			
Lucro operacional			
Depreciação			
Outros			
Recursos necessários			
_____			
_____			
_____			
_____			

Índice

3M
  atributo intangível, 199-200
  competência essencial, 152-153
  cultura empreendedora, 61-63
  largo escopo de produto, 193-194
  modelos de gestão de papéis, 336-338
  oportunismo estratégico da, 156-158
  proposição de valor da, 8-9
  relacionamento com o cliente como uma proposição alternativa de valor, 173-174

A

A&W, 185-186
Aaker, Jennifer, 180-182
abordagem das características dos clientes para segmentação, 31-33, 224-225
abordagem para segmentação relacionada ao produto, 32-33
acessibilidade e valor percebido, 187-189
Acura, 187-189
adaptabilidade estratégica, 159-164, 196-199
Adidas, 34, 224-225
administrando percepções da categoria, 261-263
Aflac, 227-228
agente de mudança, CMO (*Chief Marketing Officer*) como, 330-332
alavancagem de ativos, 261-262
alavancagem de um ativo de marca, caso desafiador, 346-349
alavancagem do negócio, 237-253
  avaliando suas opções, 248-251
  e estratégias globais, 276-277
  expandindo o escopo da oferta, 244-246
  extensões de marca, 240-245
  identificando ativos e competências para alavancagem, 238-241
  novos mercados, 246-247
  sinergia e, 250-253
  visão geral, 213-215, 237-239, 252-253
alavancagem para alcançar sinergia, 148, 150-152, 288-291
alavancas organizacionais, 323-325, 338, 340
Alemanha, fracasso do Walmart na, 288-289
alianças, sócios, 151-153, 288-295
alianças estratégicas, 151-153, 288-295

alocação de recursos
  competição por recursos, 249-251
  e estratégia de exploração, 305-307
  e incerteza estratégica, 28-29
  e lealdade à marca, 34-36
  e novos negócios, 272-273
  e rápido crescimento, 87-88
  e unidades internas (silos), 269-271, 321-322
  importância da, 2-5, 15-16
Amazon
  alianças criando sinergia, 151-153
  ativos e competências alavancados, 148, 150
  como empresa *top* em serviço, 178-179
  como padrão de *benchmark*, 126-127
  economia de escala da, 187-189
  escopo da, 5-6
  falha em colocar a marca em recomendações dos clientes, 215-217
  marketing de nicho, 74-75
  posicionamento inicial, 199-200
  processamento de pedidos como componente de valor agregado, 60-61
  proposição de valor da, 8-9, 201-202
ambiente futuro
  competidores potenciais, 52-60, 79-80
  e incertezas estratégicas, 28-29
  fatores-chave de sucesso, 372
  identificação de forças motrizes, 74-76
  suposições erradas sobre o, 155-156
  Ver também análise ambiental
ameaças
  à taxa de crescimento, 85-86
  de e-mail para FedEx e UPS, 79-80
  e o conceito de subsídios cruzados, 279-280
  entrada competitiva superior, 86-87
  identificando com análise externa, 26
  identificando e priorizando, 115, 125-127
  tendências do cliente como, 95-97
American Can Company, 308-309
American Express, 178-179, 207-209
amplitude da linha de produtos, 197-200
análise ambiental, 91-113
  análise de cenários, 108-112, 374
  análise de impacto de incertezas estratégicas, 93-94, 105-109

e a tendência verde, 97–100
e eventos globais, 104–105
e regulamentações governamentais, 103–105
formulário de planejamento, 373–374
previsão, 93–96, 101–105
tendências econômicas, 101–104
visão geral, 12–15, 91–94, 104–106
Ver também ambiente futuro; tendências
análise da concorrência, 47–68
    avaliando pontos fortes e fracos, 59–64
    concorrentes potenciais futuros, 52–54, 79–80
    da indústria do vinho, 51–53
    e identidade de marca, 204–212
    e portfólio de negócios, 298–301
    entendendo os concorrentes, 53–60
    formulário de planejamento, 364–369
    identificação dos concorrentes, 48–53, 146–147
    matriz de pontos fortes competitivos, 63–68
    obtendo informações sobre os concorrentes, 66–67, 73–74
    subestimando quantidade e comprometimento, 85–86
    sucesso da Nintendo com a, 57–59
    visão geral, 12–13, 29–30, 47–49, 67–68
análise das dimensões de desempenho, 115
análise de cadeia de valor, 80–82, 185–186
análise de cenário, 28–29, 108–112, 374
    do competidor, 109–110
    orientada à decisão, 109–110
análise de desempenho
    análise de valor para o acionista, 117–119, 128–129
    associações à marca e à empresa, 120–122
    benchmarking, 126–127
    considerações sobre inovação, 123–124
    custo relativo, 121–124
    de gestores e funcionários, 123–125
    formulário de planejamento para análise interna, 374–376
    lucratividade, 53–54, 76–81, 88–89, 311–312, 370–371
    qualidade do produto, 61–63, 120–121, 177–179, 195–196
    satisfação do cliente, 119–121, 146–147, 260–261
    valores e legado, 124–125
    visão geral, 12–15, 115, 119–120, 128–129
    Ver também desempenho financeiro
análise de impacto das incertezas estratégicas, 93–94, 105–109
análise de lucratividade, 370–371
análise de marca, 310–313
análise de mercado, 12–15, 69–71, 73–74, 370–372.
    Ver também análise de mercado/submercado; análise de submercado

análise de mercado/submercado, 69–89
    análise de lucratividade, 76–81
    estrutura de custo, 80–82
    fatores-chave de sucesso, 83–84
    riscos em mercados de alto crescimento, 83–89
    sistemas de distribuição, 81–82
    submercados emergentes, 70–72
    tamanho real e tamanho potencial, 73–75
    taxa de crescimento, 74–77
    tendências de mercado, 81–83
    visão geral, 69–71, 88–89, 339
análise de motivação, 36–42, 44–45
análise de submercado
    análise de lucratividade, 76–81
    definindo o submercado, 28–30
    e análise da concorrência, 63–64
    submercados emergentes, 70–72
    tamanho real e potencial, 73–75
    taxa de crescimento, 75–77
    visão geral, 12–15
    Ver também análise de mercado/submercado
análise de valor, 117–119, 121–125
    para o acionista, 117–119, 128–129
análise do cliente, 30–45
    e identidade de marca, 204–212
    e tendências culturais, 96–102
    elementos de decisão dos clientes, 38–39, 87–88
    estratégias de segmentação, 18–19, 30–37, 44–45, 224–225, 246–247
    experiência de uso do cliente, 245–246
    formulário de planejamento, 363–365
    motivações do consumidor, 36–42, 44–45
    necessidades não atendidas, 41–45, 264–266
    visão geral, 12–13, 29–31, 339
    Ver também proposições de valor do cliente
análise do desempenho de custo relativo, 121–124
análise do sistema de consumo, 245–246
análise em camadas, 29–30
análise estratégica, 2–3, 15–18, 50–51. *Ver também* resultados da análise; análise externa; análise interna
análise externa, 25–46
    como exercício criativo, 28–29
    definindo o mercado, 28–30
    foco global, 276–277
    incertezas estratégicas, 26–29, 93–94, 105–112, 374
    momento de, 29–30
    objetivos, 25–26
    visão geral, 10–15, 25, 26, 30–31, 44–46
    Ver também análise da concorrência; análise do cliente; análise ambiental; análise de mercado
análise externa criativa, 28–29, 41–43
análise interna, 115–129
    desenvolvimento de estratégia, 127–128

e identidade de marca, 204-212
formulário de planejamento, 374-376
identificação e priorização de oportunidades/ameaças, 115, 125-127
identificando ativos e competências para alavancagem, 238-241
opções estratégicas, 12-13, 160-161, 168-176, 179-180, 275
visão geral, 12-15, 128-129, 339
Ver também análise de desempenho; pontos fortes e fracos

análises, meta comum das, 115
Annie Chun, 245-246, 266-267
AOL, 126-127, 162-163
Apple Computer
  classificação verde, 98-99
  design como proposição alternativa de valor, 169-172
  Estratégia de motivação principal do cliente, 60-61
  grupos de usuários da Internet, 97-98
  Inovações contínuas, 268-269
  iPhone, 69
  iPod, 165, 216-218, 266-267
  iPod *versus* Sony, 359-361
  Macintosh, 267-268
  Relacionamento com os clientes como proposição alternativa de valor, 173-174
Aquisições para alavancar um negócio, 238-239
Ariat, 41-42
Arm & Hammer, 233-234, 243-244
Armstrong Rubber, 173-174
arquitetura de marca, 160-161, 309-316
Asahi Dry Beer, 260-261, 263-264, 268-269
associações, 204-206. *Ver também* associações à marca
associações à marca
  a experiência, 200-202, 214-216
  amplitude da linha de produtos, 197-200
  benefícios autoexpressivos, 200-201
  benefícios emocionais, 199-201
  categoria de produto, 196-199
  contemporâneas, 201-202
  global, 201-202, 277-279, 285-286
  intangíveis organizacionais, 199-200
  personalidade de marca, 201-205
  visão geral, 195-197, 210-211
  Ver também lealdade à marca
associações contemporâneas à marca, 201-202
associações de marcas globais, 201-202, 240-242
associações de uso da marca, 48-50, 245-246
associações desejadas, 204-206, 210-212

atividades de valor agregado, excesso de investimento em, 168-169
atividades promocionais de marca, 225-228
ativos de marca
  alavancagem, 148, 150, 238-241, 261-262
  consciência de marca, 192-194, 210-211
  e erros estratégicos, 162-163
  e flexibilidade do portfólio da marca, 160-161
  e oportunismo estratégico, 156-159
  impactos de erros estratégicos, 160-163
  Ver também ativos e competências; valor da marca
ativos e competências
  como vantagem sinérgica, 152-153
  de concorrentes, 59-62, 369
  e análise de pontos fortes e fracos, 70, 124-126
  e avaliação de inovação, 268-269
  e imperativo estratégico, 207-210
  e oportunismo ou deriva estratégica, 156-160, 162-164
  e VCSs, 145-148, 150
  envolvimento do marketing na formulação de estratégias, 18-19
  exportação de, 52-54
  fatores-chave de sucesso, 83-84
  identificando para alavancagem, 238-241
  protegendo durante alianças estratégicas, 291-292
  visão geral, 8-10, 128-129
  Ver também ativos de marca; ativos e competências relevantes dos concorrentes
ativos e competências relevantes dos concorrentes, 59-62
  e submercados emergentes, 70-72, 88-89, 159-163
  mantendo a relevância, 196-199, 229-230
  posicionamento, 187-189
ativos e passivos, 191. *Ver também* marca
ativos estratégicos, 8-9
ativos estratégicos importantes. *Ver* ativos e competências; ativos de marca
ativos ou competências essenciais, 152-153
Atkins Advantage, 135-136
avaliação de marcas, 310-313
avaliação de principais inovações, 267-269
avaliações de adequação estratégica, 302-303, 311-313
Avon, 246-247, 285-286
Avon, Cruzada contra o Câncer de Mama da, 165, 171-173, 199-200, 227-230

B

Bain & Company, 301-302
Balance, barra energética, 50-51, 134-137
Banana Republic, 34, 207-209

Bank of America, 61-63
Barbie, 197-199
barras energéticas, mercado de, 50-51, 134-137, 264-266
barras nutricionais *versus* barras energéticas, 135-136
barreiras
   à implementação do comprometimento estratégico, 154-155
   à inovação, 321-322, 359-361
   ao sucesso, 85-86, 258-259. *Ver também* barreiras de entrada; barreiras de saída
   comerciais, 279-280, 290-291
   de canal, 51-52
   de silo, 321-322
barreiras de entrada
   ativos e competências, 60-61
   barreiras de canal, 51-52
   barreiras de implementação ao comprometimento estratégico, 154-155
   e superlotação competitiva, 85-86, 88-89
   e tendências *versus* modismos, 82-83
   lealdade de clientes existentes, 194-195
   na arena global, 287-288
   visão geral, 79-80
barreiras de saída, 51-52, 57-58, 60-61, 79-80, 302-306
base de clientes como ponto forte do competidor, 61-64
Baskin-Robbins, 282-283
Bath & Body Works, 131-132
Bausch & Lomb, 7-8
Bayer, 166-167, 264-266
BCG (Boston Consulting Group), 298-299
bebidas refrescantes saudáveis, 266-267
Beiersdorf, 34
Ben & Jerry's, 100, 171-172
benchmarking, 126-127
benefícios advindos das variáveis de segmentação de produtos, 32-34
benefícios autoexpressivos, 199-201
benefícios emocionais e necessidades não atendidas, 199-201
benefícios intangíveis, 98-99, 199-200
Best Buy, 87-88, 131-132
Betty Crocker, 220-222, 264-266
Black & Decker, 44-45, 118-119, 127-128, 152-153, 199-200, 239-240, 334-335
BMW, 147-148, 165, 178-179, 187-189, 199-200, 207-209
bolha da Internet, 79-80, 85-86
BP, 98-99, 171-173, 280-281
Brand Asset Valuator (Young & Rubicam), 196-197, 229-230, 250-252, 261-262

branding, 98-99, 215-219, 356-358
BrandJapan, 57-58
Branson, Richard, 202-205, 229-230
Brasel, Adam, 180-182
British Airlines, 169-170
British Airways, 169-170, 202-204
Budweiser, 61-63
Buick, 225-226
Burger Chef, 250-251
Burger King, 34, 167-168, 185-186, 197-199
Burke, Ray, 94-96
Business 2.0, 138-139
Business Week, 87-88, 178-179, 215-216, 351-352

C

cadeia de valor, 60-62, 244-245, 291-292
cadeia de valor agregado, 124-126
Cadillac, 147-148, 199-200
cama celestial da cadeia de hotéis Westin, 218-219
Campbell Soup, 36-37, 52-53, 187-189, 284-285
canais de distribuição, 81-82
Canon, 152-155, 282-283
capital, 61-63, 160-161
características, como dimensão de qualidade do produto, 177-179
características organizacionais
   adaptabilidade estratégica, 159-164
   comprometimento estratégico, 153-156
   deriva estratégica, 158-160
   filosofias misturadas, 162-164
   formulário de planejamento para análise interna, 375
   oportunismo estratégico, 156-159
   visão geral, 153-154
   Ver também análise interna
Cardinal Health, 245-246
Carroll, Lewis, 86-88
Casa Ronald McDonald, 171-173, 195-196, 223-224, 228-229
Castrol Motor Oil, 173-174
categoria do produto e associações à marca, 196-199
Caterpillar, 60-63, 279-280
CDs, vendas de, 87-88
Cemex, 264-266
cenários, criando, 28-29, 108-112, 374
central de conhecimento, 328-329
centralização seletiva, 324-326
centros de estilo de vida *versus shoppings* fechados, 131-132
centros de excelência, 328-330
Centurion Industries, 314-315
CEOs de marca, 229-230

Charles Schwab, 39-40, 72, 160-161, 180-181, 197-199, 230-231
Chase & Sanborn, 305-306
Chase Manhattan, 230-231
Chevrolet, 199-200
Chevron, 73-74, 217-218, 220-221
ChevronTexaco, 329-330
China, marketing na, 288-290
Chipotle Mexican Grill, 76-77
Christensen, Clayton, 266-267
Chrysler, 229-230, 251-252, 256-259, 290-291
Chux, fraldas descartáveis da, 260-261
ciclos de planejamento, 15-18, 29-30
Circuit City, 87-88
Cirque du Soleil, 93-94, 255-258, 268-269
Cisco, 94-95
CitiGroup, 8-9, 201-202
Clairol, 249-250
Clarke American Checks, 245-246
clientes
 atraindo novos, 220-223
 como parceiros ativos, 39-44
 e lealdade à marca, 34-36, 63-64, 156-159, 194-196
 e organizações baseadas em sistema, 171-172
 e programas sociais de marca, 229-230
 mercado de qualidade inferior, 266-268
 para identificação da concorrência, 48-51
 poder superior ao do vendedor, 79-81
 prioridades dos, 39-40
 proposição de valor percebida pelo cliente, 146-147, 167-168
 relacionamento superior com o cliente como uma proposição alternativa de valor, 172-174
 satisfação e lealdade dos, 119-121, 146-147, 260-261
 se envolvendo na energização da marca, 220-222
 sofisticação e conhecimento dos, 76-77
 tendências dos, 266-267
 uso existente de, 230-234
Clif, barra energética, 50-51, 134-137
Clinique, 231-232
Clorox, 54-55
Clube do Livro do Mês, 231-232
CNN, 257-258
Coach, 131-132, 243-245
Coca-Cola
 alavancando tecnologia de pesquisa de mercado, 151-152
 construção global da marca, 278-279
 crédito negativo para esforços verdes, 98-100
 envolvimento do consumidor, 220-222
 gastos de propaganda e distribuição, 87-88, 261-262
 maldição do tamanho da, 271-272
 na Índia, 287-289
 posição "americana" de marcas, 282-283
 terceirização do engarrafamento, 118-119
 Wine Spectrum, fracasso, 239-240
coelho da Energizer, 222-223
Cole Hand, 131-132
Colgate Total, 74-75, 215-216
competências. *Ver* ativos e competências
competências estratégicas, 8-9
competindo com o Walmart, caso desafiador, 350-353
componentes de valor agregado, 60-62, 80-82, 287-288
compradores masculinos, 34
compras de supermercado via Internet, 94-95
comprometimento estratégico, 153-156, 162-164
comunicação, 15-16, 217-218, 228-232, 328-329
conceito de "novidade", 257-258
concorrência
 de concorrentes existentes, 78-80
 de concorrentes potenciais, 79-80
 e a ameaça de subsídios cruzados, 279-280
 e estratégia empresarial, 4-6
 e lucratividade do mercado, 78-80
 e matriz de lealdade, 35-36
 em um mercado sem adicionais, 183-185
 e seleção de mercado na arena global, 287-288
 entendendo a sua, 53-60
 entrada competitiva superior, 86-87
 formulário de planejamento para os principais concorrentes, 366-368
 lealdade à marca como proteção, 194-195
 matriz de pontos fortes, 369
 principais *versus* indiretos, 49-51
 produto-mercado atendido e VCS, 146-147
 superlotação, 85-86, 88-89
 tempos de resposta da, 258-259
 vantagem do inovador sobre, 258-262
 vulnerabilidade à inovação, 195-197, 243-244
 Ver também análise da concorrência; vantagem competitiva sustentável
concorrentes da indústria de café, 49-50
concorrentes de refrigerantes, 49-50, 82-83
concorrentes de usinas siderúrgicas, 49-50
concorrentes diretos *versus* concorrentes indiretos, 49-51
concorrentes indiretos *versus* concorrentes primários, 49-51
condutores de tendências, 82-83, 197-199
confiança como atributo da marca, 180-181

consciência de marca, 192-194, 210-211
consciência de nome, 192-193
Conselho de Excelência em Marketing Global da Dow Corning, 325-326, 333-334
Conselho de Marca Global da Chevron, 325-326
Continental Can Company, 308-309
cooperação entre silos, 321-323
Coppertone, 241-244
Costco, 187-189, 353-355
Courtyard by Marriott, 244-245
Crayola, 169-170, 187-189
crenças essenciais, 153-154
crescimento
    desempenho de crescimento sustentável, 246-251
    e análise da concorrência, 53-54
    e análise de mercado, 370
    fracassos e guerras de preços em mercados baseados no, 86-88
    pontos de venda *versus*, 267-268
    programa de desinvestimento em apoio ao, 301-306
    visão geral, 213-215
    Ver também energizando o negócio
crescimento orientado pelo produto, 57-59, 86-87, 146-147, 230-234
Crest, 168-169, 228-229
criando novos negócios, 255-274
    administrando as percepções da categoria, 261-263
    arenas para, 256-257, 262-269
    das ideias ao mercado, 268-273
    vantagem do inovador, 258-262
    visão geral, 255-259, 272-273
    Ver também inovações; novos negócios
CRM (Gestão de Relacionamento com o Cliente), 196-197, 263-264
Crystal Pepsi, 249-250
cultura (negócios)
    apoio à adaptação, 159-160
    baixo custo, 186-189, 257
    da qualidade, 176-182, 189
    e análise da concorrência, 54-55, 61-63
    e comprometimento estratégico, 153-155
    e erros estratégicos, 162-163
    e oportunismo estratégico, 156-158
    empreendedora, 61-63, 156-158, 271-273, 337-338
    filosofias misturadas, 162-164
    identidade essencial como um reflexo da, 207-208
    visão geral, 334-338, 340
curva de experiência, 185-187
custo de manter unidades de negócios não lucrativas, 299-305
custo de oportunidade de esperar, 299-301
custo médio, 123-124
custos de substituição e lealdade à marca, 193-194

D

dados demográficos, 32-33, 75-76, 92, 101-102, 373
dados históricos e previsões de crescimento, 75-76
Daimler-Benz, 251-252
Datsun, 193-194
Day, George, 267-269
DDB Needham's Sponsor-Watch, 224-225
DeBeers, 280-281
decisão de liquidação ou de desinvestimento, 299-306, 316
decisões de investimentos
    e deriva ou oportunismo estratégicos, 156-160
    e direção futura, 7-8, 260-261
    e segmentos de nicho, 73-75
    estratégia de investimento em produto-mercado, 4-10, 18-19, 152-153, 240-246, 377
    investindo em tendências, 160-163
    unidades de negócios como uma abordagem de portfólio, 297-299
    Ver também desempenho financeiro
Del Monte, 50-52
Dell Computer
    call-center como um componente de valor agregado, 60-61
    classificação verde, 98-99
    e a Enfatico, 326-327
    e o iPhone da Apple, 69
    Ideastorm, *site* para clientes, 43-44
    imagem da marca e distribuição, 61-63
    marca Dimension, 312-313
    modelo de negócios, 93-94, 328-329
    modelo de venda direta, 51-52, 155-156, 185-189
    ponto de preço, 267-268
demanda de mercado e decisão de desinvestimento, 299-301
Denny's, 220-223
Dentsu, 151-152, 250-251, 326-327
deriva estratégica, 158-160
desafios multiculturais, 331-332
desastre, impacto de, 180-182
desempenho de paridade, 37-38
desempenho financeiro
    lucratividade, 53-54, 76-81, 88-89, 116-119, 311-312
    padrões de vendas e previsões, 75-76
    vendas, 116-117, 185-189, 239-240, 267-268
    visão geral, 115
    Ver também decisões de investimentos
desenvolvimento da plataforma de crescimento, 3-4, 7-8
desenvolvimento de estratégia, 109-110, 127-128, 339

desenvolvimento de pessoal, 331-334
design estético, 177-179
diferenciação
    como barreira de entrada, 79-80
    diferenciadores de marca, 218-221, 234
    e análise de lucratividade, 79-80
    e baixo custo, 255-258
    e identidade essencial, 205-208
    e posição de marca, 210-211, 218-221, 234
    e proposições de valor, 146-147, 167-168
    e tendências *versus* modismos, 82-83
    em mercados globais, 285-288
    fracasso em aproveitar oportunidades, 215-217
    pressão no preço por falta de, 76-77, 79-80
diferenciadores de marca, 218-221, 234
DiGiorno Pizza, 187-189
dinâmicas de escopo
    definindo o mercado, 28-30
    e oportunismo estratégico, 156-159
    e produto-mercado atendido, 146-147
    e visibilidade, 193-194
    expandindo o escopo da oferta, 244-246
    visão geral, 5-8
dinâmicas de mercado
    cultura organizacional misturada para, 162-164
    e adaptabilidade estratégica, 159-163
    e conceito de relevância, 72, 187-189
    e estratégia empresarial, 10-12
    e oportunismo estratégico, 156-160
    entendendo, 70
    requisito da inovação, 268-273
    requisito do plano, 1-4
Disney
    alavancagem de marca, 148, 150, 240-244
    capacidade de prestação de serviços, 125-126, 180-181
    como *benchmark*, 126-127
    design como orientação, 171-172
    diversificação da, 61-63
    fundador como símbolo, 335-338
    negócios globais, 280-281
diversificação, 5-8, 58-59, 61-63, 104-105
Dodgeball, 162-163
Dolby Laboratories, 169-170
Dometic, 244-246
domínio de nome, 193-194
Double Click, 162-163
Dove (Unilever), 280-281, 346-349
Dow, 42-43

Drucker, Peter, 4-5, 82-83, 262-263, 305-306
Duracell, 8-9

E

EAS, suplementos vitamínicos da, 248-249
eBay, 61-62, 74-75, 257-258, 263-264
economias de escala
    como barreira de entrada, 79-80
    da padronização de produtos, 277-278, 280-284
    e a matriz de crescimento-participação de mercado, 298-300
    e alianças estratégicas, 290-291
    e estratégias globais, 276-277, 283-284
    para alavancar negócios, 240-241
    visão geral, 185-186
    Walmart, 144, 187-189
economias de escopo, 156-159
economias de indústria, 287-288
elementos de decisão dos clientes, 38-39, 87-88
empresas estrangeiras, 291-292
empresas industriais, 83-84
empresas que já atuam na indústria
    dinâmicas das empresas da S&P 500, 257-259
    necessidade de energia, 229-230
    teimosia estratégica, 94-95, 126-127, 154-156, 258-259, 322-323
    tornando novos negócios viáveis, 271-273
    viés do desenvolvimento de um novo negócio, 256-261, 269-273
    viés do processo de desinvestimento ou liquidação, 302-305
    Ver também negócios
endossadores (*endorsers*) de marca, 225-226
endossadores, 225-226
energia no marketing, 229-230
energizadores externos de marcas, 223-224
energizando o negócio, 213-234
    energizadores de marca, 222-224
    energizando a marca e o marketing, 220-230
    inovando a oferta, 214-222
    visão geral, 213-215, 233-234
Enfatico, 326-327
Enterprise Rent-A-Car, 178-179, 255, 257-258
entrevistando clientes, 37-39
equipes multifuncionais, 179-180
equipes na estrutura da organização, 325-327
Ernhart, 239-240
erros de qualidade, gestão de, 180-182
especialista de nicho como proposição alternativa de valor, 173-176

especificações como dimensão de qualidade do produto, 177-179
essência da marca, 207-209
Esso, postos de gasolina da, 172-173
estratégia, 1-4, 19-20, 25-26, 143-144. *Ver também* estratégias empresariais; marketing
estratégia de crescimento, 16-18
estratégia de exploração ou vacas leiteiras, 305-309, 312-313, 316
estratégia de foco, 35-37. *Ver também* proposições alternativas de valor; proposições de valor do cliente
estratégia de imagem e posicionamento, 53-54
estratégia de investimento no produto-mercado, 4-10, 18-19, 152-153, 240-246, 377
estratégia de manutenção, 305-306, 308-309
estratégia de marca
   e estratégia empresarial, 298-299
   e identidade de marca, 204-212, 240-242
   e personalidade de marca, 201-205
   e relevância, 72, 187-189
estratégia de marketing, 14-15, 18-20
estratégia geográfica de foco, 35-36
estratégias atuais e análise da concorrência, 54-55
estratégias de alavancagem reproduzíveis, 250-251
estratégias de expansão reproduzíveis, 285-286
estratégias de posicionamento
   da General Motors, 35-37
   em mercados globais, 264-267, 284-285
   matriz de atratividade do mercado/posição do negócio, 298-301
   para marcas e submercados, 72, 210-211
   Ver também posição no mercado
estratégias de reação, 108-110
estratégias de segmentação, 18-19, 30-37, 44-45, 246-247, 363-365
estratégias defensivas, 53-54
estratégias e programas funcionais, 3-5, 9-12, 18-19, 145-146
estratégias empresariais
   considerações sobre RSI, 10-11, 102-103, 256-257, 268-269
   critérios para selecionar, 10-12
   desafios das proposições alternativas de valor, 166-169
   e alavancadores organizacionais, 323-325
   e análise de cenários, 110-112
   e área de atuação global, 285-290, 294-295
   e avaliação da inovação, 268-269
   e decisão de desinvestimento ou liquidação, 299-301
   e identidade essencial, 205-208, 210-212
   e marca, 191-193, 209-210, 298-299
   e sistema de gestão estratégica de mercado, 10-13
   estratégia de investimento no produto-mercado, 4-10, 18-19, 152-153, 240-246, 377
   estratégias e programas funcionais, 3-5, 9-12, 18-19, 145-146
   explorando vacas leiteiras, 305-309, 312-313, 316
   incertezas estratégicas e, 27-29
   indicações da necessidade de estratégias globais, 278-279
   modelo de descentralização, 2-3, 306-309, 319, 322-324, 338, 340
   planos de contingência, 108-110
   revisão e mudança de requisitos, 29-30
   viabilidade das, 167-168
   visão geral, 3-10, 12-13, 19-20
   Ver também energizando o negócio; previsão; alavancagem do negócio; estratégia de marketing; unidades internas (silos)
estratégias globais, 275-296
   alianças estratégicas, 288-295
   desafios multiculturais, 331-332
   e unidades internas (silos), 321-322
   expandindo a área de atuação global, 285-290, 294-295
   gestão de marketing, 293-294
   motivações por trás de, 276-281
   padronização *versus* customização, 280-286
   visão geral, 213-215, 275-277, 293-295
estratégias retaliatórias, 53-54
estratégicas, incertezas, 26-29, 93-94, 105-112, 374
estrutura de custo, 54-57, 80-82, 88-89, 371
Estudo da Universidade Purdue sobre o surgimento de nova tecnologia, 95-96
eventos de publicidade, 220-222
eventos futuros, 26, 52-53, 373. *Ver também* previsão
eventos globais, 104-105
Evian, 200-201
excesso de capacidade, 76-77, 79-80, 258-259
excesso de capacidade de ativos, 238-239
execução de alianças estratégicas, 291-294
executivos entrevistados sobre estratégias, 15-18
expansão de escopo, 4-6, 10-11. *Ver também* estratégia de investimento em produto-mercado
expansão de mercado, 5-8, 52-53, 240-246
expansão de produto, 5-8, 15-18, 52-53, 214-216
expansão geográfica, 246-247
experiência B2B (*business-to-business*), 85-87
experiência ideal, a, 44-45
exposição em diversos mercados, 282-283
extensões de linha, 215-216
extensões de marca para alavancar negócios, 240-245

F

fatores-chave de sucesso (FCSs)
   atitudes dos funcionários, 123-125
   capacidades superiores em processos críticos, 152-153

e alianças estratégicas, 288-290, 294-295
e análise de mercado, 70, 71, 76-78, 80-82
e análise externa, 29-30
e desenvolvimento de estratégia, 127-128
e estratégia de segmentação, 36-37
e tendências de mercado, 85-89
formulário de planejamento para análise de mercado, 372
mudança de tecnologia de produto para tecnologia de processo, 86-87
VCS *versus*, 96-97, 147-148
visão geral, 83-84
fatores-chave de sucesso emergentes, 83-84
FCSs. *Ver* fatores-chave de sucesso
FedEx, 60-61, 93-94, 249-250
Fiat, 290-291
filosofias estratégicas
   adaptabilidade, 159-164, 196-199
   comprometimento, 153-156, 162-164
   oportunismo, 156-159, 162-164
   visão geral, 14-15
filosofias misturadas, 162-164
financiamento e acesso ao capital, 61-63, 160-161
flexibilidade estratégica
   como ponto forte da empresa, 61-63, 104-105
   comoVCS, 149
   da Nike, 156-159
   e adaptabilidade, 159-164, 196-199
   e estratégias globais, 276-277
   e seleção de estratégia empresarial, 10-12
   e terceirização, 118-119
   para lidar com incertezas estratégicas, 105-109
foco em programa *versus* foco no orçamento, 102-103
foco míope no produto, 10-11
fontes de informação da concorrência, 66-67, 73-74
forças motrizes
   condutores de tendências, 82-83, 197-199
   crescimento baseado no produto, 57-59, 86-87, 146-147, 230-234
   design, 171-172
   e retornos sobre ações, 177-178
   economias de escala, 185-186, 294-295
   estratégia baseada em crenças essenciais, 153-154
   identificando, 74-76
   movimento verde, 97-99
   para reposicionamento estratégico, 343-344
   participação global *versus* participação local, 287-288
   qualidade percebida, 176
   recall de marca, 231-232, 311-312
   Ver também motivações
Ford, Henry, 43-44
Ford Explorer Eddie Bauer Edition, 218-219

Ford Motor Co.
   considerando o mercado de massa, 260-261
   Eddie Bauer Edition do Explorer, 218-219
   Galaxy na Europa, 283-285
   Modelo T, curva de experiência do, 186-187
   posicionamento em mercados globais, 264-267
   unidades de negócios, 4-5, 9-10
Forever 25, 131-132
formulários de planejamento, 363-378
fornecedores de componentes *versus* fornecedores de soluções de sistemas, 171-172
Fortune, 87-88, 104-105, 353-354
Fournier, Susan, 180-182
Friedman, Milton, 100
Frito-Lay, 18-19, 73-74, 171-172, 328-329
Fuji Film, 197-199
funcionários, 118-119, 123-125, 176, 178-179
fusão de marcas, 311-313
fusões de concorrentes, 52-54

G

GAP, 18-19, 34, 200-201, 244-245
Gates, Bill, 229-230
GE Money, 325-326
General Electric (GE)
   alavancando o negócio, 239-241
   cultura organizacional, 162-163, 272-273
   diversificação bem-sucedida, 61-63
   divisão de pequenos eletrodomésticos, 127-128, 193-194
   e a indústria de scanners CT, 60-61
   Ecomagintion, iniciativas, 98-99
   ênfase na inovação, 124-125
   escopo da, 5-6
   estratégias, 154-156, 333-334
   expansão geográfica, 246-247
   ideias de avanço tecnológico, 262-263
   maldição de tamanho da, 271-272
   matriz de atratividade do mercado/posição do negócio, 298-301
   pesquisa etnográfica, 44-45
   portfólio flexível de marca, 160-161
   submarca GE Profile, 244-245
   universidade de mercado, 328-329
   VCSs e sinergia na, 148, 150
   visibilidade da, 193-194
General Foods, 305-306
General Mills, 156-158, 162-163, 233-234
General Motors
   alianças estratégicas, 290-292
   estratégia de integração para trás, 52-53
   estratégia de múltiplos segmentos, 36-37
   estrutura divisional, 319

investimento no Saturn, 117-118
OnStar, 169-170, 218-221
reestruturação da, 298-299
Gerstner, Lou, 251-252, 336-338
gestão
  como ponto forte da concorrência, 61-63
  da curva de experiência, 186-187
  de marketing, 293-294, 330-334
  de unidades internas (silos), 319-320
  e decisão de desinvestimento ou liquidação, 302-305
  e o sistema TQM (Total Quality Management – Gestão da Qualidade Total), 179-180
  e unidades internas (silos) 330-332
  e VCSs, 147-148, 150
  usando para análise da concorrência, 66-67
  Ver também marketing
gestão de expectativas, 178-182
gestão de percepções de preço, 187-189
gestão de qualidade total (TQM), sistema de, 179-180
gestão de relacionamento com o cliente (*Customer Relationship Management* – CRM), 196-197, 263-264
gestão de valor para o acionista, 118-119
gestão global de marca, 285-286
Gillette, 7-9, 72, 145-146, 187-189, 260-262
Go International (Target), 131-132
Gold Violin, 32-33, 173-174
Google, 74-75, 153-154, 162-163
gráficos de afinidade, 37-39
gravadores de vídeo da Ampex, 260-261
Greenpeace, 98-99, 172-173
Grocery Manufacturers Association (Associação dos Fabricantes de Gêneros Alimentícios), 98-99
grupo central de marketing em um ambiente de silos, 330-334
Grupo Danone, 275
grupos estratégicos
  identificação da concorrência, 50-53, 364-367
  pensamento criativo, 220-222
grupos estratégicos da indústria de alimentos para animais de estimação, 50-52

H

H&M, 131-132
Haas School of Business da UC Berkeley, 207-209
habilidades de *design*, 169-172, 239-240
habilidades de marketing e alavancagem do negócio, 239-240
hábitos e lealdade à marca, 193-194
Halberstam, David, 47
Hallmark, 200-201
Harley-Davidson, 8-9, 97-98, 173-174, 202-203, 220-221, 282-283

Heineken, 280-283, 287-288
Heinz, ketchup, 169-170
Hertz, 251-252, 255
Hewlett Packard
  alavancagem de marca sobre produtos e países, 151-152
  ativos e competências, 8-9
  ativos físicos, 18-19
  barreiras de canal da Internet, 51-52
  classificação verde, 98-99
  Conselho de Experiência do Cliente, 325-326
  cultura inovadora, 336-338
  direções estratégicas, 3-4
  o "jeito HP", 172-173
  oportunismo estratégico da, 156-158
Hill's Petfood, 51-52
Hippel, Eric von, 42-44
Hobart Corporation, caso desafiador, 343-345
Home Depot, 8-9, 131-132, 187-189, 228-229, 299-301
Honda, 152-153, 209-210, 284-285
Hooter, companhia aérea, 243-245
horizonte de planejamento e comprometimento estratégico, 153-154
How to Grow When Markets Don't (Slywotsky and Wise), 245-246
Hyundai, 60-61, 103-104, 147-148, 231-232

I

Iacocca, Lee, 229-230
Iams Company, 51-52
IBM
  acesso aos clientes, 79-80
  Comitê de Marketing Global, 325-326
  como orientador de tendência, 197-199, 215-216
  consolidação da agência de publicidade, 280-283
  criando sinergia, 151-152, 251-252
  e-business, subcategoria, 72
  estratégia de investimento em produto-mercado, 5-6
  expansão geográfica, 246-247, 278-281
  Gerstner e, 5-6, 251-252, 336-338
  marca, 240-241
  produtos desenvolvidos pelo usuário, 42-43
  sistema de avaliação e recompensa, 329-330
idade e envelhecimento, 97-98, 101-102
Ideastorm, *site* (Dell), 43-44
ideias para o mercado, 268-273
identidade de marca, 204-212, 240-242
identidade essencial, 205-208, 210-212
identidade estendida, 205-208
IDV, 152-153
Ikea, 147-148, 187-189
imagem de marca, 61-63, 191, 241-242

impacto agregado, 36-37
impacto das inovações, 93-94
impacto de novas tecnologias, 95-96, 263-264
imperativo estratégico, 207-209
In-N-Out, hambúrgueres, 173-175
incentivos. *Ver* recompensas e incentivos
incentivos de investimento nacional e estratégia global, 279-280
incertezas estratégicas, 26-29, 93-94, 105-112, 374
incertezas políticas e estratégia global, 287-289
indicadores principais das vendas de mercado, 75-76
indústria automobilística
    como um cliente poderoso para fabricantes de pneus, 80-81
    conceito de relevância, 72, 187-189
    desvantagem na percepção coreana, 125-126
    gerenciando pontos visíveis de preço, 189
    inovações transformacionais na, 93-94
    matriz de pontos fortes competitivos do mercado de carros de luxo nos EUA, 63-67
    medidas de qualidade de produto e serviço, 120-121
    novas arenas de negócios, 256-257
    oferta de carros com tração nas quatro rodas, 217-218
indústria de scanners CT, 60-61
indústria do petróleo como fornecedor poderoso, 80-81
indústrias de custo fixo, 79-80
influência do governo sobre o mercado, 92, 103-105
Influências de base ampla, 82-83
Iniciativas de parceiros de carga da KLM, 263-266
iniciativas estratégicas e pontos de prova, 207-212
inovação do Canal do Caixa, 94-95
inovação por empréstimo *peer-to-peer*, 138-139
inovação tecnológica, 263-264
inovações
    análise de desempenho de, 123-124
    avaliando o potencial de, 267-269
    como ponto forte da concorrência, 61-63
    como quadros mentais para adaptabilidade estratégica, 159-160
    criando novas arenas de negócios, 239-240, 256-257, 262-269
    das ideias ao mercado, 268-273
    e diferenciadores de marca, 218-221, 234
    e silos, 269-271
    funcionários como fontes de, 178-179
    incrementais, 93-95, 258-259, 268-271
    influência global, 278-279
    inovações de *branding*, 215-219
    inovações disruptivas de segunda linha, 266-268
    inovatividade percebida, 261-262
    liderança implacável para, 261-262
    métodos de pensamento criativo, 220-222
    o que fazer e o que não fazer, segundo Drucker, 262-263
    tipos de, 93-95
    transformacional, 93-95, 138-139, 155-156, 255-258, 267-269
    visão geral, 2-3, 214-216
    vulnerabilidade a inovações da concorrência, 195-197, 243-244
inovações disruptivas de segunda linha, 266-267
inovações disruptivas em novos mercados, 267-268
inovações incrementais, 93-95, 258-259
inovações transformacionais, 93-95, 138-139, 155-156, 255-258, 267-269. *Ver também* criando novos negócios
inovatividade percebida, 261-262
instabilidade de preço, 87-88
Instituto de Políticas Públicas (Public Policy Institute), 97-99
intangíveis organizacionais e associações à marca, 199-201
integração para frente, 52-53
integração para trás, 52-53, 80-81
Intel, 44-45, 220-221, 244-245, 305-306
Intel Inside, marca, 103-104, 165-167, 192-193
intensidade competitiva e decisão de desinvestimento, 299-301
International Harvester, 304-305
Internet
    barreiras de canal e *e-marketing*, 51-52
    e o segmento masculino do jovem maduro, 34
    experiência B2B "ponto-com", 85-87
    mobilizando comunidades de clientes, 39-44
    segmentos de clientes, 36-38
    sistemas de compras de supermercado, 94-95
    sites, 66-67, 343-345
    sites baseados em ideias dos clientes, 43-44
    unidades sociais e tribalismo, 97-98
    vendas na, 185-186. *Ver também* Amazon; Dell Computer
Intuit, 43-44
iPod *versus* Sony, caso desafiador, 359-361

J

J. C. Penney, 336-338
J. I. Case, 304-305
Jaguar, 169-172
Jamba Juice, 245-246
Japão, 47, 154-155, 263-264, 284-285
Jell-O, 233-234
Jobs, Steve, 229-230
John Deere, 245-246, 304-305

Johnson & Johnson, 104-105, 180-181, 246-247
Joie de Vivre, 202-203
joint-ventures, 151-153, 288-295

K

kaizen (melhoria contínua), 154-155
Kao Corporation, 61-63
Kelleher, Herb, 229-230
KFC, 185-189, 197-199, 246-247, 282-283
Kingsford Charcoal, 146-147
KitchenAid, 74-75
Kmart, 200-201
Kodak, 260-261
Korvette, 324-325
Kraft, 233-234

L

L.L. Bean, 124-125, 197-199, 207-209, 335-336
L'eggs, 81-82, 260-261
Laidlaw, 250-251
Lane Bryant, 201-202
lealdade à marca
    como um aspecto do valor da marca, 194-196, 210-211
    e clientes, 34-36, 63-64, 156-159, 194-196
    matriz de lealdade, 34-36
    satisfação do cliente e, 119-121, 146-147, 260-261
lembrança (*recall*) sem auxílio, 193-194
Levi's, 34, 282-283
Levitt, Theodore, 10-11
Lexus, 8-9, 147-148, 165, 173-174, 176, 187-189, 207-209
liderança de marca global, 285-286
líderes de mercado
    características de, 260-262, 272-273
    como objetivo de novos negócios, 249-253
    e oportunidades, 126-127
    imagem de qualidade superior, 176
    redefinindo a classe do produto, 168-169
Lincoln, 200-201
Lindsay Olives, 169-170
liquidez e adaptabilidade estratégica, 160-161
lojas de marca dupla, 185-186
London School of Business, 207-209
Long John Silver, 185-186
Lowe's, 8-9, 131-132
lucratividade, 53-54, 76-81, 88-89, 311-312
Luna, barra nutricional, 50-51, 134-137
Lycra, 283-284

M

Macy's, 34, 131-132
maldição de sucesso, 269-271
maldição do comprometimento, 269-272
maldição do silo, 269-271
mão de obra ou materiais de baixo custo e estratégias globais, 278-280
marca(s)
    alianças estratégicas para ganhar acesso à, 290-291
    associações de clientes, 120-122
    confiança como atributo de, 180-181
    e qualidade de proposições alternativas de valor, 176-182, 189
    em excesso, 309-310
    estratégia de mercado da Gallo de Sonoma, 12-15
    estratégia empresarial e, 191-193, 209-210, 298-299
    focando as maiores, 7-8
    marketing e, 220-230
    melhorando ou piorando a imagem da, 243-245
    padronização *versus* customização, 280-286
    patrimônio local, 284-286
    submarcas, 102-103, 187-189, 223-224, 241-242, 244-245
    Ver também estratégia de marca
marca, portfólio de, 160-161, 309-316
marca corporativa e silos, 16-18
marca Gallo de Sonoma, 12-15
marcas dominantes, 193-194
marcas endossadas, 244-245
marcas principais e silos, 16-18
margem de lucro e retorno sobre ativos, 116-118
Market Facts, 151-152
marketing
    atividades promocionais de marca, 225-228
    CEOs de marca, 229-230
    e análise da concorrência, 61-63
    e estratégia de crescimento, 16-18
    e estratégia empresarial, 16-19
    e gestão estratégica, 16-19
    endossadores (*endorsers*), 225-226
    energia no, 229-230
    energizadores de marca, 222-224
    marca e, 220-223
    na China, 288-290
    patrocínios de marca, 223-225
    problemas decorrentes do silo em, 320-324
    programas sociais de marca, 227-230
    símbolos memoráveis das marcas, 227-228
"Marketing Myopia" (Levitt), 10-11
Marks & Spencer, 287-288
Marriott, 44-45, 73-74, 160-161, 178-179, 244-245
Mars, 50-52
massa crítica na arena global, 288-289
MasterCard, 61-63, 328-329
matriz de crescimento-participação de mercado, 298-300

matriz de lealdade, 34-36. *Ver também* lealdade à marca
matriz de pontos fortes competitivos, 63-68
matriz de pontos fortes de concorrentes do mercado de carros de luxo, 63-67
Mattel, 252-253
maturidade e declínio das vendas de mercado, 76-77
Maytag, 146-147, 227-228
Mazda, 290-291
McCann Erickson, 250-251, 326-327
McDonald's
 alianças criando sinergia,151-152
 associações à marca, 195-196, 241-242
 Casa Ronald McDonald, 171-173, 195-196, 223-224, 228-229
 competindo com a Starbucks, 49-50, 245-246
 comunicando valor, 102-103, 187-189
 e a tendência de alimentação saudável, 197-199
 economia de escala, 185-186
 expansão, 245-247, 280-281
 maldição do tamanho, 271-272
 valores essenciais e reviravolta, 124-125
McElhaney, Kellie, 228-230
McKenna, Regis, 196-197
McKinsey, 15-18
medidas-chave de qualidade, 179-180
melhoria da equipe de marketing, 331-334
membros externos, CMO e sua equipe como, 331-332
membros internos, CMO e equipe como, 331-332
mercado
 das ideias ao, 268-273
 definindo, 28-30
 demanda decrescente e decisão de desinvestimento, 302-303
 e avaliação da inovação, 267-269
 e eventos globais, 104-105
 e identidade essencial, 205-208, 210-212
 estratégia para lidar com alegações contraditórias, 216-217
 estrategicamente importante, 279-281
 fracassos e guerras de preço baseadas no crescimento, 86-88
 influência governamental no, 92, 103-105
 instabilidade de preço, 87-88
 propriedade em mercados emergentes, 261-262
 superlotação no, 85-86, 88-89
 Ver também posição no mercado; novos mercados
mercado de cimento, 81-82
mercado de estratégias de marketing, 9-11
mercado de massa, 260-261
mercado potencial – lacuna do usuário, 73-74
mercados de produto, 76-81, 248-249

mercados dinâmicos. *Ver* dinâmicas de mercado
mercados emergentes, propriedade de, 261-262
mercados estratégicos, 290-291
Mercedes, 147-148, 282-283
metáfora dos oceanos para arenas de negócios, 256-259
MetLife e os personagens do Charlie Brown, 223-224, 227-228
métodos de pensamento criativo, 220-222
Michelin, 8-9, 227-228
micromarketing e segmentos de nicho, 73-75
Microsoft, 53-54, 58-59, 98-99, 153-154, 160-161
Microsoft Office, 9-10, 200-201
miniusinas siderúrgicas, 49-50, 93-94, 155-156, 160-161, 257-258, 267-268
Mitsubishi, 240-241
mobilidade de indústria, 60-61. *Ver também* barreiras ao sucesso
modalidades de comunicação, 251-252
modelo das ações da concorrência, 53-60
modelo de descentralização, 2-3, 306-309, 319, 322-324, 338, 340. Ver também unidades internas (silos)
modelo de família nuclear, 101-102
modelo de Porter das cinco forças que afetam a lucratividade de mercado, 76-81
modelo de vendas diretas, 187-189
modismos *versus* tendências, 82-83
Montblanc, 282-283
Morgan, J. Pierpont, 138-139
Motel 6, 183-185
motivações
 análise do cliente para determinar, 36-42, 44-45
 de empresas de outros países, 291-292
 e análise da concorrência, 60-61
 economias de escala, 185-186, 294-295
 estratégia de motivação dos clientes-chave, 60-61
 formulário de planejamento, 364-365
 para estratégias globais, 276-281, 294-295
 para funcionários, 176, 178-179
movimento/tendência verde, 97-100
Mr. Clean Performance Car Washes, 243-245
MTV, 199-200, 280-281
mudanças de mercado e riscos em mercados de alto crescimento, 83-84, 86-88
mudanças de paradigma, 155-156
múltiplas identidades de marca, 209-210, 241-242
múltiplos mercados, 280-284. *Ver também* estratégias globais
múltiplos negócios, 2-3
múltiplos segmentos *versus* estratégia de foco, 35-37
MySpace, 173-174

N

Nabisco, 162-163
necessidade ou desejo percebido, 72
necessidades estratégicas, 83-84
necessidades não atendidas, 41-45, 87-88, 264-266
negligenciadores de tendência, 197-199
negócio principal e entidade autônoma inovadora, 271-273
negócios
    associações de clientes à marca e, 120-122
    benefícios intangíveis, 98-99, 199-201
    e análise da concorrência, 54-55, 61-63
    e inovação, 2-3
    estrutura, 324-327
    limitações e riscos em mercados de alto crescimento, 83-84, 87-89
    perspectivas e valor da marca, 311-312
    posição e decisão de desinvestimento, 301-302
    processos como VCSs, 152-153
    VCSs por negócio, 148, 150
    visão geral, 3-5
    Ver também empresas que já atuam na indústria; características organizacionais; prioridades para negócios e marcas
negócios, portfólio de, 297-301, 309-310, 375
Neiman's, 131-132
Nestlé, 185-186, 193-194, 284-285, 312-315, 328-330
Nestlé Ralston Petcare, 50-52
Netflix, 73-74, 144-146, 257-258
NextMedium, 138-139
Nike
    a experiência para os clientes, 200-202
    diferenciação em mercados globais, 287-288
    e o segmento masculino retrossexual, 34
    estratégia de desempenho, 32-33
    estratégia reproduzível de alavancagem, 250-251
    negócios globais, 280-281
    Niketown, lojas de exposição, 193-194
    oportunismo estratégico da, 156-159
Nintendo, 57-59
Nissan, 193-194, 283-284
nível de segmento. *Ver* análise de submercado
Nokia, 98-99
Nordstrom, 124-125, 165, 173-174, 199-201, 207-209, 258-261
normas na cultura empresarial, 335-336
Norwest Bank, 314-315
novidade da indústria *versus* lucratividade, 258-259
novos mercados
    adaptando-se a, 249-250
    caso desafiador, 134-137
    criando, 159-160, 256-257, 262-269
    de concorrentes, 56-57
    diversificação de, 5-8, 58-59, 61-63, 104-105
    e oportunismo ou deriva estratégicos, 156-160
    e relevância, 72
    expansão de mercado, 5-8, 52-53, 240-246
    fontes de vantagem, 237-239
    para alavancar o negócio, 246-247, 252-253
    previsões de vendas para, 75-76
    satisfazendo necessidades não atendidas, 41-42
    vindos de novas tecnologias, 95-96
novos negócios
    alavancando um negócio em, 249-251
    criando viabilidade de, 271-273
    e alocação de recursos, 272-273
    e inovação, 94-95
    e segmentos de nicho, 264-267
    visão geral, 213-215, 256-259
    Ver também criando novos negócios
Nucor, 155-156, 160-161

O

objetivos, comprometimento e análise da concorrência, 53-55
objetivos do sistema de gestão estratégica de mercado, 14-18
Ocean Spray, 233-234
OfficeMax, 41-42
Ogilvy & Mather, 250-251
Olay, marca (P&G), 284-285, 346-348
Old Navy, 34, 244-245
Old Spice, 34
opções estratégicas, 12-15, 160-161, 168-176, 179-180, 275
operações, 61-63, 183-186, 239-240
oportunidades
    administrando percepções da categoria, 261-263
    e adaptabilidade estratégica, 159-163
    em recessões econômicas, 102-104
    fracasso em utilizar, 215-217
    identificando, 26, 115
    oportunismo ou deriva estratégicos, 156-160
    tendências do consumidor como, 95-97
oportunidades de integração de marca para anunciantes, 138-139
oportunidades de ouro, 126-127
oportunismo estratégico, 156-159, 162-164
Oracle, 18-19
organizações duais, 271-273
organizações matriciais, 326-327
organizações virtuais, 326-327
orientação a processo *versus* orientação a resultados, 179-180

orientação ao cliente, 3-4, 35-36, 61-63, 149
Oscar Mayer Wienermobiles, 225-228

P

padrões de vendas e previsões, 75-76
países líderes na estratégia global, 283-284
Pampers, 287-288
Panda Express, 76-77
Panera Bread, 76-77
Pantene, 278-281
papéis do descritor de marca, 312-313
papel dos executivos na cultura corporativa, 336-338
paralisia estratégica, 309-310
paridade. *Ver* pontos de paridade
participação de mercado e vendas, 116-117
participantes do nicho, 155-156. *Ver também* inovações
passivos estratégicos, 126-127
patrocínios de marca, 223-225
PDPs. *Ver* pontos de paridade
Pedigree Adoption Drive, 228-229
pensamento lateral, 220-222
Pepsi, 87-88, 261-262, 287-289
percepções da categoria, administrando, 261-263
Perdue, frangos, 61-63
perguntas de escolhas para entrevistas com clientes, 38-39
personalidade da marca, 201-205
perspectiva estratégica da equipe central de marketing, 330-331
pesquisa
    Brand Asset Valuator da Young & Rubicam, 196-197, 229-230, 250-252, 261-262
    construtores de casas recordando nomes de marcas, 193-194
    da TippingSprung sobre extensões de marca, 243-244
    DDB Needham's Sponsor-Watch, 224-225
    dinâmicas das empresas da S&P 500, 257-259
    estudo da Universidade Purdue sobre o surgimento de nova tecnologia, 95-96
    sobre a concorrência, 66-67
    sobre a qualidade orientar o retorno sobre ações, 177-178
    sobre as empresas de serviço mais famosas, 178-179
    sobre o desempenho do crescimento sustentável, 246-251
    sobre o impacto do envelhecimento sobre as indústrias, 101-102
    sobre o movimento verde, 97-99
    sobre o sucesso de iniciativas de crescimento, 301-302
    sobre pioneiros do mercado, 260-262
    sobre pontos de venda, 267-268
    sobre RSC, 172-173
    VCSs de gestores, 147-148, 150
Pesquisa antropológica, 39-40, 43-45, 264-266
pesquisa de problema, 42-44
pesquisa e desenvolvimento (P&D)
    capacidade em excesso para adaptabilidade, 160-161
    compartilhamento entre unidades de negócios, 9-10
    e inovações globais, 278-279
    e inovatividade, 61-63
    e oportunismo ou deriva estratégicos, 156-160
    maldição da pressão financeira de curto prazo, 269-271
    para alavancar o negócio, 239-241
pesquisa etnográfica, 39-40, 43-45, 264-266
pesquisa qualitativa, 39-40
Peugeot, 279-280
Philip Morris, 239-240, 260-261
Pillsbury, 227-228, 243-244
pioneiros do mercado, 260-262
Pizza Hut, 61-63, 185-186
Plano estratégico anual, 1, 14-18, 29-30. *Ver também* estratégias empresariais
planos de contingência, 108-110
poder do fornecedor, 80-81
Polo Ralph Lauren, 34
pontos de diferenciação (PDDs), 147-148
pontos de paridade (PDPs)
    e análise de custo, 121-124
    e análise de custo relativo, 121-124
    e ativos e competências, 9-10, 125-126, 128-129
    e fatores-chave de sucesso, 147-148
    e motivações do cliente, 37-38
    e necessidades estratégicas, 83-84
    e posição da marca, 210-211
    e proposições de valor, 167-168
    próximo o suficiente de, 207-208
    sensibilidade de mercado e paridade de preço, 27
pontos de preço, 189, 266-268
pontos de prova e iniciativas estratégicas, 207-212
pontos fortes e fracos
    análise interna de, 115, 124-126
    e opções de alavancagem, 248-249
    formulário de planejamento para análise interna, 376
    pontos fortes estratégicos, 83-84
    sobreviventes lucrativos do declínio de mercado, 308-309
pontos fortes e fracos dos concorrentes
    áreas de, 61-64
    ativos e competências relevantes, 59-62
    e fusões dos concorrentes, 52-54

e produto-mercado atendido, 146-147
estratégias baseadas em, 58-60, 127-128
matriz de pontos fortes da concorrência, 63-68
pontos fortes estratégicos, 83-84
Popcorn, Faith, 82-83, 96-98
Porter, Michael, 76-77
portfólio da marca, 160-161, 309-316
portfólio de negócios, o, 297-301, 309-310, 375
Portman, hotéis, 173-174
posição da marca, 210-212, 218-221, 234, 285-286
posição no mercado
   de marca, 210-212, 218-221, 234, 285-286
   e a vantagem do inovador, 260-262
   e decisão de desinvestimento, 301-302
   e recessões econômicas, 103-104, 110-111
   e vantagem competitiva sustentável, 63-64
   matriz de atratividade do mercado/posição do negócio, 298-301
   posições de valor, 63-64, 181-189, 257-259
   posições de valor de qualidade, 176-182, 189, 202-204
   Ver também líderes de mercado
posição superior e VCS, 63-64
posições de marca desejadas, 210-211
posições de marca que inspiram confiança, 210-211
posições de valor, 63-64, 181-189, 257-259
posições de valor de qualidade, 176-182, 189, 202-204
posições genéricas em propaganda, 282-283
PowerBar, 50-51, 134-137
preço de arte *premium*, 200-201, 356-358
preços *premium*, 200-201, 217-218, 356-358
preferência e lealdade à marca, 193-194
pressão de preço, 76-77, 79-80, 302-303
previsão
   de crescimento, 75-76, 85-86, 88-89
   de demanda, 86-88
   de tecnologia, 94-96
   e estratégias de reação, 108-110
   e eventos globais, 104-105
   e inovação incremental, 93-94
   e recessões econômicas, 101-104, 110-111, 181-182
   e regulamentações governamentais, 103-105
   versus oportunismo estratégico, 156-159
previsões para bens duráveis, 75-76
previsões para produtos de consumo, 75-76
principais incertezas estratégicas e pontos de paridade, 147-148
Pringles, 280-281
prioridades dos clientes, 39-40
prioridades para negócios e marcas, 297-309
   decisão de desinvestimento ou liquidação, 299-306, 316

   estratégia de exploração, 305-309, 312-313, 316
   identificação de oportunidade/ameaça, 115, 125-127
   o portfólio da marca, 160-161, 309-316
   o portfólio de negócios, 297-301, 309-310, 375
   priorizando marcas, 312-315
   visão geral, 297-299, 316
problemas estratégicos, 126-127, 374-376
processo da cadeia de suprimento como VCS, 152-153
processo estratégico de consolidação da marca, 309-316
Procter & Gamble (P&G)
   alavancagem do canal de distribuição, 151-152
   alavancando o negócio, 240-241
   ativos e competências da, 8-9
   BeingGirl, *site*, 43-44
   compartilhando P&D entre unidades de negócios, 9-10
   componentes de valor agregado, 60-61
   construção da marca global, 278-279
   critérios de investimento, 73-74
   cultura organizacional, 162-163
   e economias de escala, 185-186
   e Walmart, 80-81, 185-186, 245-246
   Equipe de Liderança de Marketing Global, 325-326
   escopo empresarial, 5-8
   estratégia de "casa de marcas", 314-315
   pesquisa etnográfica, 43-45
   política de "clientes primeiro", 118-119
   produtos da, 18-19, 51-52, 146-147, 169-170, 214-216, 260-261
   tradições de produto e propaganda, 336-338
produtores de marca própria, 51-52, 131-132
produtos
   aceitação de novos produtos, 249-251
   achando novos usos para, 233-234
   associações à marca e amplitude da linha de produtos, 197-200, 214-216
   de baixo envolvimento, 192-193
   e alimentos orgânicos, 100
   e avaliação de inovação, 267-269
   e segmentação, 31-32
   mudanças em FCS ao longo do tempo, 83-84, 87-88
   padronização *versus* customização, 280-286
   sem adicionais, 183-185
   substitutos, 79-80
   uso dos clientes de, 35-36
   valor de autenticidade, 216-218, 228-229
produtos associados, 241-242
produtos desenvolvidos pelo usuário, 42-43

produtos e marcas customizadas na arena global, 283–286, 294–295
produtos e marcas padronizados na arena global, 280–286, 294–295
produtos substitutos, 79–80
produzindo, 61–63, 183–186, 239–240
programa Quality Function Deployment (QFD), 37–38
programas sociais, 171–173, 227–230. *Ver também* tendências culturais
programas sociais de marca, 227–230
projeções financeiras, 269–271, 376, 378
proliferação da marca, 298–299
propaganda, 61–63, 87–88, 261–262, 280–286
proposição de valor percebido, 146–147, 166–168, 187–189. *Ver também* proposições de valor do cliente
proposições alternativas de valor, 165–189
    atributo superior ou benefício, 169–170
    curva de experiência, 185–187
    desafios da estratégia empresarial, 166–169
    design atrativo, 169–172
    especialista de nicho, 173–176
    posições de valor, 181–189
    programas sociais corporativos, 171–173
    qualidade superior, 176–182, 189
    relacionamento superior com o cliente, 172–174
    soluções de sistemas, 171–172
    vantagem de custo, 182–189
    visão geral, 165–170
    Ver também economias de escala
proposições de valor, 165–169, 210–211. *Ver também* proposições alternativas de valor; proposições de valor do cliente
proposições de valor de produto-mercado. *Ver* proposições alternativas de valor
proposições de valor do cliente
    e crescimento de submercado, 75–77
    e deriva estratégica, 158–160
    e vantagem competitiva sustentável, 146–147, 167–168, 203–205
    identificando as motivações principais para, 38–40
    papel do marketing na determinação de, 18–19
    valor percebido, 146–147, 166–168, 187–189
    visão geral, 7–9, 146–147, 166–168, 189
propriedade de ativos e competências, 9–10
protótipos, testando e refinando, 94–95
Purina, 156–158

Q

Quaker Oats, 135–136, 200–201, 251–252
qualidade, reputação e amplitude da linha de produto, 61–63, 195–196. *Ver também* qualidade do produto
qualidade. *Ver* qualidade percebida

qualidade de processo, 177–179
qualidade de serviço, 178–180. *Ver também* serviço ao consumidor
qualidade do produto, 61–63, 120–121, 177–179, 195–196
qualidade percebida
    de marcas globais, 277–279
    e as percepções das pessoas, 176–178
    e associações à marca/empresa, 120–122
    e erros de qualidade, 180–182
    e valor da marca, 229–230, 311–312
    evitando uma desvantagem, 9–10
    preço para alterar a, 181–182
    valor de qualidade, 187–189

R

Ralph Lauren, 171–172, 200–201
Raymond Corporation, 174–175
recessões econômicas, 101–104, 110–111, 181–182
recompensas e incentivos
    a experiência como, 200–202
    "cartões inteligentes" para identificar clientes leais, 96–97, 132–133
    energizando a marca com, 230–232
    incentivos de investimento nacional e estratégias globais, 279–280
    iniciativas entre silos, 329–330
    para funcionários, 159–160, 178–179
    para lealdade do cliente, 34–36, 194–195
Redbirds, time de beisebol, 214–215, 227–228
Redes de valor sustentáveis, 100
Reebok, 250–251
refrigerante cola Diet-Rite da Royal Crown, 87–88
regulamentações governamentais, 103–105
Relatos dos Clientes, 357–358
relevância da marca, 72, 187–189
reposicionamento estratégico, caso desafiador, 343–345
responsabilidade social corporativa (RSC), 171–173
resultados da análise
    análise de cenário, 28–29, 108–112, 374
    criar estratégias a partir de, 127–128
    matriz de pontos fortes competitivos, 63–68
    visão geral, 12–15
    Ver também análise externa; análise interna; oportunidades; pontos fortes e fracos
retorno de ações, 177–178, 191, 293–294
retorno sobre ativos (RSA), 116–118
retorno sobre investimento (RSI), 10–11, 102–103, 256–257, 268–269
reuniões "Mar de Ideias" (TI), 104–105
Rhapsody, 73–75

Rheingold Brewery, 260-261
riscos
  da estratégia de exploração, 306-307
  de entrar em mercados globais, 287-288
  de entrar em um mercado hostil, 248-249, 252-253
  de investir em tendências, 160-163
  de terceirizar a equipe de marketing, 331-332
  desenvolvendo negócios fora das habilidades essenciais, 237-238
  em mercados de alto crescimento, 83-89
rituais na cultura de negócios, 336-338
Robert Mondavi, 52-53
Rossignol, esquis, 200-201
rotatividade de ativos e retorno sobre ativos, 116-118
rótulos de subcategorias, 262-263
RSA (retorno sobre ativos), 116-118
RSC (responsabilidade social corporativa), 171-173
RSI (retorno sobre investimento), 10-11, 102-103, 256-257, 268-269

S

Sainsbury, 249-250
Saks, 131-132
saliência da marca, 192-193
Sam's Club (Walmart), 350-353
Samsung, 152-153, 193-194, 224-225
Samuel Adams, 246-247
saturação, 76-77
Saturn, 173-174
Schlitz, medidas de redução de custos, 180-182
Schweppes, 196-197
Schwinn, 82-83, 244-245
Sears, 131-132, 171-172
segmento de aplicação para análise do cliente, 35-36
segmento masculino retrossexual, 34
segmentos de nicho, 73-75, 156-158, 223-225, 264-267
seguidores de tendência, 197-199
seleção do mercado na arena global, 287-290
sensibilidade ao preço como uma dimensão de benefício, 32-34
serviço ao consumidor
  abordagem sem adicionais, 183-185
  comparações de qualidade, 120-121
  diferenciadores de marca, 218-221
  inovação no, 202-204
  qualidade de serviço, 178-180
  qualidade superior, 176-179
sessões de compartilhamento de conhecimento, 328-329
setor aéreo, 34, 36-37, 38-39, 42-43, 51-52, 63-64, 79-80

Shell, 172-173
Shiseido, 154-155
Shouldice Hospital, 174-175
Siebel, 196-197, 263-264
símbolos de marca, 227-228
símbolos e ação simbólica na cultura empresarial, 335-338
símbolos memoráveis de marcas, 227-228
sinergia potencial, 250-253
sinergias
  abrangendo mercados de produtos, 8-10
  de unidades de negócios, 4-5, 148, 150-153, 163-164
  e estratégias globais, 276-277
  e oferta de segmento, 36-37
  e oportunismo ou deriva estratégicos, 158-160
  na melhoria do negócio principal, 248-250
  questões de sinergia potencial, 250-253
  unidades internas (silos) *versus*, 320
Singapore Airlines, 166-167
Sirius, 44-45
sistema de avaliação e recompensa através de silos, 329-330
sistema de desempenho de estratégia, 16-18
sistema de distribuição
  como barreira de entrada, 79-80
  e análise de mercado/submercado, 81-82
  e estratégias globais, 284-285
  e expansão para novos segmentos de marcado, 246-247
  formulário de planejamento para análise de mercado, 371
  limites do, 88-89
  P&G e Walmart, 245-246
  usando o excesso de capacidade, 239-240
sistema de informação, silo abrangente, 326-329
sistema de planejamento para unidades internas (silos), 329-330
sistema estratégico de gestão de mercado, 10-20, 337-339. *Ver também* análise externa; análise interna
sistemas de gestão para silos, 326-334
site baseado em ideias dos clientes (*Ideastorm*, da Dell), 43-44
sites, 66-67, 343-345
Sloan, Alfred, 319
Snap Fitness, 183-185
Snapple, 251-253
Snickers Marathon (Masterfoods), 135-136
SoBe, 266-267
sobreviventes lucrativos, 74-75
soluções de sistema como uma proposição alternativa de valor, 171-172

Sony
    BluRay, 72
    competência essencial da, 152–153
    considerando o mercado de massa, 260–261
    e o formato beta de videocassete, 154–156
    e o segmento masculino retrossexual, 34
    marketing em navios de cruzeiros, 148, 150
    negócios globais, 280–281
    soluções de sistemas, 171–172
    tecnologia superior, 58–59
    visibilidade da, 193–194
Sony *versus* iPod, caso desafiador, 359–361
Sony-Erickson, classificação verde, 98–99
Southwest Airlines
    criando uma vantagem de custo, 183–185
    fluxo de novos clientes, 267–268
    inovação com personalidade, 268–269
    inovação e VCS, 93–94, 144–146
    ponto a ponto e sem adicionais, 187–189, 257–258
SoyJoy, barras energéticas, 135–136
Sprite, 282–283
Starbucks
    como competidor indireto da Folgers, 49–50
    cultura organizacional, 153–154, 162–163
    efeito nas vendas de café em lata, 155–156
    expandindo o escopo de oferta, 245–246
    My Starbucksidea, *site*, 43–44
    nicho de mercado, 264–267
    no Japão, 10–11
    relacionamento com o cliente como uma proposição alternativa de valor, 173–174
submarcas, 102–103, 187–189, 223–224, 241–242, 244–245
submarcas de valor na recessão econômica, 102–103
submercados
    conquistando submercados emergentes, 261–262
    e nichos, 264–267
    emergentes, 70–72, 160–163, 370
    mantendo o domínio, 268–269
    novas tecnologias em, 95–96
    perigo de ignorar, 49–50
    Ver também análise de mercado/submercado
subsídios cruzados, 279–280
sucesso
    barreiras ao, 85–86, 258–259
    com análise da concorrência, 57–59
    com diversificação, 61–63
    de iniciativas de crescimento, 301–302
    em organizações com muitos silos, 321–322
    maldição do, 269–271
    orientado por participação global *versus* participação local, 287–288
    probabilidade de, ao alavancar o negócio, 246–251
    Ver também fatores-chave de sucesso
Sunkist, 244–245
superioridade como uma proposição alternativa de valor
    posições de valor, 63–64, 181–189, 257–259
    qualidade, 176–182, 189
    relacionamento com o cliente, 172–174
    visão geral, 169–170, 176
sustentabilidade, 183–185, 193–194, 210–211, 248–251
Swatch, 193–194

T

T. Rowe Price, 178–179
Taco Bell, 185–186
tamanho do negócio, 53–54, 73–75, 271–272
Target, 34, 125–126, 131–132, 171–172, 187–189, 220–222
taxa de crescimento, 74–77, 85–86, 88–89
TayorMade, equipamento de golfe, 220–222
tecnologia
    alianças estratégicas para ganhar acesso a, 290–291
    como instrumento de negociação em alianças estratégicas, 291–292
    competindo no ambiente de mudanças, 86–87
    diferenciadores de marca, 218–221
    e vantagem do inovador, 258–261
    impacto de nova tecnologia, 95–96, 263–264
    mudança de tecnologia de produto para tecnologia de processo, 86–87
    previsão, 94–96
    tecnologia da informação, 96–97
    tendências, 92–97
teimosia estratégica, 94–95, 126–127, 154–156, 258–259, 322–323
televisão e redes de TV a cabo, 49–50
tendência
    da vingança do prazer, 97–98
    das "99 vidas", 97–98
    de alimentação saudável, 197–199, 266–267, 284–285
    de aventura de fantasia, 96–97
    de encasulamento (*cocooning*), 96–97
    de estar vivo, 97–98
    de indulgências, 97–98
    de pequenas indulgências, 97–98
    de qualidade de vida, 97–98
    de saúde pessoal, 97–98
    de tribalismo, 97–98
    do rejuvenescimento, 97–98
tendências
    análise ambiental de, 12–15, 91–106, 373–374
    cultivando vigilância, 104–105
    do cliente, 92, 95–102

e adaptabilidade estratégica, 159-160, 196-199, 279-281
e análise de mercado/submercado, 81-83, 88-89
e análise estratégica, 2-3
e mercados globais, 284-285
em varejo alimentar e não alimentar, 131-133
formulários de planejamento, 371, 373
identificando com análise externa, 26
identificando problemas estratégicos, 126-127
impacto direto *versus* impacto indireto, 91-92
investindo em, 160-163
modismos *versus*, 82-83
prevendo e agindo sobre, 91
qualificando descobertas, 105-106
tecnológicas, 92-97
tendências culturais (sociais), 96-102, 171-173, 284-286
tendências de mercado. *Ver* tendências
tendências demográficas, 100-102
tendências do cliente, 92, 95-102
Tenneco Oil Company, 304-305
terceirização, 118-119, 152-153
terceirização, membros internos *versus* membros externos, 331-332
Tesco, cadeia de supermercados, 248-250, 287-288
Texas Instruments, 18-19, 104-105, 151-152
The Body Shop, 100, 171-172
"The Globalization of Markets" (Levitt), 280-281
The Learning Company, 252-253
The Long Tail (Anderson), 73-74
Thomson Corporation, 43-44, 91
Tide, 8-9, 220-221
Tiffany & Co., 282-283
Time Warner, 162-163
Timex, 260-261
TippingSprung, pesquisa de extensões de marca, 243-244
TJ Max, 131-132
Tommy Hilfiger, 197-199
Toshiba, 193-194
Toyota
  atributo intangível, 199-200
  como uma empresa global, 201-202
  cultura organizacional, 162-164
  e segmentos demográficos, 32-33
  esforços verdes, 98-99
  fábricas na Europa e nos EUA, 279-280
  flexibilidade estratégica, 159-161
  iniciativas ambientais, 72, 98-99
  joint-venture com a GM, 290-292
  marketing de ativos e competências, 18-19, 32-33
  oportunidades como líder no mercado de híbridos, 261-263

Prius como um programa de RSC, 172-173
produção como ponto forte, 61-63
Ver também Lexus
TQM, sistema, 179-180
Turner, Ted, 94-95

U

UAEs (Unidades de Armazenamento de Eletricidade), inovação das, 138-139
UENs (unidades estratégicas de negócios), 12-15, 375. *Ver também* resultados de análises; unidades internas (silos)
Uniclo, 131-132
Unidades de Armazenamento de Eletricidade (UAE) da Eestor, 138-139
unidades de negócios. *Ver* unidades internas (silos)
unidades estratégicas de negócios (UENs), 12-15, 375. *Ver também* resultados da análise; unidades internas (silos)
unidades internas (silos), 319-341
  alavancas organizacionais e estratégia empresarial, 323-325
  como portfólio, 297
  cultura, 334-338
  disfunções, 16-18, 359-361
  estrutura organizacional, 324-327
  problemas decorrentes dos silos na área de marketing, 320-324
  recursos limitados e inovações improváveis, 269-271
  reduzindo e consolidando, 185-186
  sinergia entre, 4-5, 148, 150-153
  sistemas de gestão, 326-334
  visão geral, 3-5, 319-320, 339
unidades sociais, 97-98
Uniglo, 152-153, 185-186
Unilever, 18-19, 185-186, 284-285
Union Bank of California, 35-36
United Airlines, 251-252
universidade de mercado para gestores de silos, 328-329
UPS Supply Chain Solutions, 165
Upshaw, Lynn, 209-210
urgência das incertezas estratégicas, 106-109
US Airways, 180-181
usuários líderes (*lead-users*), 42-44
usuários principais (*heavy-users*), 230-231

V

vacas leiteiras ou estratégia de exploração, 305-309, 312-313, 316
valor da marca, 191-212
  consciência de marca, 192-194, 210-211
  e adaptabilidade estratégica, 196-199

identidade de marca, 204–212, 240–242
personalidade de marca, 201–205
posição de marca, 210–212, 218–221, 234, 285–286
saliência de marca, 192–193
transferência, 311–313
visão geral, 191–193, 210–212
Ver também ativos de marca; associações à marca; lealdade à marca
valor estratégico para os colaboradores, 291–294
valor percebido, 187–189
autenticidade como, 216–218, 228–229
valores compartilhados na cultura empresarial, 334–336
Valvoline e NASCAR, 223–225
Vanguard, 267–268
vantagem competitiva sustentável (VCS)
acesso e materiais e mão de obra de baixo custo como, 279–280
de estratégia de foco geográfico, 35–36
dificuldade de alcançar e manter, 257–259
do canal de distribuição, 81–82
e ativos e competências, 8–10, 238–241
e barreiras à competição, 51–52
e estratégia empresarial, 10–11
e estratégias globais, 276–277
e lealdade à marca, 194–195
e produto-mercado atendido, 146–147
e produtos padronizados, 280–281
e proposições de valor, 146–147, 167–168, 203–205
entendimento dos gestores sobre, 147–148, 150
fatores-chave de sucesso *versus*, 147–148
posição superior e, 63–64
vendas, participação de mercado, e, 116–117
visão geral, 2–3, 144–146, 163–164
Ver também ativos e competências; concorrência
vantagem de custo
criando, 182–189
e a dimensão da participação de mercado, 298–300
e análise de custos, 121–124
e superioridade, 61–63, 86–87
efeito de, em mercados de alto crescimento, 83–84
fábricas perto de clientes, 81–82
fontes de, 123–125, 144, 238–239, 276–280, 287–288
vantagem do inovador, 258–262
vantagem estratégica. *Ver* vantagem competitiva sustentável
vantagens
vantagem de custo, 123–124, 144, 182–189, 276–280, 298–300
vantagem sinérgica, 152–153
visão geral, 143–144
Ver também Alavancando o negócio; vantagem competitiva sustentável

varejo, 96–97, 131–133, 220–222
varejo alimentar e não alimentar, caso desafiador, 131–133
variáveis de segmentação, 31–32, 246–247
variáveis na análise de cenário, 109–111
VCS. *Ver* vantagem competitiva sustentável
vendas, 116–117, 185–189, 239–240, 267–268
Victoria's Secret, 165, 174–175, 201–202
viés da intensificação do compromisso, 304–305
viés de confirmação, 304–305
vieses. *Ver* empresas que já atuam na indústria
vieses organizacionais. *Ver* empresas que já atuam na indústria
Vigilância, 104–105
Virgin, marca, 173–174, 203–205, 220–224, 229–230, 240–244
Virgin Atlantic Airlines, 173–174, 197–199, 202–205, 336–338
Visa, 10–11, 199–202, 224–225, 246–247, 280–283, 325–326
visão de longo prazo, 15–16
visibilidade, 193–194
visões estratégicas, 10–12
Vodafone, 280–281
Volvo, 169–170, 199–200
VPA. *Ver também* proposições alternativas de valor.

W

W, hotéis, 169–172
Wall Street Journal, 87–88
Walmart
alavancando sistemas internacionalmente, 151–152
ativo de logística, 18–19
capacidade operacional e eficiência, 61–63
competindo contra o, caso desafiador, 350–353
comprometimento estratégico do, 153–154
concentração em um único segmento, 35–36
cultura de baixo custo, 187–189
dimensão de amplitude, 199–200
e Procter & Gamble, 80–81, 185–186, 245–246
economia de escala do, 144, 187–189
escopo do, 5–6
estratégia e VCS, 145–146
fracasso na Alemanha, 288–289
poder sobre os fornecedores, 80–81
processos eficazes de negócio, 152–153
proposição de valor do, 8–9
tornando-se verde, 98–100
valor superior como proposição alternativa de valor, 165
Wasa Crispbread, 196–197
Wegmans Food Markets, 353–354
Welch, Jack, 301–302

Western Union Telegraph, 138-139
Westin Hotéis e Resorts, 251-252
Whirlpool, 228-229
Wilkinson Sword, 261-262
Williams-Sonoma, 5-6, 38-39, 174-175
Woods, Tiger, 225-226
WPP, 326-327

X

Xerox, 258-259

Y

Yahoo!, 79-80, 151-154, 231-232
Yamaha, Disklavier da 256-257
Yoplait, Go-Gurt, 263-264
Young & Rubicam, 196-197, 229-230, 250-252, 326-327
YouTube, 162-163
Yum!, 185-186

Z

Zandl Group, 82-83
Zara, 131-132
Ziff Davis, 156-158
Zook, Chris, 246-251
Zopa, 138-139

ANÁLISE ESTRATÉGICA

Análise externa

- *Análise de cliente:* segmentos, motivações, necessidades não atendidas
- *Análise da concorrência:* identidade, grupos estratégicos, desempenho, imagem, objetivos, estratégias, pontos fortes e pontos fracos
- *Análise de mercado/submercado:* submercados emergentes, tamanho, crescimento, lucratividade, barreiras de entrada, estrutura de custo, sistemas de distribuição, tendências, fatores-chave de sucesso
- *Análise ambiental:* tecnológica, de consumo, governamental/econômica

Análise interna

- *Análise de desempenho:* lucratividade, vendas, análise de valor para o acionista, satisfação do cliente, qualidade de produto, associações à marca, custo relativo, novos produtos, capacidade e desempenho de funcionários
- *Determinantes de opções estratégicas:* pontos fortes, pontos fracos, problemas e restrições.

RESULTADOS DA ANÁLISE ESTRATÉGICA

- Oportunidades, ameaças, tendências, incertezas estratégicas, cenários e áreas com necessidade de informação
- Pontos fortes, pontos fracos, problemas, restrições e incertezas

CRIAÇÃO, ADAPTAÇÃO E IMPLEMENTAÇÃO DA ESTRATÉGIA

- Identificar alternativas de estratégia empresarial
  - Estratégias de investimento em produto-mercado
  - Proposição de valor para o cliente
  - Ativos, competências e sinergias
  - Estratégias e programas funcionais
- Selecionar estratégias
- Implementar o plano operacional
- Rever e adaptar estratégias

DESENVOLVIMENTO ESTRATÉGICO: PAUTA DA DISCUSSÃO

Análise do cliente

- Quais são os principais segmentos de clientes?
- Quais são suas motivações e necessidades não atendidas?

Análise da concorrência

- Quem são os concorrentes atuais e potenciais? Quais são os grupos estratégicos que podem ser identificados?
- Quais são as vendas, a participação e os lucros? Quais são as tendências de crescimento?
- Quais são seus pontos fortes, pontos fracos e estratégias?

Análise de mercado/submercado

- Quão atrativos são o mercado ou o segmento e os seus submercados? Quais são as forças que reduzem a lucratividade do mercado, as barreiras de entrada e saída, as projeções de crescimento, as estruturas de custo e as perspectivas de lucratividade?
- Quais são os canais de distribuição alternativos e seus pontos fortes?
- Quais tendências do segmento e submercados emergentes são significativos para a estratégia?
- Quais são os principais fatores para o sucesso no futuro?
- Quais são as incertezas estratégicas e as áreas que precisam de informação?

Análise ambiental

- Quais são as forças e as tendências tecnológicas, de clientes e do governo/da economia que afetarão a estratégia?
- Quais são as principais incertezas estratégicas e as áreas que precisam de informação?
- Quais são os cenários que podem ser concebidos?

Análise interna

- Quais são as estratégias, o desempenho, os pontos de diferenciação, os pontos fortes e fracos, os problemas de estratégia e a cultura da nossa empresa?
- Quais ameaças e oportunidades existem?

Desenvolvimento estratégico

- Quais são os segmentos-alvo? Qual é o escopo do produto?
- Quais proposições de valor serão o centro da oferta? Entre as possibilidades estão: atributo ou benefício, *design* atrativo, soluções de sistemas, programas sociais, relacionamento com o cliente, nicho especializado, qualidade e valor.
- Quais ativos e competências servirão de base para uma VCS? Como eles podem ser desenvolvidos e mantidos? Como eles podem ser aproveitados?
- Quais são as estratégias funcionais alternativas?
- Quais estratégias se adequam melhor aos nossos pontos fortes, objetivos e organização?
- Qual é a estratégia de crescimento? Quais negócios devem ser renovados, alavancados e globalizados? Que novos negócios devem ser desenvolvidos?
- Qual nível de investimento é mais apropriado para cada produto-mercado - retirada, exploração, manutenção ou crescimento?